抗战期间
粤地教育历史纪事

广东省文物考古研究所　编

南方出版传媒
花城出版社
中国·广州

图书在版编目（CIP）数据

抗战期间粤地教育历史纪事 / 广东省文物考古研究所编. -- 广州：花城出版社，2020.10
ISBN 978-7-5360-9215-0

Ⅰ. ①抗… Ⅱ. ①广… Ⅲ. ①地方教育－教育史－广东－1937-1945 Ⅳ. ①G527.65

中国版本图书馆CIP数据核字(2020)第163658号

出 版 人：肖延兵
策划编辑：张　懿
责任编辑：林　菁
技术编辑：薛伟民　林佳莹
封面设计：庄海萌

书　　名	抗战期间粤地教育历史纪事 KANGZHAN QIJIAN YUEDI JIAOYU LISHI JISHI
出版发行	花城出版社 （广州市环市东路水荫路11号）
经　　销	全国新华书店
印　　刷	深圳市福圣印刷有限公司 （深圳市龙华区龙华街道龙苑大道联华工业区）
开　　本	787毫米×1092毫米　16开
印　　张	24.75　2插页
字　　数	400,000字
版　　次	2020年10月第1版　2020年10月第1次印刷
定　　价	108.00元

如发现印装质量问题，请直接与印刷厂联系调换。
购书热线：020-37604658　37602954
花城出版社网站：http://www.fcph.com.cn

《抗战期间粤地教育历史纪事》编委会

主　　编：许瑞生

编　　委：曹　劲　张晓斌　倪韵捷　张　羽

撰　　稿：许瑞生　曹　劲　施　瑛　吴永彬

　　　　　陈　别　李志刚　方小聪　王　欢

　　　　　倪韵捷　张　羽　孙海刚　杨晓琳

前 言

2020年1月20日，习近平总书记来到国立西南联合大学旧址考察，习近平同志深有感触地说，国难危机的时候，我们的教育精华辗转周折到这里，形成群英荟萃的局面，最后在这里开花结果，又把种子播撒出去，所培养的人才在革命建设、改革的各个历史时期都发挥作用。这深刻启示我们，教育要同国家之命运、民族之前途紧密联系起来。

在粤北抗战期间，也有一批教育精华辗转周折到湖南与广东交界处，依托粤汉铁路、武水和古道转化而成路况甚差的公路，以战时的韶关机场与香港联系，坚守于坪石、大村、东陂等地的教育阵地，度过艰难岁月，坚守于学术同民族的前途紧密联系在一起，这亦是粤北先生们的高贵品质。"中年粤北讲台开，战地春风桃李栽。坪石岭前歌剧闹，桂林洞里警钟哀。诲人不倦吾滋愧，抗敌图存志不灰。封豕长蛇终殄灭，夜深犹盼捷书来。"这首诗是抗战粤北教育坚守者的写照，作者朱谦之是一位坚守岭南教育的学者，留日后于1931年回国，从1932年到广州至解放，担任过中山大学历史系主任、哲学系主任、文学院院长、研究院文科研究所主任、历史学部主任等职务，1952年院校调整进入北京大学。

在坪石，当时许多是临时校舍，现在找不到"课室"，但仍然有一些上课的祠堂或者民宅。遗址地点可辨，广东省建筑师、规划师、工程师志愿者协会的诸多成员为主力军，通过合理的历史文献活化，在室内外建立可读性纪念性空间展示形式，让未来的老师和学生寻找到前辈的身影，心中有了"课堂"，脑海有了老师的"老师"影像。粤北山水可以作证，这里是粤港澳教育的圣地，是中国广东、香港和澳门教育事业的先驱在战火中献出了韶华乃至生命、保护火种、传播知识启蒙之地，等到捷书的到来，所培养的人才在革命建设、改革的各个历史时期都发挥着作用。

抗战粤北办学的历史在诸粤港澳教育机构的官方网站关于学校历史沿革的栏目中均有记录，澳门培道中学网站发展历史写道：1941年迁往坪石，并由1941年至1944年与培正联合办学，建立培联中学。香港培正中学的网站上写道：1941年香港沦陷，我校被迫停办，校舍被占，教职员生唯有转往澳门和国内。香港岭南大学的"历史与发展"栏目中写道：1941年，岭大校长带领教职员工和学生进行艰苦的（arduous）旅程来到韶关办学。

国立中山大学当时选择校庆11月11日是以孙中山先生诞辰为准，实际上孙中山先生的诞辰是11月12日。1951年，许崇清校长致函宋庆龄，得到赞同而将11月12日改为中山大学校庆。2019年11月12日是中山大学95周年校庆，12月2日是培正、培道130周年校庆，百年名校的校庆自然是热闹的日子，但未见有多少人论及坪石先师，愿2020年各校在校庆时能够记起来。

在1946年告别国立中山大学法学院经济系公开信中，王亚南先生引用了孙中山先生的话"对世界迎头赶上去，把民族从根救出来"，这就是在抗日战争时期以国立中大、广东省立文理学院为代表的学子敢于在最前线学校的动力。王亚南先生对同学们最后的寄语是"愿大家向着学习的光明前途迈进！"今天仍然是大家的目标。

通过南粤古驿道循先师足迹，以偏概全记述之，旨在尽量保持历史文献的原真性。

目 录

第一章　颠沛流离的迁徙：国立中山大学 ……………………… 许瑞生　001
  第一节　回到粤北后的一年 …………………………………………… 003
  第二节　广同会馆的研究院 …………………………………………… 017
  第三节　塘口村的理学院 ……………………………………………… 022
  第四节　铁岭的文学院 ………………………………………………… 025
  第五节　管埠的师范学院 ……………………………………………… 031
  第六节　三星坪的工学院 ……………………………………………… 036
  第七节　武阳司的法学院 ……………………………………………… 046
  第八节　农学院的实践基地：乐昌演习林场 ………………………… 058

第二章　广东省立文理学院：林砺儒主政 ……………………… 许瑞生　061
  第一节　勷勤大学解体后的学院 ……………………………………… 063
  第二节　在秦汉古道的教育家 ………………………………………… 068
  第三节　广东省立文理学院的体育专科 ……………………………… 076

第三章　大山村的私立岭南大学 ………………………………… 许瑞生　081
  第一节　金鸡岭隔江相望的岭大农学院 ……………………………… 083
  第二节　全体离开香港奔赴粤北大村 ………………………………… 087
  第三节　1942年招收新生 ……………………………………………… 090
  第四节　大村的知识女性 ……………………………………………… 094
  第五节　大村的岭大附中 ……………………………………………… 097

第四章　大山村的私立东吴大学文理学院 ……………………… 许瑞生　103
  第一节　一路向南 ……………………………………………………… 105

　　第二节　充实力量与守望相助并重 107

第五章　广东其他教育机构 .... 许瑞生　111
　　第一节　私立广州大学 113
　　第二节　广东国民大学 116
　　第三节　职业学校和中学 120

第六章　粤港互助——相会岭南在粤边 .... 许瑞生　123
　　第一节　联合办学 125
　　第二节　未尝一日辍，以成就学生读书救国之宏愿 130
　　第三节　穗港教育的体育友谊 132
　　第四节　粤港互助 134

第七章　教育管理和财政运作 .... 许瑞生　137
　　第一节　机构运转的办学经费 139
　　第二节　适应战时非常时期的教育公费补助 141
　　第三节　教职员工的生活状况 142
　　第四节　坪石先生的老师 149

第八章　书籍和出版 .... 许瑞生　153
　　第一节　学校图书 155
　　第二节　学术期刊 156
　　第三节　学校校闻 166

第九章　粤地抗战时期的人才对中国科技教育的影响 ... 许瑞生　167
　　第一节　新中国成立后教育学术快速进入常态的动力之一 ... 169
　　第二节　重返石牌和康乐园 178
　　第三节　对港澳以及东南亚教育的影响 184
　　第四节　在坪石完成学业的学生及其日后的成就 186

第十章　抗战期间粤北对中国学术贡献 .... 许瑞生　193
　　第一节　初步研究的判断 195
　　第二节　适应野外调查学科的发展 197

第三节　马克思经济理论研究与中国经济学的基础 …………………… 204

　　第四节　国际最新的研究成果引入 ……………………………………… 213

　　第五节　李约瑟的访问和评价 …………………………………………… 219

第十一章　管埠中师——被尘封的教育文化遗产　　　　　　　许瑞生　223

　　第一节　管埠中师影响中国教育史的五年 ……………………………… 225

　　第二节　管埠师范教育的系统化 ………………………………………… 237

　　第三节　从法兰西俭学岁月到武水烽火育人 …………………………… 248

　　第四节　管埠的艺术大师 ………………………………………………… 254

　　第五节　坪石时期左联文化传承 ………………………………………… 261

　　第六节　在管埠就读的师范学院学生们 ………………………………… 267

　　第七节　第二次世界大战期间中国与欧洲大学的比较 ………………… 271

　　第八节　管埠中师实践的意义 …………………………………………… 276

第十二章　一年来的研究成果回顾　　　　　　　　　　　　　　　　279

　　第一节　天文台的遗址挖掘 ……………………………… 许瑞生、曹劲、施瑛　281

　　第二节　2019年7月以来部分发表在南粤古驿道网站的研究成果

　　　　　　………………………………………………………………… 吴永彬　287

　　第三节　私立岭南大学的"导师制" …………………………… 吴永彬　306

　　第四节　从国立中山大学农学院之"植桐计划"谈起 ………… 吴永彬　318

　　第五节　岭大大村校园解谜：抗战时期岭南大学大村校园遗址调查与勘探

　　　　　　……………………………………………………… 张羽、王欢、倪韵捷　325

　　第六节　长达五年的对谈：简述李约瑟与王亚南对谈故事 ……… 倪韵捷　335

　　第七节　抗战时期广东的公路和驿运 ……………………………… 陈别　340

　　第八节　由谭维汉《西迁述要》探究私立广州大学西迁路线与办学历史

　　　　　　……………………………………………………… 孙海刚、杨晓琳　346

　　第九节　弦歌不辍：马思聪在坪石 ……………………… 李志刚、方小聪　361

　　第十节　中国农科高级人才培养的开拓者之一：国立中山大学的农科研究生

　　　　　　教育 ……………………………………………………… 吴永彬　368

主要参考资料 ……………………………………………………………… 381

第一章

颠沛流离的迁徙：国立中山大学

许瑞生

1940年秋，经历了辗转迁徙，国立中山大学回到东南战线的前沿，在粤北坪石开辟了新的教育阵地。广东省立文理学院一直没有离开广东境内，但多次迁移。在1941年的粤北，还有岭南大学、东吴大学理学院、仲恺农业专科学校、私立广州大学、广东省立高等工业学校，以及真光中学、培正中学和培道中学等多所原在广东的学校往返于粤港澳之间。

第一节　回到粤北后的一年

一、基本状况

中山大学自广州沦陷离开石牌校区，1939年4月在云南复课，1940年决定返粤，1940年8月，各学院由云南澄江回迁，在云南的时间是一年多。1940年11月在坪石复课，建筑工程系主任卫梓松教授为国殉身是1945年3月，时间是近五年，抗战时期的教育常述及的是澄江，但坪石印记似乎即将淡忘。

在商务印书馆出版的《教育杂志》第三十一卷第一号发表的文章写到："在澄江的中山大学也接受了很多的教益，大学生学会了蓝青的官话，还学会了不三不四的云南腔，大学用国语教学已经不会引起广东学生的抗议，广东的青年开始认识了中国的全貌，省籍的隔阂慢慢消除，那种过分夸大的广东精神，也受矫正。中山大学和其他的大学，如西南联大相形自卑的人，可以增高自信，夸张的人不由减低了他的夜郎自大观念。"笔者在坪石的思考和自我评价是客观的，对未来更是充满信心，认为"果敢地回转炮火中的粤北坪石"，自信地展望未来："这种回到前线的勇迈的壮举，将在中国大学教育史写上最光荣的一页，也将在中大校史上开创一个新时代。"

1941年在"中山大学回粤后一年间"的评论中写道：从去年七月到今天，中大回粤已一年啦，跟随着大家流浪心情的安定，跟随着按部就班的建设，中大在广东又表现固有的自由作风。接着作者描写了校区各院的安排：当中大搬回粤北，就择定了金鸡岭下的坪石街做学校的中心；校本部和先修班的所在地，这是一（株）革命树的主干呢。以下几条大根，分植到三十里外的山村去。法学院远在武阳司，二十里外的山麓上。文学院在偏僻的二十五里外的清洞乡。师范学院在武水的中流，二十里外的管埠村。工学院和一年级新生在十里外的车田坝。农学院却迁在四十里外的栗源堡。理学院就在坪石的尽头，塘口乡的河口。医学院是交通最方便的，却是最远的一个学院，在乐昌县城。[1]关于文学院从清洞的教学条件，以及后来的搬至铁岭，詹安泰先生与朋友的通信中有记述。

---

[1] 《广东一月间》，七月号，1941年，第4页。

1940年8月,中山大学各学院由云南澄江回迁粤北坪石,虞炳烈任建筑系主任,1941年1月接任胡德之教授系主任教职,虞炳烈先生(1895—1945)1921年进入法国里昂中法大学学习,1923年至1929年6月在法国国立里昂建筑学院建筑系学习,1931年至1933年在巴黎大学任都市计划与市政研究员,1937年回国,1940年春进入中山大学任教,负责设计三星坪及新村工学院的25座临时校舍,1941年9月迁往桂林,1945年3月1日去世。[1]虞炳烈从法国回国的时间是1933年,在法国生活工作了13年,抗日烽火中来到坪石,在担任建筑工程系主任之余,因地制宜利用杉木板、杉树皮、竹竿、竹茬为建材,用最低成本的材料建造校舍,"用鱼鳞板之工程,用竹茬之工程",[2]实令人肃然起敬。

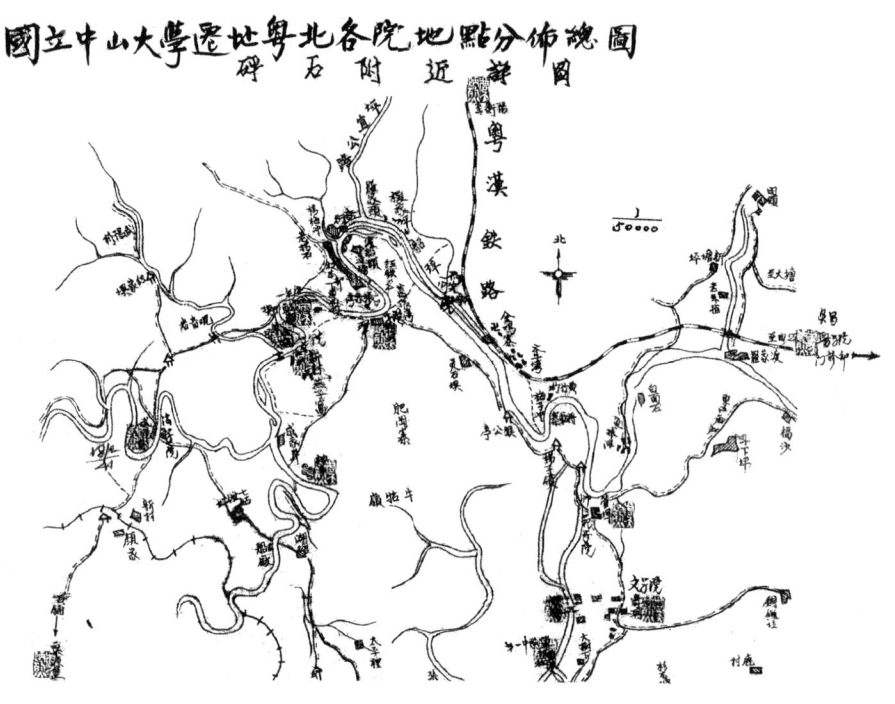

图1-1 虞炳烈先生绘制的中山大学坪石校区分布图(东南大学建筑系友情赠予)

此分布图非常有历史意义,细读分析分布图,推测为1941年2月所制作,在西面有41.2.18组合的数字群,不起眼。另一佐证是文学院仍在清洞,6月才订合约搬至铁岭。图中重点表现交通与各学院的地理关系,交通表现了铁路、韶坪公

---

[1] 彭长歆、庄少庞编著:《华南建筑八十年》,华南理工大学出版社,2012年,第56页。
[2] Http://www.ikuku.cn/article/zhuanzaiyubinglieyiyechenenchendelishi

路、水系还有村道或者古道，靠西边点画线有可能是古道，因为有街铺和茶亭造型的标志。本部在坪石街处，工学院最近，在本部西边，河流穿过；法学院在最西面，师范学院和文学院靠得较近，在管埠和清洞，之间有小道连接。管埠经过梯子岭、猴公亭、灵石坝进入石坪，也是用点画线表示。医学院最远，附设门诊部。有关图纸应该是其子虞黎鸿所保存的，为儿子起名"黎鸿"是虞先生夫妇为纪念里昂的日子而使用谐音取其意。

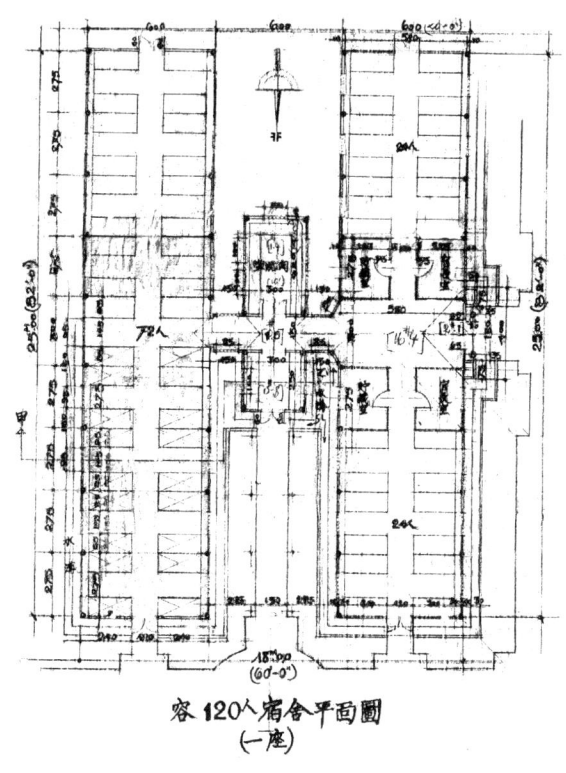

图1-2　虞炳烈先生设计的武阳司法学院学生宿舍（东南大学建筑系友情赠予）

二、《国立中山大学教职员手册》《国立中山大学学生手册》《中大向导》和《中大现状》

广东省立中山图书馆馆藏的1941年由国立中山大学人事组编辑出版的《国立中山大学教职员手册》《国立中山大学学生手册》中记录了最权威的教师在册名单，手册为人事组编辑，负责出版的是大学的出版组，印刷为曲江国民印刷厂。

大学运作设立的委员会有图书馆委员会、仪器委员会、贷金审查委员会、社

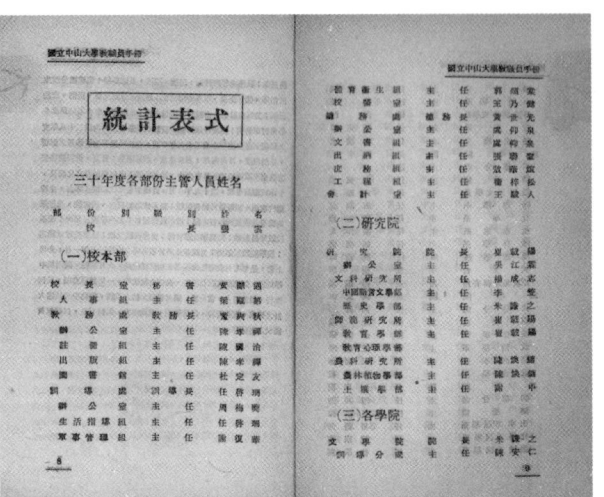

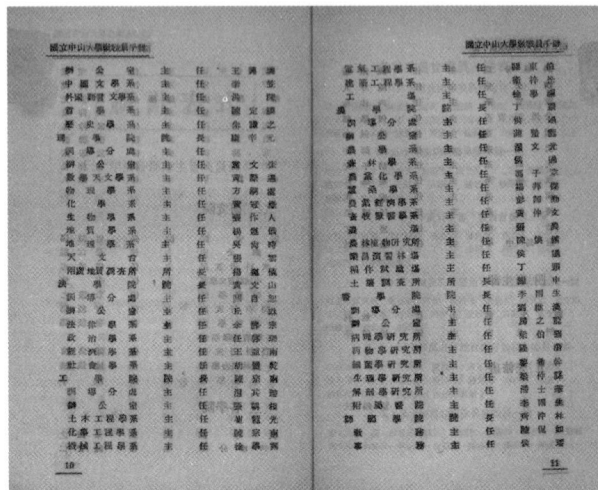

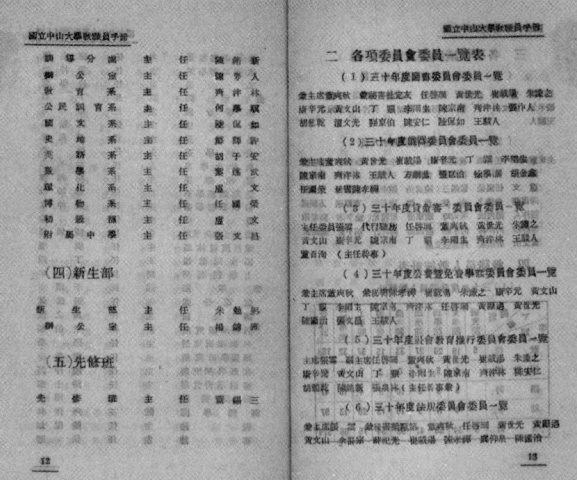

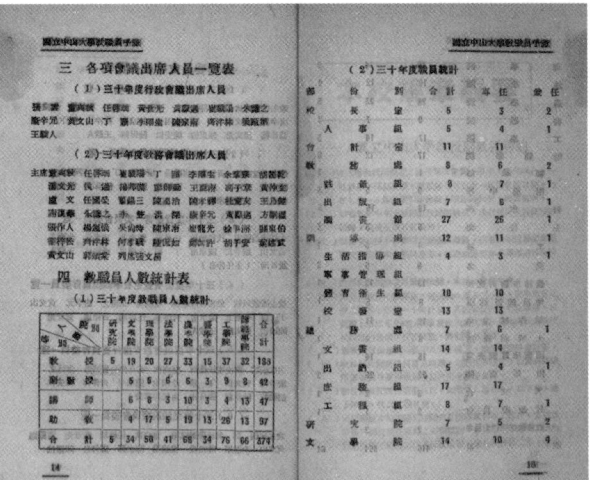

图1-3、1-4、1-5、1-6　1941年的教职员手册上各部门、院系、委员会等负责人统计名单
（藏于广东省立中山图书馆）

第一章 颠沛流离的迁徙：国立中山大学

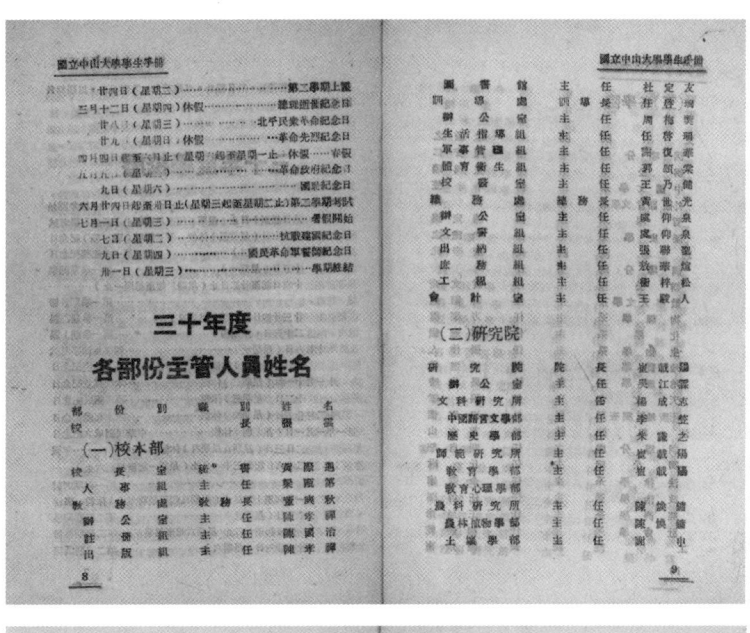

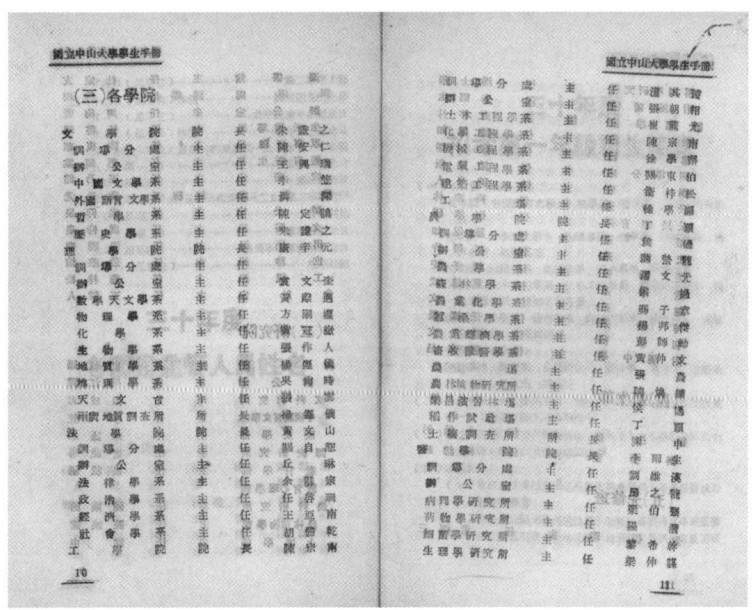

图1-7、1-8　1941年的学生手册上各部门、院系负责人名单
（藏于广东省立中山图书馆）

会教育推行委员会和法规委员会等，分别由校长和教务长担任主席。会议分为行政会议，参加者是校长、教务长和各院院长，教务会议参加者包括各系主任，范围扩大。

教授总计为183名，工学院最多，为37名；副教授总计有42名，工学院9名，为最多；讲师总计为47名，师范学院13名，为最多；助教总计为97名，总计教师共374名。

许崇清的校长一职由校长张云（1897—1958）接任。张云于1920年留学法国里昂大学，获得天文学博士学位，为法国中法大学成立后首批留法中国学生，中国天文学学科的奠基人之一。

校长室秘书黄际遇（1885—1945），1902年留学日本东京师范大学，在中国创办或者任教于中州大学（后来的河南大学）等多所大学，张云校长在黄际遇不幸落水逝世的纪念文章中，专门提到校长的讲话稿多为黄际遇起草。坪石烽火的日子是悲壮的，故事甚多，黄际遇先生得知郑海柱副教授夫人罗秀贞在粤北坪石遇难，年仅23岁，在被日军追赶下负幼女纵身悬崖自尽，特撰文纪念之，文中述及"敌骑东驰，侍亲北徙。乐昌月好，却怆怀破境之得；武水流长，问何处折梅之使？""奈何雹碎春江，霜凋夏绿。林陨秋风，泪斑冬竹。"[1]文中可领略黄际遇先生的笔力。

人事组主任梁瓯第（1914-1968），1936年毕业于中山大学研究院；教务长董爽秋（1896-1980），1920年前往法国里昂大学留学，1927年于德国柏林大学获博士学位；图书馆主任杜定友（1898-1967），1921年在菲律宾大学获得三个学士学位。

各学院负责人：
文学院院长朱谦之
中国文学系主任李笠
历史学系主任朱谦之
哲学系主任陈定谟
外国文学系主任洪琛

---

[1] 黄际遇著：《黄际遇文选》，陈景熙、林伦伦辑校，中山大学出版社，2019年，第126页。

理学院院长康辛元
数学天文学系主任黄际遇
化学系主任黄冠岳（1943年萧锡山）
物理学主任方嗣椱（1943年朱志涤）
生物学系主任张作人
地质学系主任杨遵仪（1943年何杰）
地理学系主任吴尚时
天文台主任张云（1943年邹仪新）
两广地质调查所所长杨遵仪

法学院院长黄文山
法律学系主任余群宗
政治学系主任任启珊
经济学系主任王亚南
社会学系主任胡体乾

工学院院长陈宗南
土木工程学系主任崔龙光（1943年林鸿恩）
化学工程学系主任陈宗南
机械工程学系主任徐学澥
建筑工程学系主任卫梓松
电气工程系主任关东伯（1943年李子祥）

农学院院长丁颖
农学系主任温文光
森林学系主任侯过
农业化学系主任冯子章
蚕桑学系主任杨邦杰
农业经济学系主任彭师勤
农林植物所主任陈焕镛

乐昌演习场主任侯过
稻作试验场主任丁颖
土壤调查所所长谢申

医学院院长李雨生
病理学研究所主任梁伯强
药物学研究所主任罗潜
细菌学研究所主任黎希干
生理学研究所主任梁仲谋
解剖学研究所主任潘士华
附属医院主任李雨生

师范学院院长齐泮林
公民教育系主任何学骥
国文系主任陆侃如
史地系主任郑师许
英语系主任胡子安
数学系主任叶述武
理化系主任卢文
附属中学主任张文昌

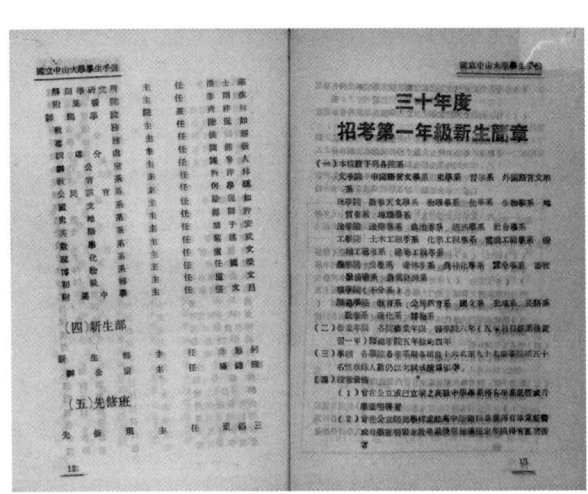

图1-9　1941年的学生手册中的1941年度招考一年级新生简章（藏于广东省立中山图书馆）

1941年出版的《中大向导》是学术新潮出版社编印,广东省立中山图书馆所藏原书为彭泽益赠送给杜定友馆长,落款时间是1941年7月3日。彭泽益估计参与编辑写作,时彭先生为历史系学生,1942年毕业,后来为中国社会科学院经济所研究员。在书前言写得到位而精彩的是学府人物,写到了毛泽东问朱谦之什么是新无政府主义;过去的历史关于洪深等说的是讲学,实际大家都是聘用。这一章节特别可贵,建筑工程系主任虞炳烈名字在书中,尚未离开,他对坪石校舍规划和设计的图纸上显示是1941年1月。书中有"万里风度来前线"和"坪石是青年的世界"的提法,是坪石具有当时历史背景的推广口号。

学生手册中的招生简章反映了1941年大学秋季的情形。新生考试时间是8月12、13和14日,转学考试于10月6日在坪石举行。新生入学为10月1日,先修班的新生也一样,他们是"未被录取而成绩不过劣者"。转学二、三年级的考试题目,反映战时教育的特点,不少港澳学生、本校学生重新选择专业均是参加此考试。六个学院均有招收转学生,有趣的是建筑工程系三年级转学的考试难度颇高,除有一门是需要四小时的建筑图案设计考试外,还需要素描、应用力学、建筑构造、透视和建筑史。各学院为四年制,师范学院五年制,医学院不分系,为六年制,最后一年为实习,拟招50名。

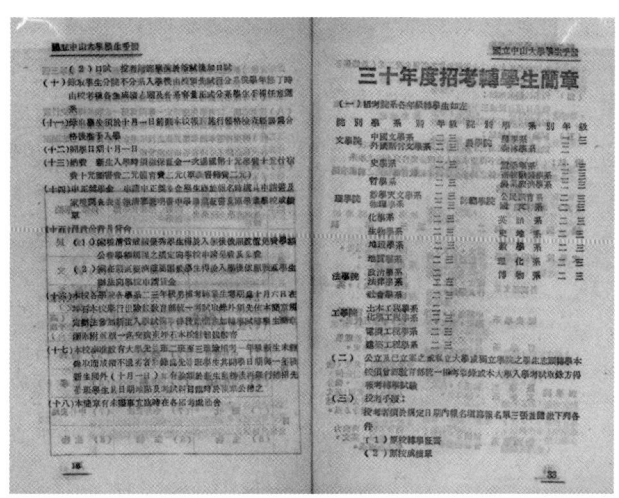

图1-10 1941年的学生手册中的招考转学生简章(藏于广东省立中山图书馆)

文学院二年级入学考试科目是国文、通史和英文。三年级需要中国文学史科目考试。理学院二年级数学专业考试科目是微积分、物理和英文,三年级分数学

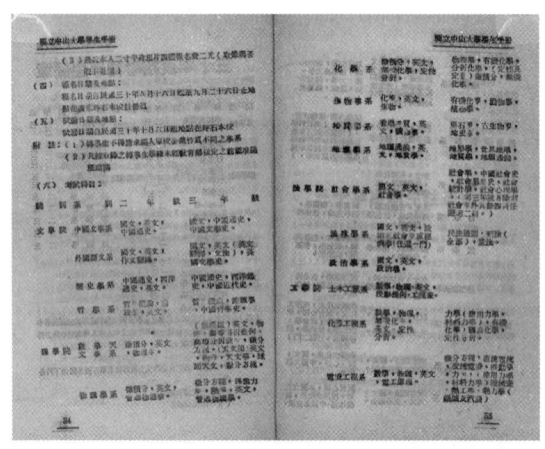

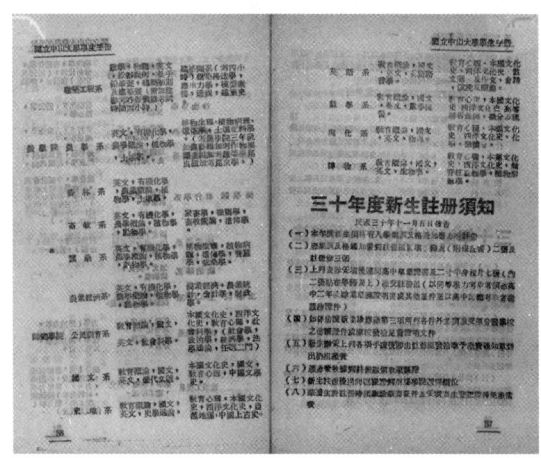

图1-11、1-12　1941年的学生手册中的二、三年级转学考试科目（藏于广东省立中山图书馆）

组和天文组，考试科目更加专业。

中大附中的资料难得，1943年的《中大现状》的附中课程表真实地体现了其教学状态。

特别有意义的还有入学到坪石的行程介绍，分为五条主要线路，包括香港到坪石、泰和到曲江至坪石、从梅州到坪石、从茂名到坪石和从长汀到坪石。香港到坪石需要15天，茂名需要11天，求学之路艰辛，利用1937年的公路地图可以还原历史。在行程中，专门有一段话提示："在这里因为白天要躲警报，如果没有什么事情，次晨可乘四时五十分的快车来坪石，车票三等的三元一角，四小时可达。""这里"指的是曲江。

1943年出版的《中大现状》是对运行稳定后全面的记录，统计截至1943年5月，1940年有496人毕业，1941年有548人毕业。1941年的毕业生中，文学院有59

第一章 颠沛流离的迁徙：国立中山大学

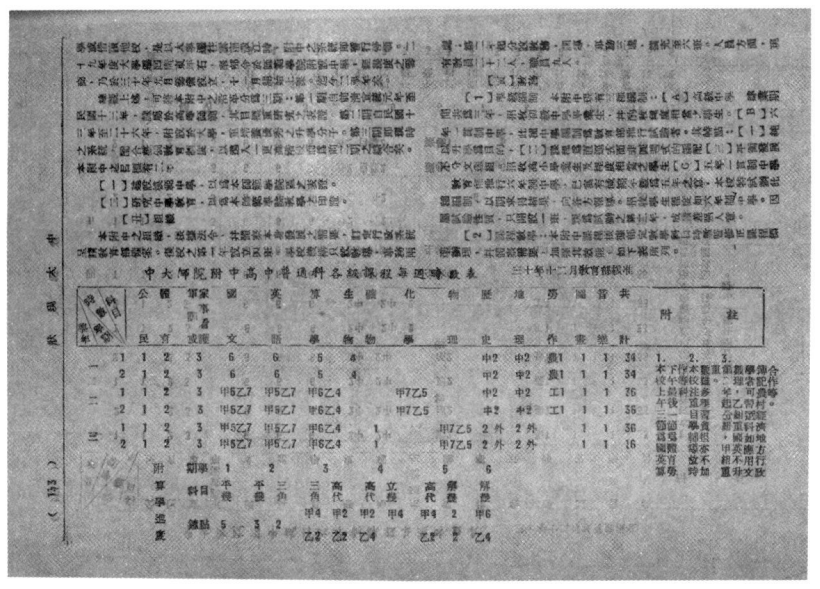

图1-13 1943年中大现状一书中的附中课程表
（藏于广东省立中山图书馆）

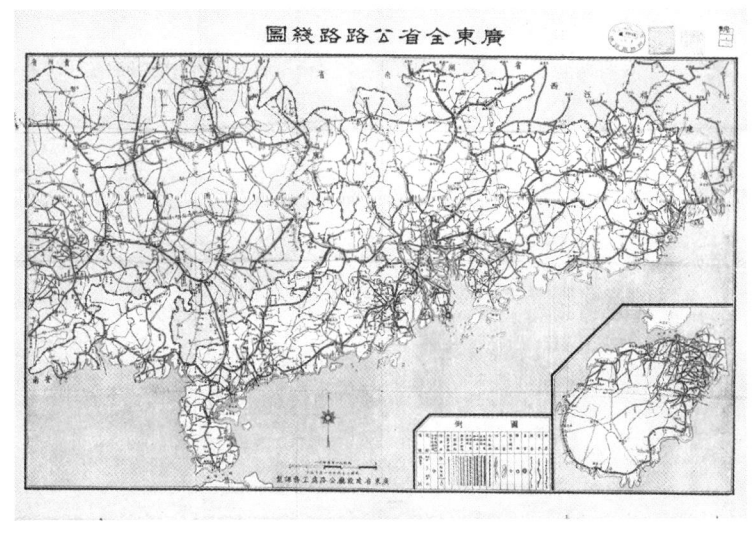

广东全省公路路线图　广东省建设厅公路处工务科制/石印本/1：1000000/民国二十六年十一月
　　　　　　　　　　(1937.11)/1幅；彩色；59.3×100厘米。　　（国家图书馆提供）

图1-14 1937年广东省公路铁路地图

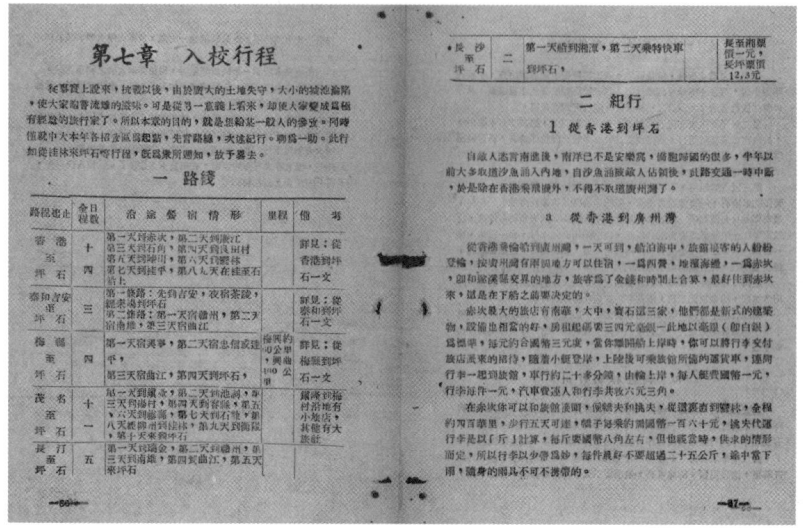

图1-15　1941年《中大向导》中介绍入校行程,分五条线路,非常详尽,包括车费、旅馆等(藏于广东省立中山图书馆)

人,法学院有174人,理学院有43人,工学院有162人,农学院有63人,医学院有26人,师范学院有21人。从统计表分析,毕业生的人数在恢复中,1936年为651人,之后逐年下降,到了1940年开始回到较正常的状态,这就是回粤后最好的答案。

三、图书馆的建立

1940年10月,学校图书馆杜定友馆长向学校建议:将各阅览室、图书馆进行调整,决定设立第一阅览室于坪石,"对外公开为民众阅览之用",第二阅览室设立于管埠为师范学院所在地,第三阅览室设立于清洞为文学院所在地。有关建议得到许崇清代校长批准。1940年11月15日,在坪石三界庙前成立总务室正式办公。从时间分析,学校把对民众的服务放在重要的位置。

杜定友先生是1945年8月18日乘最后一班火车离开坪石前往乐昌。中大图书馆藏书楼1934年为全国大学之冠,21万册中外图书、90万册杂志,在迁徙中共使用了299个木箱装运,但还留存在原校址内13万册。抗战胜利后,杜定友先生四处奔波,抢救回来3万多册,但仍有19.3万册损失。[1]杜定友馆长痛心疾首地写道:"1945年1月17日,坪石告急,仓皇万状。走乐昌,敌继至。奔石塘,旋失陷。退厚里,距敌仅五里,再退仁化,蛰居赤石径,凡八阅月,衣食不继,艰辛备

---

[1] 黎洁华:《抗日战争中山大学图书馆遭劫记》,《广东党史》,2006年第6期。

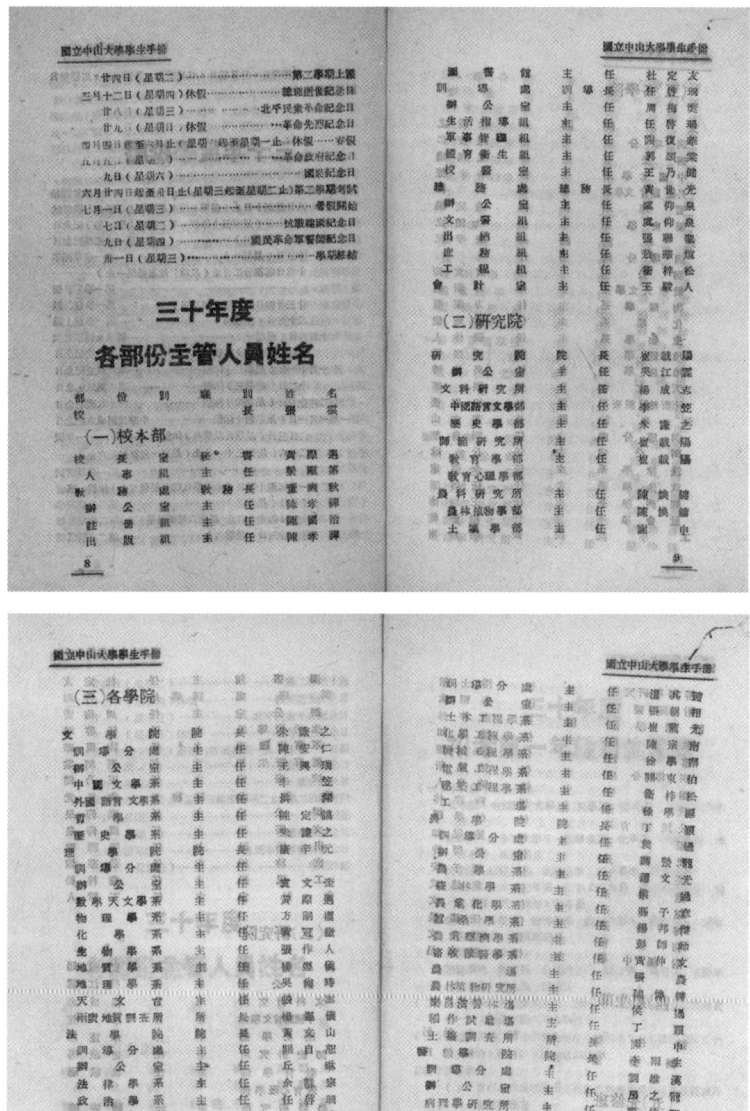

图1-7、1-8　1941年的学生手册上各部门、院系负责人名单
（藏于广东省立中山图书馆）

会教育推行委员会和法规委员会等，分别由校长和教务长担任主席。会议分为行政会议，参加者是校长、教务长和各院院长，教务会议参加者包括各系主任，范围扩大。

教授总计为183名，工学院最多，为37名；副教授总计有42名，工学院9名，为最多；讲师总计为47名，师范学院13名，为最多；助教总计为97名，总计教师共374名。

许崇清的校长一职由校长张云（1897—1958）接任。张云于1920年留学法国里昂大学，获得天文学博士学位，为法国中法大学成立后首批留法中国学生，中国天文学学科的奠基人之一。

校长室秘书黄际遇（1885—1945），1902年留学日本东京师范大学，在中国创办或者任教于中州大学（后来的河南大学）等多所大学，张云校长在黄际遇不幸落水逝世的纪念文章中，专门提到校长的讲话稿多为黄际遇起草。坪石烽火的日子是悲壮的，故事甚多，黄际遇先生得知郑海柱副教授夫人罗秀贞在粤北坪石遇难，年仅23岁，在被日军追赶下负幼女纵身悬崖自尽，特撰文纪念之，文中述及"敌骑东驰，侍亲北徙。乐昌月好，却怆怀破境之得；武水流长，问何处折梅之使？""奈何雹碎春江，霜凋夏绿。林阴秋风，泪斑冬竹。"[1]文中可领略黄际遇先生的笔力。

人事组主任梁瓯第（1914-1968），1936年毕业于中山大学研究院；教务长董爽秋（1896-1980），1920年前往法国里昂大学留学，1927年于德国柏林大学获博士学位；图书馆主任杜定友（1898-1967），1921年在菲律宾大学获得三个学士学位。

各学院负责人：
文学院院长朱谦之
中国文学系主任李笠
历史学系主任朱谦之
哲学系主任陈定谟
外国文学系主任洪琛

---

[1] 黄际遇著：《黄际遇文选》，陈景熙、林伦伦辑校，中山大学出版社，2019年，第126页。

理学院院长康辛元

数学天文学系主任黄际遇

化学系主任黄冠岳（1943年萧锡山）

物理学主任方嗣樱（1943年朱志涤）

生物学系主任张作人

地质学系主任杨遵仪（1943年何杰）

地理学系主任吴尚时

天文台主任张云（1943年邹仪新）

两广地质调查所所长杨遵仪

法学院院长黄文山

法律学系主任余群宗

政治学系主任任启珊

经济学系主任王亚南

社会学系主任胡体乾

工学院院长陈宗南

土木工程学系主任崔龙光（1943年林鸿恩）

化学工程学系主任陈宗南

机械工程学系主任徐学澥

建筑工程学系主任卫梓松

电气工程系主任关东伯（1943年李子祥）

农学院院长丁颖

农学系主任温文光

森林学系主任侯过

农业化学系主任冯子章

蚕桑学系主任杨邦杰

农业经济学系主任彭师勤

农林植物所主任陈焕镛

乐昌演习场主任侯过
稻作试验场主任丁颖
土壤调查所所长谢申

医学院院长李雨生
病理学研究所主任梁伯强
药物学研究所主任罗潜
细菌学研究所主任黎希干
生理学研究所主任梁仲谋
解剖学研究所主任潘士华
附属医院主任李雨生

师范学院院长齐泮林
公民教育系主任何学骥
国文系主任陆侃如
史地系主任郑师许
英语系主任胡子安
数学系主任叶述武
理化系主任卢文
附属中学主任张文昌

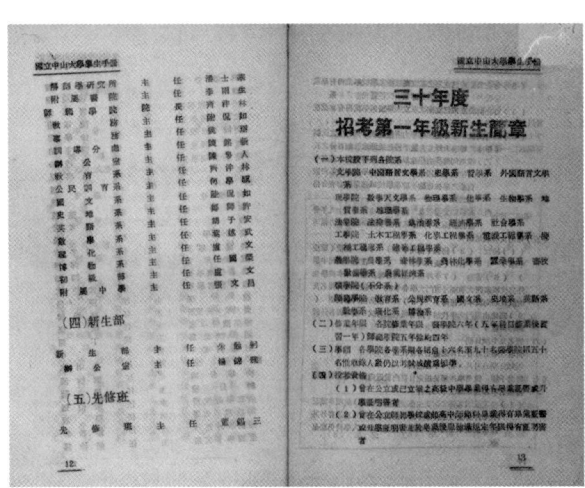

图1-9　1941年的学生手册中的1941年度招考一年级新生简章（藏于广东省立中山图书馆）

1941年出版的《中大向导》是学术新潮出版社编印,广东省立中山图书馆所藏原书为彭泽益赠送给杜定友馆长,落款时间是1941年7月3日。彭泽益估计参与编辑写作,时彭先生为历史系学生,1942年毕业,后来为中国社会科学院经济所研究员。在书前言写得到位而精彩的是学府人物,写到了毛泽东问朱谦之什么是新无政府主义;过去的历史关于洪深等说的是讲学,实际大家都是聘用。这一章节特别可贵,建筑工程系主任虞炳烈名字在书中,尚未离开,他对坪石校舍规划和设计的图纸上显示是1941年1月。书中有"万里风度来前线"和"坪石是青年的世界"的提法,是坪石具有当时历史背景的推广口号。

学生手册中的招生简章反映了1941年大学秋季的情形。新生考试时间是8月12、13和14日,转学考试于10月6日在坪石举行。新生入学为10月1日,先修班的新生也一样,他们是"未被录取而成绩不过劣者"。转学二、三年级的考试题目,反映战时教育的特点,不少港澳学生、本校学生重新选择专业均是参加此考试。六个学院均有招收转学生,有趣的是建筑工程系三年级转学的考试难度颇高,除有一门是需要四小时的建筑图案设计考试外,还需要素描、应用力学、建筑构造、透视和建筑史。各学院为四年制,师范学院五年制,医学院不分系,为六年制,最后一年为实习,拟招50名。

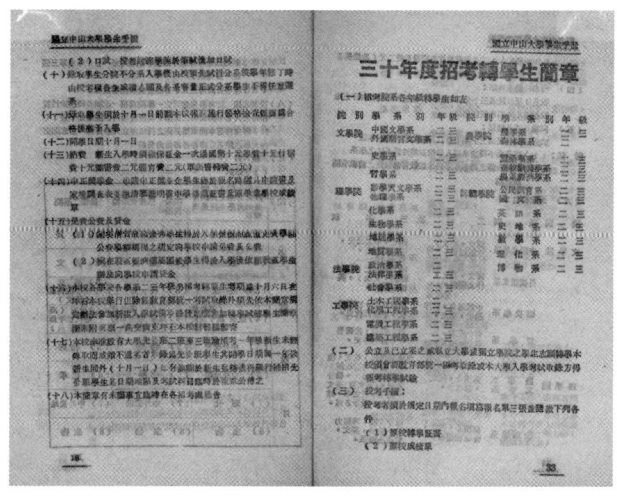

图1-10 1941年的学生手册中的招考转学生简章(藏于广东省立中山图书馆)

文学院二年级入学考试科目是国文、通史和英文。三年级需要中国文学史科目考试。理学院二年级数学专业考试科目是微积分、物理和英文,三年级分数学

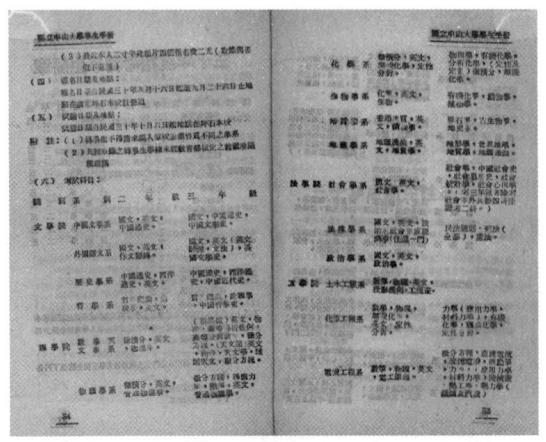

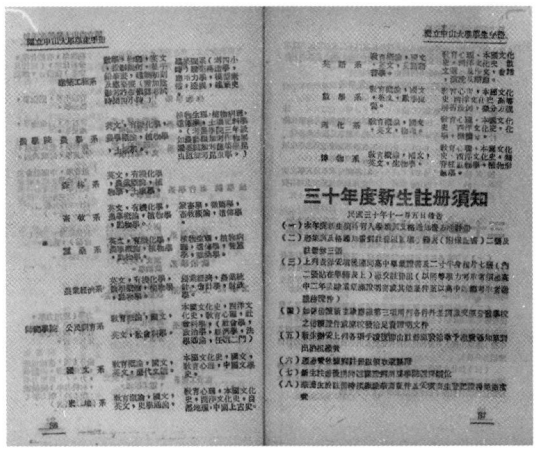

图1-11、1-12　1941年的学生手册中的二、三年级转学考试科目（藏于广东省立中山图书馆）

组和天文组，考试科目更加专业。

中大附中的资料难得，1943年的《中大现状》的附中课程表真实地体现了其教学状态。

特别有意义的还有入学到坪石的行程介绍，分为五条主要线路，包括香港到坪石、泰和到曲江至坪石、从梅州到坪石、从茂名到坪石和从长汀到坪石。香港到坪石需要15天，茂名需要11天，求学之路艰辛，利用1937年的公路地图可以还原历史。在行程中，专门有一段话提示："在这里因为白天要躲警报，如果没有什么事情，次晨可乘四时五十分的快车来坪石，车票三等的三元一角，四小时可达。""这里"指的是曲江。

1943年出版的《中大现状》是对运行稳定后全面的记录，统计截至1943年5月，1940年有496人毕业，1941年有548人毕业。1941年的毕业生中，文学院有59

第一章　颠沛流离的迁徙：国立中山大学

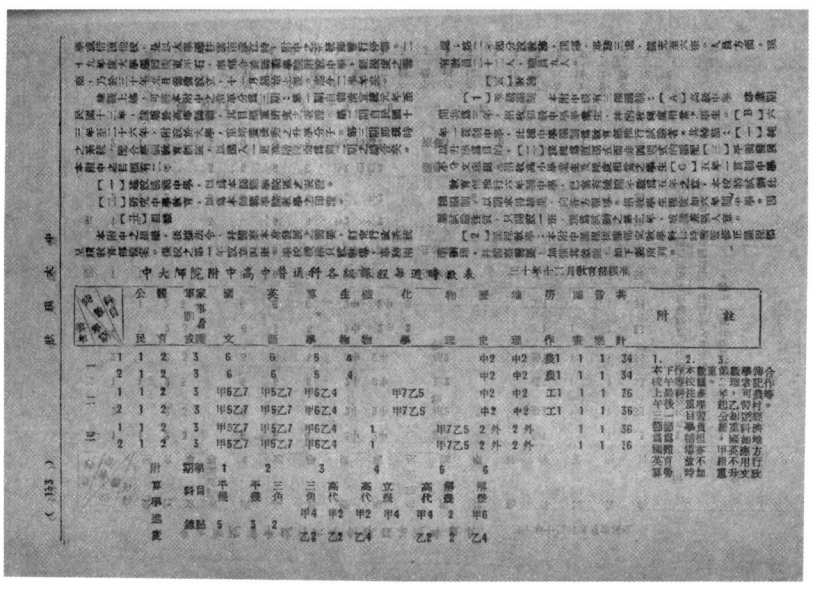

图1-13　1943年中大现状一书中的附中课程表
（藏于广东省立中山图书馆）

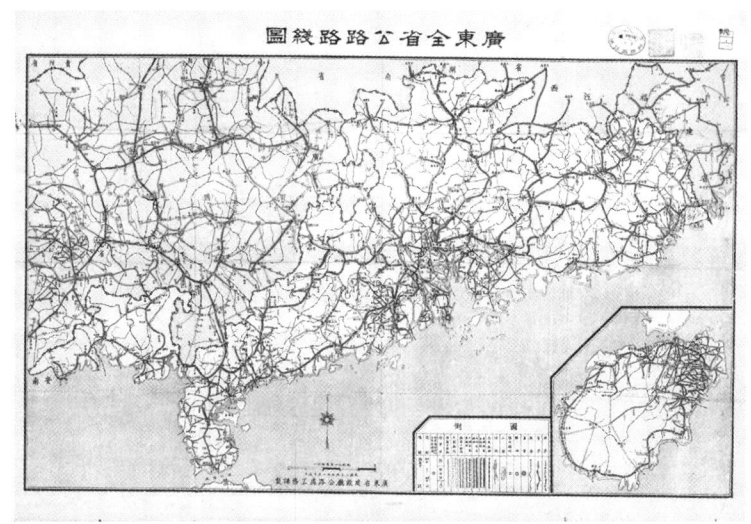

广东全省公路路线图　　广东省建设厅公路处工务科制/石印本/1：1000000/民国二十六年十一月
　　　　　　　　　　　(1937.11)/1幅；彩色；59.3×100厘米。　　（国家图书馆提供）

图1-14　1937年广东省公路铁路地图

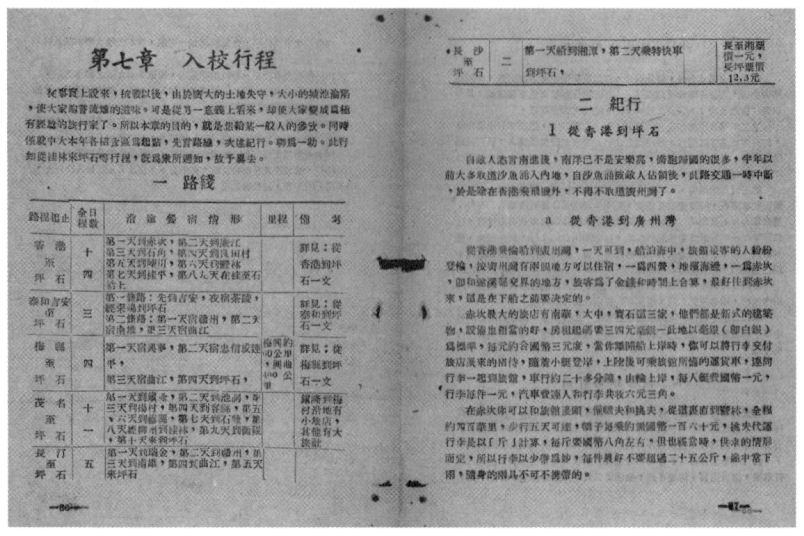

图1-15 1941年《中大向导》中介绍入校行程,分五条线路,非常详尽,包括车费、旅馆等(藏于广东省立中山图书馆)

人,法学院有174人,理学院有43人,工学院有162人,农学院有63人,医学院有26人,师范学院有21人。从统计表分析,毕业生的人数在恢复中,1936年为651人,之后逐年下降,到了1940年开始回到较正常的状态,这就是回粤后最好的答案。

三、图书馆的建立

1940年10月,学校图书馆杜定友馆长向学校建议:将各阅览室、图书馆进行调整,决定设立第一阅览室于坪石,"对外公开为民众阅览之用",第二阅览室设立于管埠为师范学院所在地,第三阅览室设立于清洞为文学院所在地。有关建议得到许崇清代校长批准。1940年11月15日,在坪石三界庙前成立总务室正式办公。从时间分析,学校把对民众的服务放在重要的位置。

杜定友先生是1945年8月18日乘最后一班火车离开坪石前往乐昌。中大图书馆藏书楼1934年为全国大学之冠,21万册中外图书、90万册杂志,在迁徙中共使用了299个木箱装运,但还留存在原校址内13万册。抗战胜利后,杜定友先生四处奔波,抢救回来3万多册,但仍有19.3万册损失。[1]杜定友馆长痛心疾首地写道:

"1945年1月17日,坪石告急,仓皇万状。走乐昌,敌继至。奔石塘,旋失陷。退厚里,距敌仅五里,再退仁化,蛰居赤石径,凡八阅月,衣食不继,艰辛备

---

[1] 黎洁华:《抗日战争中山大学图书馆遭劫记》,《广东党史》,2006年第6期。

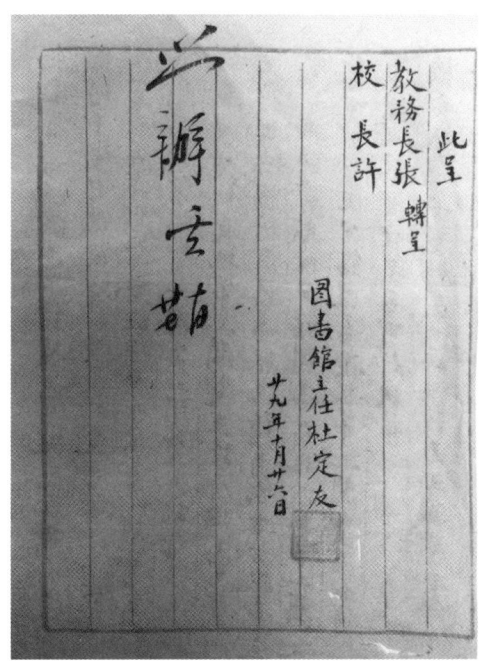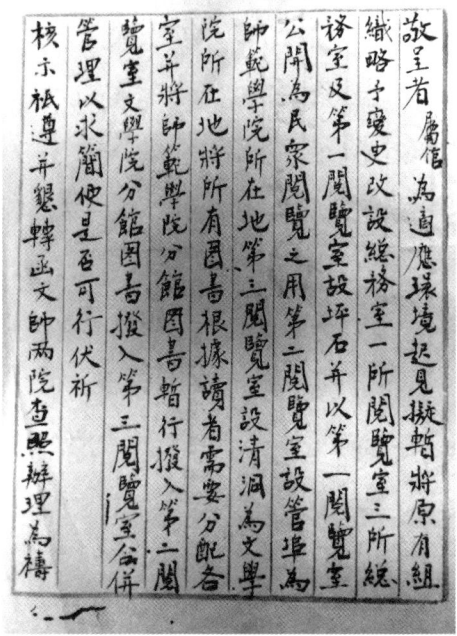

图1-16、1-17　1940年杜定友馆长呈许崇清代校长的函（藏于广东省档案馆）

尝。三十年来，积稿盈尺，化为灰烬。人生计划，粉碎无遗。每一念及，痛不欲生。"[1]他还回忆："1939年2月抵澄江，不及二年，于1940年9月，又奉命迁回粤北坪石。乡居没有大房子，图书馆分设十三个单位，主任室就设在家里，我变为'无兵司令'，但全校之图书及馆员，由总馆统一调配，此时馆务最上轨道。"[2]

杜先生回忆当年坪石日子，也有开心时候，1944年4月4日，同事们在坪石为杜定友先生服务中大十周年举行集会纪念，并赠诗结集《棠棣集》。11月11日校庆，图书馆同事演出三幕话剧《如此后方》，足见当时尽管战局紧张，校庆活动仍很活跃。

在国家危难时期，从海外留学回国并赴坪石的老师不少，其中留法的老师颇多，图书馆藏书以中英法书籍为主，不少专业法语是必修课。

---

[1]　杜定友著，钱唐、钱亮、钱亚新整理：《我与中大》，载于《广东图书馆学刊》，1986年第1期，第46页。

[2]　杜定友著，钱唐、钱亮、钱亚新整理：《我与中大》，载于《广东图书馆学刊》，1986年第1期，第44页。

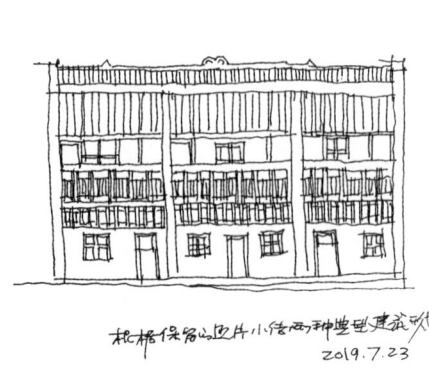

图1-18 根据老照片总结的坪石老街的两种典型建筑形式（作者绘制）

图1-19 根据老照片推断的坪石老街"又新书店"（作者绘制）

第一章　颠沛流离的迁徙：国立中山大学

第二节　广同会馆的研究院

在云南澄江国立中山大学研究院毕业的学生是第四届，至坪石开始为第五届。从第四届保存下来的文档看，文科研究所考试校内外委员的选择是十分严谨

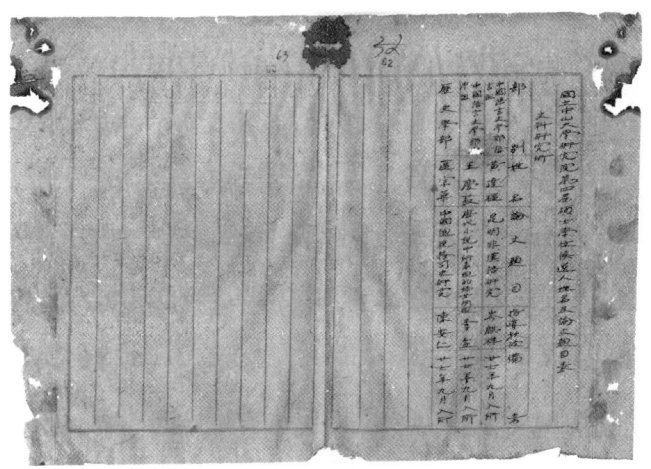

图1-20　国立中山大学研究院第四届硕士学位候选人姓名和论文题目，包括《唐代小说中妇女问题》等（藏于广东省档案馆）

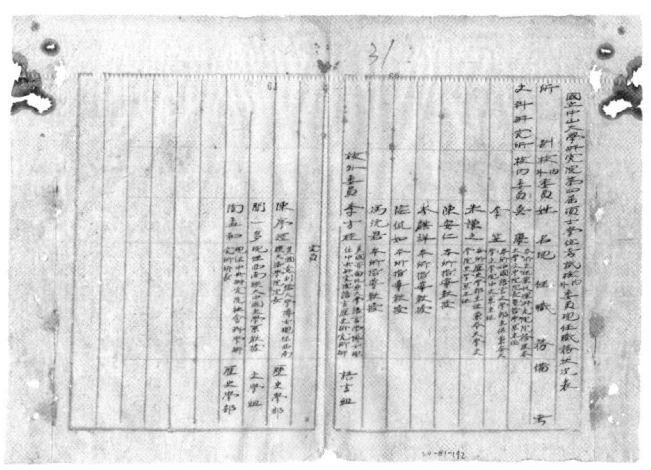

图1-21　国立中山大学研究院第四届硕士学位考试校内外委员现任职务状况表，闻一多、陈序经和陶孟和是校外考试委员会委员（藏于广东省档案馆）

017

图1-22　坪石老街国立中山大学研究院旧址现状,参照历史照片"广同会馆"的原尺度推测(作者绘制)

的。论文选题是《昆明非汉语研究》《唐代小说中的妇女问题》《中国税务司史研究》,学生分别是黄达枢、王庆菽和区宗华。闻一多、陈序经和陶孟和是校外考试委员会委员。

1941年4月7日,许崇清校长兼研究院院长行文教育部,报告年度授予学位考试研究生名单及统计表,因为教育部有规定需要提前三个月申请。由此也可以判断坪石教学工作进入正轨,研究院研究生毕业考试即将进行。

研究院文科研究所1941年的研究生毕业生有七人,徐中玉、梁钊韬是这届研究生中的佼佼者,毕业后留校充实师资力量。1942年第一年级研究生共有十人,需要更多师资。

研究院是学校的学术核心重点机构,一般校长亲自担任院长,后来情况发生改变,不一定是校长,可以由其他院长兼任。研究院院长崔载阳在1942年的《教育研究》发表了文章"从教育学研究所到师范研究所"讨论研究院的意义,1944年的登记表表格中,崔载阳是研究院院长兼师范研究所教育学部主任,教育科学研究部出版的《教育研究》是中国最早的教育研究专业期刊之一。崔载阳留学法国里昂大学获得哲学博士学位,也是法国中法大学首批留法的中国留学生。

研究院各学部主任在当时中国学界均具有较大的学术影响力。

第一章　颠沛流离的迁徙：国立中山大学

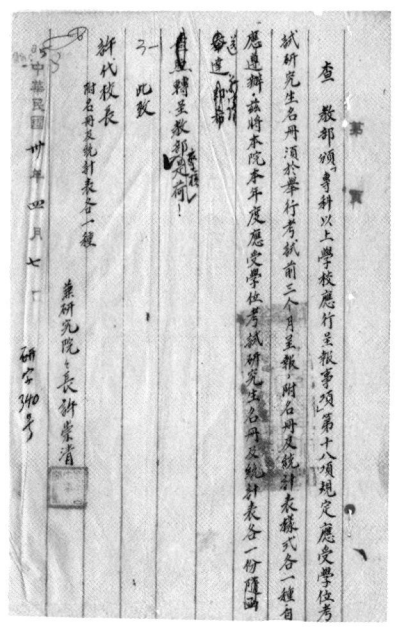

图1-23　代校长许崇清向教育部报告——国立中山大学研究院关于送1941年度研究院应授学位考试研究生名册的函（藏于广东档案馆）

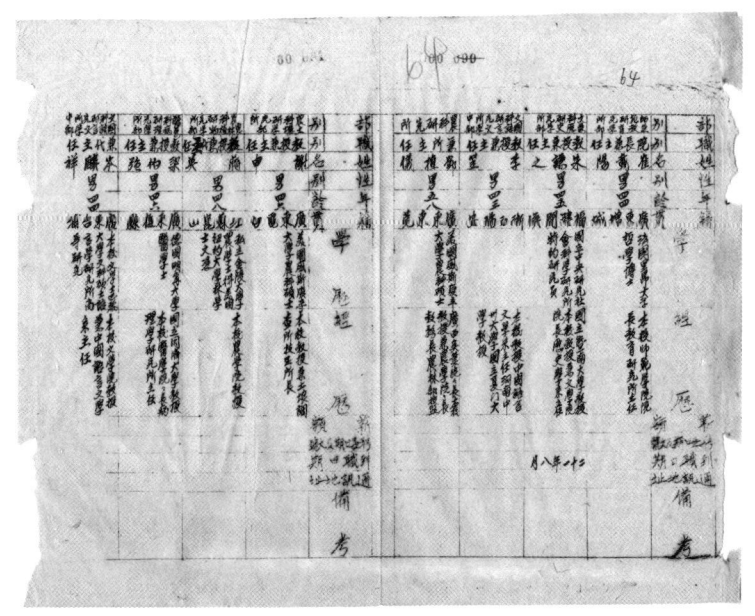

图1-24　国立中山大学研究院1944年度第二学期教职员名册
（藏于广东省档案馆）

岑麒祥为文科研究所代主任，留学法国巴黎大学获得硕士学位。研究院文科研究所中国语言文学部语言文学部主任李笠（1894—1962），1914年毕业于瑞安私立中学堂（后为瑞安利济医学院），1925年已经以木刻版出版《史记订补》八卷受学术界重视。文科研究所历史学部主任朱谦之（1899—1972），1920年毕业于北京大学，1929年前往日本研修两年。文学部主任杨成志（1902—1991），留学法国获得巴黎大学博士学位，同时到海外为研究院购书，并联系在海外高校交换的研究生，在研究院曾招收一名印度研究生，但去了重庆，未到坪石。

邓植仪为农科研究所主任，留学美国威斯康辛大学获得硕士学位。农科研究所土壤学部主任谢申（1898—1990），1937年留学美国威斯康辛大学获得硕士学位。蒋英是农科研究所农林植物部代主任，丁颖教授为研究院兼职教授。

梁伯强是医科研究所兼病理学部主任，曾留学德国获得医学博士；杨简先生于1942年在坪石医学院聘为教授，马上就担任研究院医学部的兼职教学工作。出生于梅县的杨简在中山大学附中、中山大学医学院完成学业，抗战时期在坪石全程坚守教学，后来赴美国留学，在1949年回国，继续为国家医学发展培养人才。

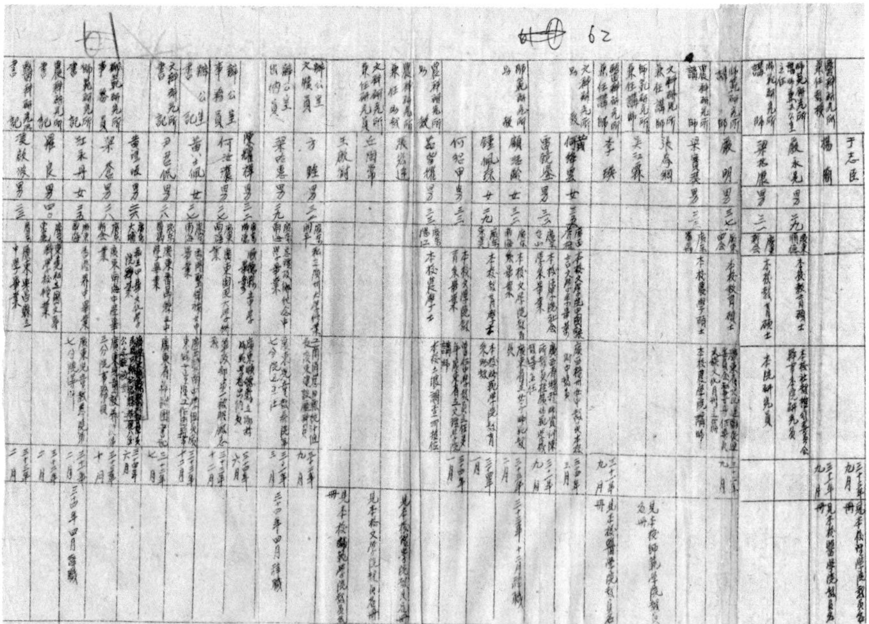

图1-25　国立中山大学研究院1944年度第二学期教职员名册，记录有杨简和张作人先生
（藏于广东省档案馆）

抗日战争时期在连州任广东省立文理学院院长的林砺儒先生,同时被聘到坪石国立中山大学研究院指导研究生。

至1939年5月中山大学共有八个学院(含研究院),共33个学系。1946年研究院取消。

第三节 塘口村的理学院

一、朱氏祠堂、马援庙与"天文山"

理学院旧址塘口朱氏祠堂现状可以看成是当时大课室的代表空间。当时理学院人才辈出,天文数学系任教的赵却民教授进进出出于此,黄际遇先生常入此地上课,卢鹤绂先生在此有了"旧庙新声"之感慨,并在塘口村的马援庙讲解世界最新的原子能理论。

图1-26 塘口村朱氏宗祠理学院旧址现状(作者绘制)

二、地理学的野外调查

吴尚时先生于30年代至40年代踏足粤北古道,走遍粤北。在《乐昌峡》一文中有记载:"峡南边有一重要通道,由坪石循峡区山脉之西麓南下,经梅花街大桥而至乳源城,长凡80公里,由此转用水运。"[1]吴夫人李慰慈女士回忆道:"到

---

[1] 广东省地理学会编:《华南地理文献选集》,科学普及出版社,1985年,第87页,原载于1936年中大地理系《地理集刊》。

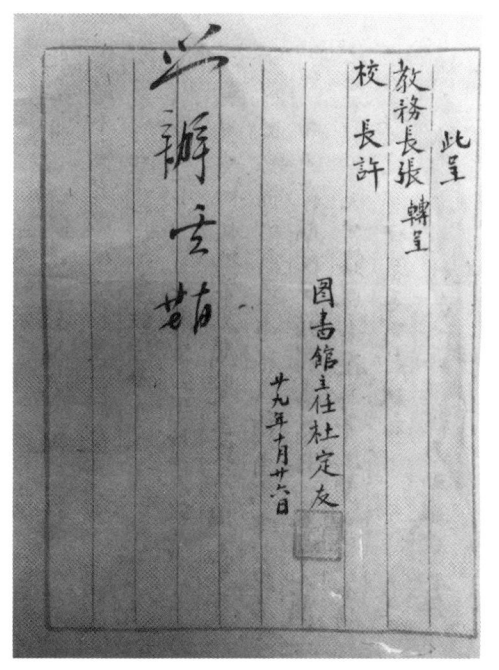 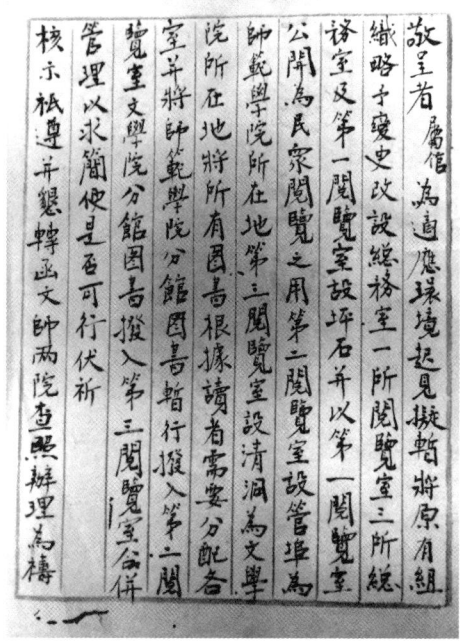

图1-16、1-17　1940年杜定友馆长呈许崇清代校长的函（藏于广东省档案馆）

尝。三十年来，积稿盈尺，化为灰烬。人生计划，粉碎无遗。每一念及，痛不欲生。"[1]他还回忆："1939年2月抵澄江，不及二年，于1940年9月，又奉命迁回粤北坪石。乡居没有大房子，图书馆分设十三个单位，主任室就设在家里，我变为'无兵司令'，但全校之图书及馆员，由总馆统一调配，此时馆务最上轨道。"[2]

杜先生回忆当年坪石日子，也有开心时候，1944年4月4日，同事们在坪石为杜定友先生服务中大十周年举行集会纪念，并赠诗结集《棠棣集》。11月11日校庆，图书馆同事演出三幕话剧《如此后方》，足见当时尽管战局紧张，校庆活动仍很活跃。

在国家危难时期，从海外留学回国并赴坪石的老师不少，其中留法的老师颇多，图书馆藏书以中英法书籍为主，不少专业法语是必修课。

---

[1]　杜定友著：钱唐、钱亮、钱亚新整理：《我与中大》，载于《广东图书馆学刊》，1986年第1期，第46页。
[2]　杜定友著，钱唐、钱亮、钱亚新整理：《我与中大》，载于《广东图书馆学刊》，1986年第1期，第44页。

图1-18　根据老照片总结的坪石老街的两种典型建筑形式（作者绘制）

图1-19　根据老照片推断的坪石老街"又新书店"（作者绘制）

第一章　颠沛流离的迁徙：国立中山大学

第二节　广同会馆的研究院

在云南澄江国立中山大学研究院毕业的学生是第四届，至坪石开始为第五届。从第四届保存下来的文档看，文科研究所考试校内外委员的选择是十分严谨

图1-20　国立中山大学研究院第四届硕士学位候选人姓名和论文题目，包括《唐代小说中妇女问题》等（藏于广东省档案馆）

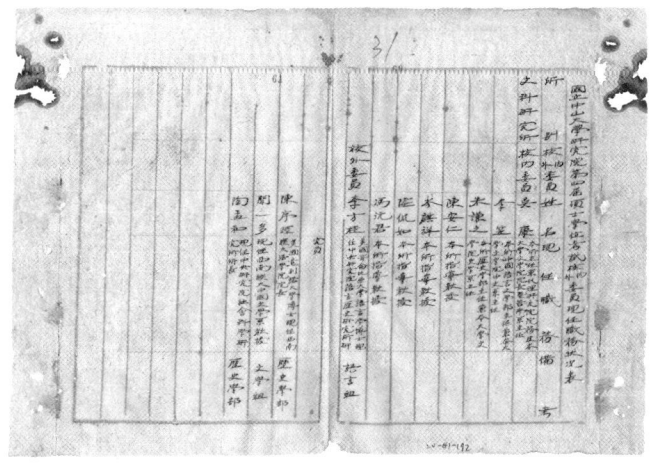

图1-21　国立中山大学研究院第四届硕士学位考试校内外委员现任职务状况表，闻一多、陈序经和陶孟和是校外考试委员会委员（藏于广东省档案馆）

017

图1-22 坪石老街国立中山大学研究院旧址现状,参照历史照片"广同会馆"的原尺度推测(作者绘制)

的。论文选题是《昆明非汉语研究》《唐代小说中的妇女问题》《中国税务司史研究》,学生分别是黄达枢、王庆菽和区宗华。闻一多、陈序经和陶孟和是校外考试委员会委员。

1941年4月7日,许崇清校长兼研究院院长行文教育部,报告年度授予学位考试研究生名单及统计表,因为教育部有规定需要提前三个月申请。由此也可以判断坪石教学工作进入正轨,研究院研究生毕业考试即将进行。

研究院文科研究所1941年的研究生毕业生有七人,徐中玉、梁钊韬是这届研究生中的佼佼者,毕业后留校充实师资力量。1942年第一年级研究生共有十人,需要更多师资。

研究院是学校的学术核心重点机构,一般校长亲自担任院长,后来情况发生改变,不一定是校长,可以由其他院长兼任。研究院院长崔载阳在1942年的《教育研究》发表了文章"从教育学研究所到师范研究所"讨论研究院的意义,1944年的登记表表格中,崔载阳是研究院院长兼师范研究所教育学部主任,教育科学研究部出版的《教育研究》是中国最早的教育研究专业期刊之一。崔载阳留学法国里昂大学获得哲学博士学位,也是法国中法大学首批留法的中国留学生。

研究院各学部主任在当时中国学界均具有较大的学术影响力。

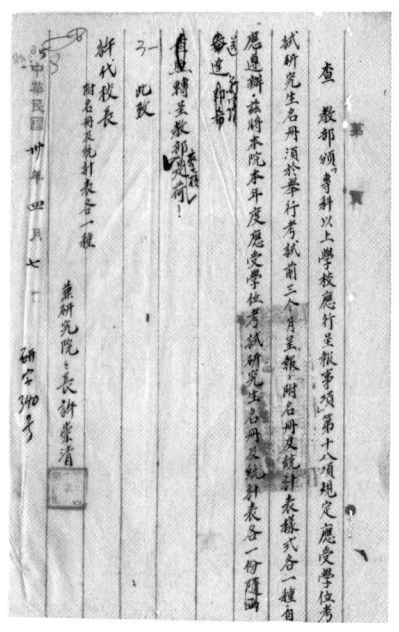

图1-23 代校长许崇清向教育部报告——国立中山大学研究院关于送1941年度研究院应授学位考试研究生名册的函（藏于广东档案馆）

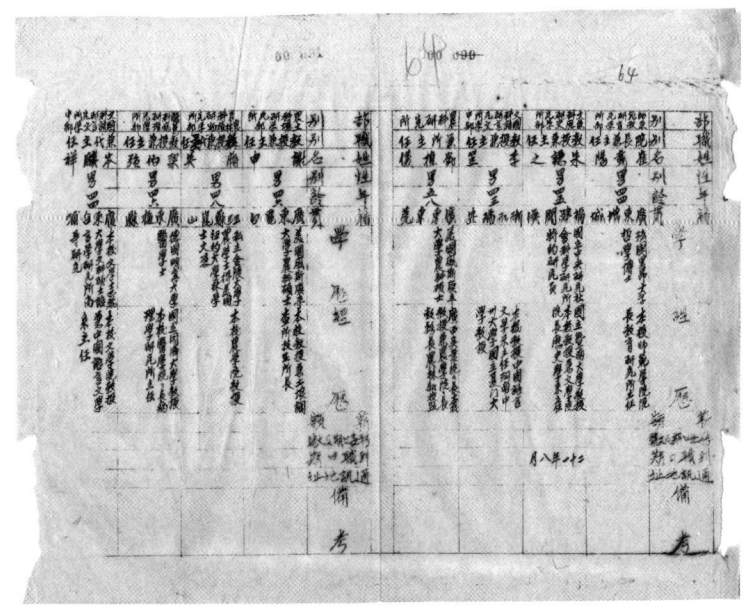

图1-24 国立中山大学研究院1944年度第二学期教职员名册
（藏于广东省档案馆）

岑麒祥为文科研究所代主任，留学法国巴黎大学获得硕士学位。研究院文科研究所中国语言文学部语言文学部主任李笠（1894—1962），1914年毕业于瑞安私立中学堂（后为瑞安利济医学院），1925年已经以木刻版出版《史记订补》八卷受学术界重视。文科研究所历史学部主任朱谦之（1899—1972），1920年毕业于北京大学，1929年前往日本研修两年。文学部主任杨成志（1902—1991），留学法国获得巴黎大学博士学位，同时到海外为研究院购书，并联系在海外高校交换的研究生，在研究院曾招收一名印度研究生，但去了重庆，未到坪石。

邓植仪为农科研究所主任，留学美国威斯康辛大学获得硕士学位。农科研究所土壤学部主任谢申（1898—1990），1937年留学美国威斯康辛大学获得硕士学位。蒋英是农科研究所农林植物部代主任，丁颖教授为研究院兼职教授。

梁伯强是医科研究所兼病理学部主任，曾留学德国获得医学博士；杨简先生于1942年在坪石医学院聘为教授，马上就担任研究院医学部的兼职教学工作。出生于梅县的杨简在中山大学附中、中山大学医学院完成学业，抗战时期在坪石全程坚守教学，后来赴美国留学，在1949年回国，继续为国家医学发展培养人才。

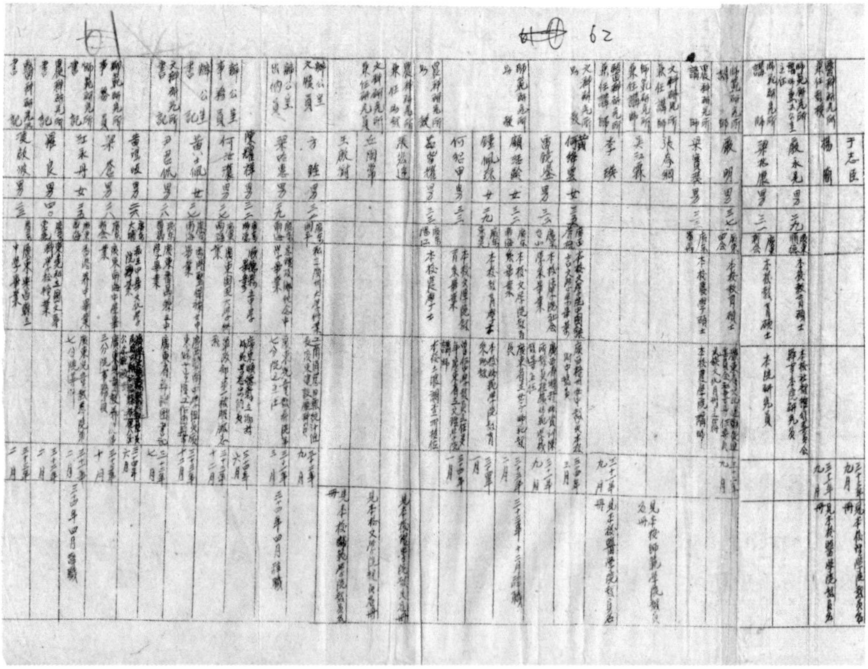

图1-25　国立中山大学研究院1944年度第二学期教职员名册，记录有杨简和张作人先生
（藏于广东省档案馆）

抗日战争时期在连州任广东省立文理学院院长的林砺儒先生，同时被聘到坪石国立中山大学研究院指导研究生。

至1939年5月中山大学共有八个学院（含研究院），共33个学系。1946年研究院取消。

第三节 塘口村的理学院

一、朱氏祠堂、马援庙与"天文山"

理学院旧址塘口朱氏祠堂现状可以看成是当时大课室的代表空间。当时理学院人才辈出,天文数学系任教的赵却民教授进进出出于此,黄际遇先生常入此地上课,卢鹤绂先生在此有了"旧庙新声"之感慨,并在塘口村的马援庙讲解世界最新的原子能理论。

图1-26 塘口村朱氏宗祠理学院旧址现状(作者绘制)

二、地理学的野外调查

吴尚时先生于30年代至40年代踏足粤北古道,走遍粤北。在《乐昌峡》一文中有记载:"峡南边有一重要通道,由坪石循峡区山脉之西麓南下,经梅花街大桥而至乳源城,长凡80公里,由此转用水运。"[1]吴夫人李慰慈女士回忆道:"到

---

[1] 广东省地理学会编:《华南地理文献选集》,科学普及出版社,1985年,第87页,原载于1936年中大地理系《地理集刊》。

了坪石,在当时极端困难的条件下,他一边进行讲课,一边带学生、助教做大量考察,湘、粤一带的山山水水,留下了他们的足迹。有一次,竟迎面而遇见猛虎,他们躲进了庙里,《粤北红色岩系》等论文就是这时期考察的结果。"[1]这是粤北南粤古驿道的绝佳好故事。1941年地理系在半年内完成绘制的调查路线图显示,每星期一、二次,长途每月一次。梅花村、大坪村在图中均有标记。对梅花村地区的分析,吴先生专门有论文《广东梅花街幅读图方法举例》。

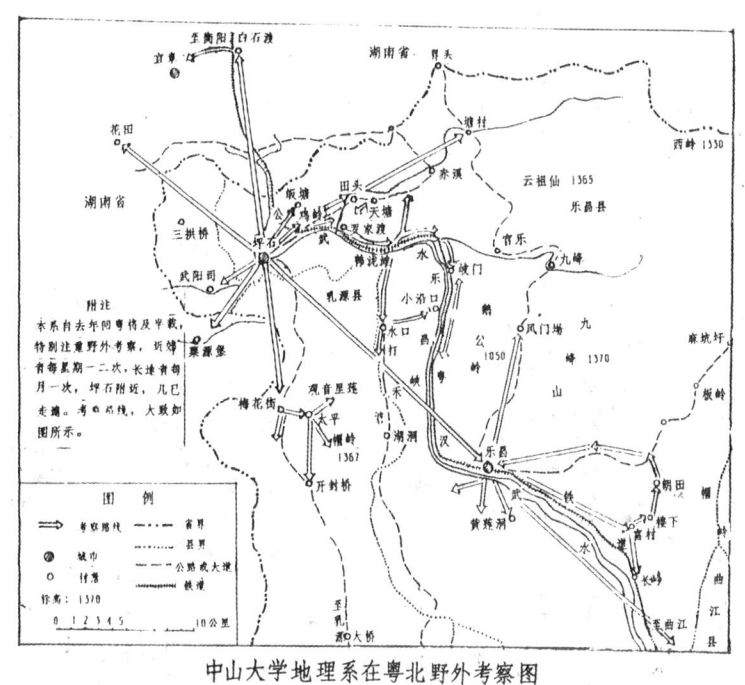

图1-27 1941年地理系绘制的半年内完成的调查路线图,
每星期一、二次,长途每月一次[2]

理学院地理系特别引人注目。坪石时期的中山大学是培养中国地理学家的摇篮,地理系是红岩系学说的诞生地,是"珠江三角洲"地理概念确立之所,更是地理学家的摇篮。在坪石中大地理系求学而成名家者众多,吴尚时弟子除曾昭璇之外,还有众多影响中国地理界的名家。

---

[1] 广东省地理学会编:《华南地理文献选集》,科学普及出版社,1985年,第3—8页。
[2] 司徒尚纪著:《吴尚时》,广东省人民出版社,1995年,第154页。

三、天文山和天文数学系

早逝的坪石先生中有位重量级先生黄际遇，中国教育界传奇人物，河南大学、山东大学等的创建均与先生有关。黄教授为澄海人，数学天文系主任，在坪石教学师资奇缺的岁月，穿梭多系上课，惜1945年抗战胜利后从粤北乘船返穗时在北江落水身亡。

学生名单是一本本厚重的历史，天文数学系是特殊的专业，可能是学生名册最薄的系，但细读起来发现重量级人物不少，如1931届的名单是：叶述武、陈飞、黄覃、李远光、梁苏民、刘政举、庞显扬、宋其芳、谭明昭。叶述武1925年考入广东大学，年仅14岁，1931年毕业于天文数学系，毕业留校任助教。后留法，1939年回国赴澄江任教，后又随学校迁入坪石理学院，坪石沦陷时保护了理学院的图书和仪器，最后转至连县分教处。1952年组建华师数学系，后来又参加人造卫星上天的国家重大项目，最后落脚于中科院，分别工作于力学研究所和数学研究所，改革开放后是中科院首批可以带研究生的导师。

"天文山"是坪石老人对一座小山包的叫法，当"三师"志愿者得到乐昌峡水电站赞助买了一部科普型的天文望远镜，准备安装时，请坪石镇的领导找原来天文台的地点。他们请教了当地老人，经过几天将老人称为"天文山"的小山包顶上齐腰的野草清除掉，竟发现了红砂岩和砖，便马上请广东省文物考古研究所的专业人士进场勘探、试掘，终于露出理学院天文台80年前的"真貌"。

第四节　铁岭的文学院

一、租用粤汉铁路的新文学院

中大文学院初时居住条件艰苦，校方通过与广东省银行沟通，租借到当时坪石铁岭站，房舍大小十栋，原为粤汉铁路局所建，后为广东银行租用，文学院教学条件才大为改观。学校与广东银行1941年订立合约，要求押金3个月，按月交租金，租期从1941年6月1日起共15个月，修理费用学校自理。

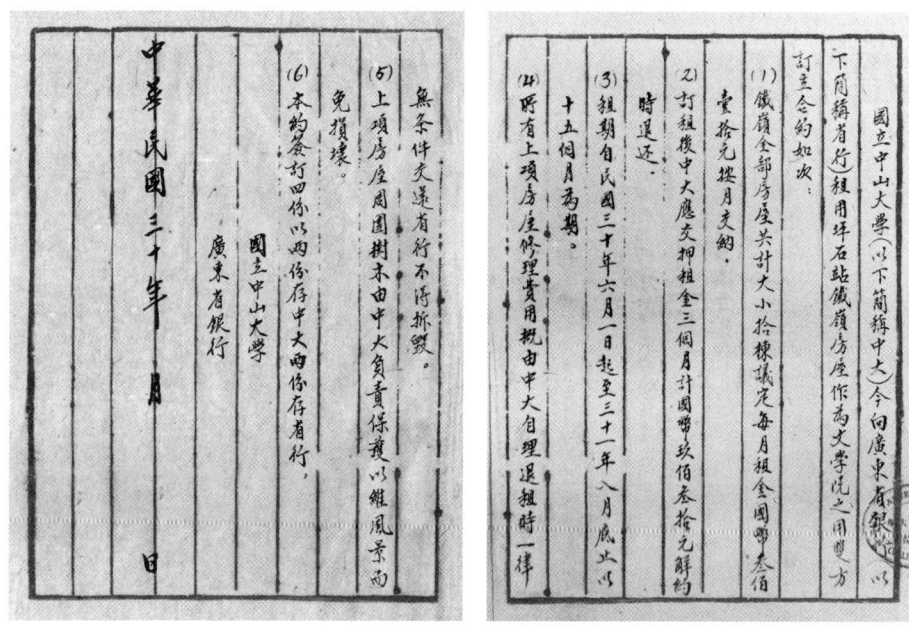

图1-28、1-29　中大租用广东银行铁岭物业租约（藏于广东省档案馆）

1941年出版的《国立中山大学学生手册》和《中大向导》介绍文学院：
文学院院长朱谦之
中国文学系主任李笠
外国文学系主任洪琛
哲学系主任陈定谟

历史学系主任朱谦之

文学院在坪石铁岭，该址原系粤汉铁路局所建。全院除一年级外共有154人，女生占三分之一强。教授18人，朱谦之是历史哲学专家，洪琛是新戏剧专家，李笠是考据学家。至于设备方面，正在兴建中者，有膳堂、礼堂、浴室和厕所，为第一期工程。

在此任教的老师还包括陈安仁、詹安泰、黄际遇、吴康、岑麒祥、黄学勤等著名教授。朱谦之在1955年选为中国科学院部务委员。

二、国学和民俗学

坪石老街国立中山大学研究院旧址还在，当时第一图书馆就在老街上为民众服务，这里是最重要的怀念之地，沿线利用展示方式的突破，形成老街的基理。

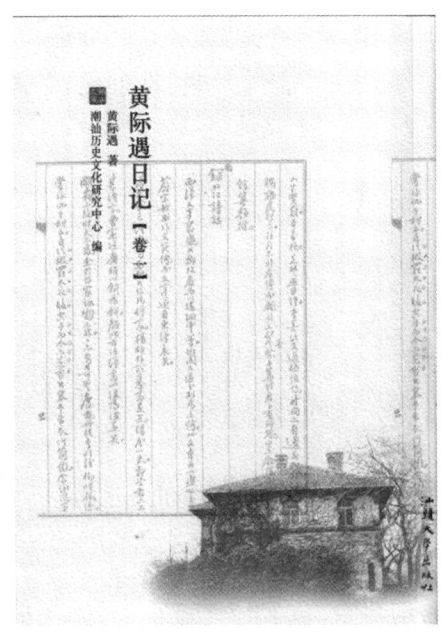 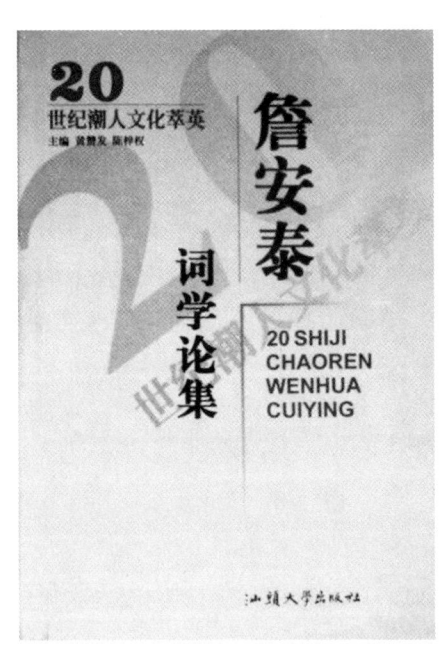

图1-30、1-31　与坪石研究和教学有关的黄际遇[1]和詹安泰[2]的作品集

---

[1] 黄际遇著：《黄际遇日记》，汕头大学出版社，2014年出版
[2] 詹安泰著：《詹安泰词学论集》，汕头大学出版社，1997年出版。

1938年开始詹安泰先生被聘为国立中山大学文学院教授，正好是迁徙的年代，但仍坚守中国传统古典文学研究，《词学研究》就是当时生活于坪石教学在清洞和铁岭期间，在桐油灯下完成的，其中《四十一初度时客坪石》写于壬午十一月廿三日。

四十一初度时客坪石

四十一年如电扫，发虽未白齿多落。
健顽腰脚供转徙，零星记忆余崩剥。
读书穷愁算何愚，买牛耕种力渐薄。
我本鄙人家山乡，左右回溪面横塘。
秋风时飘连林叶，白鹇每起挎沙冈。
笑呼逐逐邻童子，捕雀上树鱼入水。
斋中瓷缸养红鲤，鸟笼百十排廊尾。
我祖潇洒好画图，欲收天地归吾庐。
我父性行独仁爱，晚虽精医出于儒。
贱子小时亦了了，壮不如人忽将老。
三步回头五步坐，懒残拟借杜公貌。
自濯肺腑明冰轮，敢视富贵如浮云。
一灯死守羞曩哲，廿年依恋惟山根。
道南道东谁复顾，兰陵老师等尘土。
譬彼男儿爱后妇，宁问织缣与织素。
羊枣昌歜嗜各殊，冻雨颠风神能主。
久暮玉螭吐清液，悄向铜仙乞坠露。
勤书细字界乌丝，往往煮茶藤一枝。
忍此心魂长寂寞，奚必金石流歌辞。
得意翻怜世病蠹，活活骈头束春笋。
瘦骨嶙峋贫逾奋，尽集秋虫号坏肾。
天跳地踔波飞扬，犀象奔踏蛇蛟藏。
窜避偶然立风露，河清待赋嗟哉长。
苟全性命岂易易，夜梦归见爷娘喜。

知复倚同都几祀，别家此日真可畏。

况以羼躯犯瘴房，逢辰狂气未许存。

要看痫肥自今始。

这里是众多人文学者度过青春年华的地方，铁岭仅存可辨的一栋西式历史建筑，当初在这栋楼进进出出的是影响中国人文学科的诸大师。被称为"民俗学之父"的钟敬文教授在其七年的中大生涯，有四年是在坪石度过的。早在1927年秋，他到广州中山大学中文系任助教，11月与顾颉刚、容肇祖、董作宾等发起成立中山大学民俗学会，并先后参加《民间文艺》《民俗》周刊和民俗丛书的编辑工作。1941年初，钟敬文结束战地之行，来到中大文学院任职，1942年写成《历史的公正》一文。

民俗学在坪石继续发扬光大，《国立中山大学民俗月刊》1928年3月创刊，1943年在坪石出版第2卷第8期，该期的主要内容包括：

中国民间故事型式法端（英国谭勒研究结果）　赵景深

民族学问题格　杨成志译

关于《潮州的青龙馆》　陈云祥

歌谣拾零　容肇庆

琼山县死丧的风俗　周赞刘

艺术三家言　钟敬文

图1-32　铁岭文学院旧址现状（作者绘制）

钟敬文先生在粤北时期创作的战地报告文学,黄际遇先生的若干著作,詹安泰先生笔耕的若干词学著作,朱谦之教授的多篇哲学论文,均诞生于此处,至今仍值得我们一读。

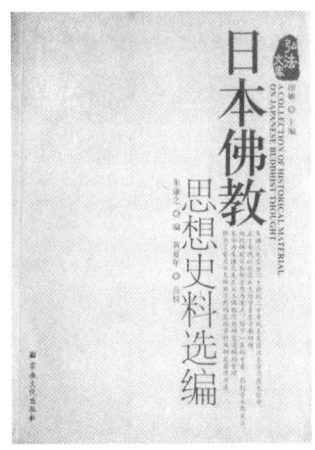

图1-33　朱谦之先生的著作《日本佛教思想史料选编》[1]

三、朱谦之在铁岭的"最后一课"

1944年坪石战时状态常发,朱谦之8月曾避战火于梧州,11月坚持返回坪石,在12月8日开讲座,包括《现代史学思潮十讲》《文化类型学十讲》,距日军攻入坪石仅剩数星期,可谓英勇的"最后一课"。

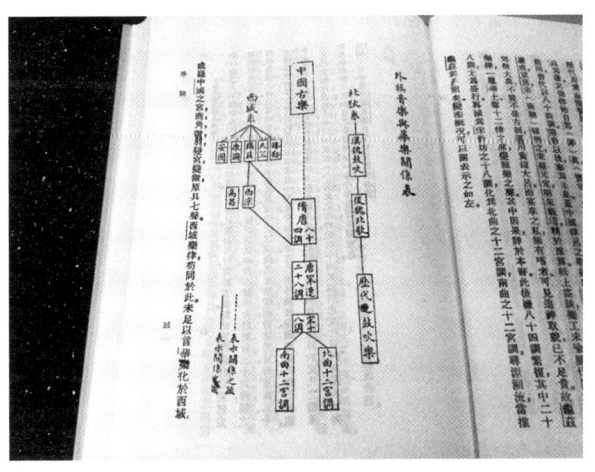

图1-34　朱谦之在1934年出版的《外族音乐流传中国史》
对外族音乐传入融合的分析图(作者翻拍)

---

[1]　朱谦之著:《日本佛教思想史料选编》,宗教文化出版社,2015年出版。

1927年在黄埔军校任政治教官,是朱谦之先生在粤教书诲人不倦之始。1932年,朱谦之在北京完成《历史哲学大纲》后,8月应国立中山大学之聘,来到广州,任历史学系主任。12月自费筹办《现代史学》杂志,这是他第一次自掏腰包。朱谦之在1934年出版了外族音乐流传中国史、音乐的文学小史,此书是1924年4月在长沙的两所大学的演讲集成,一是在长沙第一师范学校,另一学校是平民大学,文章是具有先驱性的音乐文学史研究[1],朱先生许多作品是演讲会上演讲的再创作。

朱谦之先生在坪石完成的主要著作有《中国思想方法问题》《孔德的历史哲学》,1941年8月再任文学院院长,为鼓励学生积极参与学术研究,设立"谦之学术奖金",这是先生第二次自掏腰包。1942年为期一年休假,但保留研究院历史学部主任。1943年5月重返坪石铁岭,8月代理文科研究所主任。1944年3月代理文学院院长。1945年1月与师生一起逃亡,2月19日到达龙川,在7月于梅县、汕头各地发表演讲或者发表文章,展望战后的文化,10月返穗后再任文学院院长。[2]1899年朱谦之出生于福州,1972年7月22日病逝于北京,1969年最后病中仍然努力完成《中大二十年》,可见对任教的学校感情之深。

1935年7月,朱谦之任文学院院长时的文学院学生何绛云与朱先生成婚,共同经历了坪石武阳司村的"最后一课"备课的艰辛。62年后,2007年时99岁高龄的何绛云居士为准备出版的由朱谦之先生写作时的参考资料结集形成的《日本佛教思想史料选编》一书进行校订,让王亚南先生的"最后一课"在21世纪成为现实,令人感慨。

---

[1] 朱谦之著:《外族音乐流传中国史、音乐的文学小史》,河南人民出版社,2016年。

[2] 朱谦之编:《日本佛教思想史料选编》,黄夏年点校,宗教文化出版社,2015年,第361页。

第五节 管埠的师范学院

1943年《中大现状》一书介绍写道：师范学院在管埠租用民宅34处，用于办公室、图书馆、教职员住宅、医务室、工人宿舍等。租民田新开辟为球场。建筑新校舍，课室十五座、礼堂一座、图书馆一座。此年特别强调购买钢琴一架，用于音乐教学。管埠村原有30多户农户，二、三间小店铺，日常用品缺乏，所以在师范学院建立生产消费合作社，并设立实验小学。运动方面非常活跃，教职员工与学生进行比赛。利用武江作为天然游泳池，设立男女更衣室。图书馆几无虚席，时见学生执卷吟诵。

一、最为动荡的年代

1943年是最为动荡时期，师范学院仍然千方百计寻找教师。在最危难的时候加入国立中山大学师范学院的老师郑曾同，安徽人，出生于1915年，1937年于清华大学毕业，1940年至1943年任厦门大学讲师，1943年来到坪石，任国立中山大学师范学院副教授，与邝法矶先生同事。坪石沦陷后到了国立交通大学任教，1947年

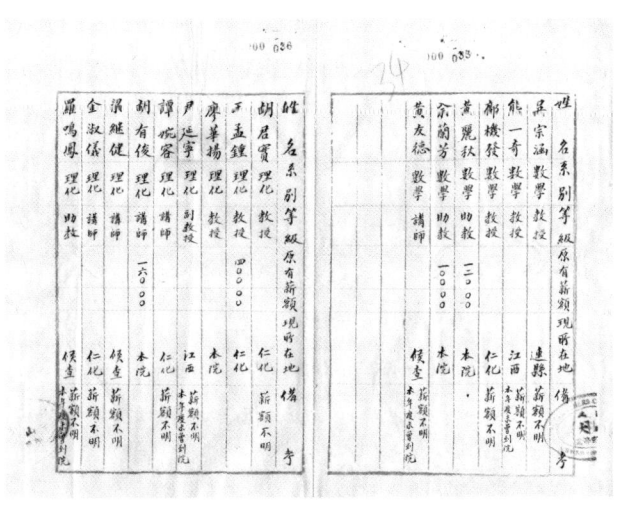

图1-35 1945年国立中山大学师范学院教职员名册，第三列是数学系邝矾法教授的名字（藏于广东省档案馆）

在美国康乃尔大学获得硕士学位,1949年获得博士学位,1950年2月回国在私立岭南大学任教授,院校调整后在数学系任教,1963年当选全国人大代表,是中国科学院数理学部委员,1980年逝世。

私立学校和公立学校的师资在粤北也是常流动的,特别可贵的是1943、1944年战事吃紧,仍然有不少仁人志士投奔坪石教学。

二、艺术抗战和教育

师范学院有艺术家马思聪、许幸之,许先生就是电影《风云儿女》的制作者,也是美术学家,《风云儿女》里头聂耳所作的曲子《义勇军进行曲》,就成为现在的国歌。许幸之,他以画家身份在师范学院教美术,马思聪在那里是教音乐,师范学院讲师刘仑是"左联"的木刻家,在管埠教美术。师范学院的马思聪、许幸之更是以戏剧音乐为内容进行了话剧、文艺表演,丰富了坪石的生活。抗日战争时期的粤北,成为文化、教育新中心,抗战木刻、抗战戏剧成为凝聚民族力量共同抵抗外侵的文化利器。1942年之后一段时间,他们与其他学院的艺术家在坪石组织了多场音乐会和话剧演出。

为了马思聪的到来,国立中山大学专门为师范学院买了一架钢琴。师生们常在他的屋檐下听琴,在油灯下苦练。1943年,马思聪在管埠期间还创作了中国首部小提琴协奏曲《F大调小提琴协奏曲》,在《内蒙组曲》《西藏组曲》获得成功后又一部具有小提琴协奏曲中国化,以民间音乐素材为基础的开创意性的作品。[1]《内蒙组曲》《西藏组曲》《牧歌》等常为抗战时期粤北音乐会的节目。

师范学院艺术力量与其他学院形成合力,木刻画家唐英伟、戏剧家洪深均在坪石。抗日战争时期,以唐英伟为首的艺术家们在坪石兴起了左翼木刻运动,在曲江、坪石那里创作了很多的壁画、木刻,还举行了一次大型的全国性的木刻展览《这是我们发出的怒吼》,用木刻刀讲述侵略史,用艺术讲话。唐英伟是中国版画的先驱之一,在理学院的名单上发现了他的名字,虽然大家未必熟悉。他当时就居住在坪石塘口村,也是理学院所在地。

理学院所在地塘口村,是历史悠久而且保存良好的传统村落,村的门楼保持良好,当年这里的民宅多为教师所住。想象一下唐英伟在此从码头进进出出一

---

[1] 关伯强:《论马思聪的F大调小提琴协奏曲》,《星海音乐学院学报》1989年第1期。

图1-36 唐英伟的版画《休息》,创作于1935年
(藏于华茂美术博物馆)

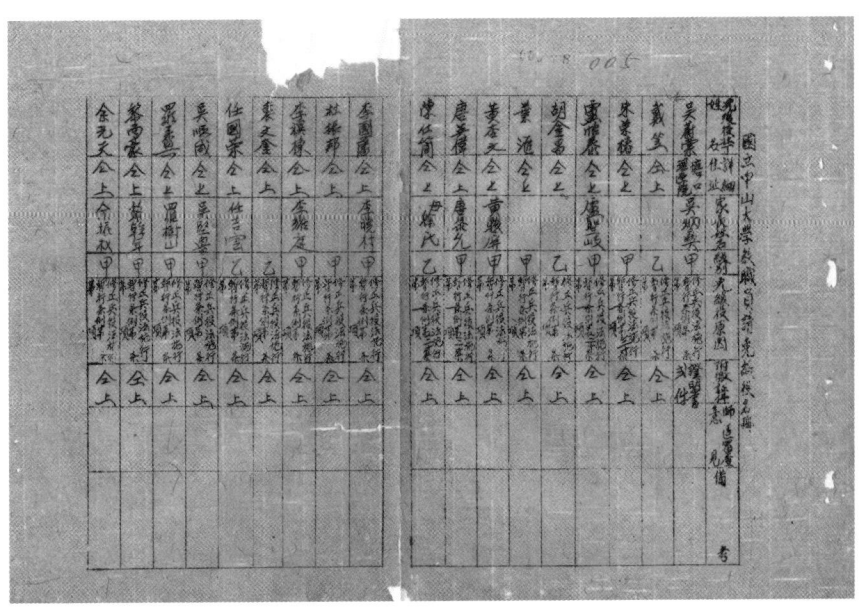

图1-37 理学院教职员请缓役名册,第6、7、8列依次有叶汇、黄杏文、唐英伟
(藏于广东省档案馆)

年,思考着抗战的版画构图的情景。

战时在粤北还有一批居住在韶关的名家,可以算编外的坪石先生,如中国雕塑界的先驱梅州人李金发,是法国巴黎与罗丹地位相当的雕塑家安托万·布德尔(Antoine Bourdelle,1861—1929)的学生,20世纪20年代短时间进入国立中山大学,1940年也来到粤北,在韶关举行了许多文化活动抗日,作为最早留法学雕塑的艺术家也是接受到法国象征主义诗歌影响的诗人,创作了许多抗战诗歌。在国家博物馆馆藏作品中收藏着李金发"黄少强像"原件。李金发创作留世不多的作品之一,即越秀山的伍廷芳坐像,现在依然可以看到。但需要说明一点,抗日战争刚开始,他没有按照民国省政府搬迁的计划,导致成立于20世纪20年代的中国较早成立的广州市立美术学校解散,该校的首任校长是喜欢美术的许崇清,后来是胡根天先生。

图1-38 李金发创作留世不多的作品之一,越秀山的伍廷芳坐像
(匡高峰拍摄)

图1-39　法国巴黎安托万·布德尔的工作室。摆放的作品多为雕塑家自己之作，也是中国留法学生李金发、刘开渠学艺的地方（作者提供）

三、体育课

《中大现状》写到校庆日连续三天有院际运动会。师范学院的体育活动非常活跃，师生由此加深了感情。此外在连县、坪石，一旦有办学点的存在，一定会配套体育运动设施，分析迁徙到粤北的所有院校，发现都有篮球场，都有单双杠。再难也不能忘掉学生的体质，这均是抗日战争时期，所有中学、大学老师们的希望。

体育组是独立的，组长赵善性，理论研究者一般都很清楚，赵善性是对中国运动做出重大贡献的一位杰出人物，他本身在排球领域就有杰出的贡献。后来也是赵善性推荐了马杏修成为中国排球的首任教练。当时赵善性在体育组任教授，梁艺若在20年代参加远东的运动会的排球项目，后来成为华农体育教研室的主任，还专门成立了一个体育卫生的教研组。赵善性在1926年就到了中山大学，后来一直到新中国成立以后，都在中大任教，其中有一段时间，也到华南工学院担任体育教授兼教研室主任。

第六节　三星坪的工学院

1943年《中大现状》对工学院有详尽的描述：建工系现课室三座，绘图室，美术室，男生宿舍两座，缮堂厨房二座。至于女生方面，则租赁民房八间以供住宿，计机工电工两系女生共住民房两间，土木化工建工三系女生共住民房六间。工学院因学生多当时宿舍不够，故临时建宿舍十一间，及临时膳堂三座，以供使用。

一、工学院

在坪石年代，中大工学院共有1037人，教授、副教授、讲师36人，助教25人，技术人员9人。[1]在这几张80年前的泛黄的蓝色字体誊写的名册中，群星闪烁，工学院院长陈宗南是增城石滩镇人，1909年赴美留学，1916年回国任教，是中山大学化学系主任兼教务长，是率队迁徙的主要领导者。1949年，他受聘于新加坡南洋大学理学院院长兼代校长，1960年返香港，1962年去世。名册上机械工程

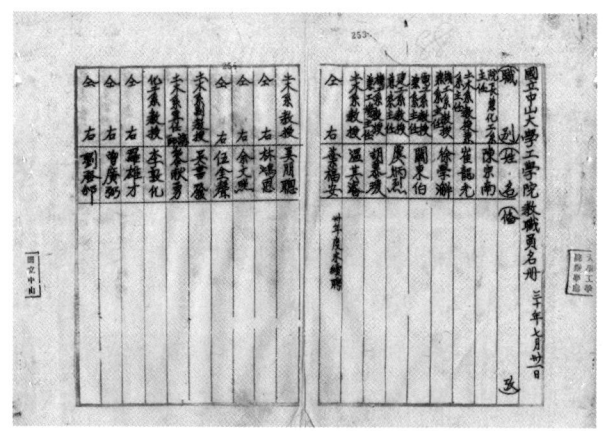

图1-40　1941年7月中山大学工学院教职员名册。名单中虞炳烈还在册；还有化工系教授罗雄才、李敦化和曾广弼等名字，他们在1936年合作翻译日本内田俊一的著作《最新化学工业大全》[1]（藏于广东省档案馆）

---

[1]　Http://new2.sysu.edu.cn/new01/1344033.htm
[2]　广东省档案馆档号020-003-111-57~58件-187~192

系主任徐学澥，澄海人，1930年在美国获得机械设计专业和西洋画专业双硕士学位，解放后是华南工学院三位筹备委员会副主任之一。名册上化学系教授罗雄才也成为筹备委员会副主任，名册上土木系黎献勇讲师成为筹备委员会委员。李敦化和曾广弼在化工系任教，他们在1936年就合作翻译了日本内田俊一的著作《最新化学工业大全》。

在坪石办学期间，无论是文化教育，还是建设道路，师生们都为地方做出了贡献。坪石建设委员会需要中大土木专家参与坪石交通整理委员会，工学院派出刘士龙助教参与。

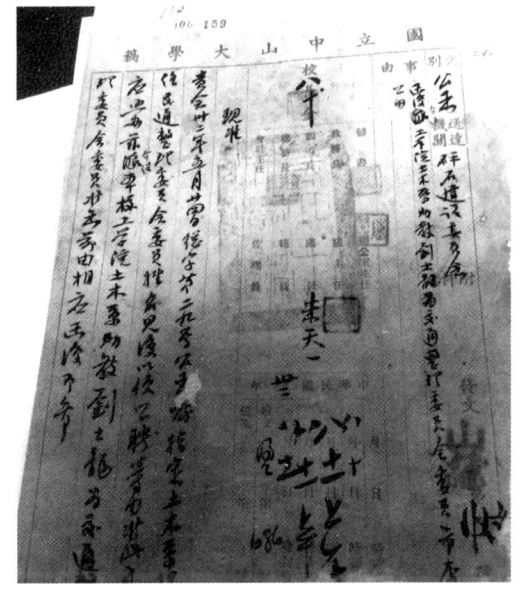

图1-41 国立中山大学工学院1943年8月派出刘士龙助教参与坪石交通整理委员会的函（藏于广东省档案馆）

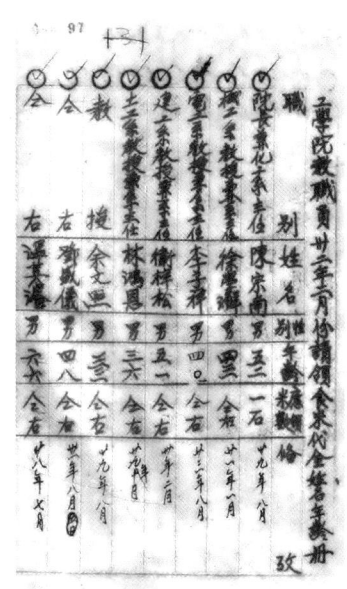

图1-42 1943年二月领食米的教职员名单。罗雄才没有列入，佐证此时他在兴宁开办兴宁工业学校，建工系教授兼主任是卫梓松（藏于广东省档案馆）

二、无法回到石牌的虞炳烈和卫梓松

勷勤大学办建筑学六年，国立中山大学建筑学专业在战火中生存下来至1952年共十五年，要感谢坪石新村村民提供了那已经残败仅剩两片山墙的建公系办事处遗址，广州石榴岗遗址、澄江古庙遗址然后就是新村遗址，毕竟时间有四年之久，石榴岗一年多，澄江一年多，它们的存在历史是承前启后"建筑红楼"的前因，方得后果。

留法回国的建工系主任虞炳烈教授的夫人路毓华女士在1942年工学院教师名册中，记录是担任法语讲师。一年多前，1940年5月6日在昆明护国路照相馆虞先生留下了一张全家福，写有"英勇抗战二年十月以来唯一的家庭照相"的题字，孩子"虞黎鸿6岁"。路女士戴着一副圆形的眼镜，着中国传统的女子服装，黎鸿天真地笑着，虞先生露出刚毅的神情。

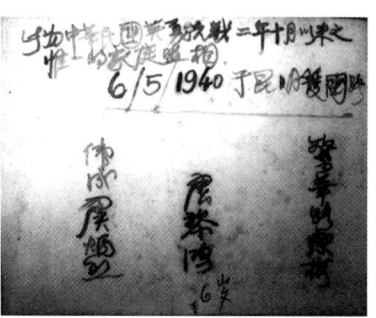

图1-43、1-44　虞炳烈先生全家福正面、背面（作者提供）

在坪石建筑学发挥作用，校园需要虞先生的设计和监工，第二任系主任卫梓松教授又继续担任校舍建设办公室主任，完成各项建设。1942年2月美术课室需要特殊家具，学院向校部申请了经费，3月17号制作完，3月25日建工系主任卫梓松教授申请向学院报告请求学校派人验收拨付，工学院院长陈宗南教授向张云校长写了报告，付清价款417元。[1]

卫梓松教授为台山人，1906—1909年就读于两广大学堂，1910年获举人奖叙[2]，1916年于北京大学土木工学系毕业后留校，其间于1919年出版了由蔡元培为之作序的著作《实用测量法》，1936年为北京大学地质学讲师。1941年入中山大学任教，当年冬接任为系主任，1945年当坪石被日军围攻时，因病未随学校大部队撤退被困，日军诱降不就遂服用大量安眠药自杀殉国。

这些文字最初来自哪里呢？中山图书馆馆藏有国立中山大学农林植物研究所保存的1945年12月至1946年2月的校报，1945年15日（星期六）油印的校报有一则"校闻"如下：题目为"卫梓松教授追悼会今日与死难员生追悼会同时举行"。内容如下：本校工学院教授卫梓松，广东台山人，自幼考入广东高等，以奖给优

---

[1]　档案号020-004-0224-146件-498~501，藏于广东省档案馆。
[2]　"举人奖叙"是废举人制度过渡的一种安排。

贡升入大学正科。民国肇再入北京大学土木系，毕业后历仕京奉铁路工程师，农商部技正，国立清华大学、东北大学及本校教授。本年三月三日坪石沦陷时，因病未及走避，被敌所困，宁死不屈，为国殉难，闻者惜之。现在本校定于今日上午九时在文明路旧址附小礼堂举行追悼抗战死难员生大会，及卫教授追悼会亦并同时举办。

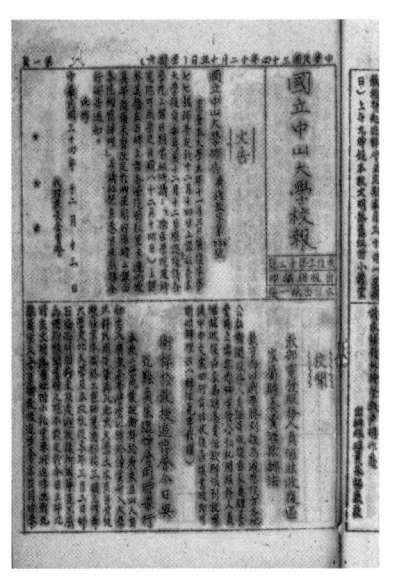

图1-45　国立中山大学校报中卫梓松追悼文（藏于广东省立中山图书馆）

上述文字中对卫先生简历的补充，重要的信息是卫梓松先生参加了京奉铁路的建设。查1922年4月16日民国政府公报，登有京奉铁路报交通部的文稿，报告该路专门人才办事成绩，成绩单上勤劳者有卫梓松先生名字，建议量才升职或者加薪。1922年，另一公报刊载卫梓松一批获得四等嘉禾章的奖励。1927年至1928年，卫先生在北洋大学任教，教的就是铁道工程。2015年，李秀明主编的《北洋大学校友口述录》有该校校友回忆道。东北大学校志对应上卫先生的简历中记载是农商部及实业部的技正。卫先生还担任过北京协和医院建设主任工程师，由此可见卫先生毕业后有丰富的实践经验。

2002年出版的《中国人名异称大辞典》载有：卫梓松（1888—1945）字蓿赤。广东台山人，国立北京大学毕业。曾任北平大学教授、东北大学教授、广东省政府技正。1945年，坪石沦陷被俘，服毒自杀。著有《实用平面测量法》等。从这段介绍得到的能够补充卫先生简历的重要信息是,卫教授曾经担任广东省政府技正,为国殉难时为57岁。

查民国广东省政府第八、九届委员会会议记录。第27项,主席提议:派卫梓松为秘书处技术室技正。请公决案。(决议)照案通过。

2004年出版的《黄汲清回忆录》回忆了1924年北京大学学习的情况,对朱家骅评价一般,对卫先生高度好评:平面测量由讲师卫梓松担任,讲得非常好,而且实习课程也非常实际,学生们真正学会了这门课。他还担任投影几何,也胜任愉快。

1918年在北京大学工本科任助教,1922年预科甲部任讲师,1924年卫先生在北大任教时的校长是蒋梦麟。1926年有记载卫先生在北师大任讲师,在北师大女师上图画。通过冯友兰先生的年谱分析,1930年卫先生在清华大学地理学系任讲师。东北大学校志的简介中,卫先生到东北大学任教前担任过北洋大学、北平大学农学院、工学院教授,1933年卫先生成为东北大学土木系教授。如此之多的学校任教经验,授课得到学生好评,这是我们对卫先生的新认知。卫主任在虞主任离开后不仅是系主任,还需要担任学校工程组主任、校舍建筑委员会委员,换言之主持基建工作。

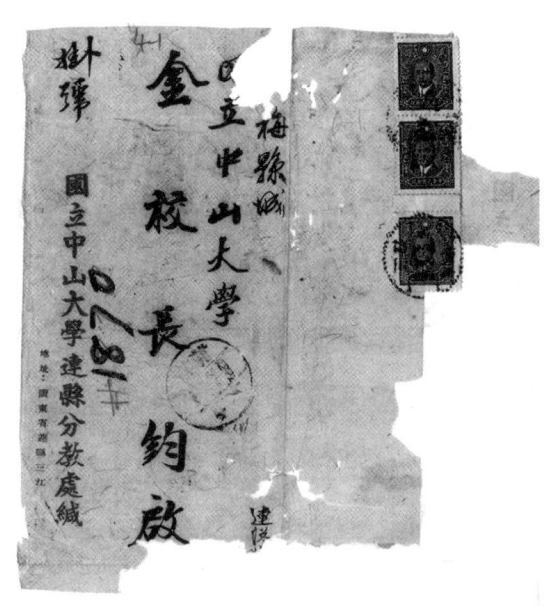

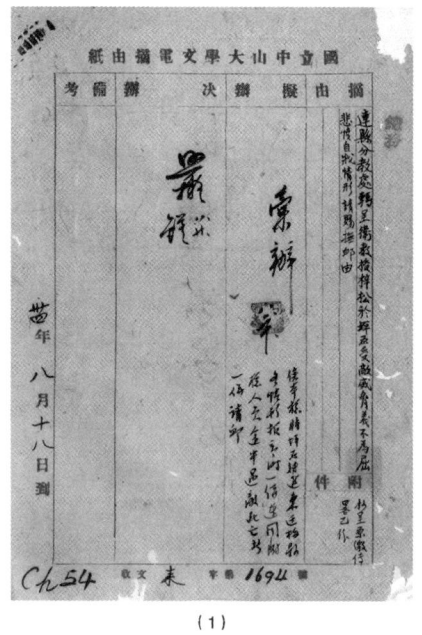

(2)   (1)

图1-46　国立中山大学连县分教处关于转呈卫梓松教授受敌威胁不屈悲愤自戕情形请予抚恤等情的呈及附件(中山大学馆藏部提供)

卫夫人曾子砺介绍丈夫的函件还保存着，卫梓松先生结婚40年的太太曾子砺，1945年4月给校方的函中记载了卫先生最为详尽的从教历史，1941年2月校长张云聘任开始任担任中山大学工学院建筑工程系教授及主任至殉国，先生13岁从英国殖民地威多利埠回广东，在1913年8月从广东赴北京大学读书前，曾在广东省立女小师范、台山县立中学任教员。在北京大学毕业后留校，在北京曾在北京大学、清华大学、北洋大学和国立北平师范大学等多所大学任教。1936年首次离开北京，往西安的东北大学任教授，1937年回广东时为暑假，被曾校长聘为广东省立勷勤大学教授兼土木科主任，也兼国立中山大学讲师。1938年沦陷后流寓居香港、佛山，1940年11月往韶关被聘为民国广东省振济委员会委员和广东省政府技正。为国殉国后的第二天3月21日葬于坪石附近山岗。

三、在新村的建工系

坪石办学的前一时期是云南澄江时期，1938—1939年度建工系主要教师是：胡德元、黄玉瑜、胡兆辉、刘英智、黄维敬、黄适、吕少怀、黄宝勋、丁纪凌。

这批先生中黄玉瑜先生最早离开人间以身报国，他是首位美国MIT建筑系中国留学生，1902年出生于开平，9岁在香港读教会学校，1913年随格林女士远赴重洋抵达西雅图，1923年进入麻省理工学院建筑系学习。回国是应林觉民所邀请，参加南京规划《首都计划》的编制，计划书中多幅插图均出自其手。1930年回到广州，居住于培正东路2号，设计了若干公共建筑。1938年进入中山大学建筑工程系任教，后被选上参加云南的军事设施建设，1942年考察军事设施云南保山测绘选址，准备建造中央飞机制造公司，在现场准备为收集设计信息时被日军所炸，为国殉躯。

而时隔十年，建筑系两任系主任，最初的勷勤工学院建筑系开创者林克明和抗日战争建筑工程系坪石阶段的领导者虞炳烈均是同期留法学生。1921年至1946年在里昂的中法大学一共有473名学生在此注册预科教育，再推荐到里昂市的高等学校。此地为军营圣侬雷内堡。他们两位均是按此路径进入完成学业。从1941年7月31日所造的工学院各系主任名册上可以找到"建工系教授兼主任虞炳烈"的记载。

番禺人金泽光教授是1932年法国巴黎土木大学毕业，回国进入勷勤工学院，

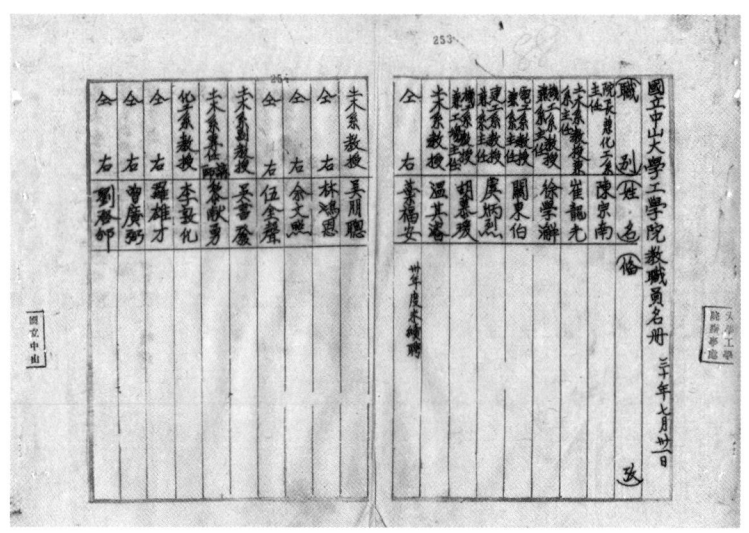

图1-47　1941年7月31日编制的工学院教职员名册，记录有"建工系教授兼主任虞炳烈"（藏于广东省档案馆）

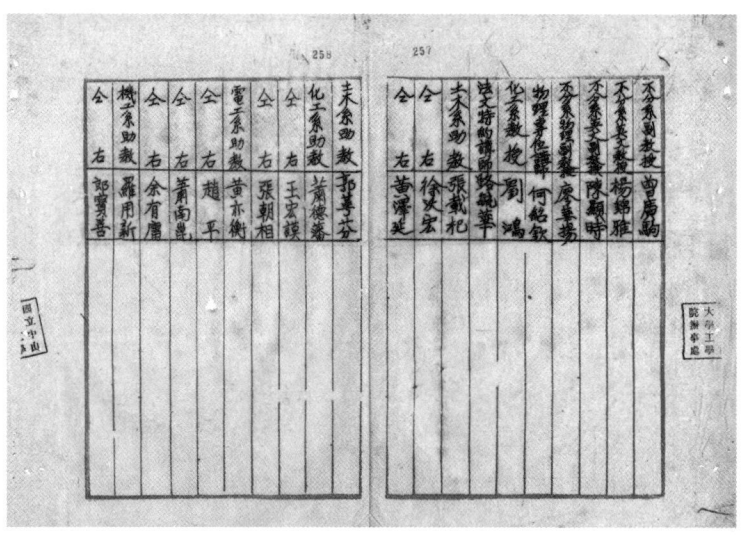

图1-48　1941年7月31日编制的工学院教职员名册，建工系主任虞炳烈教授的夫人路毓华女士是左数第4排，担任法语讲师；还有章翔教授、卫梓松教授、金泽光教授、丁纪凌副教授、刘英智副教授，依次为左数第5栏、第6栏、第7栏、第8栏、第9栏（藏于广东省档案馆）

随转中山大学建筑工程系,一直在1941年的名册上,解放后任广州设计院副总工程师。廉江人刘英智出生于1903年,1936年毕业于东京工业大学,进入勷勤工学院,随转中山大学建筑工程系,坚守至华南工学院建筑工程系。但后期的情况少有人对这位长期主讲外国建筑史的前辈进行研究,等到2004年中山图书馆新建馆舍时准备拆掉"北斋"时,建于1946年四合院式中山大学教师宿舍的历史建筑"北斋"的设计师刘英智才又重回公众视野。

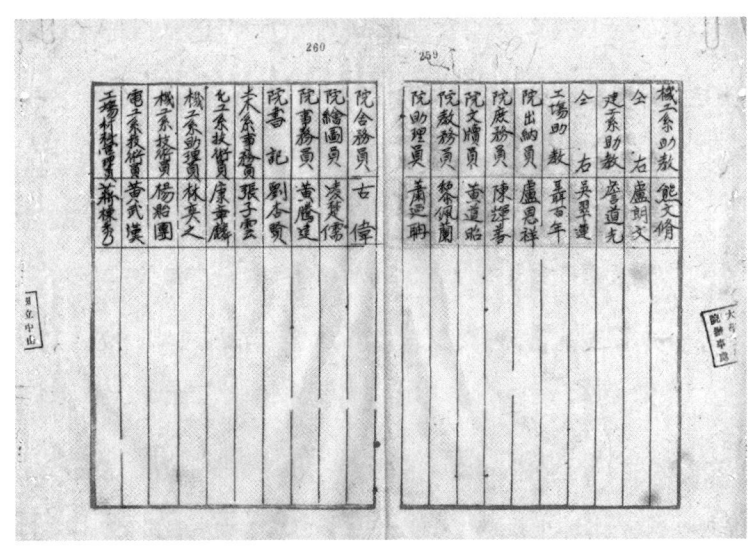

图1-49　1941年7月31日编制的工学院教职员名册,登记有建工系詹道光、吴翠莲助教,分别为左数第3栏、第4栏;该名册还包括有技术员、工场助理、院绘图员等职工(藏于广东省档案馆)

詹道光、吴翠莲为40届毕业生,马上留校。后有1941届的学生卫宝葵也毕业后马上留校。

此名册包括化工系、土木系、机工系、电子系和建工系老师,也包括非分系的老师,如英文、法文教授,以及职员如舍务员、绘图员和技术员。

此时,在坪石任教的还有一位重要人物是符罗飞(1897—1971),他1908年开始在南洋、马来西亚、日本漂泊谋生,1922年在上海美专学习,1926年加入中国共产党,1929年到海外留学,包括那不勒斯陶器工艺学校、罗马皇家美术大学研究院。1931年任意大利东方学院中文讲师,1938年归国投入抗日救亡运动。1942年进入中山大学建筑系任教,1949年为美术教研室主任,是最重要的建筑系教学阶段,1971年12月病逝。

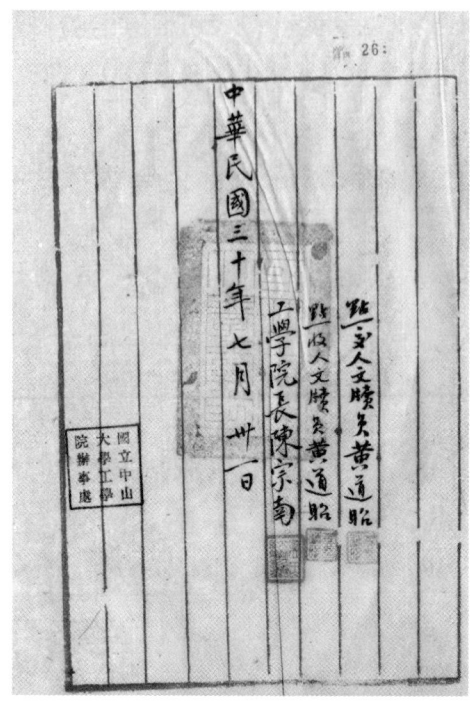

图1-50 1941年7月31日编制的工学院教职员名册有工学院院长陈宗南签字（藏于广东省档案馆）

图1-51 符罗飞作品《农妇和牛》，创作于1940年，粉彩画（藏于广州艺术博物馆）

第一章 颠沛流离的迁徙：国立中山大学

坪石工学院本部在三星坪，三星坪安排为机、电两系，对岸的新村为土、建、化三系。

建筑工程学系教师名单如下：卫梓松为教授兼系主任，教授分别是金泽光（停薪留职）、刘英智、李学海。副教授仅钱乃仁一人，讲师为黄培芬，助教为区国恒、卫宝葵、吴锦波和沈执东。卫梓松、刘英智等均是坚守者。三星坪和新村有比较好的民宅，因为较长时间有人居住，靠近江边，估计这里就是女生租借的宿舍。1941年建筑系毕业生14人，1942年建筑系毕业生13人。坪石开始有了建筑人才产出了，尽管不多，但对中国现代建筑的发展意义重大。

图1-52　坪石三星坪国立中山大学工学院本部（作者绘制）

045

第七节 武阳司的法学院

法学院最初的情况于1941年出版的《国立中山大学学生手册》和《中大向导》有介绍：

法学院在坪石东南十五里之遥，住户百余家的武阳司。一切建筑，无论式样怎么新颖，材料几乎就是铁钉，这种简单化经济化的作风，是抗战后的新型。只要抗战，只要把二十余年来，青年们牺牲奋斗争取到手的抗战坚持下去，只要把日本鬼子赶出去，这穷乡僻壤的山庄，这简陋的房舍，反比战前的高楼大厦舒服得多，痛快得多，青年毫无怨色。全院600余人，在这个数目中以经济系居多。

法学院院长黄文山

法律系主任余群宗 政治学系主任任启珊

经济系主任王亚南 社会学系主任胡体乾

在此任教的还有梅龚彬、王亚南、胡体乾等著名教授。

一、马克思经济理论家聚首的武阳司村

王亚南是《资本论》的翻译者，在经济系讲《资本论》。1943年英国现代生物化学家、科学技术史专家李约瑟，在坪石与王亚南进行了两次长谈，促使王亚南写下了《中国官僚政治研究》一书。在1943年出版的现状介绍，对各学院均有校舍的记载，武阳司村虽然面积小，法学院仍建有篮球场两座，一座在山顶，一座在河边。在粤北深林中传播马克思主义的理论家，山区的小村庄《资本论》在中国有了大讲坛，冒着轰炸机炸弹危及生命危险授课的教授们：王亚南、李达、梅龚彬和在连县的郭大力。

郭大力1957年在中央党校加入中国共产党，王亚南也是1957年在厦门大学加入中国共产党，当时无论是中山大学还是广东文理学院均实行聘用制，离开学校更多的是因为林励儒的离开，王亚南也是自己想更新环境而离开。陈其人先生是在坪石完成部分学业而回到石牌的学生，他的纪念文章写到王亚南1946年暑假回到中山大学补课，到广州先住爱群大厦对面的平价小旅馆，当问人家中山大学在

哪，方知在石牌，徒步从荔湾拎着行李走至石牌，这是在1940年任中山大学教授之后，第一次到中山大学石牌校园。未到过石牌先知坪石的教授中王亚南是其中一位，后来的学者们大多是臆想。1941年《中大向导》的名师介绍就介绍王亚南是翻译研究卡尔的理论的新经济学家，李约瑟的回忆录写到王亚南住处有马克思著作，研究者和党员是不同身份。

王亚南的同事和学生还有许多需要进一步研究，包括：

陶大镛，29岁，曾在《经济科学》发表文章，《资本论》研究会原副会长，民盟中央副主席，北京师范大学经济学院名誉院长。

胡耐安，45岁，当时已经有著作和文章，《中国民族志》《说傜》《粤北之山排住民》，台湾政治大学政教系任教，1977年去世。

刘求南，42岁，1942—1944年政治系主任，后于1951至1955年在台湾台东大学校长。

雷荣珂，1939年6月加入法学院聘为教授，曾任政治系主任，回到广西，曾担任南宁市副市长，雷先生对历史做出重大贡献，他是致公党党章的起草人。

在小小的武阳司村，就集中了民革、致公党、民盟众多的重要创始人，此乃统一战线的萌芽之地。

二、王亚南在武阳司村《中国经济原论》

《中国经济原论》专著初稿当年是在坪石的武阳司村教学中孕育形成的，在抗战胜利后才出版，是战火中王亚南先生对中国社会经济思考的结果，它们今天仍然是中国经济学学科的奠基之作。

王亚南先生虚怀若谷，在不同时期出版的序中均提及中山大学师生的帮助，特别讲到法学院院长胡体乾和经济系主任梅龚彬。《中国经济原论》开始诞生时是写了三万字的绪论，1945年准备在桂林文化供应社出版，纸版做好了，但因桂林沦陷而搁浅，后来在第二年由福建经济科学出版社[1]出版，在序中再三强调是在中大课堂被不断地询问的结果，是任教期间发表的几篇重要经济学文章移植，包括在坪石形成的《中国古代官僚制度研究》均成为不朽之作，至今仍然是奠基之作。

---

[1] 王亚南著：《中国经济原论》，商务出版社，2014年，第5页。

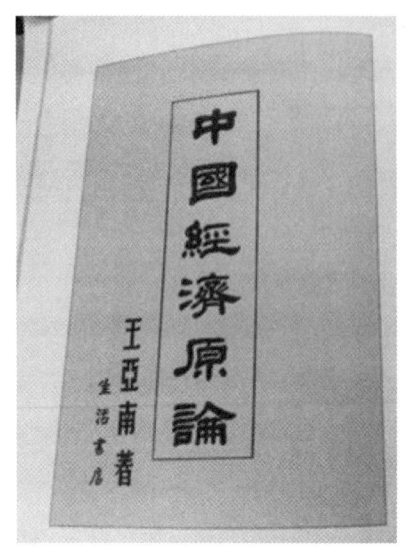 

图1-53 王亚南所著《中国经济原论》[1]
（作者提供）

图1-54 见证王亚南先生在武阳司村勤奋著述和教学的法学院炮台遗址
（曾宪川提供）

三、"野马轩"奔腾的思绪

王亚南先生在坪石武阳司村的住所他自己封了一个名号，称为"野马轩"，到了厦门大学任教，依然称自己的居所为"野马轩"。生活的清苦和教学条件的简陋非但没有阻挡王亚南文思泉涌，更显在中国抗日战争最前线的大学中山大学的坪石情感。王亚南写的"留给中大经济学系同学一封公开信"，是1946年11月5日在厦门大学任教时，想念在中山大学的日子而寄给《每日论坛》的编辑后公开的，在寄给编辑的信落款处是厦门大学海畔"野马轩"。王亚南在坪石度过了他学术生涯重要的四年多，依公开信提及他在中大任教时间前后快七年，离开了中大是因为对厦门大学有承诺，一处久待对文化社会传播不利。

《在中国经济原论》的序言中他自己提到中山大学的同学同事对他的帮助。王教授是很有情感的人，他对最前线的大学的情感，来自特殊的战争区位环境，认为"战争是骇人深省的有力因素，战时的许多社会现象，会帮助我们认识那些隐伏在表象后面的有关社会本质的东西。但假使我留在其他地方，或者留在其他

---

[1] 王亚南著：《中国经济原论》，三联书店，1950年出版。

大学，恐怕会是另一结果吧！"[1]

1941年在武水坪石的武司村，一批早期马克思主义理论传播学者聚在一起，黄文山任法学院院长，出生于台山，黄兴先生的女婿，《新青年》的主要撰稿人之一，笔名为凌霜、兼生，在北京大学读书时加入北京的共产主义小组，但在11月就退出，1942年3月离开上重庆。[2]

李达，1920年在上海参加共产主义小组，因在1922年与张国焘观点矛盾而退出，1941年也来到法学院任教。

图1-55　位于当年王亚南讲学和生活的武阳司村的法学院旧址的历史建筑（作者绘制）

王亚南在公开信中对中山大学学子寄予厚望，临别赠言是希望发挥自学的精神，自学不要忽视共学的重要性，自学与自由研究联系起来，从自学中找到最有效的研究方法。"至若从事理论研究者，容易犯那种与现实脱节的毛病，那是一般人所知道的。我个人，研究经济理论，我就随时警惕着，怕我自己的研究带有

---

[1] 夏明力、杨双利编：《中国近代思想家文库——王亚南卷》，中国人民大学出版社，2015年，第484页。
[2] 赵立彬编：《中国近代思想家文库——黄文山卷》，中国人民大学出版社，2015年，第503页。

讲坛式的书院式的倾向。"[1]

四、武阳司的相聚与思想交流

20世纪50年代中国科学院学部委员包括了哲学社会科学部的学部委员，坪石先生王亚南就被聘为学部委员。王亚南在坪石国立中山大学法学院教的经济系课程，每周上的课程是经济思想史、中国经济史、经济学和高级经济学，分别是经济思想史是每周两小时，其他课程每周均是三小时。登记表上写明他是1940年8月到校，比梅龚彬早一年。在1944年填的表格上填写的年龄是43岁，上年度的著作及研究成果是《经济科学丛论》和《中国经济原论》，《中国经济原论》分为九篇，包括导论、中国半封建半殖民经济的形成与发展、中国社会的商品与商品价值形态、中国社会的货币的形态、中国社会的资本形态、中国社会的利息形态与利润形态、中国社会的工资形态、中国社会的地租形态和中国社会的经济恐慌的诸表现。在坪石的油灯下武水畔，王亚南先生提出了具有中国国情的"中国经济学"的框架，对中国经济学做出了重大贡献，其中有对马克思《资本论》的借鉴。

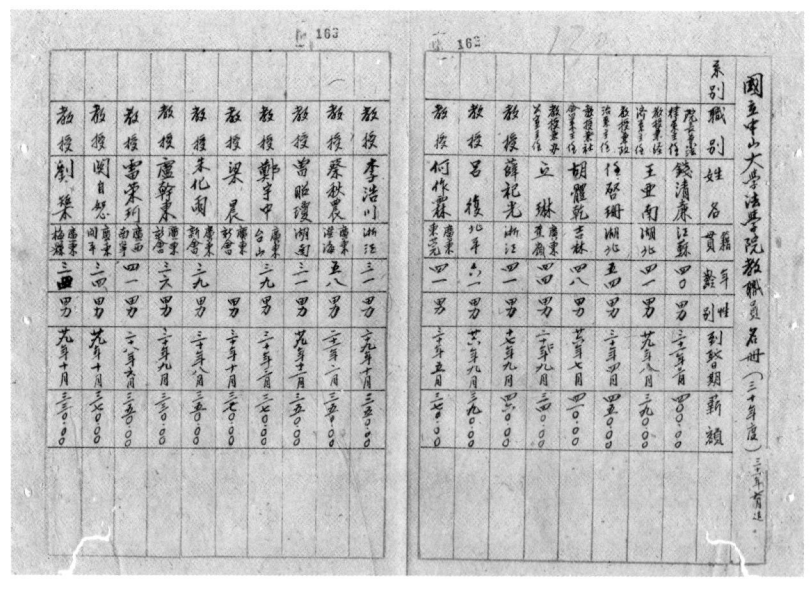

图1-56　1941年国立中山大学法学院教职员名册（藏于广东省档案馆）

---

[1] 夏明力、杨双利编：《中国近代思想家文库——王亚南卷》，中国人民大学出版社，2015年，第487页。

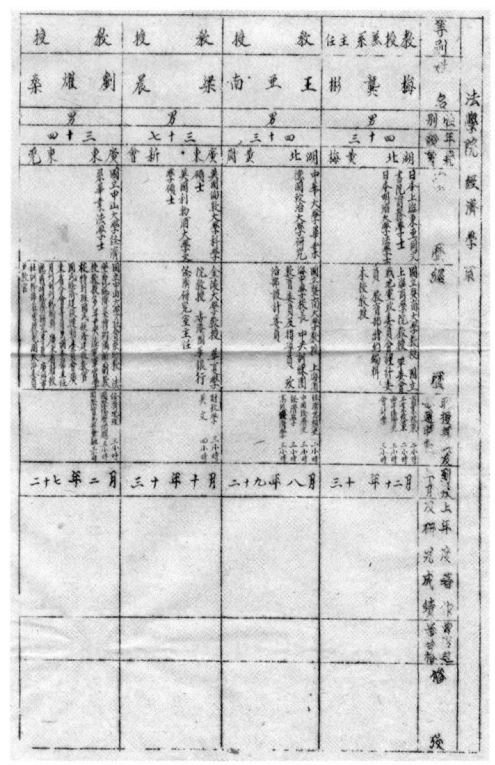

图1-57 1944年国立中山大学法学院教授梅龚彬和王亚南的登记表[1]
（藏于广东省档案馆）

王亚南先生表格上的经历写着国立暨南大学教授、上海滨海中学校长、中央训练团教育委员及指导员、政治部设计委员。王亚南与梅龚彬教授同岁，梅先生任主任兼教授，黄梅人；王先生任教授，黄冈人，两人均有在暨南大学担任教授的经历，更关键是政治观点的一致。王亚南来到坪石执教之前一年，1938年8—9月与郭大力多年合作翻译的马克思《资本论》，克服千难万苦由读书生活出版社出版，此翻译巨著由郭大力开始，王亚南后来加入，作为一名刚刚翻译完此巨著的经济学家并成为教授登上大学讲台，坪石是第一站。1933年他对德国和英国有实地的考察，表中填写学历一栏中写着德国政治大学研究，对马克思主义理解的权威性可想而知。巧合的是1940年秋，郭大力受邀到粤北连县广东文理学院教书。

1940年至1945年在坪石办学期间，法学院在武阳司，离坪石老街较远，现在仍然保留部分历史遗迹，仿佛能看到王先生登上码头步级的身影。

---

[1] 广东省档案馆档案号020-003-0111-046件-129~133

五、《梅龚彬回忆录》中"坪石教书生涯"

1964年国庆节,时任全国政协副主席陈叔通,赋赠时任全国政协副秘书长的梅龚彬夫妇的诗告慰曾经的"坪石教授":

> 昌明运会同欢跃,淡泊生涯自宠珍。
> 难得妇贤兼校职,外家有母侍昏晨。

坪石在抗日战争的烽火中的岁月,许多先师在回忆录中是无法省略的一章,《梅龚彬回忆录》中"坪石教书生涯(1942.1—1945.10)"是重要的一节,重温一下梅龚彬教授在坪石的授课回忆:

> 1941年底,我在桂林接到王亚南从坪石寄来的信,得知中山大学决定聘用我,立即向李济深辞别,赶赴坪石报到。当时,王亚南是中山大学教授,还担任经济系主任。按常规,大学是在暑假前发出聘书的,我却在寒假前接到聘约,除了老朋友王亚南大力帮忙外,蒋光鼐为我写给中山大学校长许崇清的推荐信,肯定发挥了作用。
>
> 按聘约,我从1942年1月起在中山大学法学院经济系任教授,承担经济政策和西洋经济史两门课程的讲授。我抓紧寒假时间突击编写讲义,新学期一开始就登上了讲台。
>
> 在教书之余,萦系在心的是我的组织关系问题。廖承志被捕后,我日夜盼望着新的联系人前来和我接头,可是,一直未见党组织派人来粤北找我。我想,组织上暂时不派人来,就是要我在中山大学扎下根,长期坚守岗位。在校教好书,广交朋友,就是我的任务。当时校内国民党、三青团的活动很猖獗,我团结那些倾向进步、学识渊博的教授,在抗战时期粤北僻壤极为困难的条件下搞好教学,这样就能以正压邪,使不学无术的反动教授相形见绌。进步教授在学生中有威望、受欢迎,反动分子无法排挤我们。
>
> 在坪石,除了努力教好书外,[1]我还经常举办讲座和召开座谈会,分析和议论时局,解答大学生对中国和世界反法西斯战争时局最关心的问题,帮助

---

[1] 据梅龚彬的学生回忆,梅龚彬经常在课堂上讲马克思主义政治经济学原理和社会发展史,很受欢迎。

他们消除恐惧心理，鼓励他们抓紧时间刻苦学习。

1944年，王亚南应厦门大学之聘而离开坪石去江西赣州，我接替他的经济系主任职务。当时，日本帝国主义为打通大陆交通线而疯狂进攻粤汉线，中山大学面临疏散问题，我这位新上任的系主任，第一件工作就是安定经济系师生的情绪并组织有条不紊的疏散。

1944年秋，进攻粤汉铁路线的日寇已逼近坪石。为打消人们的恐惧感，我在一次法学院召开的座谈会上作中心发言。我分析了华南抗战的形势，指出日本帝国主义侵略军尽管气势汹汹，却存在着兵力不足的根本困难。我说，日寇的兵力只能用于进攻交通线，而我们反倒有了回旋余地。这篇发言稿被高素文拿去，发表在赣州的《正气日报》上。

年底，坪石沦陷前，中山大学师生分东西两路疏散。东路去兴宁、梅县；西路去连县。我和法律系主任薛祀光教授选择了西路。因为我们的家属几个月前疏散去临武，而广东省的连县和湖南省的临武县是毗邻的。至此，我结束了坪石的教书生涯。

1944年下半年，我曾去过韶关一次，是张克明来信邀我去谈心的。张克明原在东江工作。曾因抗日活动而被国民党顽固派逮捕。我得知张克明被捕的消息后，即托蒋光鼐设法营救。张克明获释后，离开东江来到韶关，在广东省教育厅工作。他在反动分子黄书麟（教育厅长）手下工作，处境困难，心情很不舒畅。张克明的感受，我是完全能够理解的，因为我在重庆时也尝过这种味道。我鼓励他顶住，目前应为坚守岗位而忍耐，遇到机会就赶快离开。

1945年春节我是在临武家中度过的。春节过后，我和薛祀光等从临武步行一百多里山路赶到连县。当时，日寇的威胁尚未解除，山路时有土匪骚扰，幸好途中未遇意外，没有耽误授课。到达连县后，中山大学教务长邓植仪指定我担任法学院连县分院主任。连县的办学条件比坪石还差。但条件再差也不能糊弄学生。在我们的精心安排下，复课后，不仅补上了因疏散而造成的缺课，而且基本上保证了本学期的正常教学进度。

9月，抗战胜利，举国欢庆。我的妻子盼望着我回家看看，我却留在连县招生。10月，我和薛祀光被学校派往广州石牌，[1]参与接收原属中山大学法学

---

[1] 原书标注：中山大学的校址原在石牌。1952年，院系调整时，中大迁出，石牌校址划归华南工学院（今华南理工大学）和华南农学院（今华南农业大学）。

院的校舍，并负责安排修缮。

年底，我的家属也来到了广州。由于我没有尽到对家庭应尽的责任，在妻子面前深感内疚，感谢她对革命工作的支持和生活上对我的谅解和照顾。

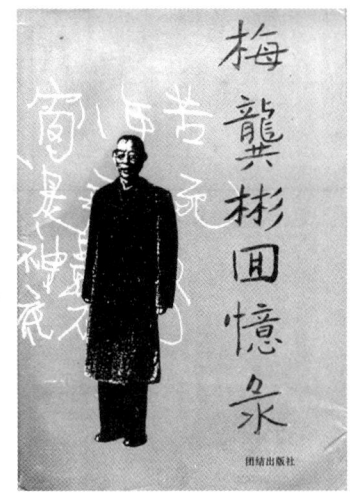

图1-58 《梅龚彬回忆录》[1]

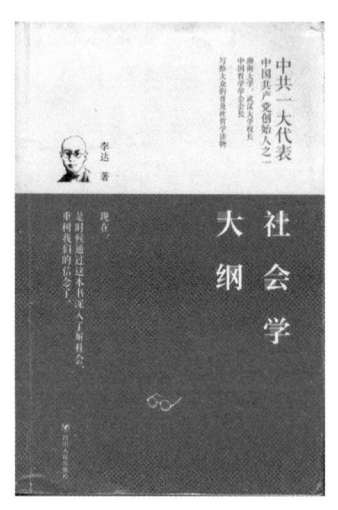

图1-59 李达著《社会学大纲》[2]

再看一看李达抵达坪石之前的论著，可以理解李达在武阳司村的授课内容。1939年李达出版了《社会学大纲》，在序中写道：

> 中国社会已经踏进了伟大的飞跃的时代，我无数同胞都正在壮烈的牺牲着，英勇的斗争着，用自己的血和肉，推动着这个大飞跃的实现，创造着这个大时代的历史。这真是有史以来空前的大奇迹！可是，战士们为要有效的进行斗争的工作，完成民族解放的大业，就必须用科学的宇宙观和历史观，把精神武装起来，用科学的方法去认识新生的社会现象，去解决实践中所遭遇的新问题，借以指导我们的实践。这一部《社会学大纲》是确能帮助我们建立科学的宇宙观和历史观，并锻炼知识的和行动的方法的。因此，我特把这书推荐于战士们之前。
>
> 李 达
> 民国二十八年四月

---

[1] 梅龚彬著：《梅龚彬回忆录》，团结出版社，1994年出版。
[2] 李达著：《社会学大纲》，1939年出版，第四版，2017年再版。

王亚南执教中大之前，与郭大力合译的《资本论》刚出版不久，1935年他出版了译著《欧洲经济史》，郭大力为他写序，两位的学术友谊是深厚的，对于两位经济学家更深入的理解，将郭大力为王亚南在1934年写的"序"照录如下：

亚南译乃特《欧洲经济史》，历时一年余，至第二篇第十一章，将出国，嘱我将未译的四章续完。我把它译完了，乃为之序。

《书洪范》八政，"一曰食，二曰货。"《汉书传叙》亦云："厥初生民，食货为先。"这样看，经济的问题，并不是自古以来就为人所轻视的。徒以历来士大夫奉传统的儒家思想，讳言利，经济的历史，几乎没有人过问。

鸦片战争终于把中国旧思想的堡垒摧毁了，国人始渐觉有讲求富国策的必要。经济上种种新的设施，先后模仿着成立了。斯密的伟大著作，亦很典雅的译成了汉文。但当时的人，把这些当做"危败之后"的救亡策，学的研究是谈不上的。斯密虽处处告诉人有研究经济史的必要，但这种研究迄未能发达。

在我国，经济史研究的发达，严格说，是唯物史观思想流入以后的事。按照唯物史观的说明，适合于物质生产力一定发展阶段的生产关系的总和，是法律政治与思想那种种上层建筑的真基础；前者的变化，会使后者或速或徐的发生变化；所以，社会的意识形态，须由物质生活的矛盾，由社会生产力与生产关系之现实的冲突来解释。这种思想，以最大的冲动力，要取一切旧有的思想而代之。在这种思想的冲动下，经济史的研究能为人所深深注意，乃是当然的。

人类社会历史的进行，有一定的法则与顺序，这已经成为一个没有疑问的真理。因为历史是循多方面进行的杂多的事实之系统的记载与说明，所以历史研究者应具有一种确定的历史哲学，亦是人所共知的只知搜集事实而不能探明历史上各种事实的关系的人，严格说，不能说是真正的历史家。

但我不是说，这种搜集者，对于历史的研究，是没有贡献的。他们的功绩，和历史哲学家的功绩，是一样的。我不过说，他们若能具有一种历史哲学来贯通那零碎的历史事实，他们所能有的成功，必较大于他们现今所有的。

不仅如此。我还觉得,一个没有公式的内容,从许多方面看,都比一个没有内容的公式更有价值。自唯物史观的经济进化的公式输进以来,研究者们太注意公式了。他们把经济现象看得太单纯了,把经济的发展看得太机械了。似乎经济史研究的工作,就止于套现成的公式,而表面上与公式不相容的事实是无须过问的。这是一个何等重大的误谬。不幸,这个重大的误谬,便发现与我们以求真为职志的人中间。中国经济史的研究尚不能有可观的成绩,固由于研究时间的短促,但套公式的习惯不除,研究的成绩决不会有可观的一日。我们应注意公式,尤应注意表面上与公式不能相容的事实。合于真理的公式,必能合于事实。注意表面上不与公式相容的事实,不是背叛公式,其结果乃是加强公式的力量。

总之,无论作为思想的根据抑当做未来行动的方针,经济史的研究都是重要的。任何一种学问的目的,皆在于使表面上无关系的事实关联起来,使表面上不联贯的事实联贯起来。经济史的研究的目的,亦是这样。一种确定的历史哲学,进言之,一种有概括性的历史进化观,当做贯通历史事实使它们发生关系的手段,是必要的。但我们,直接所求于历史,不是这种手段,而是历史的本身。我们若以历史为预料未来的手段,历史哲学便不过是手段的手段。

1-60 《欧洲经济史》(美)乃特(Knight)等著,王亚南译[1]

---

[1] 2016年翻印。

像著者序中所自白,这部《欧洲经济史》的目的,不在于介绍任何一种根本新的哲学。著者虽承认历史的联续性,知道工具是进步最重要的动力,大体说来,不能说是没有历史哲学,但本书最重要的特色,还是对于数千年以至今日欧洲经济生活上的事实,有扼要而精密的叙述。

"他山之石,可以攻玉。"这部《欧洲经济史》,对于以不同方法研究中国经济史的学者,或不止有仅小的帮助吧。

郭大力
一九三四年十二月

第八节　农学院的实践基地：乐昌演习林场

1940年，农学院从澄江迁回粤北，北江稻作试验场发挥了很大作用；1941年春，受农林部委托，农学院在曲江县创建了"农林部西南作物品种繁殖场"，时任农学院院长的丁颖教授亲自任场主任，赵善欢、王仲彦、林亮东等教授兼任技正。

林亮东教授于1939年7月在澄江时期，因作为学生宿舍导师向学院反映了学生第三宿舍容量不够，正好所在之处的归马乡的小学有搬到该村下寺的想法，与村民商量可以补给100元修缮下寺就让出小学校舍，解决学生住宿问题，从信中得知在澄江时期，农学院学生为190多人。7月6日院长邓植仪批准了申请。

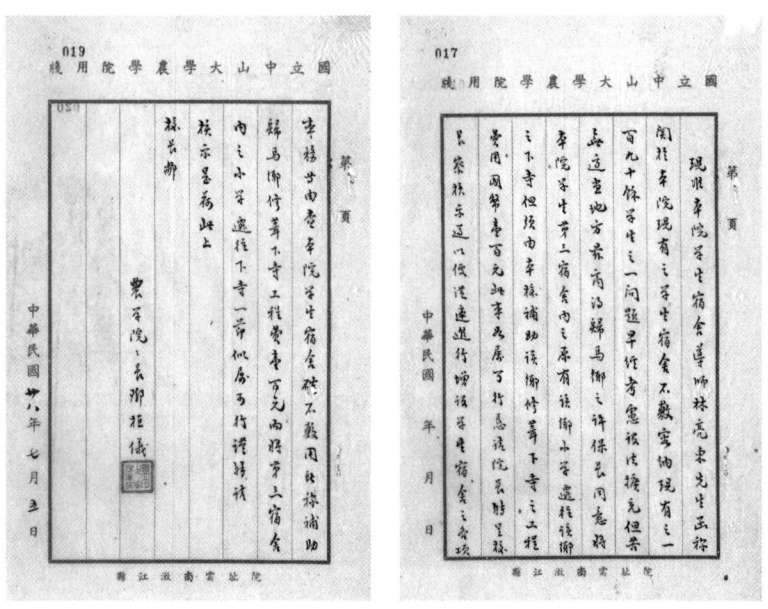

图1-61、1-62　1939年国立中山大学农学院关于准予拨款修葺马乡下寺并将第三宿舍内的小学迁往该处以增加学生宿舍容量的函（藏于广东省档案馆）[1]

---

[1]　国立中山大学关于请求准予拨款修葺马乡下之寺以便将第三宿舍内之小学迁往该处的函，广东省档案馆档案号为020-003-176-18件-055~058。

农学院在国立中山大学各院中，最早在乐昌开辟教学阵地。1938年，中山大学农学院的师生在乐昌细梨开辟林场，开拓者为侯过教授，学生中参与种植的同学徐燕千同学后来成为华南农学院教授，仍然可以辨认出当年的树木。细梨演习场成为国立中山大学坪石校区的第一个办学点。三年后建了一处办公楼和一处宿舍，1943年的《中大现状》有记载。关于演习林场，书中写道：本校演习林有二，俱在乐昌。一名九峰燕居山或称沿溪山演习林，一名武水演习林，前者开办于民国二十五年，停办于民国二十七年。广州沦陷之后，后者开办于二十七年春季，旋因广州失守而停顿。民国三十九年本校迁回粤北，武水演习林因交通管理之便利遂恢复业务。而燕居山演习林，因为经费无着落，没有复业。武水演习场位于乐昌治之西北，即粤汉铁路永济桥，车站两岸之荒山。林地为莫家寮之杉木和细梨坑之桐杉木。演习林场办事处设立于细梨坑，建有办公楼和宿舍各一座，长驻林工十六人。

1943年《中大现状》写到校园环境和人物的变迁的故事。如体育场地，本校有十三所，三星坪附近有全校性的大运动场。1941年通电话，农学院1942年才通电话，在农学院与坪石之间每周有两次班车，农学院在栗源堡，离坪石较远。

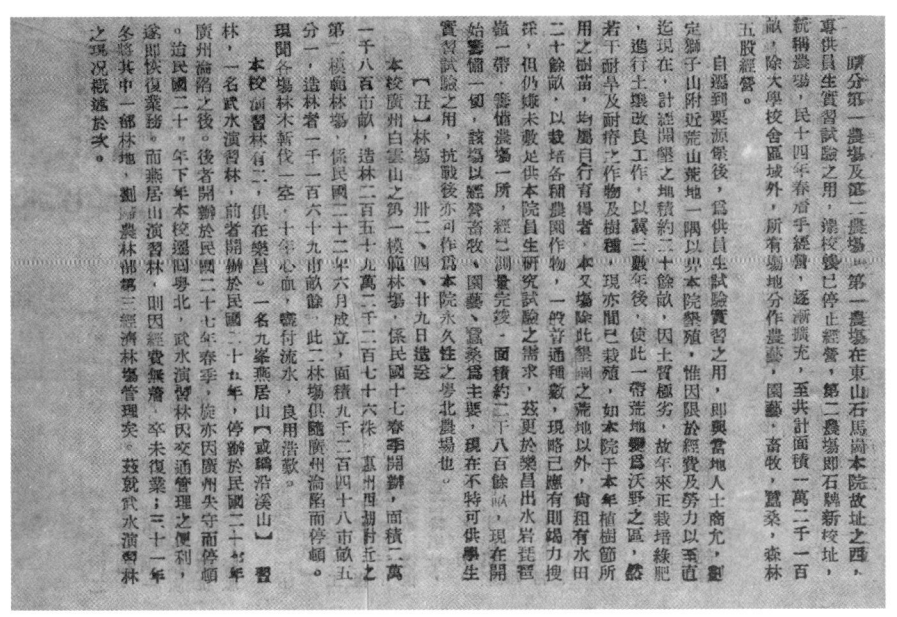

图1-63　1943年《中大现状》中关于演习场的记载（藏于广东省立中山图书馆）

第二章

广东省立文理学院：林砺儒主政

许瑞生

1938年是充满变数的年份，广东省的大学一边迁移，一边解体重组，名字不断地更新。1939年9月勤勤大学在云浮春岗山顶搭棚上课一年后转迁罗定，留下一批化学仪器和教学设备送给云浮中学。[1]

[1] 云浮市政府：《省内各类院校在云浮办学迁徙调查报告》，2019年。

第一节　勤勤大学解体后的学院

1932年，林克明先生创建建筑学专业于勤勤工学院，是中国最早的建筑学专业之一。勤勤大学更名后，在广州石榴岗建设新校区，林克明带领建工系老师设计规划包括教育学院、工学院和商学院和配套设施完成，1936年落成。

广东省立教育学院于1938年8月7日签发函告教授、家长省府已经通过勤勤大学独立并任命林励儒为省立教育学院院长的函件，发文内容主要是勤勤大学教育学院独立为广东省立教育学院，任命林励儒为院长，在梧州的办学照旧，同时附上了省务会议通过"改组勤勤大学以资整顿而节省经费案"的抄件，抄件内容如下：

改组勤勤大学以资整顿而节省经费案

查勤勤大学经费初由本省省库与广州市库共同负责负担，依照该大学原编预算已几占省库教育文化费五分之一，自市府停付辅助费以后，省政府独力维持恒感困顿。抗战军兴益形艰窘，该大学勉强支撑到至仅存形式，涣散支离无庸讳饰。长此因循终非善策。兹拟将大学彻底改组，以期整顿谨拟办法如左：

一、勤勤大学工学院各学系各年级学生一律着送中山大学工学院分别收容。该学院原有之建筑学系为中山大学所未设者，拟请中山大学暂予增设，乃由省库酌补津贴俾办至该学系学生全部毕业为止。

二、勤勤大学原有商学院拟改为独立学院定名为广东省立勤勤商学院以符纪念勤勤先生之本意，惟该学院现设学系略涉琐碎，拟着于下学期暂停招生以资整顿。

三、勤勤大学原教育学院为本省培养中学及师范学校教员之唯一场所，拟仍令续办改为独立学院定名为广东省立教育学院，为图充实内容，以期充分之发展。[1]

---
[1] 广东省档案馆馆藏档案档号21—21—1—003—21—0020—03

从此抄件可知工学院的被"收容"而幸存,而前途未卜的建筑学系学生全部毕业后停止补贴,将来的"面包"在哪儿?1938年8月,教育厅厅长许崇清、校长邹鲁致函教育部,报告建筑工程学系二、三、四年级由本大学收容,提出广东省教育厅为中山大学工学院因接收勷勤大学工学院,财政补助从原勷勤大学经费的省库原预算项中,从1938年9月开始补助每月"国币"3000元,逐年递减至1940年每月1300元止。[1]同时请求本年度能够招建筑工程学系一年级学生以便于衔接。

从两份档案的方向得到的结论:

1. 财政紧张,而民国广州市政府没有履行承诺,民国省政府独力难撑,导致勷勤大学无法再办下去;

2. 解散勷勤大学并非对古应芬有什么看法,商学院还是保留名字;

3. 在1937年成立的国立中山大学工学院没有建筑学专业,当时筹办者均是土木学科的人,可以补缺;

4. 建筑学的重要性未知,招多一年级凑够一二三四,以后是否办下去,没有肯定的答案;

5. 给勷勤大学工学院因嫁到国立中山大学的"陪嫁"的设备,日后要还给省里;

图2-1 勷勤大学教育学院旧址现状(广东省文物考古研究所提供)

---

[1] "国立中山大学关于送缴勷勤大学工学院在学生及休学生名册等事的呈",档案号020-004-978-014~023,藏于广东省档案馆。

图2-2 勷勤大学第三宿舍旧址现状（广东省文物考古研究所提供）

图2-3 勷勤大学工学院旧址现状（广东省文物考古研究所提供）

6. 财政补贴为过渡方案，三年后就自动取消，尽管每月这些钱仅能够聘请三名至四名教授；

7. 从1936年秋石榴岗校区开始使用，到1938年8月就解体，工学院在这里教学仅是一年多的时间。

1939年林励儒任广东省文理学院院长，广东文理学院代教育部电函发全国主要高等院校，从中可以找到各校的地点分布，重庆：中央大学，四川嘉定：武汉大学，宜山：浙江大学，澄江：国立中山大学，香港：广州大学、广东国民大学。

电文从粤北乳源发出，得到四点重要信息：一是可以将广东省立文理学院作为在粤北立足的最早高等学校。二是省立体育专科学校并入设立专科。在本人的分析中，省立体育教育学校应该是广州体育学院的前身。三是香港有许多广东因广州沦陷的学校。四是各高校均集中在西南远离战火的大后方，粤北包括乳源以及后来的乐昌、曲江均是离战线最近的地方。粤北除了国立中山大学，随后进入粤北，广东许多私立高等院校包括广东国民大学、私立广州大学、私立岭南大学先后同聚粤北。

看到1939年10月各校的办学地点，文中也同时将省立体育专科学校并入设立专科一并告知。该文档藏于广东省档案馆。

2000年前，连县就出现在长沙国的地图上，1973年长沙马王堆三号汉墓出土的公元前168年的三幅彩色地图，分别有地形图、驻军图和城邑图，绘制的范围包括了湖南、广东及广西部分地区，潇水、南岭在其中，县和乡的位置表现于图中，"是目前世界上发现最早且水平最高的地图"。[1]连县属于长沙国，为"桂阳县治"。

无论是物质上的供给，还是民房的租借，今天的学子不能忘记连县老百姓的默默奉献，废墟中我们仍然要寻找抗日救国读书的师生们的足迹，明白我们所谓的"百年名校"是从哪里来的。师范学校的重要性在20世纪20年代就被社会关注重视，广州市市立师范学校建于1921年，杜定友曾任校长。在复原过程中，合理甄别，勷勤大学教育学院附中前身是广州市立师范学校。

在敌伪时期重建的广州市立师范学校设立于西华路太保庙直街，抗日战争胜利后由广州市教育局接管继续办学，解放后与协和中学合并改为广州市普通师范学校。教育厅又及时进行教育资源合理调整，中学、师范和职业进行再分配，在东陂的粤秀中学迁址惠州改为惠州师范学校，抗战刚结束就开始这样的调整是科学而具有谋略的教育复员。此外，江村师范学院迁至番禺蚌湖为勷勤师范学院。抗日战争胜利后，广东省省立勷勤师范学校在1947年的教师名单中，担任重担的教师大部分出自省立文理学院，包括前身的省立师范学院，如该校教师黎起大、张仲熙、车乘会等数位老师，或者是中山大学师范学院，如潘源欲、张谦让等。广雅中学、市立师范学校也是同一状况，东陂对教育工作者的培养，成就了抗战后教育的复苏。

---

[1] 李兆良著：《坤舆万国全图解密》上海：上海交通大学出版社，2017年，第2页。

第二章　广东省立文理学院：林砺儒主政

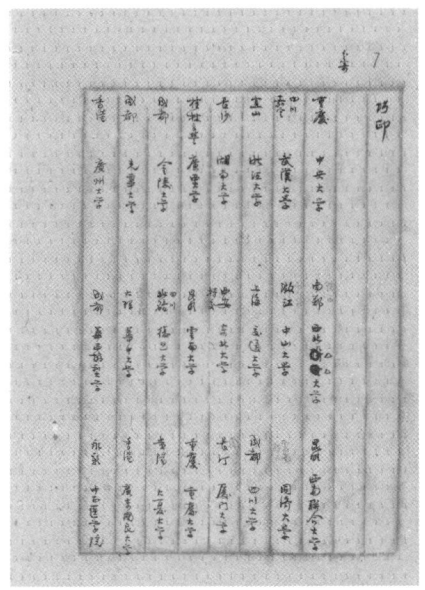

图2-4　1939年10月广东省文理学院代电告全国主要高校关于林励儒先生任院长的电函稿。主要内容包括广东省立文理学院设立文史、理化、生物和社会教育四科，附设体育专科；各校的办学地点（藏于广东省档案馆）

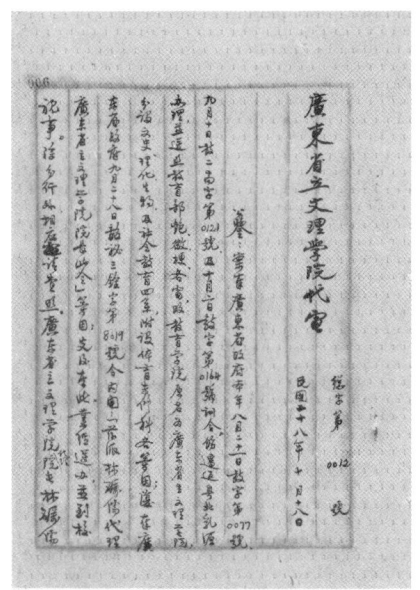

图2-5　1939年10月广东省文理学院代电告全国主要高校关于林励儒先生任院长的电函稿。主要内容包括广东省立文理学院设立文史、理化、生物和社会教育四科，附设体育专科；各校的办学地点（藏于广东省档案馆）

图2-6　作者翻拍长沙马王堆出土的地图
（原物藏于湖南省博物馆）

第二节 在秦汉古道的教育家

一、张栗原先师与《恩格斯传》译稿

林砺儒是广东教育学的权威，1941年虽然离开文理学院，但他的教育理念影响着一批教育工作者，附属中学的意义是研究普通教育法，以图教育进步，这一理念在今天仍然有现实意义。解放后曾任北京师范大学校长、教育部副部长。东陂留下他的足印，因为他的影响力，吸引了众多中国著名学者来到东陂任教，1948年文理学院共有在校学生643人，文科421人，理科222人。

再次寻觅藏在文献记录中的1939年至1942年省立文理学院在连州秦汉古道旁的东陂镇办学的历史场景，而又逐步清晰。抗日战争"学术抗战"的情景仿佛在眼前，秦汉古道又见林砺儒、郭大力等大师的身影。1939年底，林砺儒任省立文理学院（华南师范大学前身）院长，聘请国内众多著名学者任教，其时省立文理学院在东陂镇租借村民的祠堂办学，包括"双桂坊""黄尚书祠"等坐落在西塘村、塘头坪村等历史建筑，传出名师上课的高亢声音，郭大力先生就是其中一位，他于1939年应林砺儒之聘来到东陂，边教书边翻译马恩著作。为还原历史场景，现全文摘抄郭大力在编译《恩格斯传》时所写的序：

> 这是一个思想家的传记。在写这本传记时，我所根据的，是柏林大学社会民主党史教授古斯达夫·梅尔（Gustav Mayer）所著的Friedrich Engels： A Biography。原著是1936年在伦敦出版的。
>
> 我在1938年第一次见到这个原本，因为友人郑易里在上海书店里买到了这唯一的一册，并愿意赠送给我。他赠我时，问我有没有意思和时间把它译成中文。
>
> 次年我在故乡第一次把它译成了中文，但不幸，译稿寄上海，意外遭了损失。再过一年，我到了广东。我决心把它再译一遍。但后来我决定回故乡时，友人张栗原看见这一包译稿，劝我不要携在身边。这第二次的译稿，才留在栗原家中。不料我同他别后一个月，他就作了古人了。那包译稿就和他

的遗嘱一同遇了艰苦的命运。

这一个草稿，算来已经是第三次了。我不惜再三重新动笔，是因为这位思想家的生活，太使人敬爱了。他的勇敢，他的热情，他的谦虚，实在使人神往。同一工作的反复所以不致令人厌倦，主要就是为了这点。

可是，我这一回不能再是直译了。原著者在原本的序言上，有这样的话："二年前，我曾由海牙的马丁尼诺夫书店，用德文出版了一个《恩格斯传》，书分二册。在这个传记里，朋友俩的未曾发的遗稿，第一次有了刊行的可能。这个新传记，是我特别为英语的世界写的，所以我特别注意了恩格斯大半生住在英国的事实。"从这几句话看去，这所谓《新传记》，原不过是一个更大的传记的缩编本、改编本。现在，我与其第三次翻译这个缩编本改编本，自不如等待将来，有机会再翻译那个更完全的传记了。

还有，直译的书是比较不易读的书。在一个不懂外国语的人看来，直译的书还往往成为难解的。经典的著作，固不许译者自由，但像这里的著作，我是觉得，如果文字能够平易一点，那一定可以便利读者。就这一方面说，我原假定，我的读者有一部分是不识外国文字的。

最后，我必须声明，我除了决意要删去那些足以使文字显得累赘晦涩的文字，还发觉了，原著后半，尤其是关于第一次大战前夜的情形的叙述，完全是采取当时德国社会民主党的立场。我觉得，不酌量删改，是容易引起错误的。

这样，这个草稿就已经不是单纯的译稿了。

郭大力
一九四二年十二月

此序写于1942年12月，即郭大力先生离开省立文理学院返乡之时。文中"我到了广东"指的就是到广东省连县东陂镇省立文理学院任教，文中提及的友人"张栗原"当时也受林砺儒院长之聘在省立文理学院任教。文中还提到"缩编本""改编本""新传记"是相对古斯达夫·梅尔写的《恩格斯传》完整的传记而言。

图2-7 郭大力编译的《恩格斯传》[1]

二、林励儒先生的"只要抗战能够教育化，教育就必然地抗战化"

这一主张从林励儒写的《悼张栗原教授》一文中可以找到，摘录如下：

> 最近三年间，失掉两位极好的朋友：一位是仲衣，又一位是栗原。他们两位对于教育都有正确的认识，迥异乎时流，而又皆未及尽其所能地披露其所蕴蓄，至这一点已经是教育学术界的莫大损失。仲衣是一位青年运动的骁将，才华焕发，爽直勇敢，很容易得青年们爱戴。栗原则汪汪大度，至诚至明，感动青年们深而且久，确是一位导师，名副其实的导师。
>
> 八月十日晚上，我才回到连县县城，在旅馆见着文理学院事务主任杨寿宜君，他头一句话是："我出来三天了，为要赶来看张先生。""哪一位张先生？""是栗原先生。他住惠爱医院，昏迷好几天了，现在仅存一息。医师说结核病很深，兼有恶性疟疾，怕没有希望了。"十一日天亮，我渡江赶往医院，看见他僵卧病榻，只还有气息，连呼不应，夫人带着一个小孩在旁边流泪，据说那两个大的孩子留在东陂家里伴着祖母。当天我回去东陂，翌日接到电话，报道他长眠了。
>
> 前年和去年夏秋之交，栗原先后犯了两次咳嗽病，去年一次很厉害，只休息了三个多月。今年七月初旬，陈子明先生由东陂出来曲江，说来曲江

---

[1] 郭大力编译：《恩格斯传》，读书出版社，1948年1月出版。

那一天，他来为我送行，特托我给一个患初期肺病的学生冯桂森买药，那时他精神还好，断料不到潜伏在他自己体内的结核菌正在预备要他的命，我也料不到那回一别便成永诀。八月三日，他往连县就医那天，还留给我一封信，说：这回病不似去年，系主任职务势难继续，若是新任有意留他，只能应聘教席。可见直到那时他还不信自己会死。可是那封信已经是叫小孩代笔的了。

粟原的生死观是严正科学的，追悼他死去，一切流俗的诔辞挽诗都难适用。我回到东陂，对学生们报告他病危绝望的消息，大家都黯然沉默。这"黯然沉默"是最真挚不过的表情，远胜于言语，更远胜于文字。像我的手笔这样笨拙，要发表情感或追述一位亡友的人物，更有点不自量力。然而心里又觉得不能不写，只好想到什么，便写什么。

我和粟原真正订交，始自他来勷大教育学院任教席，那时抗战军兴还未久，学院迁在梧州，他直来到苍梧。开课之后，一个星期日，他来我寓所谈话，彼此交换教育的见解，很融洽，很愉快，直谈论了整个上午。那时使我想起初会仲衣时的情景，而又觉得他的言论更为精细深醇。现在试把当时谈话的结果大略回忆一下：

廿年来，我国教育学术界很热闹地输入舶来的教学方式或教育技术，如什么制，什么法等等，花样时时翻新，遂以为这已极教育之能事，粟原认为这现象殊不佳。他以为人类自文明大启，社会阶级形成之后，教育早变了质而为特权阶级保守原状之具。在我们中国这样长久地停滞于封建文化的社会，教育更显然是士大夫荣身之具，几乎习非成是，牢不可破。一个社会的原有文化若成了它自身生长的桎梏，在那里的教育就必然是自己麻醉，装点门面的勾当，无论仿用什么时髦方法，也不能尽其所应尽的机能。只有快到了革命的转变的前夕，人们才能看见几分教育的本质。我们若能透视教育的本质，便可晓得在数千年人类文明史里面，只有在革命轰轰烈烈的时期，教育才发挥了几分它所应有的功能。现代的教育学诞生于前世纪初期的欧洲，就因为那时民主革命四起。可是自从欧美革命成功之后，市民们代贵族地主而掌握了政权，又希冀维持他们的地位于万世不易，便消失了革命性，甚至于不惜起用以前他们自己所曾经要铲除的封建残余文化。在这样的社会条件之下，教育学便难免夭折，因而现今的教育学实在是未成品，充其量也只能

说在要形成之中。我以前说过,近来这样强调地把新教育限于教学方法技术的圈子里,实在是市民教育学者的一种遁辞、解嘲,一种避难所,一种遮眼戏法。栗原对此点很表赞同。因而他以为研究教育科学之建设是今后必需的工作,我们民族抗战是反帝国主义,反封建主义的革命大业,同时就是建设教育科学的极好机缘,关于当时"抗战教育"的呼声,我们都承认这回抗战就是给我们整个民族的最好不过的教育。我提出两句口号:"只要抗战能够教育化,教育就必然地抗战化。"他对此也表示首肯,而补充地说:在抗战期间,教育能否彻底改造,还要看能否得到两个条件:一是富有魄力的新政治,二是相当充足的教育工作干部。

栗原初治生物学,复治哲学,这样取道于自然科学是研究哲学的最妥当的途径。他的生物学和社会学两面的基础都非常坚实,所以他治教育学的态度是很严谨的。近年他起草一部教育哲学,快要脱稿了,而忽告绝笔,这是多么可惜的事。

抗战以来,青年学生都心情活跃,而又往往烦闷激昂,这是一点民族的生机。我虽不肯放任学生们幼稚的冲动,而也雅不愿拘束他们"埋头伏案","安分守己"。因而导师们的工作很要十分讲究,辅导青年们蓬蓬勃勃的生气,不耗费而也决不桎梏,才可得到他们悦服。栗原便是很得力的一个。学生们集团的座谈会、读书会、后方服务工作等等,若得他任指导,没有不皆大欢喜,兴致十倍的。偶然有什么辩论,争执,甚至于闹一下子别扭,一经他出来开导,无不立刻消解。四年之间未曾失败。有过失的学术若经他指摘,也很少有不悔悟的。尤其遇着时局有了变化,或学院也受影响而人心惶然的时候,屡次仗他引导大众的注意走上合理的路线。例如广州失守,学院仓促迁藤县的时候,和前年在乳源立足甫定而粤北突然紧张的时候,全院同仁们、学生们都很焦虑,很惶惑,而安定人心,决定大计都多得他的助力。今年五六月之交,我来曲江辞职,消息传到学院,同仁们,学生们纷纷发电报,推代表来进行挽留,这自然是一番纯洁的情感的表露,而我很不愿意学生把院长更易看得那么重大,而且也恐怕他们会踏上俗套。六月中旬急写一封信给栗原托他安顿。后来据说他曾扶病出席大会发表一番意见,很得了大众佩服。那时学院像要发生轩然大波似的,而结局很有条理地结束了。学生们却特别自动地爱护学院秩序,丝毫不失常态。这当然是受了他感动。他在校四年,全院同事和教育系以及其他各系的学生对他都无不佩服。我又常遇见由别校毕业而曾受他教导的青年朋友,提到张栗原先生,都自称受他感化很深。他的人格的感召力如此之大,据我观察,大抵因为:他一不沾染道学;二不叫卖什么主义、学说;三大公无私,绝不计较自己利害;四头脑冷静,不轻易雷同附和而也不固执成见;五对于青年有同情的了解。他遇事很能迅速地把握着要领,判断妥当而得体。平时我在校提倡"治事如治学",其实我自己未能做到,而他确能用治学的态度处世接物,虽没有很多担任事务的历练。他的学养都有高深的造诣,不烦恼,不执着,时时不失泰然的风度。他奉侍七十多岁而双目失明的老母流离迁徙,我每替他担心,可是他并不很焦虑,常常说人的生死是纯自然的过程。

栗原已经死了,我们断不该硬诬赖他还有灵魂存在,我写这一大篇当然不是要对他的灵前曰,而交友之中,认识他比我更透彻的也很多,似乎也用不着我饶舌,我只希冀一般未曾识得栗原的教育界同志知道最近死掉一位这样的教育工作者,因而分担一份的悲哀!

一九四一年九月二十日,于曲江[1]

三、郭大力的信件中的栗原

广东省档案馆馆藏有一封郭大力先生1941年的信札,郭大力先生在粤北遇劫,从郭大力先生在粤北遇劫的给同事信函中可以得到一些信息,1941年7月9日写信给谷神、叙功、寿宜、仲杰、栗源、竺同、士仁先生,感谢他们给了电话慰问。当时有古道联系连县和乐昌,郭大力是因病雇用了轿夫,其中一人中间途中说病了,换人而出事的。

郭大力写到抵达星子镇后生病,但不是很重,7月8日到了坪石住友人处,二三日后很快就可动身回舍(应该就是东陂镇)。

7月8日所写信函回忆记录了7月5日遇劫所失衣物,黑色厚呢大衣、蓝色女呢大衣、黑色哩矶西装、灰色哩矶西装、蓝色哩矶旗袍、女孩红花棉衣、男孩棉大衣、蓝斜纹布学生装一套,女布旗袍三件或者四件,现款百余元,金戒指二只,铁锅一只。从行李中的衣服得到一点判断,当时连县和坪石都很冷,郭太太比较

---

[1] 本文节选自林砺儒:《悼张栗原教授》,《教育新时代》1941年第7期,第14—15页;华南师范大学历史文化学院胡列箭老师整理,南粤古驿道网采编整理。责任编辑:洪惠

喜欢蓝色，郭大力是当时学者常见的黑色和灰色，随行有男女小孩。

7月15日广东文理学院致函连县警区第三区促办郭大力先生报的案。函中写到郭大力教授7月9日由东陂墟启程赴坪石，这是学校给警区的函，时间估有误。

王亚南别号渔邨，郭大力信中没有说到他，我推测坪石住友人处就是王亚南处，郭大力的信是从坪石寄连县东陂。在粤北当时他们应该有书信和电话来往。信中"栗源"就是张栗源，在广东文理学院任教，《恩格斯传》在东陂的译稿就是放在他家，不幸在连县病故，是只知坪石未知石牌中山大学的一位坪石先生。"叙功"就是盛叙功，40岁，时任广东文理学院教授兼训导主任，当时已经出版《西洋地理学史》，解放后是西南大学历史地理学科创始人。竺同就是陈竺同，47岁，在当时已经有著作《中国上古文学史》等，后著有《中国戏剧史》《中国哲学史》等。"谷神"者为潘祖贻，留日于日本岩仓铁道专科毕业，时任广文理学院教务长，1943年7月受聘到管埠的国立中山大学师范学院任教授，是对中国易经有深入研究的名家。在研究坪石历史教职员工名册时，分清名、字和号颇为重要。

广东省立文理学院多位老师坚守住师范教育阵地，一辈子的坚守，著名心理学阮镜如就是这样的名师，一直随着学校迁徙。阮镜如上世纪40年代发表了《原始画之心理》一文，写道：

> 本文原作于一九三七年"七·七"抗战爆发前后，全文包括的问题较多，除了这里论及的三项外，还有原始画的色彩、原始画的个性、原始儿童的画、原始画与精神病患者的画的比较、原始画与原始语等五项内容。可惜，这些论文已于一九三八年十月广州沦陷时，随着我们可爱的山河，与作者的全部书籍，两种拙作旧文稿《原始人心理之发展》《增进学校效率的客观条件》，通通落入侵略者的手中。这里仅存的三项内容，稍加修削剪裁，……虽然也能自成系统，单独发表，可算大幸中的大不幸。

勷勤大学教育学院改为新成立的省立教育学院是1938年夏，从1939年9月先到由容县迁回乳源，冬季来到东陂，1940年正式改名广东省省立文理学院。在广州沦陷前夕已经有部分学生迁至连县星子镇。1942年春迁至曲江，1945年初又返回连县东陂，九载十迁，但连县永远是港湾。林砺儒院长执教文理学院时，聘请了教育学家、历史学家王越，教育哲学家张栗原，文学教育方面聘请了吴三立、许杰；历史学教学聘请了陈守实，地理学教学聘请了盛叙功，物理学聘请了黄友谋，化学教学聘请了王赞卿、王鹤清，心理学聘请了阮镜清，经济学聘请了郭大力，体育教学聘请了黄金鳌等著名学者在学院任教，[1]学术研究和教学水平颇高，东陂学界名人云集。许崇清先生对培养教师特别是校长有严格要求："凡当学校校长的人必定要系专门家，曾经特殊的训练，而且学校校长的眼光更要超出学校之外，凡与学校教育有关系的种种研究、实务，固然不应忽略，而学校与实际社会的关系，也应该明白。"[2]这种理念影响到文理学院吸引、聘用名师的决心。

2005年重新翻译出版的亚当·斯密《国富论》，翻译者在导语中说：至今，中国人最熟悉、使用最多的译本是1930年郭大力和王亚南先生的译本，初版译名为《国富论》，可见作为《资本论》的翻译者郭大力先生的影响力。在中央党校官方网站所列的学校历史上的16位名师中，郭大力占一席。郭先生来到东陂，毫无疑问，这里与坪石武司村的王亚南教授一样，东陂成为中国《资本论》的第一讲坛。

"现代珍珠之父"熊大仁当年从上海复旦大学到广东，东陂是著名生物学家熊大仁的第一站。他选择广东省省立文理学院，1941年就在东陂被聘为生物系教授，1945年又返校担任生物系主任。熊大仁是中国人工养殖珍珠领域开创性领军人物，也是湛江水产学院的奠基人，暨南大学复办领导者历史学家王越、许杰及理化系主任黄友谋教授从1939年至1951年均在文理学院教学，动物学家陈兼善教授1940年至1941年3月均在校任教，后来黄友谋接管台湾气象局而陈兼善接管总督府博物馆等。莫熙穆1938年毕业于勷勤大学生物系，一直教学于华南师范学院生物系，2009年学校庆祝先生从教65周年。

---

[1] 广东省教育厅编著：《广东教育史》下卷，广东教育出版社，2017年，第318页。
[2] 广东省教育厅编著：《广东教育史》下卷，广东教育出版社，2017年，第313页。

第三节　广东省立文理学院的体育专科

广州体育教育事业追溯历史，可以称之为广东新式教育（体育教育）的发展史。时敏学堂是杨匏安从澳门到广州第一站教学的地方，任教务长，是1898年时的一个新式学堂。时敏学堂的体育课、音乐课为必修课，著名的音乐家萧友梅就毕业于该学堂。一般从游戏开始慢慢地发展，教会武术后学校才开始进入体操，然后再进入球类。

一、体育专门学校

广东女子体育学校于1912年创设，是广东最早的女子体育专门学校。1928年春，陈剑生、陈本等鉴于各级学校体育师资缺乏，乃发起筹设体育学校培养中小学体育师资，得热心教育和体育名流金曾澄等支持，租赁西关陈家祠（在今中山七路）成立"私立广东体育专门学校"。1928年9月，民国广东省教育厅接收私立体育学校，学校有"图、工、乐、体"四科，二、三年级各一个班。1929年出版《广东体育专科学校特刊》，陈策在《发刊词》中明确私立广东体育专科的目的："为青年健全体格、振兴体育，力求国家自强之策。"当时民国省教育厅赞誉：私立广东体育专科学校的成立增益民族之整体能力，足以肩任今后之巨大建设。由于1935年省立体育专科学校创办，该校改名为华南体育专门学校。私立的体育专科学校的师资都非常强，陈策任校长，副校长区声白是一个无政府主义者，梁质若做讲师，刘权达任讲师。私立教学的内容挺丰富，看起来都有一定的质量。他们获得了很好的一些成绩，也培养了很多学生。如，曾任广州体院教授林惠中；曾任广东省田径跳类教练凌鸿照；中山医学院讲师、当年广东优秀田径运动员余瑞田；华南著名举重、武术老教练，有大力士之称的广州市举重协会副主席谭文彪等等。

二、省立体专建校与东较场

广东省立体育专科学校,创立于1935年秋。当年广东省体育运动事业日臻发展,但缺乏体育专业人才,同时邻省亦多来广东省延聘体育教师,广东仅有上述的一所私立体育专门学校,该校只招收初中及高小毕业程度学生入学,从文化水平和体育基础理论知识及运动技能,都不能满足实际需要。有必要办一所较完善地培养中等学校体育师资和体育行政人员的专科学校。因而,民国省政府聘请了教育界人士陈良佐、许民辉、黄启明、张忠仁等担任筹委会委员,推选省教育厅体育督学留美体育硕士许民辉担任校长。1939年并入广东省立文理学院,改为体育科,抗战时期成为广东中学体育教师主要来源。

省体专校址设广州市大东门东较场(即今中山三路省人民体育场),"占地约百亩,内有田径场、足球场各一,篮球场三、排球场四;另在场东空地建课室、宿舍、浴室等";1936年由省府拨款增建礼堂兼健身房一座及课室、宿舍、膳堂、体育器械室等。从当年大专学校设施来说,有这样的体育运动场地和器材设备是不容易的。

许民辉校长毕业于美国春田学院体育科,1944年赴重庆,出任民国教育部体育委员会专任委员,1948年以中国游泳队身份参加第十四届伦敦奥运会。学院1938年沦陷后,林惠中先生就跟校长许民辉分开。林惠中先生后来去香港中学政教处,学校后来几经辗转,最后还是合并到省立文理学院的体育科。解放以后,省立体育专科学校得到补办,许民辉任校长一直到解放。他也是搞运动出身,对排球非常熟悉,他参加了第一届远东运动会,当时菲律宾突然加多一项足球比赛,中国队就是许民辉参加,在当时的比赛中他拿到第三名。许民辉1948年最重要的是去了美国的春田学院进修,这是进入春田学院的第一个中国人。许民辉跟广州体院是有联系的,因为体育学院的老师林惠中就是他的学生,后来成为广州体院的老师。我们跟美国的春田大学,其实在某种意义上来讲,有沟通联系的渠道。许民辉是一个被忘却的人物,特别是1948年,他是以中国游泳队教练的身份参加了第十四届奥运会。

三、省立体专和广州体育学院

与广州体院有关系的还有雷瑞林,青年时候是国民党空军的驾驶员,但是后来考入了中央大学的体育系,1945年在文理学院教授公共体育的公共课,1946年就在中大任教授,后来又调回到省立体育专科学校任校长,也是最后一任的校长。任职期间,雷瑞林改建宿舍,扩充设备,暑期率体专男子球队远征香港,获得各界好评。1952年院系调整时,雷瑞林调任华南工学院体育教研室主任。1953年,雷调广东省体委任竞赛科科长,负责二沙头运动队集训的筹备工作,为广东省参加历届全国各项运动比赛,获得优秀名次做出了贡献。1958年开始,雷先后任广州体育学院教务长、副院长(主任)等职。在任期间,雷为国家培养了大批体育人才,充实了各大、中学校体育师资及各地、市、县体委干部队伍。近日作者在广州体育学院了解到雷瑞林老先生更详细的经历,说他1958年是广州体院的教务长,希望我们把体育史作为一个重要的学问将它挖深一点进行研究。

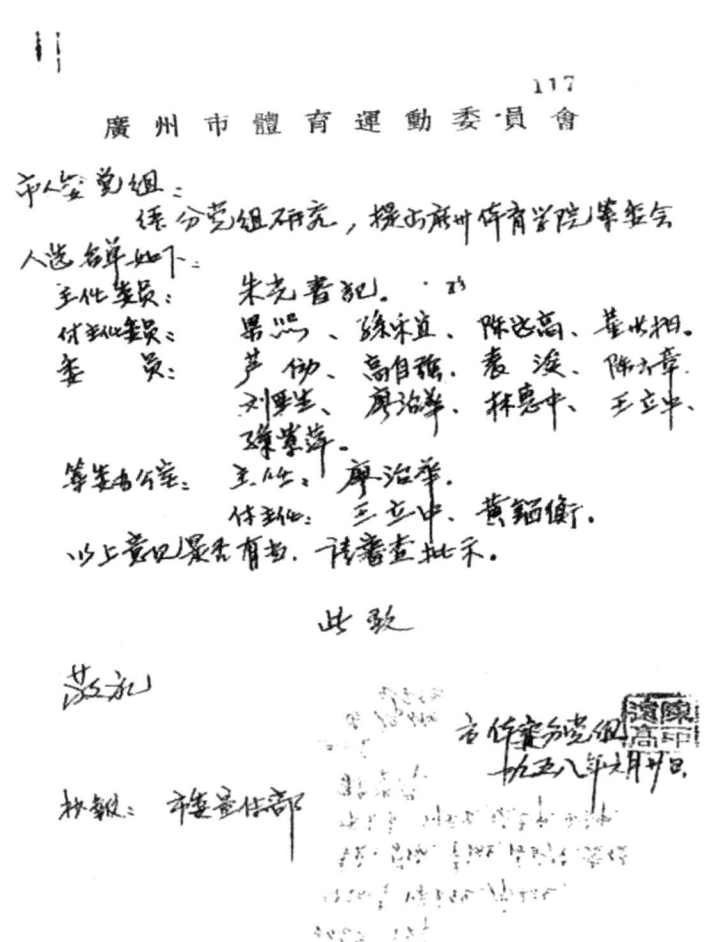

图2-8 1958年原广州体育学院筹委会办公室的名单(广州体育学院提供)

林仲伟，也是当时许民辉邀请他到省立专科学校做老师。那时候他有什么学历呢？是拳术，但学校不拘一格降人才。黄鉴衡于1949年任教务长，他本身是省立体专的毕业生。他在教书后去美国留学，回到祖国以后，他又再回到学校，就是广东省体育专科学校任教，后来他成为国家排球队的教练。还有黄英杰这些人物大家都比较熟悉，就不一一介绍了。

广东省立体育专科学校1935年秋创办时，公开向全省招收下列三个班学生共140名。1947年专科班毕业30人，训练班毕业25人，专科班40名，师范科50名，训练班50名，这些最后统计的1947年的毕业生是108名。在某种意义来讲，省立体专是全国性的招生。

由广州体育学院提供的图显示，原来的广州体育学院筹委会办公室的名单中，可见林惠中老师的名字。还有多少是毕业于省立体专的？若把省立体专的历史联系起来，相信可以找到不少有省立体专的老师或者私立体专的老师。向1958年广东体育学院的所有教职员工致敬！

第三章

大山村的私立岭南大学

许瑞生

第三章　大山村的私立岭南大学

第一节　金鸡岭隔江相望的岭大农学院

私立岭南大学农学院是私立大学最早进入韶关坪石的学校。1947年的岭南大学校报记录当时古桂芬先生1940年9月7日在坪石得病，仍"力疾从公"为私立岭南大学农学院在坪石的筹办操劳，9月16日在韶关河西医院去世。古先生毕业于美国加州大学，获得农学硕士学位，1929年进入私立岭南大学任教，1931年任农学院副院长兼中山农场场长，为岭大农学院发展做出重大贡献，1937年任岭大农学院院长。在因广州沦陷学校迁往香港又回迁内地的过程中，功不可没。

古先生数度回粤，常要避开日军的监视坐小船，走山路进入粤北考察迁址地点，逝世时年仅43岁。清明节到来，时在大村的岭大组织66人到坪石扫墓，李应林专门致函粤汉铁路坪石车站吴站长，申请车票半价优惠。

下图为1940年11月9日岭南大学农学院坪石新址举行开基礼的珍贵文献。选

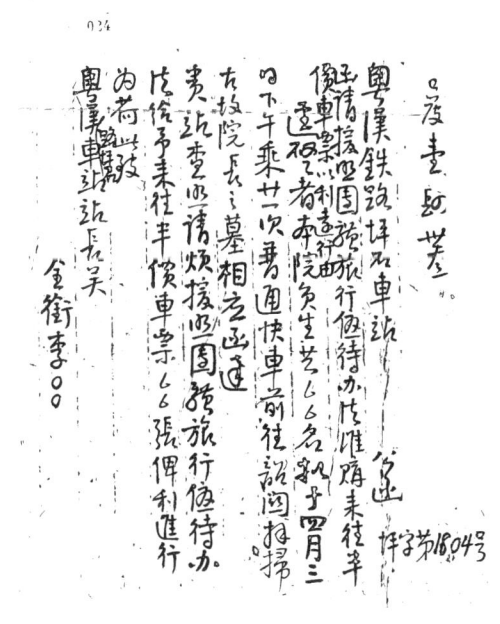

图3-1　李应林先生致坪石车站吴站长申请车票优惠
（藏于广东省档案馆）

图3-2 司徒卫的水彩画"坪石的岭大农学院",引自中山大学岭南学院提供
《红灰精神:司徒卫的艺术世界》一书

图3-3、3-4 司徒卫——岭南大学在大山村校区的开拓者

址的是古桂芬先生,可惜古桂芬先生在此时刚去世,11月10日举行追悼会。许崇清校长在开基礼上发表讲话,对岭大农学院带头内迁的做法给予赞许。李院长也发表了讲话,会后合影留念。从刊出的照片看到该址在金鸡下,与火车站隔江相望。这里是华南农业大学重要的根脉所依。岭南大学农学院是从岭南大学农学部、农艺系发展过来的,古桂芬、李德铨、李沛文、邓植仪均是领军人物。1941年李沛文为院长,农艺园艺系主任为李德铨。现在的华南农业大学农学院就是一直延续这一根脉。

岭南大学农学院在坪石历史印记感人,李沛文先生坚守四年,受其影响,岭南大学许多教授来到坪石坚持教学。

图3-5 岭南大学校报刊载农学院坪石开基的消息,刊载校舍与参会人员合影照片,下半部分为李院长所撰写的纪念文章,旁有许崇清等出席仪式嘉宾的签名
（藏于广东省档案馆）

本部迁往坪石的老师费用分配表记录了王肖珠、吴文修、冼玉清、孔宪保、容启东、林树模等教授的名字。有一段时间,曲江告急,岭大老师全部集中到坪石农学院,归途将农学院带回大村以节省开支,因为东吴大学理学院离开大村后有多余的校舍。

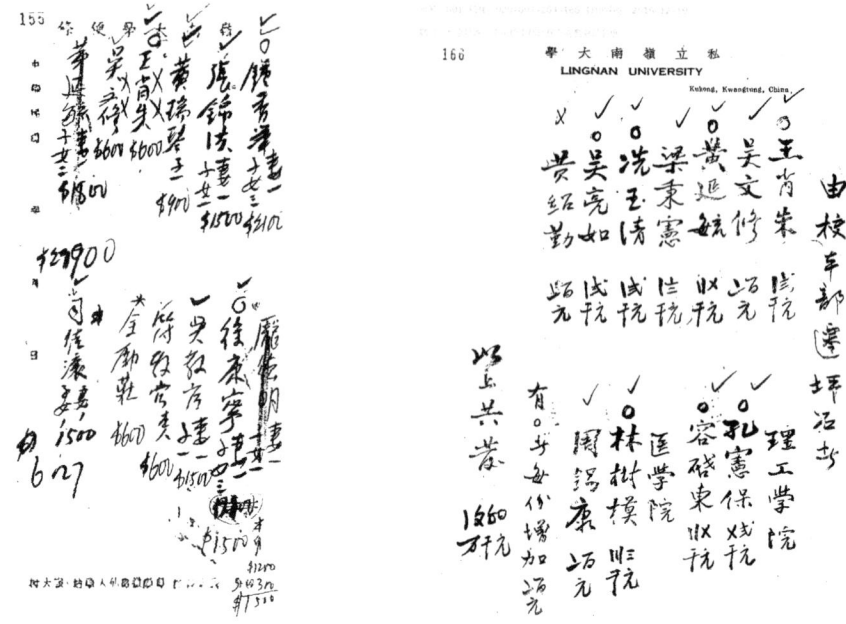

图3-6、3-7　由校本部迁往坪石的老师名单及费用分配（藏于广东省档案馆）

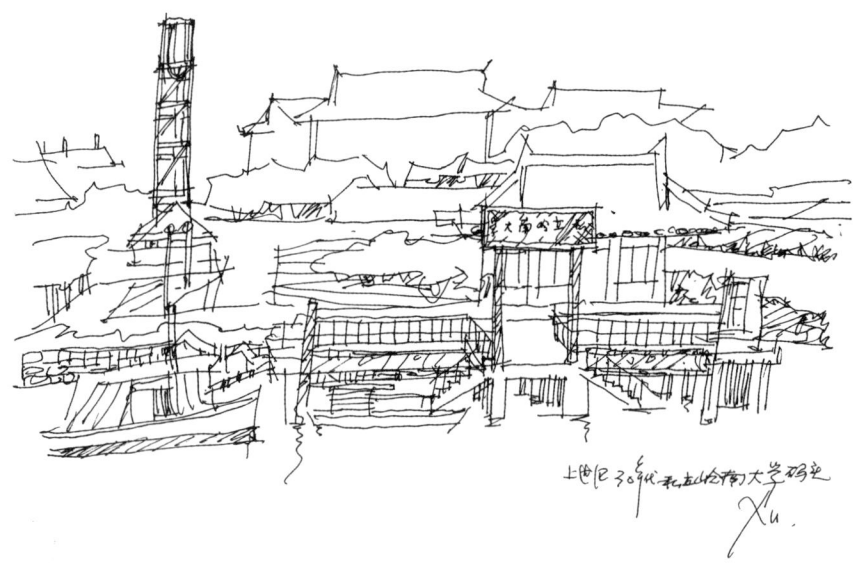

图3-8　20世纪30年代的广州康乐园码头，出发和回校都在这里上岸（作者绘制）

第二节　全体离开香港奔赴粤北大村

在岭大坚守的老师值得再梳理、核实，有两份广东省档案馆藏的资料值得参考，一是没有参加中央训练团的名单，一是在坪石发放费用的名单。

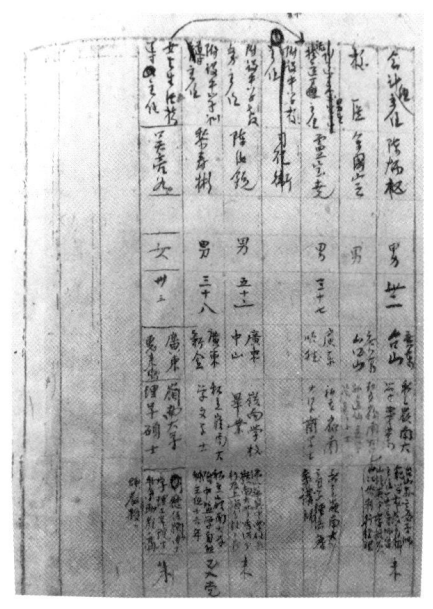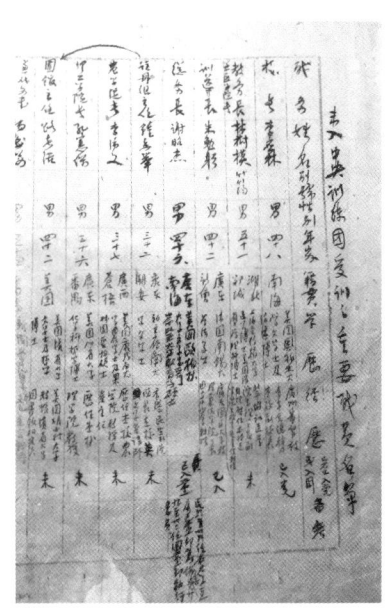

图3-9、3-10　未入中央训练团受训的重要职员名单（藏于广州市档案馆）

根据这份材料，抄录主要内容，1943年大村时期私立岭大部分的主要负责人一览表：

李应林，校长，48岁，南海人，岭南中学，美国奥柏林大学，历任副校长。

林树模，教务长，51岁湖北鄂城人，上海圣约翰大学医学博士，美国宾夕法尼亚大学理学博士，曾担任北京协和医学院生理学系副教授，长期担任岭南大学医学院生理系主任、教授。

朱勉躬，训导长，42岁，广东新会人，法国南锡大学法学士担任过广东国民大学教授兼法学院院长、国立中山大学教授。

谢昭杰，总务长，46岁广东南海人，美国哥伦比亚大学教育学硕士。

孔宪保，广东番禺人，理工学院院长，36岁，美国加州大学化学哲学博士，历任岭大理学院教授。

李沛文,农学院院长,37岁,广西苍梧人,美国康乃尔大学果林园艺科硕士,历任农学院教授、系主任。

司徒卫,附设中学校主任,曾任上海岭南中学、香港岭南中学校长。

钟香举,32岁,注册组主任,广东潮安,岭南大学文学士,曾任英文学系讲师。(后在华南师范学院任教)

陈汝锐,附设中学校教务主任,52岁,广东中山人,岭南学校毕业,曾任佛山华英中学校长、岭南香港、上海分校长。

黎寿彬,附设中学校训导长,38岁,广东新会人,岭南大学文学士,历任附中监学及自然科主任。(岭大附中的学生对黎寿彬称为彬叔,对黎老师的太太称为彬婶。)

挑水的工友称为亚般,[1]私立岭南大学文献记录如下:

1941年12月7日,日军偷袭珍珠港,向美国开战,太平洋战争终于爆发。8日早晨7点,日军进犯香港,轰炸启德机场。5天之后,英军撤出九龙。不到三个星期,英军无力支持,25日停战。日军于28日进驻香港,香港沦陷。香港市民纷纷外逃。岭南大学只得停课。校长李应林随之撤出香港。岭南大学开始迁回内地复校的艰苦历程。战争突然爆发,仓促之间没有做好应对准备,任何有关迁校的事宜并未能得到有效的筹划。因此,岭大从香港向内地的撤回,图书、设备等的损失是可以预见的,迁回内地之后的复校工作也就更加艰巨。

李应林校长在回到内地之后,曾专程拜访了广东省所在战区的司令长官余汉谋、省政府主席李汉魂,以及广东省致府教育厅厅长黄书麟,并到重庆晋见国民政府要员,报告学校事项。李校长本想得到重庆政府教育部等的资助,"政府虽则答应维持,但款项仍未能领到",未能如愿。及至得到美基会的汇款,才算有了第一笔复校的资金。

经过选择,将岭南大学复校的校址选定在曲江大村(现属韶关市浈江区)。之所以选择大村作为新校校址,是因为其交通便利,位于粤汉铁路边上。最近的火车站仙人庙站,距离大村只有1公里,而仙人庙站离韶关只有29公里的路程。由于曲江当时被称作"战时省会",而早已迁回内地的岭南大学农学院设在坪石,如果把学校本部设在大村,"往来韶关和坪石,粤汉铁路火车可乘,交通甚为便

---

[1] 《大村岁月——抗战时期岭南在粤北》大村岁月出版组,1998年,第42页。

利"。当然，更为重要的是，战区司令长官部以前在大村及横岗两处建造了40余座棚屋，当时已经闲置。战区长官余汉谋将这些棚屋和场地都转让给了岭南大学，以做校舍之用，解了岭南大学的燃眉之急。

岭南大学决定将新校设在曲江大村村后的仙人撒网山下。占地约300亩，将其前名为"大村"，表示这是岭南大学的新村，以与原村相区别。战区司令长官部队交给岭南大学的屋总计有48座，其中大村34座、横岗14座。岭南大学将这些屋分别进行修缮和改建，并新建了大礼堂，名之为"怀士堂"。此外，还准备新建图书馆、宿舍、实验室、住宅、浴室、钟楼等。经过两个多月的建设，校园已经初具规模。前人按照原康乐校区的名字命名这些地方，岭南大学校长李应林在回忆内迁复校的经过时说：

虽为茅舍，但难得风景美丽，环境幽静，为不可多得的修学胜地，大村新校，我们得到政府和美基会的赞助，在这里动用好几十万元，学校经历了两次迁徙，总算有了一个安全的地方可以放下一张书桌来读，岭南大学的师生员工当然都感受到。虽说大村条件艰苦，与康乐园校区和香港大学的教学环境不能相比，胜在环境静，正是读书的好地方。

由于岭南大学新校舍正在建设，根据民国教育部电令，退出香港的岭南大学学生，除农学院学生在坪石农学院复课，医学院四、五年级学生在河西万国红会医院复课外，其他各学院学生于民国三十学年度第二学期分别在国立中正医学院、国立广西大学、衡阳医学院借读，中学生则由教育厅分发到各省立中学借读。截止1942年7月中，退出香港的学生登记复课者有240人，其中大学生179人、中学生61人。

图3-11　帮助岭大在大村修路的士兵（耶鲁大学神学院网站）

第三节 1942年招收新生

1942年7至8月,岭南大学的复校建设基本告一段落,开始筹划新一届学生的招收工作。学校成立了招生委员会,派定陈心陶、李沛文、黄雯、谭春霖、李景新五位先生为招生委员,指定陈心陶为招生委员会主席,决定设立六个招生区:

1. 陈心陶为韶关区主任,李德侔为坪石区主任,温耀减为桂林区主任,蔡智传为赣州区主任,洪高煌为梅县区主任,而徐浩然为台山区主任。文学院各学系招收一年级生,每系30名。农学院各学系招收一年级生,每系40名。医学院招收一年级生60名。文学院及农学院兼招二、三年级转学生。理工学院及理科研究所由于试验设备不足的原因,暂不招生。

2. 考生报名时间为7月27—31日。考试时间为8月7至8日。考试时间为两天。考试科目为8科。

入学考试时间上午下午,考试日期、院别。7:00至10:00,10:30至12:30,15:00至17:00。

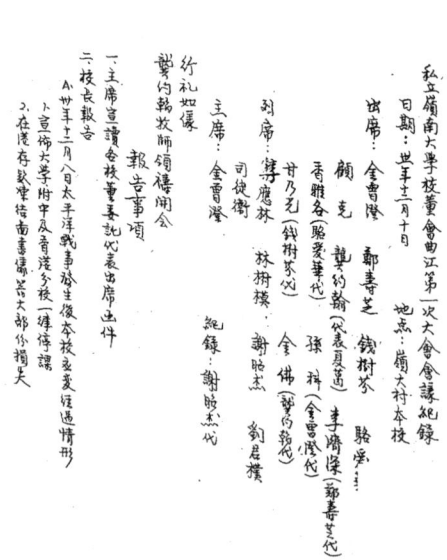

图3-12 岭大在大村校董会第一次会议记录原件
(藏于广东省档案馆)

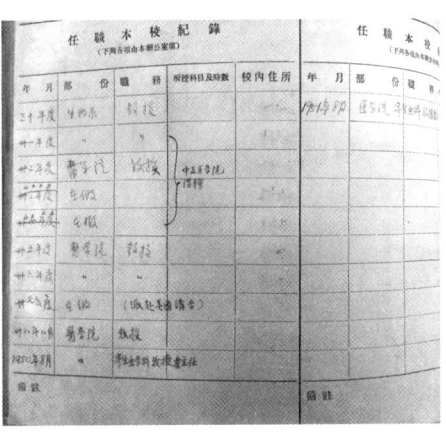

图3-13、3-14　陈心陶先生教职员履历表及任职记录（藏于广州市档案馆）

1942年12月19日在大村召开了第一次校董会的会议记录，参加者是金曾澄、郑寿芝、钱树芬、顾克、龚约翰、骆爱华、李应林、林树模、谢昭杰、司徒卫和刘君朴，孙科、李济深、甘乃光、金佛和香雅各无法到场分别指定了代理人，教务长林树模报告现有文学院学生299人，东吴大学34人，农学院132人（有香港、澳门及海外侨生86人），医学院90人，协和神道学院11人，合计大学部533人。其中，分新生157人。附中学生229人，教授30人、副教授9人，讲师18人，助教8人，职员38人。谢昭杰重点报告的是财务、建校的费用、明年度的预算、社会个人团体捐助的资金额以及教师的待遇。前期包括坪石的农学院在内的建设和修缮费用、家具设备共90万，拟建筑费用再增20万、第二年度准备理工学院复课预算11万。

教学方面文学院和附中已在岭大村上课，医学院一、二、三年级暂在江西中正医学院合办，四年级在曲江循道会医院上课，五年级分到各医院实习。农学院各年级仍在坪石上课；理学院因仪器关系暂停招生，分别借读他校；附中高中一部分在澳门办理；澳门、上海、西贡分校继续办理，星洲分校未接消息情况不明。

1942年7月，学校成立招生委员会，陈心陶为主席，负责韶关地区的招生主任，这一点上可以印证陈心陶到过大村校园。陈心陶1931年获得美国哈佛大学生物学位，马上回国在康乐园文理学院任教，从助教开始很快在1933年任生物系副教授兼系主任，住西区住宅8号（旧编号），1936年聘为教授，1938年教授兼理科研究所主任，陈心陶先生任职登记表显示，陈先生是在1943年转入医学院，被中正医学院借聘，实际上是为岭大医学院服务与医院合办培养医学院的一至三年级

图3-15 粤北时期的大村岭大校区（《大村岁月——抗战时期岭南在粤北》1998）

学生，从1942年大村设立的是国文系、英文系、历史政治系、科学系和商学经济系。陈心陶在解放后为血吸虫病的医疗做出历史性的贡献。

抗日战争时期，在曲江仙人庙建立的"山区中的岭大"，依然按照康乐园的教学楼的名字命名。用木、草与竹搭建的临时建筑，如黑石屋、嘉里佩堂、科学楼和怀士堂等。山中又见康乐园，"胜在环境静，正是读书的好地方"。

私立岭南大学在粤北期间，仍然有少数欧美教授继续短时间教学后离开，梁敬敦与夫人施小姐（Mary Seles）就是其中的教师，梁夫人施小姐出生于1876年，美国宾夕法尼亚州立大学医学院毕业，1909年来华，比同样来自美国该校并到岭南学堂任教成为农学院院长的高鲁甫（George Weidman Groff）迟一年来华。1911年与梁敬敦（Clinton Laird）结婚。建于1916年，现在康乐园东北区318号韦耶孝实屋（Weyerhaeuser Lodge）就是当年文理学院院长梁敬敦的居所。梁敬敦在1905年就来华任教，1941年回美休养后又重返战争中的粤北，与妻子在坪石教学，后得病回香港手术治疗，医疗休养期间，被日军抓进集中营，6个月后通过俘虏交换返美，旧病重发，1942年11月在美病逝。[1]

---

[1] 私立岭南大学编印：《岭南大学校报》，第56期，1947年。

第三章 大山村的私立岭南大学

图3-16 康乐园318号私立岭南大学文理学院院长住所的现状（作者拍摄）

图3-17 梁康乐园318号的历史照片，当年为梁敬敦的住所（作者提供）

第四节 大村的知识女性

在澳门出生的冼玉清1938年9月为国文系教授,广州沦陷,回澳门避难,11月岭南大学迁香港,遂赴香港继续讲学,1942年1月香港岭南大学开始疏散,冼玉清又回澳门,应时任校长的李应林召唤,9月27日途径湛江、广西等地历时一个月的奔波,追上了岭大队伍迁入粤北曲江仙人庙坚守上课。1943年6月曲江告急,迁到坪石农学院,留下有《坪石诗草》作品。1945年7月又转连县、仁化、英德,1945年9月抗战胜利后从英德连江口南回到广州。20世纪60年代病逝于广州治理医院,追悼会上主祭人许崇清先生形容为"痛失哲人"!秦牧先生在纪念冼玉清的纪念文章写道:"西樵山颇出了一些著名人物,冼玉清就是其中之一。我们虽然不必推许冼玉清为什么'一代大家',但说她是近百年岭南杰出诗人,国学学者,广东文献专家,却是恰如其分。我想不出有哪位妇女这方面的造诣超过了她。"[1]同辈的同事称冼玉清女士为冼子或冼姑,后来学生也是这样尊称老师。

澳门下环围一号是冼玉清女士的家,永久的家。1942年香港沦陷后,冼玉清回到自己家澳门,冼玉清在《澳门小住》一文中写道:"七月中旬,弟子李毓敏将李应林校长命来,谓岭南大学已决定在曲江仙人庙站之大村复课,邀予归队。毓弘曰:复校事易而师为难。粤北地方穷苦,道途遥远,恐有资望者不肯来。吾子一向生活优裕,人人所知。倘吾子肯来,则其他必望风而至。盖弱女子毅然先到,丈夫汉又何以为辞?此一举动,其影响甚大者。"冼玉清不顾朋友家人的劝助,放弃"有住有食可以优游自得"的生活,毅然启程。从8月15日至9月15日经历40天到达仙人庙大村。

正因为这一程,留下了《流离百咏》七绝组诗,八章为归国途中杂诗、曲江诗草、连州诗草、湖南诗草、坪石诗草、黄坑诗草、仁化诗

图3-18 冼玉清照片

---

[1] 徐爽编:《纪念冼玉清研究纪念文集》,广西师范大学出版社,2015年。

草、归舟杂咏。

陈香梅女士就读的中学和大学也与粤港澳有关：

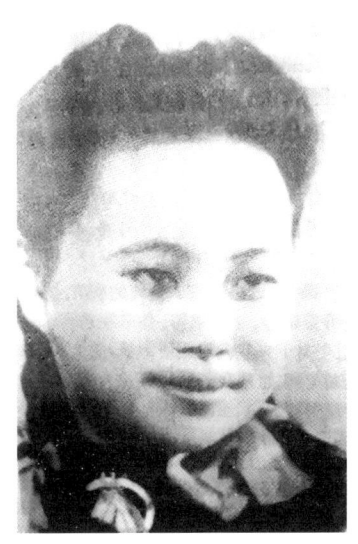

图3-19　18岁时的陈香梅

> 高中我入了真光女中，其时真光中学已因广州陷日而自广州迁到香港，在香港的峡道凤辉台上课。真光是中国南方名校，水准甚高。我入学后即主编校刊，并代表校方参加全港中学论文和演讲比赛，都得冠军，算是为真光中学争光不少。
>
> 不久以前有些真光同学在我家聚会，大家再唱校歌，畅谈往事。我们仿佛又回到当年无忧无虑的少女时代，繁华事散，春梦阑珊，令人感慨不已。
>
> 真光学生多半住校，每逢周末，我在课室内拿出纸笔，替中文较差的同学代写情书，也改她们的作文，妙趣横生，如今回想起来也有点会心的微笑。
>
> 读大学是在岭南大学。岭大因香港沦陷内迁到广州的仙人庙。教中文的吴重翰教授对我可说另眼相看。他喜欢茶道，课余之暇，用小泥壶泡上好的铁观音，请我和三五同学到他的宿舍品诗谈词，其时四周清寂，只有松林的风声，一片茅屋，数卷好书，一杯清茶，此生复何求。
>
> ——摘自《陈香梅自传》一书中的"忆儿时"

陈香梅女士回忆逃亡过程与美好的校园生活形成强烈对比，但因为有对校园的向往而倍增勇气。从香港先逃至澳门，是1942年5月；从澳门到达广州湾，没有收到父亲的钱，开始变卖母亲的手饰筹足路费再启程，"我们要走的路线是从广州湾到广西的郁林，郁林再入桂林。到了桂林我们就可以打听到学校的消息，也可以设法和在旧金山的父亲通讯。伍耀伟是要到重庆。他劝我也到重庆，但我想回到岭南大学去，在当时岭南大学到底搬到哪儿去，我一无所知，到了桂林才知道岭大准备在广州曲江复课。"[1]从广州湾到郁林，由蚊虫传染发烧得痢疾，住店

---

[1] ［美］陈香梅：《陈香梅自传》，山东人民出版社，2003年，第53页。

六人两张小板床，陈香梅女生对母校的热爱令人钦佩，求学之路在兵荒马乱中。陈香梅在《忆岭南》诗作抒怀：

> 万树千山忆大村，烽烟劫火祸连绵。
> 抗日不忘勤学志，红灰儿女绿窗前。
> 再见岭南在粤边，不堪回首话当年。
> 亦师亦友吴重翰，伴读添香似昨天。
> 天涯游子梦魂萦，苦读八年炎难盈。
> 寻得荒山来建校，亦书亦剑岭南情。

图3-20　大山村怀士堂，依据历史照片和司徒卫画作所推测（作者绘制）

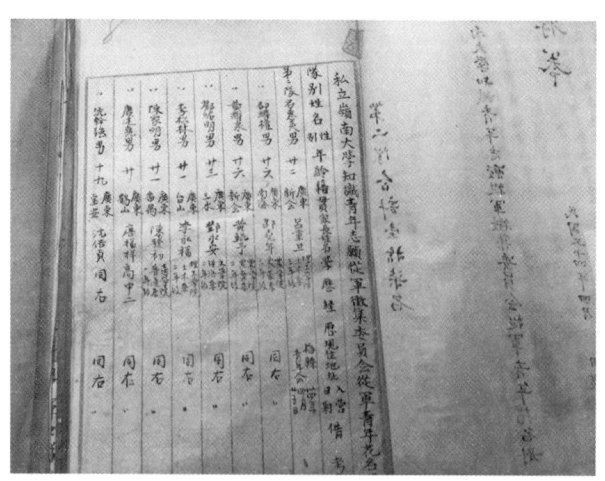

图3-21　1944年末从军花名册（藏于广州市档案馆）

第五节 大村的岭大附中

岭南大学在大村是岭南中学夏令营先开课，时间是1942年8月1日，正式开课是1942年9月7号。大村怀士堂落成典礼是1942年6月21日。东吴大学是1942年9月初到达大村。

岭大校友何威全回忆文章写到，在抗战末期，岭南有十二人参加青年军，有五六人参加陈纳德美国十四航空队的谍报组织，后者几乎全部殉职，包括老师卢惠光同学陈少慷和伍元明。在大村从军者分为几批，最后一批已经是1944年末。

在1944年末在大村岭大及附中学校学习期间部分志愿从军抗日的学生如下：

李松林，21岁，台山人，理工学院土木系二年级

惠　炎，22岁，新会人，理工学院土木系三年级

邓耀权，26岁，南海人，农学院农艺系三年级

黄耀泉，26岁，新会人，农学院农艺学三年级

邓绍明，23岁，三水人，文学院经济系二年级

陈家明，21岁，番禺人，医学院普通系一年级

陈百康，21岁，高要人，文学院一年级

李启基，22岁，新会人，文学院二年级

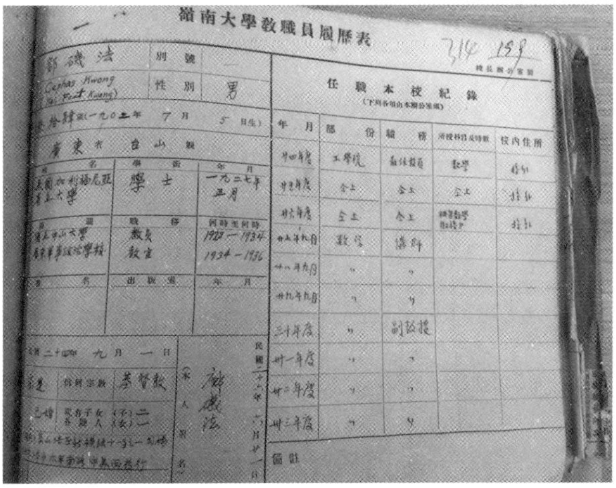

图3-22　邝矶法教授教职员履历表（藏于广州市档案馆）

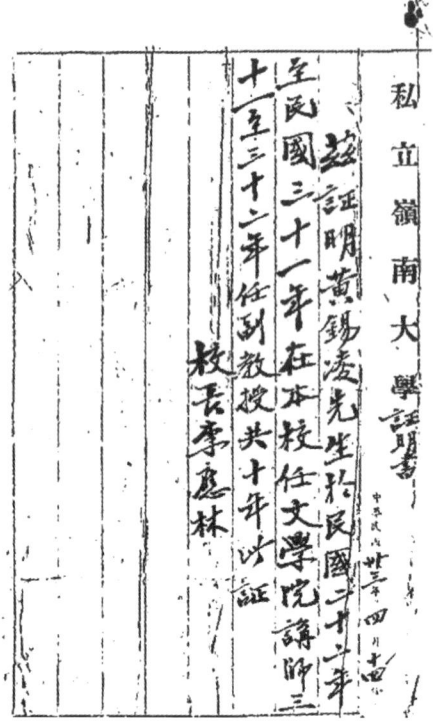

图3-23 李应林校长1943年在大村为黄锡凌聘用到管埠的国立中山大学师范学院任职出具的为岭南大学服务十年的证明书（藏于广东省档案馆）

图3-24 伍汉邦先生工作照（暨南大学附属医院提供）

唐述尧，20岁，鹤山人，高中二年级

沈干强，19岁，宝安人，高中二年级

何振华，19岁，顺德人，高中二年级

黄永雄，19岁，新会人，高中二年级

容应聪，18岁，中山人，高中二年级

马文铨，18岁，台山人，高中二年级

许国荣，18岁，中山人，高中二年级

潘肩万，18岁，东莞人，高中二年级

张国兴，19岁，梅县人，高中二年级

伍守仁，22岁，台山人。

在军营中，这些同学经常与李应林校长写信，汇报军中生活，李校长托人带信给他们以资鼓励。这些学生大部分在抗战胜利后重新踏上回岭大的归程继续读书。学有所成而贡献母校者，最为杰出的是大村读书的伍沾德，为中山大学贡献良多，这也是财富最好的归途。

大山村村民回忆中不少人提到有老樟树的撒网山，曾有一位香港人来此取走一个墓地的骨灰。山上还有一"方河源墓地"，是一位学生，有一村民年年上山为墓地主人扫墓。近80年了，村里几位老人仍然记得当年看"不讲话的电影"，

图3-25 梅江区基督教东门现状（叶细权提供）

老樟树默默无言,等待着昔日在树下乘凉的后人的到来。

岭南大学迁至韶关时,邝矶法聘为岭南大学理工学院副教授随迁。查阅广州档案馆藏私立大学岭南大学教师调查表,邝矶法教授1952年参加华南工学院数学系组建,邝先生为台山人,出生于1902年,1927年毕业于美国加州州立大学,1928年回国在国立中山大学至1935年,1935年进入岭南大学任教,1938年被岭大理工学院聘为讲师,1941年岭南大学被聘为理工学院副教授,1944年8月被聘为中山大学师范学院数学系教授,1945年后又回岭南大学任教授。抗日战争前居住于东山培正新横街11号之一二楼。

在战时的粤北教师的流动是正常的,因为学校不断地迁徙。黄锡凌教授的历史资料很少,但庆幸查到中山大学师范学院名册中,在1943年12月黄锡凌从岭大文学院副教授受聘到国立中山大学师范学院副教授与李校长出具的证明书,在大村和管埠黄先生都有教课的声音,时年37岁。

1944年末至1945年夏,从韶关坪石、仙人庙辗转至梅州的路途是十分艰辛的,有的学生走了四十天。撤至梅县、兴宁的学校还有私立岭南大学及附中。

暨南大学华侨医院首任院长伍汉邦1948年毕业于岭南大学医学院,他是最后

图3-26 岭大师生在梅县的合影
(引自《大村岁月——抗战时期岭南在粤北》,1998年版,P62)

离开医学院的学生之一,一路上为迁徙走难的难民医病,他时为岭南大学医学院三年级的学生,已经有了一些医疗实践,他在回忆录中写道:

> 1945年夏,疏散难民已经不多了。六月,马汝庄院长决定:岭南医学院告别"枫连线"转到兴宁复课去。不久岭南大学医学院的牌子又在兴宁竖立起来。当时兴宁没有受到扫荡,有些医学人才因避战乱而寄居兴宁。马汝庄院长想方设法物色教师,有两位原上海某学院的内科医生,和英军服务团内

嶺南大學學生自衛隊東行圖(一九四五年六月廿九日)
後排左起:劉良彝、羅秉康、達安輝、李小覺;前排左起:趙兆鴻、許志良、李應林、麥燦雅、劉連勝

嶺南大學學生東行圖(攝於梅縣圖書館前,1945年6月29日)
後排左起:(?)、李小覺、劉連勝、劉良彝、達安輝、羅秉康、莫少寧、鄧巽保、鄔振康、老瑞榮、(?)
中排左起:鄭就照、翁啓光、許志良、莫英琪、麥燦雅、何思源、陳炳銓、郭天祥、(?)
前排左起:趙兆鴻、黃冠豪、(?)、陳寶璧、陳汝銳、李應林、陳营姬、金文、陳佑璇、何振勳
(?)姓名記不起來

图3-27、3-28 岭大师生在梅县的合影,其中有达安辉
(引自《大村岁月——抗战时期岭南在粤北》,1998年版,P118、133)

的一位曾在欧洲战场实践中获得丰富创伤外科经验的英国医生都被邀请来医学院讲课。马院长亲自主持外科教学。其它妇产科、内科、骨科及创伤外科等，各位老师都认真地尽了最大努力地把课开起来。

严肃认真地复课两个月后，日本战败投降的喜讯终于传来。（枫湾至连平难民疏散线称为"枫连线"）。

——引自伍汉邦所撰《抗战中的岭南医学院（1944—1945）》

马汝庄博士是欧洲留学归来的外科专家，在1944年兵荒马乱之中担当重任，成为维持岭南医学院艰难办学的院长。岭南医学院到达兴宁的遗址有待继续寻找。

岭南大学附中学生最后辗转到达梅县的地方是梅县青年会，通过文献初步判断是在梅县大康路，可能是当时的教会学校广益中学。根据文献的回忆，此处有一座200人的礼堂，也可能是1902年购地建设的，在20世纪80年代重建的梅江区基督教东门堂附近，需要考证。

岭大学生回忆录中述及，撤退至梅县的岭大学生集中于梅县青年会，会所的礼堂相当大，可容纳200人。集中此处的老师有李应林、陈汝锐、马敬全等。学生有郑就煦、何恩源、刘良彝、陆坤明、金文、陈捷姬、陈均璇、莫定中、连瑄妫、周瑞文、余肇文、陈宝璧、达安辉、罗秉康、刘德政、邝耀陶、许克良、刘连胜、麦灿雅、李小觉、赵兆鸿、陈佑璇、何振曛、志瑞荣、邓巽保、邬振康、莫少宁、郭天祥等。

岭大附中学生借读梅州中学，当时达安辉、罗秉康、连培妫等是附中学生，均为"励社"的同学。

达安辉后来任香港大学医学院教授、院长前后二十多年，他筹创了香港医学专科学院并任首任院长，是香港医学界知名人士。

岭大"超社"是在仙人庙中学毕业，考上大学一年级，第二学期撤离。岭大"超社"同学刘良彝回忆："岭大在东江梅县没有开课，但走难学生时聚一起，地点多在梅县青年会，会所的礼堂相当大，可容纳二百人。""励社"同学徐广华的回忆："从梅县应试完毕返回，入黑抵达寻乌，忽听到满城鞭炮声，报道日本投降。"1945年8月，岭大学校组织编排好小艇，各艇安排领队，从梅县乘船凯旋返回广州，扬帆南行。

第四章

大山村的私立东吴大学文理学院

许瑞生

东吴大学文理学院在韶关仙人庙继续办学，苏州大学和台湾东吴大学在学校历史演变的校史中均是简略介绍。从2019年下半年开始，经过我们实地踏勘，经历了80年后这段历史才首次为世人所知。

第一节 一路向南

1942年4月，在上海的东吴大学兵分多路，分批撤离，潘慎明、沈青来、慎斐文教授带领的是第一批，到了福建邵武，接着邵武日军逼近，再向韶关出发。东吴大学迁曲江也是艰难之路，一路向南。做带领东吴大学的师生奔向南方的领头人是需要勇气的。

1942年8月底，沈体兰到了南方曲江仙人庙大村与岭大洽谈时，"备蒙彼方之欢迎与鼓舞"。1943年代教务长潘慎明写道："七月中再约协和及会南女子学院代表从长商讨各校去留大计，但以各方对地方环境观感互异无法强同，结果认为各校应自由取决不必为原定联大计划所拘束。其时之江方面已决定仍回邵武，而本校则以迎接桂省府及岭南大学函电欢迎，……沈代校长则于八月底赴曲江，与岭大李校长洽商迁校问题，备蒙彼方之欢迎与鼓励。时岭大已在曲江县仙人庙得棚舍十余座，正积极筹备开学。本校全体内迁员生暨眷属约三十人于九月初抵达变即决定留此复课。所有学生即寄宿于岭大东首棚舍，而教职员则暂时赁屋曲江市郊。十月初文学院先行招生开学，学生四十人。全部寄读于岭大。教员二人则分担两校若干课程。年底本校勘定仙人庙站东旁山地为临时校址。本年一月初鸠工开筑，第一批新校舍计十二座，二月底大部竣工，员工全体迁入。"

——摘引自《东吴校闻》曲江版创刊号，1943年代教务长潘慎明所写的《本校两度内迁记》。

1943年出版的《东吴校闻》中代校长沈体兰写的《校舍素描》写道："抵站后向东行一百步即到校门，西向入门后循甬道东行约一百公尺即有并列之教室三座，颜称林堂、孙堂、赉恩堂，所以沿苏州校舍之旧。"在1943年的报告中，沈校长又讲得更具体，东吴提供两位老师到岭大上课，东吴曲江仙人庙第一批学生35人。老师住于离岭南大学二十英里的新安庙城。1944年10月的报告，前段振奋，后段落寞。2400人要求入学，录取了100人，老师中大部分全日制，校园有二十座校舍，女宿舍是广西校友捐赠。报告中专门讲到剑桥大学李约瑟的到访，惜六月不得不弃城而逃。

刚被重新发现的抗日战争岭南大学大山村办学旧址，对面的横岗山上还存在着另一所大学——东吴大学。司徒卫在回忆文章中提及：于本校同病相怜者有广州协和神学院和苏州东吴大学，皆一再播迁不遑宁处……东吴曾一度迁闽，是时又来粤境，本校也以横岗宅宇以相借用。更本同舟共济之谊，两校学生皆准来校搭课，两校教授也互任课程。兹第二学期开始，两校基础渐固，协和已陆续增间校舍，东吴则迁至本校西南另辟新宇。[1] 1942年9月，东吴大学由沈体兰教授带队到达大山村，得到岭南大学的欢迎。同行领军者有慎斐文和潘慎明，校门坊写有"养天地之正气，法古今完人"重新竖立起来。沈体兰在1949年参加新政协筹备工作，参加了开国大典。潘慎明在新中国成立后院系调整前61岁任东吴大学副校长。

1943年8月22日在韶关《建国日报》刊登了私立岭南大学录取新生通告，岭大要求报名日期是8月22日至24日。同一张报纸刊登了私立东吴大学续招男女新生，有英文系、政治系、社会系、生物系和物理系等专业。东吴大学在1942年时文学院学生为34人，1943年理学院第一次招生，新生35人。陈晓、张宗炳随后也到来，增加了师资力量。

1944年5月底湘北激战，日本军队有向南广东推进的可能。东吴大学在1944年接到广东教育厅疏散停课的命令后，6月10日师生不得不相互告辞，各奔东西。

---

[1] 李瑞明编：《岭南大学》，岭南大学筹募发展委员会，1997年，第188页。

第二节　充实力量与守望相助并重

私立东吴大学文理学院两院迁址曲江仙人庙,得到私立岭南大学无私的帮助,迅速复学开课。广东人魏明新先生主动帮忙积极修缮问题。桂林一校友捐款建造了女生宿舍。1942年9月初,东吴大学部分师生抵达仙人庙,1944年6月10日,代校长沈体兰等师生离开仙人庙。沈体兰在桂林设立了东吴大学办事处,6月16日,校董会做出决定,文理学院暂时停办,在大村的校产以150万元国币卖给岭南大学,留在粤地的学生可在岭南大学借读。[1]

该校代校长沈体兰于1942年11月去函广东省立文理学院告知有关事宜。

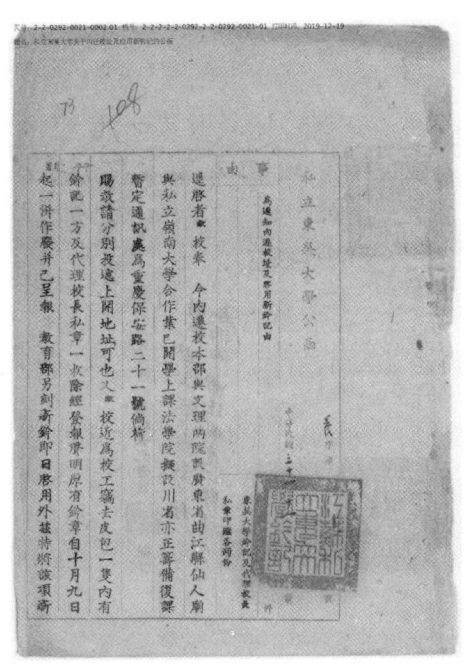
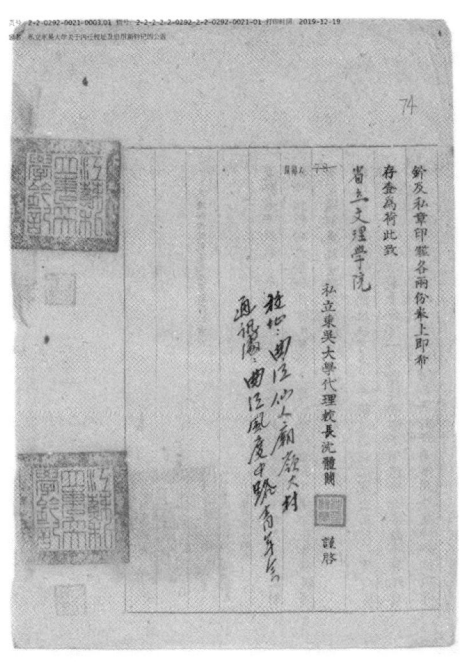

图4-1、4-2　私立东吴大学代校长沈体兰于1942年11月去函广东省立文理学院告知迁址及印章之事(藏于广东省档案馆)

---

[1] 王国平、朱秀林:《东吴大学简史》,苏州大学出版社,2009年,第150页。

校本部暨文理两院职教员表

本学期校本部暨文理两院职教员人数添增（自十三人增至二十六人），兹将各人简历列表如下：

职务	姓名	籍贯	年龄	学历	经历	备注
校长	杨永清	江苏无锡	五三	东吴大学文学士，美国华盛顿大学法学硕士，南方大学法学博士	中国驻英大使馆参事，壮伦教总领事	（在假）
代理校长兼总务长，文学院长兼英文教授	沈体兰	江苏吴江	四五	东吴大学理学士，英国牛津大学研究员	青年会全国协会干事，群治大学教授，上海麦伦中学校长	
校务长兼代教务长，理学院长兼化学系主任	潘慎明	江苏吴县	五五	东吴大学理学士，文学士，美国芝加哥大学理科硕士	东吴大学校务长，理学院院长	
训导长兼中国文学系主任	谢扶雅	浙江绍兴	五二	日本立教大学毕业，美国芝加哥及哈佛大学研究员	岭南大学训导长，中山大学文学院长，国立师范学院公民训育系主任	（在假）
秘书	魏明新	广东五华	三二	日本中央大学高中商科毕业	复旦中学教员，中苏文化协会昆明分会秘书	
会计主任	刘君朴	广东中山	三六	广州青年会中学毕业	岭南大学会计主任，广州青年会干事兼会计主任	
生物学系主任	李琮池	湖南阳县	三五	东吴大学理科硕士，美国康乃尔大学哲学博士	协和大学讲师，厦门大学教授，生物学系主任	
生活指导主任兼代出版主任代训导长，中国文学系副教授	吴笑生	广东毕定	三三	东吴大学文学士	广东恩平中学校长，岭南大学讲师	
庶务主任，中国文学系讲师	萧维元	广东兴宁	三四	沪江大学文学士，中山大学研究员	佛山华英中学校长，培正中学教务主任	
代理女生主任，英文系讲师	王蕙蓉	广东台山	二七	加拿大多朗大学文学士	香港协恩中学教员，岭南大学讲师	
代理文书主任	陈侠泉	浙江平阳	四九	温州师范学校毕业	青年会全国协会文牍，上海麦伦中学文书员	
代理中校军事教官	官昭洒	广东大埔	三〇	中央军校十三期毕业	十九集团军总司令部参谋，中国远征军司令部营长	
中国文学系教授	王衍孔	广东南海	三八	国立广东高等师范毕业，法国蒙伯里亚大学博士	国立中山大学教授，私立广东国民大学教授	
政治学系教授	吴逸之	广东梅县	三六	北平中国大学毕业，法国巴黎大学学士，英国伦敦大学硕士	国立中山大学教授	
经济学系教授	秦元邦	广东梅县	四五	金陵大学毕业，日本早稻田大学学士	国立中山大学教授，中央军校教官	
社会学系教授	叶启芳	广东三水	四六	燕京大学研究员，日本早稻田大学研究员	培英中学校长，中山大学教授	
中国文学系讲师	赵君直	广东新会	三三	中央大学文学士，柏林大学研究员	中央大学助教	
英文系讲师	梁秉宪	广东南海	三八	香港大学文学士	岭南大学讲师	

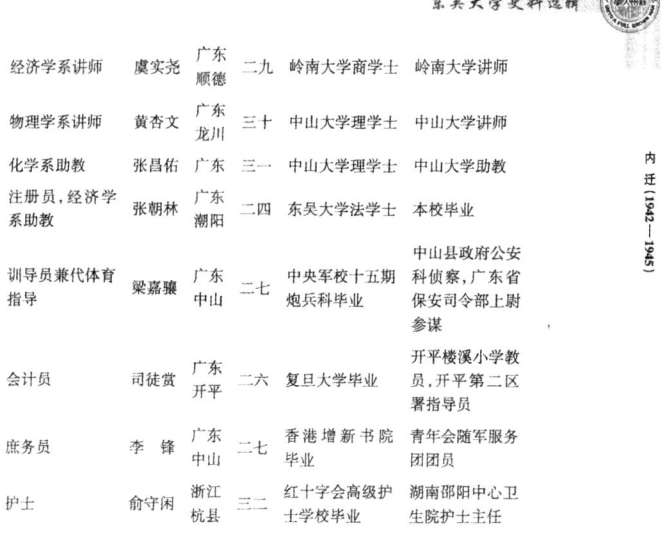

图4-3、4-4、4-5　东吴大学校本部暨文理两院职教员表，刊登于1943年《东吴校闻》曲江版创刊号，引自苏州大学编的《东吴大学史料选辑》

在东吴大学文理两院教职员名单中，教职员工增加至26人，经济学教授秦元邦教授、中文系王衍孔教授、社会学教授叶启芳，均是广东人，其中多位讲师是私立岭南大学的毕业生，也有国立中山大学讲师，这就是因地制宜创造性地工作。

第五章 广东其他教育机构

许瑞生

第一节　私立广州大学

查阅广州市档案馆文献，私立广州大学在粤北1942年的登记表各主要教授情况如下：

校长陈炳权，广东台山人，47岁，美国哥伦比亚大学经济硕士，曾任国立广东大学教授兼院长、财政部统计处处长、广州市公用局局长、交通部南京及汉口邮政储汇局经理及实业部统计长。

训导长黄毅芸，台山人，42岁，美国拍士域大学政治学士，美国哈佛大学政治学硕士，国立广东法科学校教授、广州大学政治学系主任和教授。日常课程为政治学、中国现代政治问题、各国政府与政治。

理学院院长胡金昌，广东顺德人，36岁，国立广东高等师范数理化部毕业，美国加州州立大学学士、硕士、数学哲学博士，国立中山大学长期教授。日常课程为函数论、近世代数、高等微积分、概率计算和近世几何。

文学院院长谭维汉，广东三水人，44岁，国立广东高等师范毕业，美国加州州立大学教育博士，曾任省立金山中学校长、中央军校特别班教育系主任。主讲"战时群众心理"，日常课程为教育哲学、中等教学法、教育行政等。

商学院银行系主任黄兆栋，台山人，45岁，美国华盛顿大学硕士，曾任广东省金库长兼国税收支处长检定训育主任。日常课程为土地问题、货币银行学、经济学、工商管理和经济政策。

梁矩章，南海人，清华大学毕业，38岁，美国宾夕法尼亚大学经济学士、商业管理硕士、经济学博士，北平交通大学、辅仁大学、东北大学教授，香港大学南华学院教授，日常课程为统计学、西洋经济史和中国经济师。

银行系是私立广州大学商学院的特色，抗日战争后教师名册上银行学系主任为马维鸿。

1942年11月，校长陈炳权在韶关上书教育部写道：来校者众，尤以南洋港澳之侨生自应设法收容，所有课室、图书馆、办公处、宿舍等建筑设备已达50万余元。夏因经费不敷，张罗挪借方勉强开学。现届学期终了，财政困难万分，苟非筹款支持，势将全校停顿，谨将实际情形陈钧部立请，拨补助费30万以资救济，

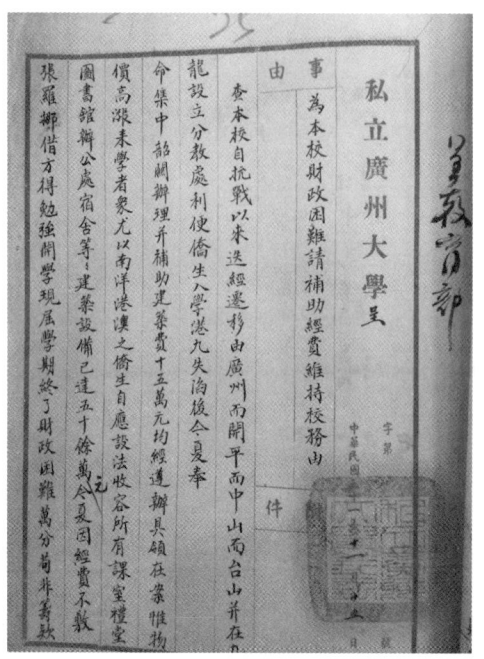

图5-1 私立广州大学为本校财政困难请求补助费用维持校务的函（藏于广州市档案馆）

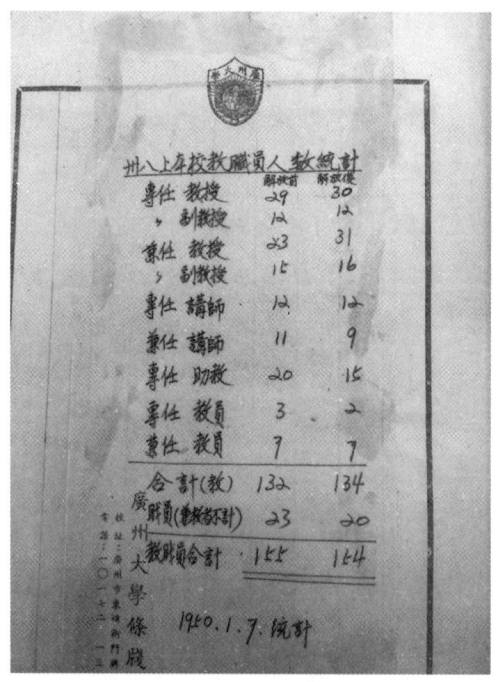

图5-2 1951年私立广州大学的教职员工统计表（藏于广州市档案馆）

不独全校员生所当感激而侨生之家长即身羁海外亦闻风感戴矣。又以事关救济侨生并钧部转咨救济委员会及侨务委员会一并酌予补助,如何之处敬候。

私立广州大学在抗日战争中的迁徙也是充满艰难,校长陈炳权为台山人,1924年获美国哥伦比亚大学经济学硕士学位,1927年以来一直陪伴着自己创建的私立广州大学一路风雨走到粤北韶关。由广州先迁开平,再迁中山、台山、九龙,最后落脚韶关上窑村和乳源桂头镇,因建设费用花费而办学经费短缺,随向教育部求助。私立广州大学一直坚守,服务华侨包括香港学生是办学宗旨之一,抗日战争胜利后继续办学,1949年解放后的教授有30名,副教授有12名,兼任教授有31名,兼任副教授有16名,共有教职员工154名。

私立广州大学与香港有深厚的传统关系,1950年私立广州大学录取的新生中,仍然有不少香港的考生。

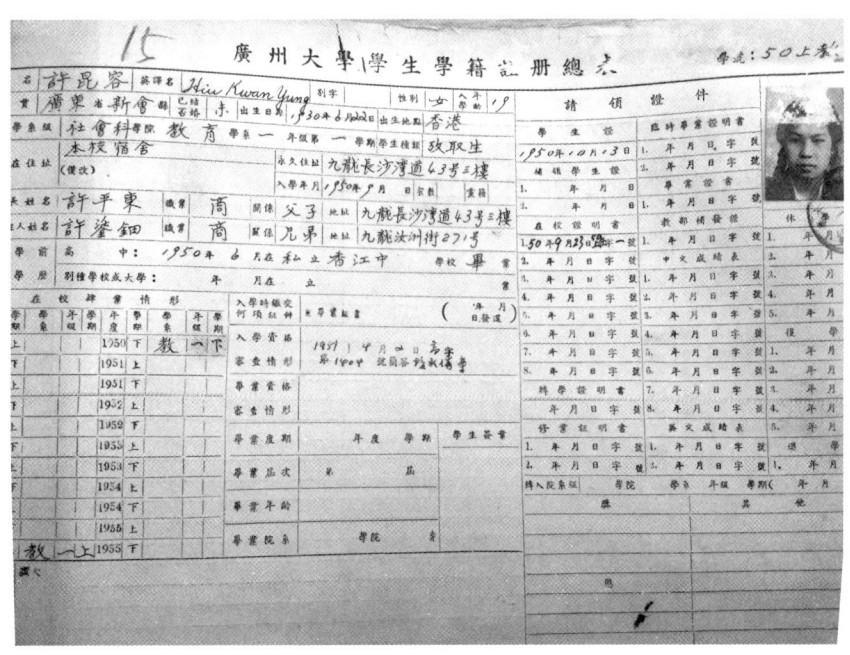

图5-3 香港学生就读私立广州大学教育学系的学籍表(藏于广州市档案馆)

第二节 广东国民大学

私立国民大学在广州的旧址就是杨匏安任教的时敏中学旧址，1925年创建而修建的更大规模校舍，有法学院、文学院、工学院和商学院。校长吴鼎新（1876-1964），开平人，1927年任校长，抗日战争时期率领师生在粤辗转各地，1940年选择韶关办学，香港学生因香港沦陷又回到韶关。该校文学院院长黄轶球，留法在巴黎大学获得博士学位回国。文学院在香港和楼冈均设立分校处继续上课，一年级大学生较其他年级多。

抗日战争迁至开平，在香港建立分教处，后来校本部迁往韶关曲江，1944年迁至罗定。黄轶球教授带领的师生是从阳春1945年返穗。

当时广东国民大学办学推进是相当艰苦，但依然保持斗志，对抗日战争充满信心并努力服务社会，在香港报纸上登出《广东国民大学概况》，对学校办学初衷不变，写道：诸生多明大义，不避艰苦，追随求学，而各职教员又能努力奉公，始终不懈，除尊教部教厅办理外，并尽力奉行导师制，成立生活劳动团，服务团，实行精神总动员。在香港分教处，称为第二分校，文学院的中国文学系和教育系继续教学，有多年级的班级。

在香港分校读书的中国文学系和教育学系部分学生名单中，一年级第一学期学生：许锡光、陶世可、李硕及、陈炜昂、李功石、谭淑溪。教育学系四年级第二学期学生：友端、黄衍麟、区茂泮、李之材、陶逸轩、韩伯韶、麦作坚；四年级第一学期学生：李之尔、李文蔚、黎惠兰。三年级第二学期学生：李健仪、邱日耀、张肇鲜、李焕光、卢瑞芬、关其冰。教育以学生为本，还有许多学生的名字有待整理。

抗日战争胜利后回到广州继续办学，其中土木工程专业和法科专业的学生众多，在1948年规模仅次于国立中山大学，法学院法律学系毕业生1010人，土木工程系毕业生372人，一直坚守至1951年院系调整而撤并到各大学中。

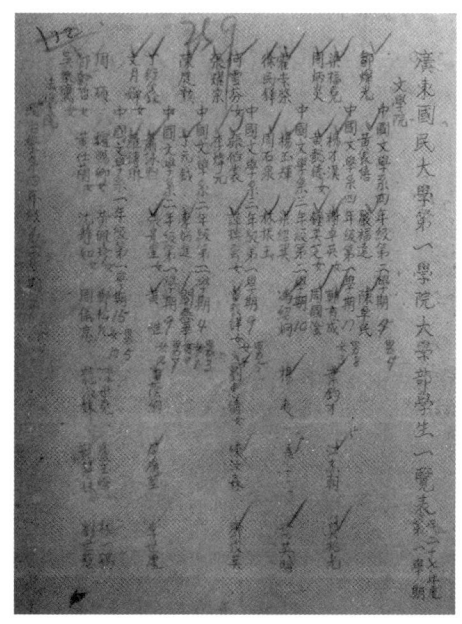

图5-4　1938年第一学期文学院学生一览表
　　　（藏于广州市档案馆）

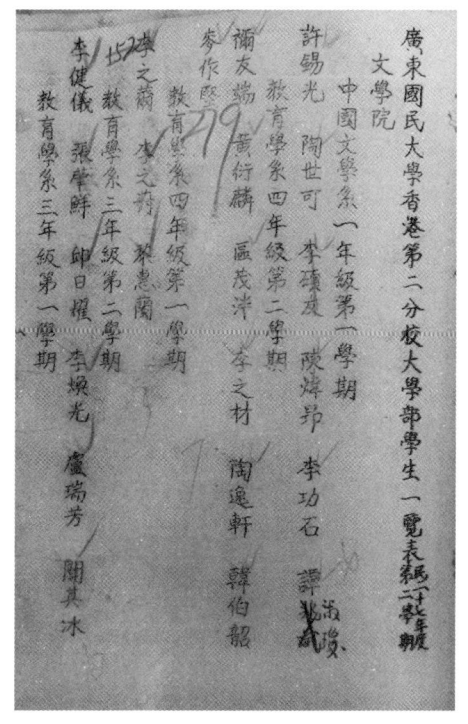

图5-5　1938年第二学期汇总的广东国民大学香港分校大学第一学期和第二学期部分学生一览表中，中国文学系、教育学系部分学生名单（藏于广州市档案馆）

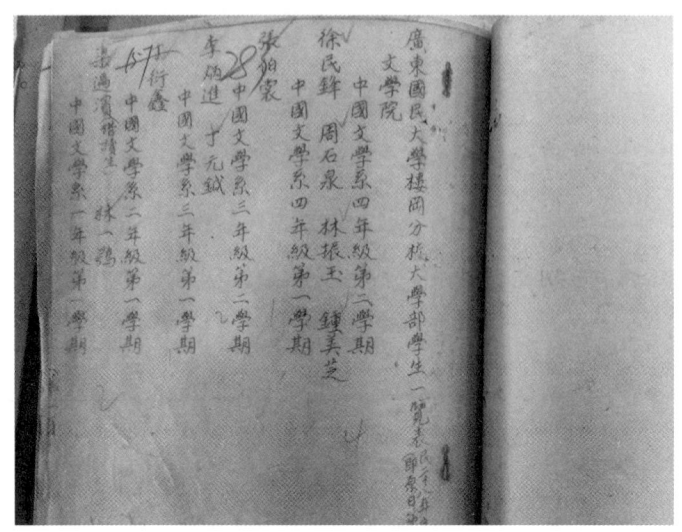

图5-6 广东国民大学楼冈分校中国文学系一至四年级名单
（藏于广州市档案馆）

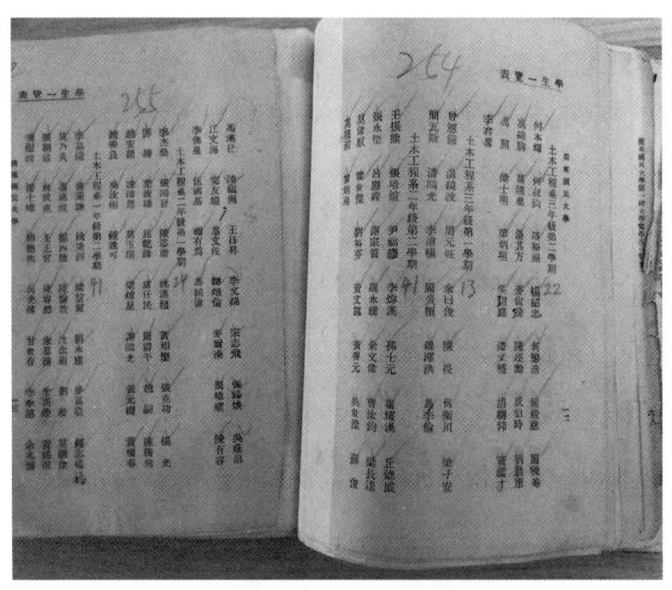

图5-7 广东国民大学土木工程系学生名册
（藏于广州市档案馆）

第五章　广东其他教育机构

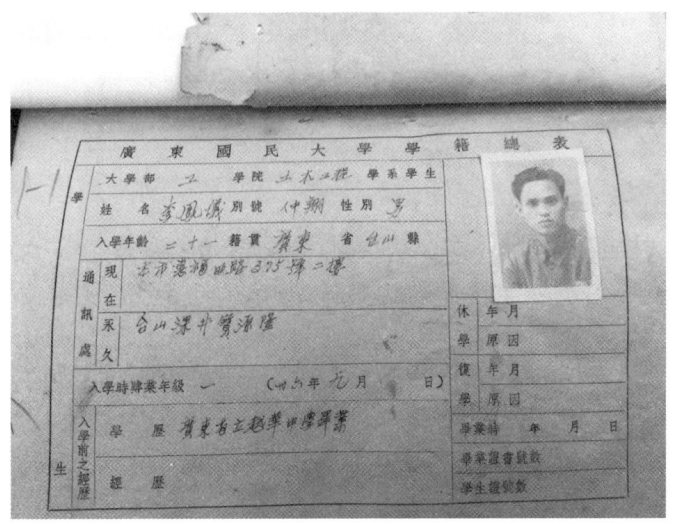

图5-8　私立广东国民大学土木工程系学生登记表
（藏于广州市档案馆）

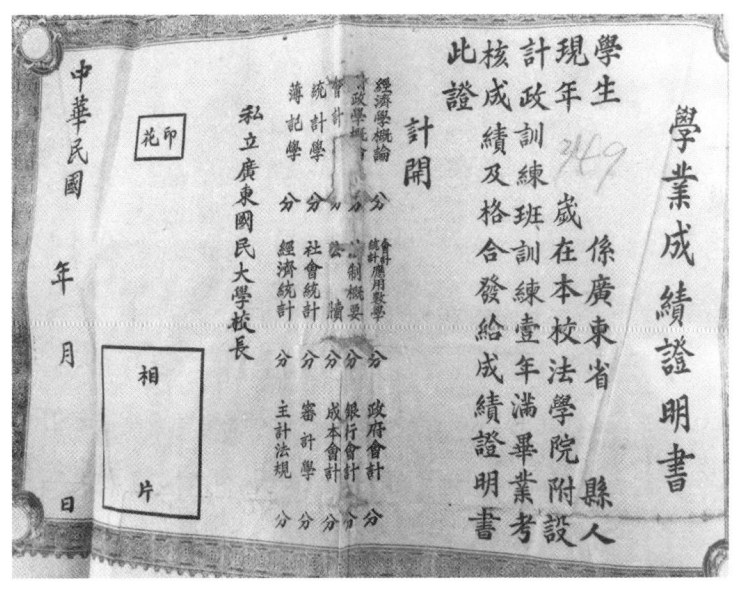

图5-9　私立广东国民大学毕业成绩证明书
（藏于广州市档案馆）

第三节 职业学校和中学

仲恺农学院从建立时的名字称为仲恺农工学校,到战时改名为省立仲恺农业职业学校,1941年至1942年,仲恺农工学校迁至云浮黄公祠办学,也曾迁至乐昌,约200名学生,校长为陈颂硕,从1927年至1942年,何香凝均亲为校长,陈校长从1942年一直到1945年担任校长。1946年教师一览表,邓作励为校长,一直到1949年。邓作励是国立中山大学农学院毕业,作为校长,他每周还上四小时的课程。

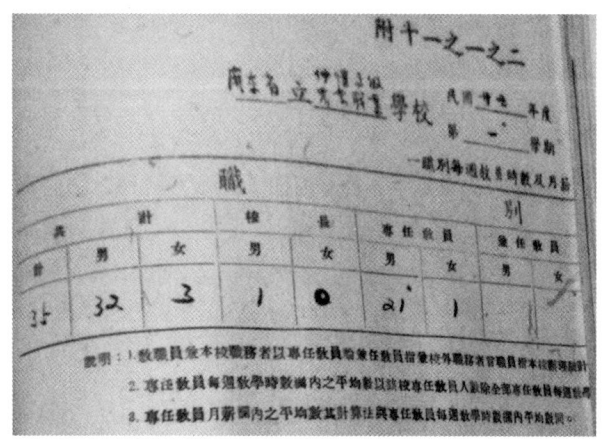

图5-10 1946年省立仲恺农业职业学校登记表
(藏于广州市档案馆)

省立广雅中学在广州沦陷后,先迁至顺德碧江,接着半年后迁到信宜,1940年至1945年的校长是冯肇光,1918年留学法国,在法国国立巴黎政治大学经济系获得硕士学位,回国后曾任国立中山大学讲师。在1940年广雅中学迁移中任校长,1944年在册登记39岁。教务长是梁炜勋,日本明治大学法科法律系毕业。事务长苏天元为法国巴黎政治大学毕业,曾任罗定中学校长。

1940年在韶关创建了省立文艺专科学校,胡根天、黄友棣是教学主力,它可以说是广州美术学院的前身之一,但因战事变化不断搬迁。多个学校在1944年曲江面临战势紧张时,迁往罗定,包括省立文理学院、省立艺专、私立广东国民大学、私立广州大学、私立国光中学、私立澳门雨芬中学(1941年已经迁此)、私立华侨中学、私立长城中学(1939年已经迁此)、私立金陵中学(1939年已经迁此)。在郁南连滩，私立教忠中学、知用中学、庚戌中学先后迁徙至此。[1]

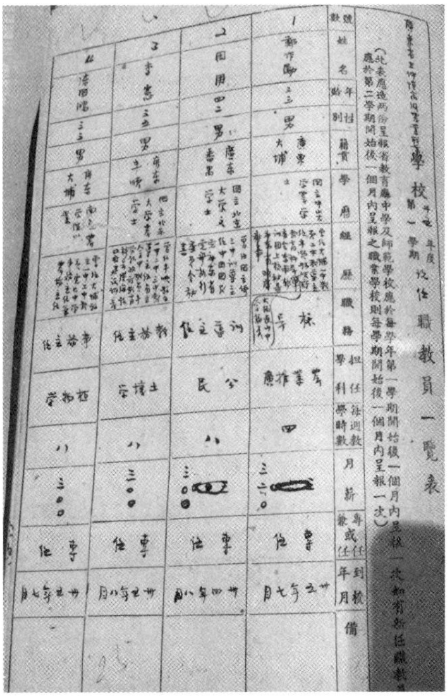

图5-11 1946年教师一览表，邓作励为校长
（藏于广州市档案馆）

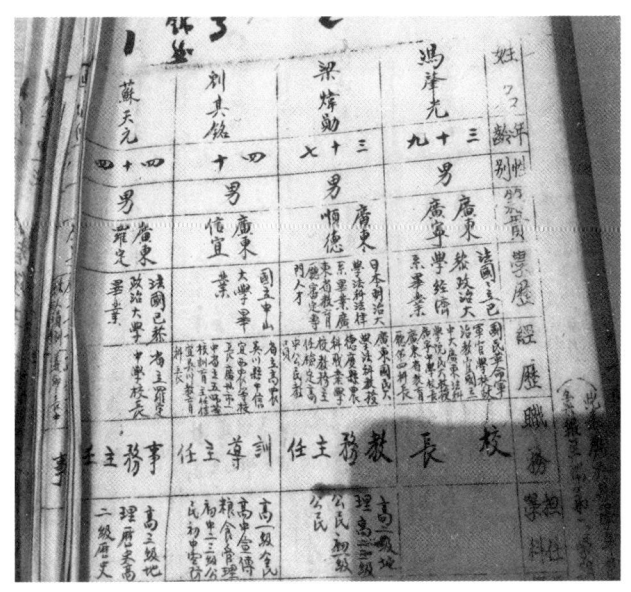

图5-12 广雅中学1944年第一学期的教师名册（藏于广州市档案馆）

---

[1] 云浮市政府：《省内各类院校在云浮办学迁徙调查报告》，2019年。

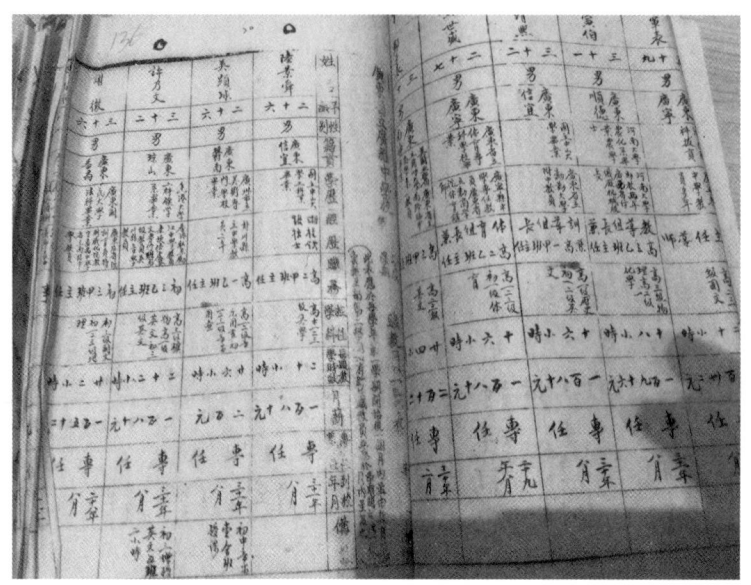

图5-13　广雅中学1944年第一学期的教师名册，由于在粤西办学，教师中信宜、广宁等占一定比例（藏于广州市档案馆）

第六章

粤港互助——相会岭南在粤边

许瑞生

粤港在抗日战争期间,教育互通有无,为粤港澳三地学子提供最大可能的战时的学校环境,创造了中国教育历史的动人故事。

第一节 联合办学

一、培联中学

坪石培联，始于1941年，止于1944年，时9月开学，初一至高三共8个班，300余学生。1944年6月匆匆考试后疏散。尽管日军进逼，9月份仍然复课。1945年1月17日停课疏散。1940年邝乐生校长亲赴坪石考察校址，在坪石任培联中学，温耀斌1935年就任培道女中校长，他与邝乐生校长在1940年同行韶关选址。1943年邝先生去世，他出生于从化，从小就读于培正，留校任教体育主任、教务长等职，一直到校长，许崇清先生任教育厅长时，特别给予奖许。

广州沦陷，邓锡铭随父亲生活在香港，就读于培正中学。"香港沦陷后，邓盛仪回家乡邓屋小住几日，然后带着二子邓锡全、三子邓锡铭奔赴粤北山区。在哥哥邓植仪的帮助下，邓盛仪在国立中山大学土木工程系任教，儿子在附中读书。"[1]

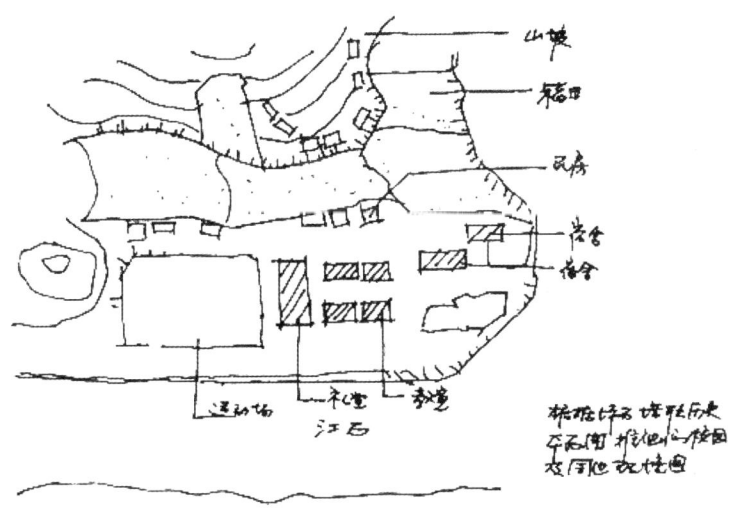

图6-1 根据历史地图作者推测的培联中学平面图（作者绘制）

---

[1] 詹文格、詹古丰著：《激光先驱邓锡铭》，广东人民出版社，2015年，第31页。

图6-2 参照历史照片绘制的培联中学大礼堂（作者绘制）

为什么迁到乐昌坪石？因为我们这里广东的百姓、广西的百姓、香港的青年、澳门的青年，他们还需要继续受教育。所以在许崇清校长的带领下，在当时云南物价飞涨，同时日军从越南的方向也逼近云南，在广东的百姓有非常高的呼声，希望他们迁徙回到家乡，众国立中山大学的教授都支持许崇清的做法。而在这个过程中，中国军队来保证国立中山大学抗战时期的安全，包括抗日游击队东江纵队发挥了重要作用。

图6-3 邓锡铭和太太梁女士中学生时代的照片（作者翻拍自《激光先驱邓锡铭》一书）

1925年出生的黄本立,出生于香港,但是没有出生纸,事因祖父黄宏沛看不起香港殖民地的规定,到医院出生就有出生纸成为大英帝国子民身份,祖父请了助产士到家接生。[1]黄本立在香港读的是粤华附小,学校附近有一家药店,店主的儿子黄文锦当时读中学了,是黄本立的大朋友,后来考入坪石的国立中山大学工学院,在黄本立人被祖父带到广西身处广西矿区时,黄文锦写信告知他在坪石将复办培正和培道的联合中学。1941年黄本立孤身一人从广西长途跋涉,最后乘火车抵达坪石,成为坪石培联中学的第一届学生。

二、与培正中学擦肩而过的黄旭华院士

南韶连校区在抗日战争时期对教育贡献最大,大部分学校迁校于此,尽管日军飞机不时到此扔炸弹,但相对安全些。"核潜艇之父"黄旭华院士回忆抗日战争少年时代求学的经过就述及粤北。1941年6月,黄先生从梅州到兴宁,正碰上日军飞机狂轰滥炸兴宁,准备入住的旅馆炸没了,找到一辆装黄鱼的车往韶关跑,在韶关得知大哥在坪石,不顾舟车劳顿,赶到坪石意外地碰上了考入中山大学的大哥绍忠,他是1941年夏季被录取的。

为了求证书本上的故事,2020年5月1日,本人向黄旭华院士请教在抗战时期1941年与坪石擦肩而过的经历,黄旭华先生回忆到坪石这段经历仍然记忆犹新:

> 作者:黄老您好!今天五一劳动节,向您老人家问好!武汉疫情发生后,惦记着您。
> 黄老:谢谢你。从封城到现在我没有出门,身体很好。谢谢你这么忙还关心我。
> 作者:应该的,还有一事想请教您,看了您送我的关于您的传记,写到您抗日战期间去过韶关坪石。
> 黄老:是的,当时找我哥,他已经在坪石中山大学念书。
> 作者:您哥哥是读什么专业?
> 黄老:这个我记不住了,他后来到重庆念书。
> 作者:从兴宁到韶关的路程很难走吧?

---

[1] 杨聪风、王尊本著:《绚丽多彩的光谱人生:黄本立传》,上海交通大学出版社,2017年,第16页。

黄老：是的，当时从兴宁坐的是运盐（或者鱼，本人没记清楚）的车到坪石汽车走走停停，花了好多天。

作者：您在坪石住在学校的宿舍吗，是不是木结构的宿舍吗？

黄老：不是，我哥哥与同学合租了一间民宅，我住在民宅里。

作者：住多久？

黄老：待了两个星期，因为我报名报考培正中学。

作者：在什么地方考试？是祠堂吗？

黄老：我记得考试是在一座草棚里进行。

作者：这是我第一次听到，结果呢？

黄老：培正中学录取了我，但我已经到了桂林，考入了桂林中学，留在桂林念书，我哥哥想到重庆念书。

作者：坪石热闹吗？记不记得建筑都在水边？

黄老：到了坪石，街上很热闹，记得那里一条河。

作者：有没有出去周围走走？

黄老：没有出门玩，因为已经报名准备报考培正中学。

作者：离开是在坪石火车站坐火车吗？

黄老：是的，在坪石站坐上火车，到了衡阳换车至桂林。这时才知道被培正中学录取了，但我已经进入桂林中学，哥哥继续前往重庆。

作者：抗战时期读书真不容易，过一阵子凤凰卫视准备采访您，请您谈这段经历，对年青一代的教育有帮助，可以吗？

黄老：可以，没问题。

作者：再次谢谢您！也祝贺您获国家最高科学技术奖，我知道您对"名"是很不在乎的，祝您身体健康！

可见当时培联中学在粤港澳的地位。培道中学现在广州改为第七中学，这座曾经的女子中学培养了中国许多栋梁之材。培道女中出现一群特别学生，女飞行员。1921年毕业的张瑞芬，在美国1932年获得美国华人第一位飞行执照的女子，1937年曾在盐湖帮助培养中国飞行员。后有来者，1946年，陈天思进入培道女中就读，1951年"抗美援朝、保家卫国"的热潮中报名参军，成为新中国第一代女飞行员。

图6-4 左为张瑞芬（作者提供）　　　　　图6-5 梁碧儿（作者提供）

与坪石有关系的培道学生还有陈为雄，1943届，1938年入培道，1943年毕业后在韶关乐昌考入中山大学医学院，成为中国放射学专家。梁碧儿，1936年培道高中一年级，1941年进入乐昌中大医学院，成为基层模范医生。

1953年，培道改为公校，改名广州第二女子中学。1956年改为三十中，1958年改为广州师范学校。

第二节　未尝一日辍，以成就学生读书救国之宏愿

在馆藏的档案中有一份私立岭南大学全体同仁致同学的公开信，开篇就写道："同学诸君公鉴：自'七七'变作，而全国揭开抗战之序幕；自敌机南袭，而广州顿捕恐怖之氛围，我校一依按照政府公布时间上课，未尝一日辍。迄至于今，同事回校服务者还有十之七八。"文中非常自豪地说岭南大学屹立"风波不摇"，抗战的胜利需要后方的支持，民族存亡之际，每个人都需要果决、勇毅的精神，加紧工作以后事于战后事业。这里道出教育坚守的意义。此文为1937年10月30日所启，并具历史性地写下"谨记民族敬礼"。

私立岭南大学在澳门设立澳门岭南中学。战时，澳门岭南中学毕业后的学生又考入岭南大学，而这时岭南大学已经迁往曲江仙人庙。澳门的学生穿过封锁线，进入粤北，于是在大村有一批毕业于澳门岭南中学的青年人。

图6-6　私立岭南大学全体同仁致同学的公开信（藏于广东省档案馆）

图6-7、6-8 私立岭南大学全体同仁致同学的公开信（藏于广东省档案馆）

第三节　穗港教育的体育友谊

战前，培正中学、岭南大学的岭南中学和省立体育专科学校均是"同龄人"中的体育佼佼者，曾组织三角田径对抗赛。在抗日战争期间，学生读书不忘体育锻炼，在大村山不规则的斜坡路上，举行过学校运动会，包括接力跑。同学中，

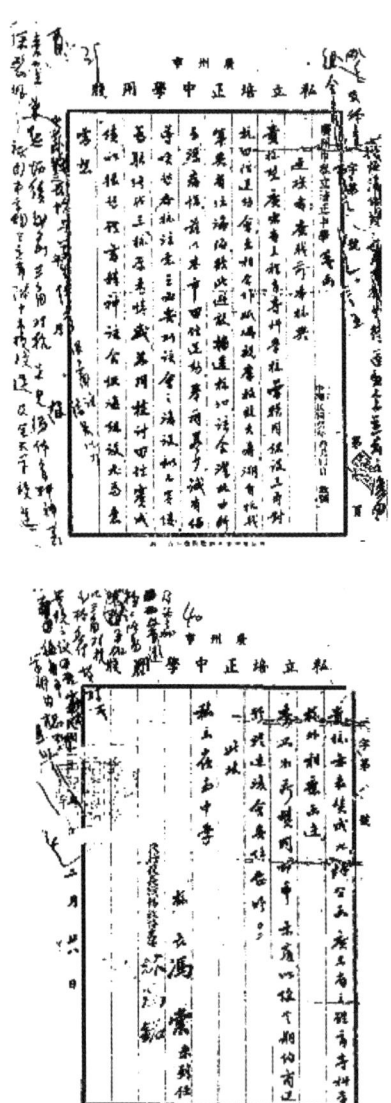

图6-9、6-10　私立培正中学致私立岭南中学的邀请书（藏于广东省档案馆）

李小壁的运动天赋表现突出，抗战胜利后，她参加全国运动会，并取得女子百米亚军。抗日战争胜利后，各学校马上继续"三角对抗赛"这一体育传统友谊，战时在粤北任教的赵善性和梁质若老师等人组织了比赛，他们后来都成为中大、华工、华农体育教研室的主任。私立培正中学致私立岭南中学的三角田径对抗赛邀请书，如今藏于广东省档案馆。

在广东和香港等多个高校和中学的校庆多为11月和12月，华南师范大学在2018年11月10日庆祝85周年，华南师范大学附属中学12月8日庆祝130周年，惠州学院2016年11月26日庆祝70周年，同年暨南大学2016年11月19日举办110周年庆祝，2020年11月26日将是广东省海洋大学84周年校庆。"弦歌不辍"几乎都是各大学、中学校庆常引用再滥不过的广告词，该成语引自《庄子·秋水》，抗日战争时成为教育政策的追求目标。但为什么"不辍"能够实现？这就是研究的初心。

第四节 粤港互助

香港与广东唇齿相依，抗战时，私立岭南大学本部从广州迁往香港时得到香港大学无私的帮助，农学院后来首迁粤北坪石，校长李应林发出入学通知需要兼顾两地。文中告知农学院三四年级在1940年需要到坪石，一、二年级留港上学，请学生家长查照。

1938年广州沦陷，有四所大学迁至香港，分别是岭南大学、南华大学、广州大学和广东国民大学，后两所设立的是分教处，广州大学借用香港东方中学，广东国民大学借用九龙旺角附中校舍晚间上课。

岭南大学借用香港大学的校舍和学校设备包括：

1. 办公室和储物室各一间；
2. 大小课室十四间，一部分在钟楼，一部分在中文学院，借用时间在下午

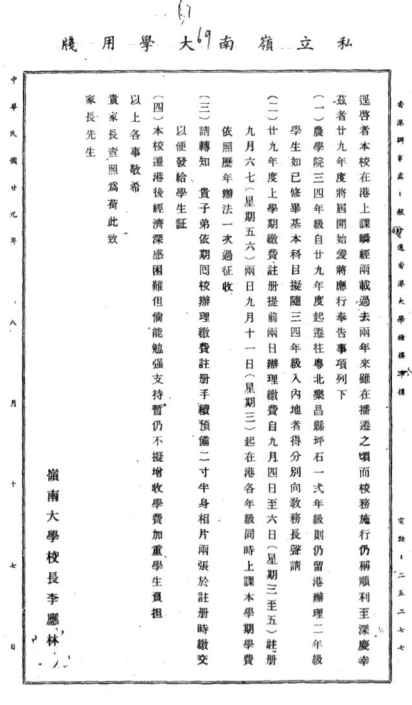

图6-11　校长李应林发出入学通知，需要兼顾两地
（藏于广东省档案馆）

5:30-9:30，部分由下午2:30起借用；

3. 英文图书馆，教职员可随时入内阅览，冯平山图书馆员生均可以随时入内阅览；

4. 冯平山图书馆指定两间阅览室为该校陈列参考书，开放时间延长至9:30，专为该校学生使用；

5. 工科实验室借用港大绘画室及电气工程实验室。

6. 该校借用水力厂部分地方设化验室；

7. 借用生物实验室；

8. 每星期三借用大礼堂为该校举行周会；

9. 借用学生会所的图书馆、茶室为女生休息室。[1]

岭大等高校在香港的支持，保障了大学继续运行，同时加强了香港教育力量。广州大学夜间授课，方便了香港公司职员、中小学教职员工的进修，岭大也在港大为港大师生开设讲座。时岭南大学多名外籍老师也随迁到香港。1940年第一学期岭大在香港校区注册的学生达到601人，如果包括已经在坪石上课的农学院三、四年级学生35人，共636人。老师91人为专任老师。

风云突变，1940年香港沦陷，约有300多名学生逃往内地，1944年登记在册借读内地的香港学生243人，其中国立中山大学香港借读生67名，岭大香港借读生有50名，[2]共117名在坪石和大村继续学业，几乎占内地的学生一半。

国立中山大学在坪石办学时，战时图书缺少，这是各校通病，资源各校共享是此时的风格展示。广东省档案馆馆藏存有一份国立中山大学工学院院长陈宗南向中山大学金校长请求出具介绍信给在仙人庙的私立岭南大学，国立中山大学工学院土木系林主任将到岭南大学借用工程类的图书。

岭南大学在仙人庙大村校区专门设立"港大招待所"一处，专门为港大学生使用，其中就有前香港大学校长黄丽松的哥哥。[3]岭大的研究设备有限，尤其是理科，不少学生又在国立中山大学就读，具有代表性的学生是后来成为院士的黄翠芬同学。当年，她以岭南大学借读生的身份在坪石塘口村借读，于国立中山大学理学院学习。岭南大学李应林致函中山大学，请求文学院、理工学院、医学院三

---

[1] 李志军：《抗战初期广东高校迁港的历史意义》，《重庆教育学院学报》，2008年第1期。
[2][3] 李均：《抗战时期香港大学与内地互助史略》，《现代教育论丛》，2013年第3期。

院学生到中山大学借读,如今还留有函件。

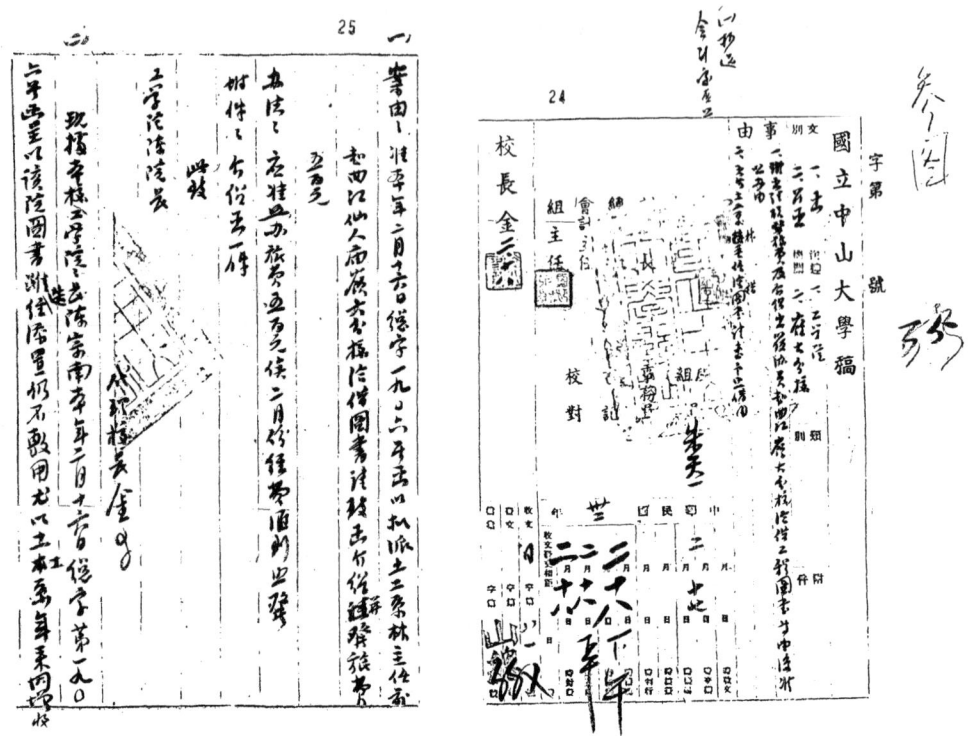

图6-12、6-13 国立中山大学工学院院长陈宗南院长向中山大学金校长请求出具的介绍信,给在仙人庙的岭南大学的函(藏于广东省档案馆)

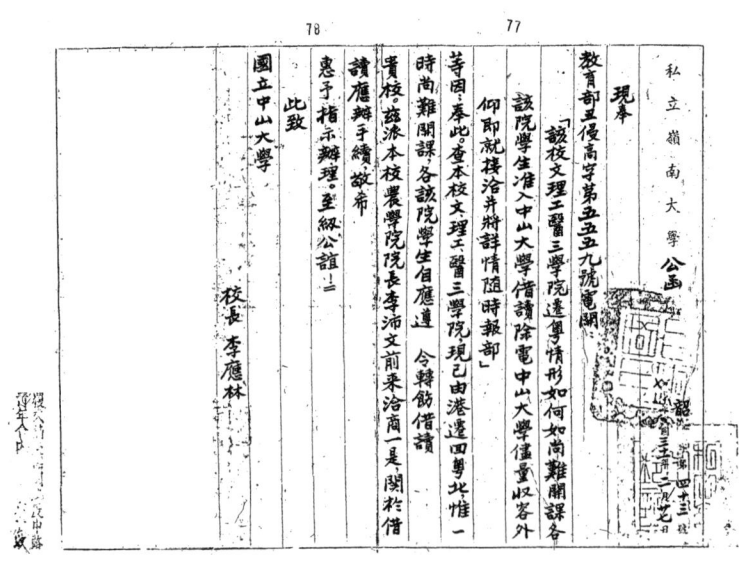

图6-14 岭南大学李应林致函中山大学,请求文学院、理工学院、医学院三学院学生到中山大学借读(藏于广东省档案馆)

第七章 教育管理和财政运作

许瑞生

1938年10月广州沦陷后，10月29日省政府迁连县，广东省教育厅也随迁至连县，在厅长许崇清教授的领导下，迅速采取若干措施保持教育机构运转的连续性。1940年1月上任的黄麟书教授接任后继续及时对教育资源进行统筹，在1940年3月根据全省各地的经济、人口和交通情况，重新划分了十个中学区，分别是广州、惠州、潮州、梅州、南韶连、五邑两阳、肇罗、高雷、钦廉和琼崖。[1]坪石、连县成为抗日战争时期教育的重镇，连县尤其东陂近十年教学未断，广东省省立文理学院及其附中在这里度过了最为辉煌的两年，其种子又成就了40年代末惠州师范学校的诞生，为广东教育做出了重大历史贡献。

---

[1] 广东省教育厅编著：《广东教育史》下卷，广东教育出版社，2017年，第375页。

第一节 机构运转的办学经费

许崇清先生在1936年8月至1940年1月任广东省教育厅长,黄麟书接任于1940年1月至1945年9月,他们对抗日战争时期的广东省大中小学校教育管理保持沉着应对的定力,以中国抗日必胜的自信战胜难以想象的困难。许崇清要求中小学校要对农民进行抗日宣传,成立"广东省教育厅社会教育工作团"开赴前线配合抗日宣传,开办民众夜校,强调无论是前方还是后方,都需要应用科学。黄麟书任教育厅长期间,为接收战区退出的学生,对非战区的学校扩大增加临时班级,在东陂的广东省立文理学院附中增加六个班。[1]在连县不仅有培养师范生的大学,高质量的附中,还有为战时的难童开设的收养院,1940年在粤北设立七所儿童教养院,连县占三座,分别在龙咀、元村和蝠山,每处收养难童约1000名。

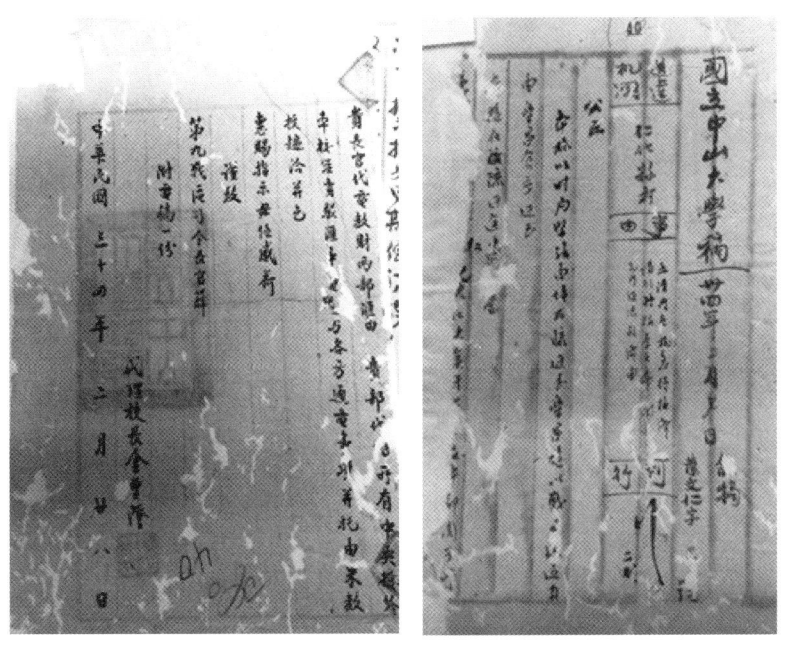

图7-1、7-2 向广东银行求助电文和向薛岳求助电文(藏于广东省档案馆)

---

[1] 广东省教育厅编著:《广东教育史》下卷,广东教育出版社,2017年,第422页。

坪石的"学术新潮出版社"在1941年6月25日出版的《中大向导》，书中记录了大学总务处的工作，从澄江迁回坪石，教育部核准为155.5万元。粤省府补助30万，但实际拨到款仅为70万元。[1]1940年学生贷款的总数有1146人，零用贷款每月3元，膳费贷款每月16元，特别贷款每月20元，但还是有不少考上的考生因家庭困难无法上学而放弃。1941年《中大向导》的售价是1.8元，1942年岭南大学附中教师的平均月薪是163元，币值由此可以估算。1941年工学院年拨经费3.2万元，另拨设备费12万元，土木工程系、电机工程系和机械工程系各增设一班，唯建筑工程系没有增设。

1945年2月28日，代校长金曾澄撤出坪石后往仁化，形容为"仓卒疏撤"，经济顿感困难，紧急向薛岳将军、广东银行求援，以保障燃眉之需，后借得50万元解决其时应急。

---

[1] 《中大向导》，学术新潮出版社，1941年，第8页，藏于广东省立图书馆。

第二节 适应战时非常时期的教育公费补助

战时财政保证是最根本的基础，教育管理部门调整了补助政策，制定了"非常时期国立中等以上及省私立专科以上学校规定公费生办法"，对各类教育机构的继续办学，起到重要的促进作用。1945年广东省出台了"战时国立中等以上学校及省立专科以上学校学生给予公费办法"，是对前政策的修定，界定了范围，对学生的品行有要求。

私立岭南大学在大村召开第一次校董会，报告也包括各类赞助，尽管是教会学校和有美国基金支持，但教育部和省政府的财政占三分之一。

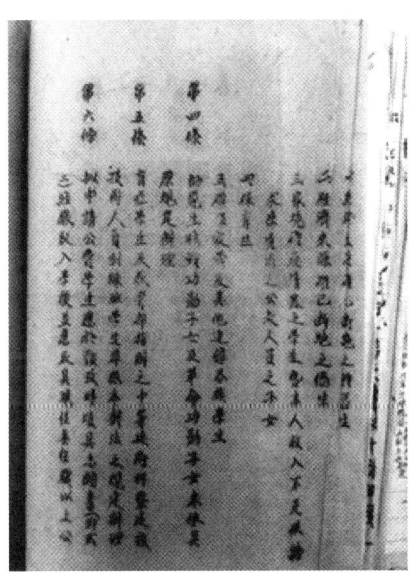 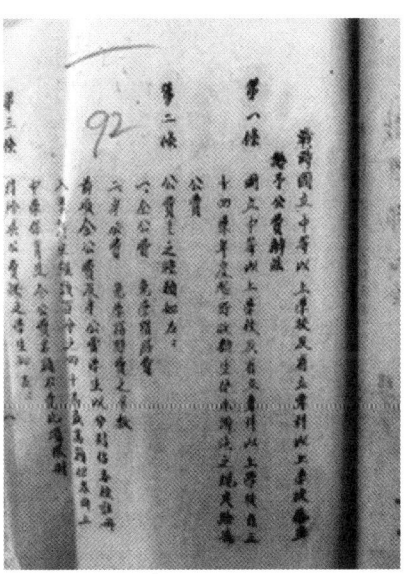

图7-3、7-4　战时国立中等以上学校及省立专科以上学校学生给予公费办法节选
（藏于广州市档案馆）

第三节　教职员工的生活状况

一、教师待遇

国立中山大学法学院经济学系在王亚南先生扎实的学风引导下，研究和教学具有非常高的质量，成立“经济调查处”学以致用，《经济科学》有一篇专文对1942年“五月来坪石主要日用品零售价格调查”，为该调查处所进行的细致调查。从中可以看到当时的生活水平，有关商品和价格如下：食米一市斤，上等，2.32元；鸡蛋一个，0.5元；火柴一盒，猴牌，1.5元，最贵的是万喜牌，1.8元；牙膏，黑人牌，12元；三星牌牙膏便宜点，11.25元。抗战期间衡量零售用品价格有四种主要物品，食盐、食米、茶油和火柴。

法学院1941年教师名册上工资一栏可以查到当时的工资待遇，教授梅龚彬为370元，副教授董家遵为270元，讲师梁宏150元，助教尹日滔为90元。

詹安泰先生在坪石教书时住于坪石铁岭临武水的数椽泥屋，十来平方米的地方，用泥砖隔成前厅后房，前厅的全部陈列是一张小书桌，两张靠背竹椅和一副

本處調查工作自九月份起，已有新的調整，決定了多種調查方法，預計以五月份爲基期，製定物價指數，暫將該月份物價調查所得平均價格列出：

坪石主要日用品零售價格

民國三十一年五月

商品	花色牌號	單位	平均價格	商品	花色牌號	單位	平均價格
食米	上等	市斤	$2.32	火柴	猴牌	盒	$1.50
食米	下等	市斤	2.14	火柴	舞龍牌	盒	1.50
食鹽	上等	市斤	9.96	火柴	萬喜	盒	1.80
食鹽	下等	市斤	8.45	玉扣紙		張	0.30
麵粉		市斤	3.45	牙膏	黑人	支	12.00
雞蛋		个	0.50	牙膏	三星	支	11.25
黃豆		市斤	3.10	藥皂	利華	塊	12.00
黃瓜		市斤	0.40	肥皂	興業	塊	1.55
茶油		市斤	5.45	墨水	假派克	60c.c.	8.00
松柴		百市斤	5.50	墨水	Sh[illegible]	60c.c.	7.25
木炭		市斤	0.20	土布	坪石出品	市尺	1.80

物價調查需要有適當工作人員，與一定調查時間，尤貴永恆地工作。本處工作既經展開，尚望各方多予指示，俾達預定目的。【完】

图7-5　国立中山大学法学院经济系经济调查处关于1942年5月坪石日用品调查表内容
（扫描自《经济科学》第三四期合刊）

工夫茶具。客厅就是工作室，《词学研究》就是在泥屋、小书桌和植物油点的灯深夜写就的。汤挚民老师在抗战时期的中大师范学院读书，从管埠到坪石镇上，常到詹教授的"工作室"做客，回忆了当时的场景。在小泥屋詹先生依然抒情豪迈，摆着工夫茶具，写下："待拂竿丝向沧海，相看一笑三千年。"[1]多么宽阔的时空。1967年詹先生病逝，年仅65岁。

图7-6　作者（左）与詹伯慧教授（右）亲切交谈

詹伯慧教授在坪石度过少年求学年代，作者特拜访他，请他看坪石老街新旧照片，记录如下：

作者：您还记得在坪石读小学的学校名字吗？

詹伯慧教授：汉德小学在坪石老街上、广同会馆里，前面是小学，后面是国立中山大学研究生院，一放学就和老爸与他的研究生一起去江边走走。坪石是养育我的地方，我读的是小学五、六年级，直到小学毕业。

作者：您还记得对面有几家书店吗？

詹伯慧教授：那时好小的，不是很记得了。我今年88岁了，8月6日才从医院返回，住了2个月医院。

作者：您当时家是住铁岭吗？房间有多大？

詹伯慧教授：不住铁岭，在广同会馆往前面走，到渡头街，即江边那条街，我住江边，有一条很深的楼梯走上去就是马路，不用爬山岗。斜坡下来

---

[1]《詹安泰纪念文集》编辑组：《詹安泰纪念文集》，广东人民出版社，1987年，第64页。

有4个宿舍，我们在其中一个屋子住了3年。前面客厅、后面厨房，中间睡觉的地方，都没有现在客厅大（8至10平方米），没有隔层，不是楼房，是平房。广同会馆和铁岭（文学院）都在这条街上，分别是街头和结尾的位置。文学院在铁岭，当时中大的牌坊门楼上有几个字的，是爸爸写的。

作者：这里是中大文学院，是个西式门楼，现在只剩门楼了，前面都没有了，后面已经没有了，现在是马路。广同会馆在2006年被大水浸破坏，2008年修缮恢复。广同会馆只剩下门楼了。我们不太清楚当时的情况，看怎样修复？怎样宣传？现在我们很想将这里重新利用起来，保护遗址，教育下一代。让现在的学生重温抗战时期师生们读书救国的爱国主义精神。詹教授，您觉得我们这样做是否有意义呢？

詹伯慧教授：好有意义的，请你们保护好这些文物。

作者：安泰先生游泳吗？他在41岁的诗写到多处与水有关。

詹伯慧教授：这是父亲41岁生日时做的诗，他不会游泳。家在江边，看到当时很多人在江里游泳，很多人在码头用石板捶打洗衣裳。房子是租的，当年写作和住宿条件很艰苦的。

作者：住哪条街？怎样回家？记得先到您家？还是先到文学院？走路？还是坐船？

詹伯慧教授：先到家，家在街的三分之二处，文学院在街的三分之一处。这条街很短的，从广同会馆走路回家，大概15分钟左右。

作者：回家是否经过三界庙？培联在白沙河，有印象吗？

詹伯慧教授：知道那间学校，每间学校都分散开来，医学院在乐昌，看病都去乐昌，可以坐火车去。文化机构、培联都在坪石，跨过一脚就是湖南，农学院在湖南宜章。火车进入广东第一站就是坪石。当时韶关好热闹的，政府迁到这里来，做生意的商人也来来往往，全省的人都来这里。水道通到韶关那条巷，老街起了很多高楼。以前老街拆了不少，希望有机会再走一次。当年我当人大代表的时候就提出过保护提案。

作者：这些地方，您是很有感情的。我们现在做的就是保护老街的面貌，整理历史资料，以前的照片和现在的照片可以对比下。国立中山大学工学院都在三星坪。您在坪石还有没有小学同学？

詹伯慧教授：没有联系了，找不到了。

作者：记不记得同班同学都是哪里人？中大子弟？还是当地老百姓的孩子？

詹伯慧教授：广同会馆大多数都是外地来的，特点是讲广州话，同学都讲广州话。

作者：您的粤语是那里学的？

詹伯慧教授：我的母语是潮汕话、客家话和广州话。我在潮州出生，母亲是枫溪人，父亲是饶平客家人讲客家话。讲粤语对我后来研究语言学很有帮助。这三种语言随意说的，普通话是学的，跟爸讲客家话，和妈妈讲潮汕话，她不会讲客家话，和后来学生和小孩讲广州话。只有普通话是后来学习的。日军占领坪石后，我返回饶平，初中在乡下三饶中学读的。高中后返回广州读中大附中，就是今天省实验中学。

作者：住院过了这一关，一切都安好！身体健康！

卢鹤绂1990年出版的回忆录写道：1941年8月24日，我同当时在拉柴斯特梅友诊院的圣玛丽医院进修的吴润辉在明城的美以美会教堂结婚，除美国朋友外，严恩枢、蒋彦士、陈善铭诸同学均在场，介绍人是邱少陵大夫。辞别美国朋友后，于26日夜偕同妻子离开我长住五年的明城，于29日晨到达旧金山。9月3日我二人搭上了驶往马尼拉的最后一艘荷兰客货轮（克利普方顿号）离开美国。到马尼拉

图7-7　1941年8月24日，卢鹤绂与吴润辉在美国喜结连理
（摘自《卢鹤绂传》第四章）

后转乘另一艘荷兰船（姐姐朗卡号）于10月5日到达香港。在售飞机票处遇识由德国回来的胡世华、夏好仁夫妇。

  10月31日月夜，我四人同乘飞机到广东北部的南雄，因为我持有中山大学教授聘书，海关对我很客气，并未检查。次晨转乘公路车西行到韶关（即曲江），再乘火车北行，于11月2日到达广东省最北重镇坪石，中山大学校本部所在地。张云校长夫妇宴请后，由理学院康辛元（化学家）院长引路，过河到塘口村理学院所在地，住进一小地主家，与系主任方嗣棉隔壁的小屋中。他们曾笑对我二人说"你们从天堂坠入地狱"。内地生活确实简陋。所幸夫人较能干，每隔数日过河到镇上买菜，我劈柴，她烧饭做菜，我每晚在点灯草的油灯下备课。因系抗战时期，不以为苦。

  据说塘口村农民是南宋时代从北方逃来客家的后代，颇有古风。女人种田，男人在家带孩子、读书。村上有几座进士牌坊，说明出了几位进士。村在山下河边，农民种的主要是梯田。有一日我看到村民高抬马援偶像及其随从等鸣锣击鼓绕山游行，名曰"出巡"。塘口村产四脚蛇，我陪夫人到河边洗衣时常看到。另外还产蜈蚣，长可尺许。

  中山大学理学院物理系在一座供奉马援的古庙中。在这里我给四年级男女学生六人讲授了理论物理、核物理、量子力学、近代物理等课。因为我主要用英语讲课，深受学生们的欢迎。1942年4月我撰写了《重原子核内之潜能及其利用》这一长篇总结性论文，旨在向国人介绍发现重核裂变概况及其

图7-8 卢鹤绂在广东坪石中山大学任教的校本部
（摘自《卢鹤绂传》第四章

展望,寄至重庆中国科学社,投稿《科学》杂志。后来才得知这篇论文迟至1944年2月才作为专著发表在重庆用毛边纸恢复出版的27卷2期9至23页上。

1942年暑假夫人产期将近,坪石镇无西式医院,遂由挚友胡世华、夏好仁夫妇协助陪同,乘小舟到火车站,乘火车到湖南耒阳,下车出站始知县城距车站很远,只好雇人力车,由我在车后助推加速,将夫人及时送到南门外湘雅医院,进产房即生下长子永强(乳名耒儿),时是1942年7月9日。好仁嫂陪润辉住院照料,我则同世华兄住城内旅社,每日到院探望。在耒阳的一个月中,中山大学正在闹换校长的风潮。我们回到塘口村时,校长已换为许崇清。新任理学院院长何健是地质学家,他得知我在明大曾听过巴丁所授地球物理探油术一课,就请我为地质系四年级生数十人讲授了一个学期的这一课程,到年底考试完毕他们请我在镇上晚宴,以表答谢之意。

卢先生这段回忆基本可以展示了当时教师的生活历史场景。

二、教师的家属和家庭的状况

坪石还是多名著名教授孩子的出生地。我们知道的有卢鹤绂的大儿子和马思聪的二女儿,方言学家詹伯慧是随父亲詹泰安到此入小校,学会了粤语,为日后成为中国方言学科领军人物打下基础,是真正的"坪石儿女"。

图7-9 1975年中科院计算所训练班合影,中间长者为夏好仁女士(作者提供)

卢鹤绂先生的回忆对赶车到湘雅医院夫人润辉生孩子的场景，小船、火车、人力车全用上了，胡世华、夏好仁鼎力相助的行动，回忆描写令人动颜。吴润辉女士、夏好仁陪伴着先生来到条件落后的村落，落差之大可想而知，毫无怨言支持先生的教学和研究工作，在武水河边与村姑一起选衣服，住在蚊虫常扰之村宅。

夏好仁女士从事俄语、英语翻译和教学工作，在北京主要是在中科院计算技术研究所工作，深得同事尊敬，于1986年退休。

中科院报道，2011年1月11日，中国侨联领导专程看望夏仁好女士，感谢她对侨务做出的贡献，此时夏女士已经是93岁了，夏好仁女士出生于1918年11月。

战时拉家带口，迁徙日子的艰难，每位坪石先生的背后都有一位同甘共苦的夫人支撑着大大小小家务，而有的夫人自己就是"坪石先生"，如邹仪新、王慕理、谭藻芬、路毓华女士等。中新网2000年9月8日报道"马思聪夫人王慕理逝世"报道中写道，王慕理今年四月在读到国内出版的《二十世纪大事随笔》一书时感动地说"台前琴声，台后儿女哭声"就是坪石战时校园的真情流露。

第四节 坪石先生的老师

梅龚彬在回忆录中写道：

我在坪石落脚之后，就写信告诉远在上海的妻子龚冰若。不料，她接到信后，立即带着我的老岳母以及4个孩子千里迢迢来到粤北山区小镇。我们全家在1942年"五一"节团聚了。家人的到来使我喜忧交加。高兴的是颠沛半生之后总算能和家人共享天伦之乐了；担忧的是我的微薄收入难以维持一家七口的日常开销。我理解妻子的苦心。她不愿在上海受日寇的奴役，更不愿让孩子受日本帝国主义的奴化教育。坪石的生活再艰苦，她也要穿越敌人的封锁线跋山涉水来到我的身边。妻子很体谅我，帮助我挑起家庭生活的重担，让我集中精力做好学校里的各项工作。为贴补家用，她变卖了从上海带来的衣物，并不顾山道崎岖，到几十里外的湖南省宜章县一所中学去教英语。我的老岳母操持全部家务。由于她老人家精打细算，量入为出，使全家日子过得挺舒坦。

中山大学的学生大都来自沦陷区，对他们理应倍加关怀和爱护。我家的经济虽然不宽裕，可餐桌总是向学生开放的。学生们常来我家研讨学术问题和议论国际国内时局，往往一谈就是几个小时，到了开饭时间总有两三位留下来用餐。老岳母是个热心肠的人，见到青年们享用她亲手烹制的粗茶淡饭时，脸上总是露出慈祥的笑容。她也在为革命做贡献，虽然老人家自己并不知道。川流不息的学生使我的茅舍充满了生气。

梅向明在《父亲梅龚彬的革命生涯》一文回忆写道：

不久太平洋战争爆发了，日本对英美宣战，并且占领了上海的租界，我们家在上海就待不住了。当时我父亲在广东坪石中山大学教书，我母亲不顾亲友的劝告，也不顾一路上可能遇到的困难，毅然带着一家老小六口人（包括我外婆、弟弟和两个妹妹），离开上海到坪石去。一路上共走了一个多月，对于我来说这是我一生中难忘的经历。当年我只有13岁，却是当时我母亲唯一可依靠的助手。我还记得在浙江的丛山中，我的任务是跟住一个挑夫，他挑的是我的两个小妹妹。我们是先从上海到杭州，然后从杭州郊外冒险偷渡日寇的三道封锁线，逃出敌占区，然后步行到富阳附近。以上所述跟随挑夫的情景就是我们逃离敌占区时的写照。在富阳上船以后，溯富春江而上，然后在兰溪上岸，再转乘火车到金华。在金华我们变卖了值钱的衣物，筹措了路费，然后继续上路。我们先在金华乘火车到江西鹰潭，在鹰潭转乘汽车，走了三天到达吉安。这段旅行使我有机会经过当年的红色苏区，如宁都、兴国等地，不过说实话我们已经没有心思去观光了。我们到吉安去，本来是想投靠当时在那里工作的姑姑，想在她那里住一段时间，和我父亲联系上以后，再去找父亲。但是很不凑巧，她已经离开吉安了。无可奈何，我们只好变卖剩余的衣物继续我们的行程。我们从吉安乘船到赣州，然后从赣州乘汽车又走了三天，穿过梅岭，翻越江西与广东交界的小梅岭，到达广东韶关，最后再从韶关乘火车到达目的地坪石，终于见到了我们久别的父亲。这一段路，真是千里迢迢，历尽艰辛，一家老小能够平安健康地到达坪石，真是一个奇迹。记得我们离开吉安的那一天，正赶上敌机来轰炸，我们一家人正好在空旷地带，无处躲藏，没想到万恶的日本飞行员竟低空向人群扫射。当时我们只好趴在地上等死，等敌机过后，每个人摸摸自己的脑袋，觉得还活着，再看看身旁的亲人，没想到全都活着。当时全家那种庆幸的心情，真是难以用笔墨来形容，今天回想起来，当时要不是我母亲无比刚强的毅力和克服困难的百折不挠的精神，我们一家人是到不了坪石的。

到了坪石以后，全家总算与父亲团聚了，可是新的问题又来了。当时我们已经一无所有，要靠我父亲教书的薪水维持一家七口人的生活根本是不可能的。我母亲只好又出去找工作，终于找到与坪石邻近的湖南宜章县的一家中学去教书。坪石到宜章相距30里，中间还隔一座大山，为了全家的生活，母亲只好步行到那里去，平时住在那里，假日来回60里路翻山越岭，来看望全家。有时她身体不好，走不动，就由我来当坪石和宜章之间的通讯员。

到了1944年秋天，日寇打通了粤汉线，坪石和宜章都沦入敌手。我们全家疏散到湖南西南部的临武县，躲在一个叫马侯岭的山上。这个山又高又陡，直上2000多台阶，从山脚走到山顶要一个小时。这时我已考入中山大学,所以跟随父亲疏散到当时中山大学集合地——广东连县去了。我母亲则带着外婆和弟妹留在山上,后来生活实在不能维持了,就到临武的一所中学去教书,来养活全家。

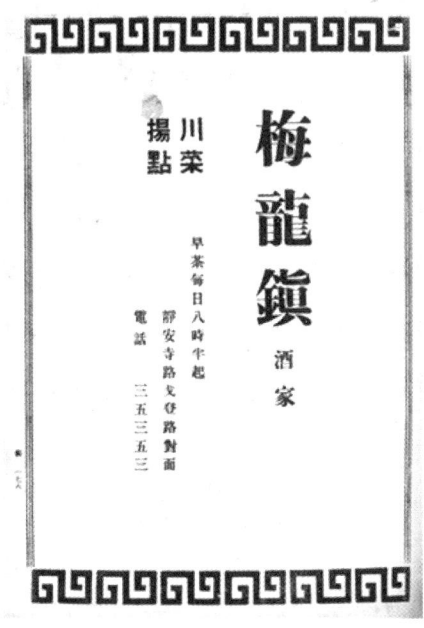

图7-10　龚若冰在赴坪石前,在上海与影星吴湄开设的"梅龙镇酒家"广告,该酒家是抗日救亡文化界人士的秘密聚集地
（作者提供）

梅龚彬先生的孩子的回忆非常感人,在大村东吴大学任教的吴大琨先生回忆录写到家属:"教书一年后,喜闻东吴大学内迁至广东曲江（韶关）。校长沈体兰是知名爱国人士,他很同情我的处境,同意邀请我去东吴讲课,我们全家悄悄地搭乘邻居的运货卡车,匆匆离开了建阳,逃往广东曲江。""战乱后迁到曲江的东吴大学校舍设在近郊的仙人庙,周围树木苍翠,空气清新,环境比建阳好了许多。只是钰儿身体虚弱,啼哭声常吵扰左邻右舍,使我们不安。"[1]

当记录下大学任教的先生们,不要忘记与他们共患难的家属,年迈的长辈和年幼的孩子,他们同样也是颠沛流离。

领米是最重要的事情,由于人员流动,经常要报是否有变化的实际情况,谭祖荫时为师范学院副教授,但主要担任师范学院附中的主任,每月需要报表教职员工请领食米。谭祖荫老师北京师范大学毕业,20世纪20年代是主张"无政府主义"的活动家,曾与陈独秀等人召开会议讨论工人运动的问题。事关人命关天,

---

[1]　吴大琨:《白头惟有赤心存——风雨九十年》,中国人民大学出版社,2005年,第74页。

"面包"还是重要的,附中什么事都要管,需要管理才能够生存下去。

著名画家符罗飞到任为1942年12月,工学院漏报,重新出具证明,从1月份起每月补十市斗。

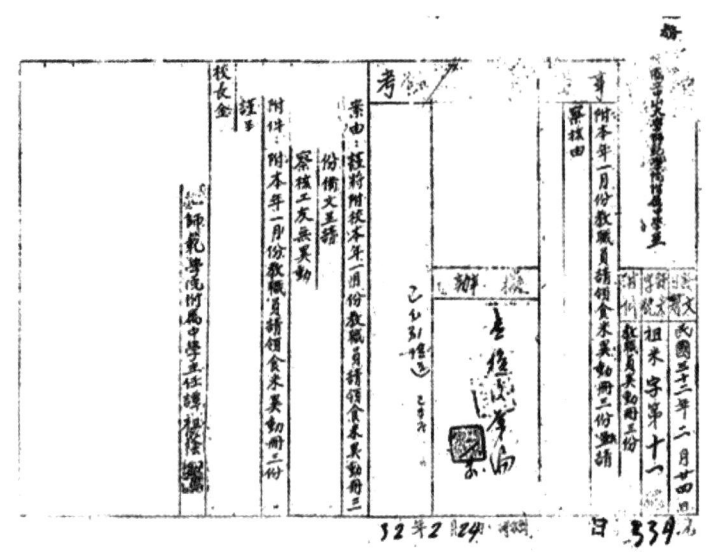

图7-11 中山大学附中校长谭祖荫呈金校长本年一月份教职员请领食米异动册（藏于广东省档案馆）

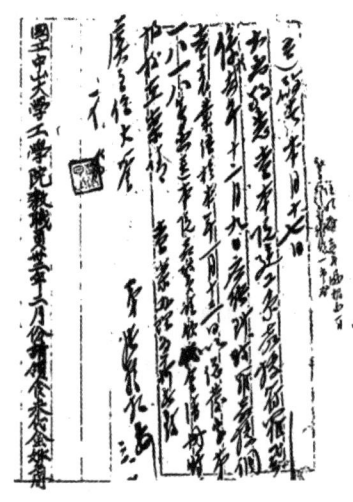 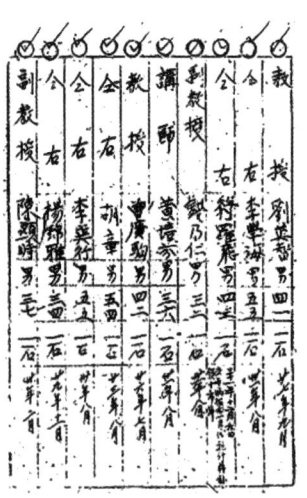

图7-12 1943年2月份工学院出具的著名艺术家符罗飞符合条件领米的函（藏于广东省档案馆）

图7-13 符罗飞的名字在二月领米名册右起第三行上,在到任的时间栏专门说明（藏于广东省档案馆）

第八章

书籍和出版

许瑞生

离开了书本成不了学校,没有学术研究交流一样难为大学之说。战时尽管物质紧缺,但书籍和出版是最基本的教学活动载体。

第一节 学校图书

在战时大学对于教学，除了米、盐等粮食最为重要之外，同样重要的"粮食"是书籍。国立中山大学除了杜定友先生守住了一批书籍，为学子守住了精神粮食，后来也有个别专业还曾向私立岭南大学借书。1942年岭南大学农学院图书和仪器尚完整，在大村尽管校总部的图书馆图书尚不齐全，校图书馆在1942年花了五万元为文学院购买图书，文学院原有图书中文1975册，英文314册，大部分在运输途中丢失，当岭大迁香港时有图书中文约18万册，外文约5万册。

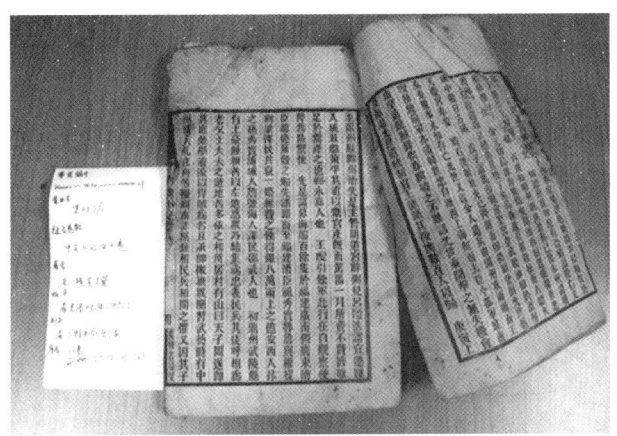

图8-1、8-2　私立岭南大学在粤北留下来有待抢救保护的清代刻本图书（韶关学院提供）

第二节 学术期刊

精神粮食在大学中重要的一类是学报、学刊,《中山学报》《校友通讯》均在坪石复刊或者创刊,师范学院的《教育研究》、农所的英文期刊Sunyastsenia(孙逸仙的粤语发言)在澄江一直保持出版,回到坪石继续出版,这两份学术杂志在当时中国的学术界地位很高。《中山学报》是由文汇印刷厂印刷,《中大向导》在坪石的"学术新潮出版社"编辑,印刷是曲江河西印刷合作社,可以看到曲江的条件应该优于坪石。但在坪石学院集中,编辑部多在坪石。

《中大学报》第一卷朱谦之先生发表了"文化社会学"分多期连载,杨成志先生在第一卷有论文《广东名胜古迹之性质分类及其文化象征》等。第二卷第1期是1943年8月付印,需要定金1500元,出版刊物离不开经费,在坪石无论是私立岭南大学还是国立中山大学,都通过音乐会多种形式募集出版印刷经费。《中山学报》第二卷第二期吴尚时与曾昭璇合作发表了《丹霞南雄层位之新见解》,徐俊鸣《天然孔道与国防交通的建议》,黄仲文先生的《我国畜牧事业科学化和粮食问题》,陈定谟、黄学勤、谢申、郑师许多位名教授均有文章。

第二卷的第三期主要论文有:首篇为李四光的《与崔克信君论西康构造》,陈国达的《江西石炭纪梓山煤系前之不整合》,莫高柱的《粤北连县构造及其与湘南弧之关系》等,在这一期陈国达先生有四篇论文涉及古植物、粤北和江西的水文不同领域,第3期是地质专号。

文学院民俗研究非常活跃,《国立中山大学民俗月刊》1928年3月创刊,在坪石1943年出版第二卷第八期,第八期的主要内容包括:中国民间故事型式发端(英国谭勒研究结果),赵景深;民族学问题, 杨成志译;关于《潮州的青龙馆》,陈云祥;歌谣拾零, 容肇庆;琼山县死丧的风俗, 周赞刘;艺术三家言,钟敬文。

《民族青年》《经济科学》(创刊号1942年)两本出版于1940—1945年韶关坪石时期的旧杂志,也从中了解到还有《文科研究所集刊》《中山学报》等多种杂志。

在《民族青年》《经济科学》这两本期刊中,还刊登了另一期刊《中山学

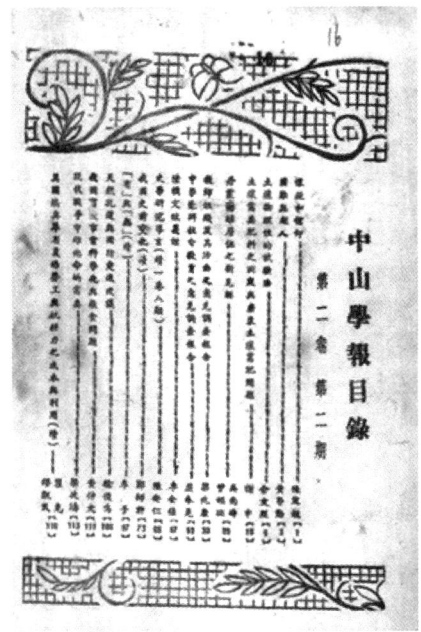

图8-3、8-4　第二卷第2期《中山学报》封面及目录（藏于广东省档案馆）

图8-5　《民族青年》期刊封面（作者翻拍）

报》的内容预告，因此也可看到《中山学报》的基本内容。《中山学报》每期按学科分类为主，第一卷第八期内容围绕着的是史地学科，朱谦之、郑师许、容肇祖、陈安仁先生均有文章，特别是蒋英先生在此期发表文章《中国紫金牛科植物研究纪略》。《中山学报》第五期为国立中山大学医学院编辑，在该期中，所载梁伯强先生的文章为《如何在非常时期中研究病理学》，杨简先生的文章是《在抗战中如何布置病理学研究所》，均是特定时期的具有实用价值的医学专业文章。在《中山学报》第七期中，刊载了陈宗南（工学院院长）发表的文章——《论中国战时工业教育》，这应该是工学院的特辑，此外还刊载了吴明聪的《战时铁路桥梁轨道之修护》、刘鸿的《合成树脂与受港物工业之概观》等文章，其他文章多涉及战时的工程建设，作者包括张万久、余文熙、俞浩然、林鸿恩、伍金声、孔繁祺等人。

《民族青年》第二卷第一期于1943年元旦出版，在此之前，1942年12月15日出版的《民族青年》第一卷第六、七期刊登了《服务经验特辑》，邀请了中山大学工学院院长陈宗南先生、中山大学文学院院长陈安仁先生，以及中山大学法学院政治系主任刘求南先生、中山大学文学院教授詹安泰先生撰文。值得注意的是，陈宗南先生的文章是《怎样成为一个完善的工程师》，詹安泰先生的文章是《谈"人格问题"》。

詹安泰先生在《谈"人格问题"》文中写道：

> 凡是人，谁都有其做人的道理。然而真正能懂得做人的道理而堂堂地做个人，却千万人中不得一二。
>
> 阅历较浅的人——尤其是血气方刚的青年，总以为除了生活问题，做人是很容易的；等到入世较久，经验较多了，"做人难"的问题，就会逐渐展开在你的眼前，盘旋在你的脑际；同时，从前你以为是在"堂堂地做个人"的人，他的缺点也就会逐渐地发觉出来了；往后，便会感到他的"做人难"的严重性，并不亚于你自己。
>
> 一而十，十而百，百而千，日积月累，识人愈多，"做人难"的问题，也随之而深刻化，而普遍化起来。于是乃毫不犹豫地确信这真能懂得做人的道理而堂堂地做个人的千万人中不得一二的说法，并无宣传或扯谎的意味。

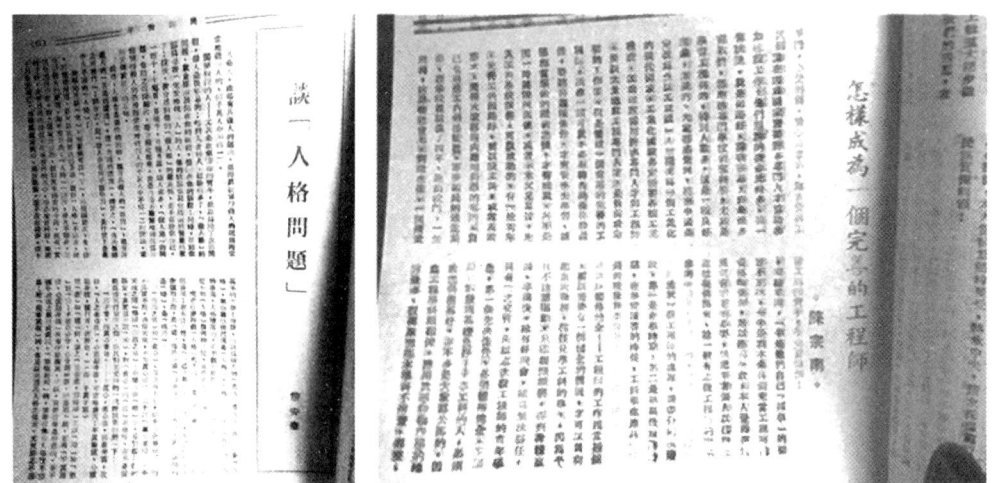

图8-6 《民族青年》杂志刊登的詹安泰文章《谈"人格问题"》（作者翻拍）

图8-7 《民族青年》杂志刊登的陈宗南文章《怎样成为一个完善的工程师》（作者翻拍）

下为陈宗南文章《怎样成为一个完善的工程师》的部分摘录：

现在因为国家需要许多专门人才协助参加建设工作，他们服务的机会比较多，换一句话说，就是出路好，谋职容易，于是很多青年们，都跑进专门学校研究科学，尤其是学习工程科的，特别人数多。这是一种良好现象，无疑的，大家都感觉到，将来中国必定改为"以工立国"，一跃而为一个工业化的现代国家，工业化国家必定需要各种工业建设，工业建设需用许多专门人才和工程师，所以大量造就工程专门人才，是目前最急切的工作了，但是养成一个有用的完善的工程师，决非一蹴可就，必有特殊的条件和品性，要适符这种条件，才有资格去学习，经过相当学术的钻研之后，才有成就，并不是因一时兴趣所驱使，或者奉承父兄意旨，跑入工科学校读书，可以成功的。有一些青年，觉得工科出路好，所以读工科。或者人云亦云，觉得大家都趋向应用科学的部门，自己也跑进工科的摇篮里。不少如此的迷途羔羊，在学校里胡混了四年，跑出校门，一无所得，结果在社会上，到处碰壁，一无所成。归结原因，一半是他们自己"择学"的初旨不正，一半是根本不具备当工程师的资格和条件，所以终归失败，本人觉得这种风气有矫正的必要。现把笔者个人以往服务经验提供出来，给一般有志做工程师的青年参考。

造就一个工程师的过程，需要分两个阶段，第一是在学时期，第二是学业后服务时期。在学校读书的时候，工科学生应具以下这四种条件：

1. 体格健全——工程师的工作相当艰巨，所以需要有一个健全的体魄，才可以负荷起巨大职务，往往见学工科的学生，因为平日不注意运动，只顾埋头读书，弄到身体羸弱，卒业后，虽有好机会，结果无法胜任，只有失之交臂，所以志欲做工程师的青年学生，第一个先决条件，必须体格健全。

2. 数理基础良好——学工科的人，必须数理科根基好，差不多是大家都公认的，因为工程学科颇艰深，应用数学和物理学的地方最多。

3. 思想缜密——学工科的人，必须具备一副思想精细而完整的头脑，做事才有条不紊，有研究、分析、探求的习惯，不然的话，虚浮鲁莽、疏忽大意，将来做事，当不免于错误百出。

4. 创造本能——凡学工程的人，应当富有创造本能，且要将本能加以特别训练和栽培，才可以成为一个创造家。讲到创造，并非一件容易的事。我们对于任何一种机械，必先去研究其运行的状态与运行的原理，才能得到彻底的了解，然后能自己来改善或创造，往往在试验创造的时候，得到意外的结果。历来科学发明大家，都是由于运用这种创造本能而得到成功。

陈宗南先生又对进入社会的工科学生成为工程师后，提出需要遵循的原则：1.高尚人格；2.迅速确实；3.不避艰阻；4.继续研究。

1943年元月10日，依时出版了第二卷第一期。王亚南先生发表的《今年经济的展望》作为首篇，他寄语1943年是"经济改造年"。刊物中除了经济、社会等学术论文外，还多了几篇随笔，写的是历史场景与情感。如吴汉晖诗作《武水晚眺》：

绕水枫林绿映红，轻舟急潮去如风。
残阳返照光虽艳，惟惜西沉入暮中。

吴汉晖还有诗作写到武阳司，在其诗篇《过武阳司新生部故址》中，吴写道：

武阳司在乳源武平乡,为入栗源堡之要道,去年中山大学曾设新生部于此,今改为国立侨二师学校,由坪入武,路径山岗颇多,中有长岗岭,高三百余级,行者苦之。

路出武阳入栗源,他乡作客逐风尘;
山岗起伏途程险,雨露迷濛步履辛。
景物不殊人事换,楼墙无恙额门新;
邮耆纵说沧桑异,都为邦家育后民。

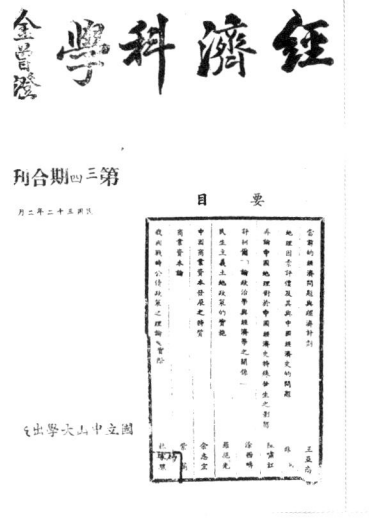

图8-8 《经济科学》期刊封面(扫描自再版书)

此期刊中还有四年级学生何冠来同学的作品《除夕》随笔,落款时间为1941年2月于中大,从其中可以读出他对白云山的眷念,对在日军占领下的同胞的忧愁。他是已漂泊三年的学生,他在《游金鸡岭》文中写道:"考试完相约金鸡岭登山,渡船泊在对岸,我们喊一声,船夫答道等一下就撑过来,因为他正在吃早饭。过了对岸,再走三四十分钟的山径,便到了坪石车站。"历史场景便清晰地展示了出来,坪石车站、金鸡岭、渡船、武江等地理关系略略几笔便交代清楚了然。

王亚南先生勤奋的程度从不完全统计的两本杂志可知之,推测1942年至1943年就有六篇之多。《民族青年》第二卷第一期"今年经济的展望"——1943年1月10

日（出版）在《经济科学》自创刊号至第六期共五篇文章，题目如下：

第一期"经济科学论"（创刊号）
第二期"中国经济学研究问题的提出"
第三、四期"当前的经济问题与经济计划"1942年9月（定稿）
第五期"经济发展阶段之分析与批判"1943年4月（出版）
第六期"关于经济科学分科的研究指导"1943年12月（定稿），1944年3月（出版）

《经济科学》为法学院经济学系主编，为月刊。在1943年2月出版的第二、三期合刊上，首篇作是王亚南先生的文章《当前的经济问题与经济计划》。读来依然令人深思，对今日经济学人和各类学科研究者仍有现实意义。

《经济科学》第五期于1943年4月出版，还是王亚南先生的文章置于首篇，题目为"中国经济研究的现阶段"，首句直截了当："科学的经济史的研究，到现在，还没有一百年的历史。""我们这里所论及的经济学，是特指资本主义经济运动法则，理解了资本主义经济的来踪和去迹，然后始能引导我们去探究前资本主义社会的，乃至'后资本主义社会'的经济发展规则。"后资本主义社会一语用了双引号，时间是1943年7月7日，地点则是于坪石野马轩。此期发表的经济

图8-9 《经济科学》第六期刊登的王亚南文章《关于经济科学分科研究指导》（扫描自再版书）

学文章，参考索引有多部郭大力、王亚南的译作，王义成文章《经济理论研究引论》，参考索引中有《国富论》（亚当·斯密著，郭大力、王亚南合译）、《经济学及赋税之原理》（Ricardo著，郭大力、王亚南合译）。袁亦山在此期发表《民生主义经济研究发凡》，参考索引中有《国富论》和《资本论》（马克思著，郭大力、王亚南合译），并介绍道："一般人往往以此书为社会主义经济理论，其实它也是以资本主义的生产、资本主义社会的经济为研究主题，著者在分析资本的生产过程、流通过程及分配过程中，发现资本主义经济的运动法则、本质、规律性，及其必然崩溃的走向，对于资本主义的矛盾、冲突，剖析甚详，使我们能清楚资本主义真相。"陈望道发表的"工商经济研究提要"的参考书目中，也列有《资本论》，并简略介绍了三卷。

在《经济科学》第六期，王亚南先生发表文章"关于经济科学分科研究指导"，落款处写着"1943年12月1日 坪石野马轩"。根据王亚南先生的意见，经济学系研究的学科，早有分别形成各种独立研究部门的必要，建议分八组：1.经济理论组，2.经济技术组，3.经济政策组，4.经济史地组，5.战时经济组，6.金融货币组，7.财政贸易组，8.经济名著翻译组。

下为"关于经济科学分科研究指导"部分摘录：

> 在民国三十年度，我曾在本校经济学系，提出一个尝试性的分组研究指导的办法，并曾议定一个施行的简单计划。部分的按照计划实施过。当时提出那种办法的动机是：（一）社会经济事象，经济科学的包容性，经济学系研究的学科，早有分别形成各类独立研究部门的必要。事实上，不管先进各国，就在国内，许多大学已于经济学系之外，另设商学系、工商管理系、银行系、银行会计系，或计政系之类。本大学亦有商学系之设，自商学系于民国二十一年停止后，经济学系所包罗，与东西各国之经济学院或经济学所包罗者相当。加之经济学系所研究者，按照原文，应先有经济理论方面之研讨，但抗战军兴，加强设施以后，尽管对于确定经济建设诸原则，而表面上税政、计政，地政诸设施引起之实务技术人员之需要，大有使经济学系变为供给技术人员之训练机构。此类缺陷，为了在相当限度内，减少研究者注意不易集中，对所学无法深入的弊病，系已有科别，分成各组，各就个性及兴趣所近，于课外进修中，深入的研究，是非常必要的；（二）近来一般大学

的研究风气,似乎都不曾表现出集体研究的精神来,因为个人的作风特别显露,连对个人所进修的集体的学习方式,亦不肯或不愿或不便参与,仿佛学校的共同研究生活,只限定在大家似的。即使偶然有学会一类研究组织,往往因为不易合研究兴趣,具体的研究业务。分组研究的办法,至少是希望能在大家有所帮助的;(三)研究书籍之缺乏,早已成为当前大家进修上的一大障碍,但正如同我们社会的现实物质一样,供给数量不够,固是事实,但已有供给数量,流通不够顺畅,供给不够合理,亦是无可争议之事实。公家备之图书,且不具论,每个研究者,多少保有相当数量之书籍,也可能保有自己不十分必需的书(或许是由于已经阅读过了,或许是由于个人兴趣不在这一方面)。大家能就个别已有的保有量,相互通有于无,一定多少可以补救无书读的困难。通过分组研究所决定的办法,把大家所有的书籍,各组分别登记出来,相互借阅,不能不说是一个有效的打算。自然,关于个人书籍之公开"流通",原不一定要采用分组研究的方式,但分组研究至少是便利那种流通的好办法。

依据上述诸要求而推行的分组研究,在开始是分成以次诸组:

(一)经济理论组(一般经济理论)

(二)经济技术组(包括统计、会计、工商管理诸学科)

(三)经济政策组(即注意民生主义、土地、资本诸国策方面的研究)

(四)经济史地组(包括中外经济史地研究)

(五)战时经济组(侧重于国外国内之战时经济措施及其理论之研究)

(六)货币金融组

(七)财政贸易组

此外,为了提高大家翻译的兴趣,还特设一个"经济名著翻译组",共为八组。这类分法,虽然不曾依据什么分类学,或者依据什么严密的分组原则,而是按照学系方面的现有学科,作为暂时的尝试性质的区分而已。

期刊中,还可以找到有用的信息,征稿简约中,强调"不拘语体文言,但请求通俗",编者为"国立中山大学法学院经济学系",销售者为"坪石汇文供应社",估计坪石老街中有一家门店应称为"汇文供应社",印刷者为"文汇印刷厂",落款注有"坪石,武阳司"字样,王亚南先生多篇文章落款写着"坪石野

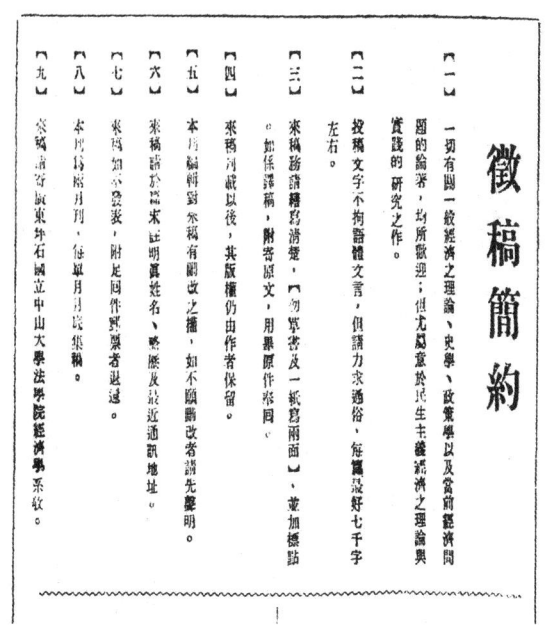

图8-10　《经济科学》登出的征稿启事（扫描自再版书）

马轩"，佐证王亚南先生写成文章多是在武阳司埋头苦耕的。

1945年8月15日出版的《社会教育年刊》第二、三期合刊刊载的文章包括黄希声的"教育学概论"、阮镜清"现代社会教育基本倾向"和"环境在遗传中的作用"。1948年5月1日出版的第四、五期又刊载了阮先生的文章《战后国际教育底新任务》，阮先生全过程的见证人。1940年3月在东陂期间创办的《文理月刊》是艰难环境下坚守的一种坚毅的行动，面向全国发行，产生很大影响。来自浙江天台的文学家许杰，他曾在安徽大学、暨南大学任教，与鲁迅来往，39岁带着家属生活在粤北小镇，《跳蚤的故事》就是此时完成的。许杰担任这一月刊的文学编辑。1939年夏，许杰受聘文理学院文学系，在东陂他在此刊物写下了《教育工作者的任务》《逼近胜利的路上》的文章，1941年因林砺儒被排挤辞去院长职务，许杰、盛叙功、陈守实等在6月离开东陂，许杰刚解放时担任华东师范大学文学系主任。[1]省立文理学院继承着这一优良学术传统，1946年创刊《文理学报》更上一层楼。

---

[1] 蒋荷贞：《许杰生平表（下）》，刊于《杭州师范学报》1994年第2期。

第三节 学校校闻

私立东吴大学是最晚稳定下来,但在1943年12月出版了《东吴校闻》(曲江版)创刊号,以私立东吴大学出版委员会为编辑者,发行者为东吴大学校本部。1940年11月9日岭南大学农学院坪石新址举行开基礼,《岭南大学校报》做了充分报道,这份校报质量很高。无论是校报还是校闻,学校通讯,是及时反映校园动态的窗口,对于今天的历史,提供了可靠的时间、地点、人物和事件。

国立中山大学在坪石时期,定期出版的刊物,包括《中山学报》《教育研究》《农声》《经济科学》《民俗》和《现代史学》等,还有最为学生欢迎的《中大日报》和《校友通讯》,因为同自己的日常生活密不可分。

图8-11 《东吴校闻》创刊号(广东省文物考古研究所提供)

第九章

粤地抗战时期的人才对中国科技教育的影响

许瑞生

抗日战争后期坪石失守后，总务长何春帆带领部分师生撤往连县的三江镇，安定下来就找学生上课，到连县的教授包括梅龚彬、邓植仪、盛成、周郁文、叶述武、邹仪新、岑麒祥、张葆恒等，许崇清又被聘为教授，上两门课，分别是哲学概论和教育哲学。8月9号许崇清接到电话，对方告诉苏联宣布对日宣战，红军打到东北，8月份在三江镇接到抗战胜利消息，翻腾的三江镇爆竹和枪声响成一片，10月份许崇清带着大家起程陆陆续续地回到广州。许崇清1951年再任中山大学校长，1962年为广东省人民政府副省长。令人叹息的是当年作为分教处办公楼的图书馆早年被拆。

连县是抗日战争胜利后踏上"回家之旅"的码头，尽管多数办学点只是数月，但体现了师生的坚定信心和敬业精神。广东省省立文理学院所在地历史建筑保持完整，旁边是中国红军第一位飞行员冯达飞烈士的旧居，秦汉古道在村前。坚守者许崇清是在连州三江镇获得日军投降的消息，与他在一起的还有张作人教授。许崇清有担当，除了自己率领国立中山大学南迁，自己的大儿子许锡辉在1942年从上海穿越封锁线进入粤北曲江仙人庙就读，该级为"励社"。

抗战时期，不仅在坪石，在曲江、韶关郊区、连州和仁化等地，分布着坚守的教育阵营，许多广州、港澳中学迁移粤北，在曲江，澳门出生的仲元中学校长梁镜尧，护校战死至最后一刻，1945年1月24日，与儿子梁铁血洒曲江校园，年仅46岁，小儿子梁元博被刺致残终身。冼玉清教授1947年撰文纪念之，梁元博仍然是坚守者，梁元博自学成才成为海洋学家，被称为"轮椅上的科学家"。所幸仲元中学的年轻学子没有忘却，2018年公演了音乐剧《那年那月的仲元人》以纪念先师。

"三师"志愿者终于找到以身殉国的建工系主任卫梓松先生的照片。来到工学院本部旧址面前，想象卫先生进出三星坪工学院又乘船回新村系办事处本部匆忙的背影……

第九章 粤地抗战时期的人才对中国科技教育的影响

第一节 新中国成立后教育学术快速进入常态的动力之一

目前提到的人物有许崇清、黄际遇、吴尚时、卫梓松、卢鹤绂、虞炳烈、幸树帜、杨成志、黄翠芬、徐中玉、王亚南、梅龚彬、胡体乾、马思聪、黄友棣、杜定友、张宏达、邓植仪、蒲蛰龙、刘鸿、冼玉清、李沛文、叶叔华、张云、崔载阳、梁钊韬、叶述武、邹仪新、丁颖、詹安泰、任国荣、朱谦之、黄本立、张作人、钟衍威、钟敬文、曾昭璇、何大彰、钟功甫、罗开富等等，故事有待细述，如叶叔华与"北京时间"的确定有关系，叶述武与"东方红一号"卫星的运行轨道设计有关系……他们均有丰富的学术成果。红色故事与经济系李达、梅龚林、王亚南、林励儒、马思聪等最为突出，他们与毛泽东同志、周恩来同志、董必武同志等老一辈革命家建立起深厚的关系。

一、在天安门城楼见证开国大典的"坪石先生"

粤北华南教育研学基地正渐渐得到社会的关注，当2019年即将过去，但庆祝中华人民共和国成立70周年的爱国热情未减。1949年9月21日至30日，中国人民政治协商会议第一届全体大会在北平召开，会议代表全国各族人民意志，代行全国人民代表大会职权，选举了中华人民共和国中央人民政府。回首于武江抗日战争时期坚守烽火育人的先师，其中有多位经历武江烽火岁月洗礼后，来到天安门城楼，参加开国大典、见证五星红旗升起的神圣时刻，是参加中国人民政治协商会议全体会议第一届全体大会的代表，有的在1949年9月30日选举成为首届180名全国政协委员之一。

林砺儒是中华全国教育工作者代表大会筹备委员会界别的代表，1949年9月30日当选为委员，与他同时担任委员的教育界人士还有成仿吾和叶圣陶。

曾任国立中山大学经济系主任、法学院代院长的梅龚彬教授，1925年加入共产党，参加过南昌起义、海陆丰农民运动，一直是秘密共产党员，1941年底进入坪石武阳司村的国立中山大学任经济系教授前，在1941年3月到香港，参加廖承志领导下的爱国抗日宣传运动，1942年他与廖承志在韶关有一次联系。离开石牌的国立中山大学,梅龚彬在澳门、香港继续完成组织工作,参加中国人民政治协商会议是以中国国民党革命委员会代表身份出席,陪同李济深从香港乘苏联货轮北上,1949年1月7日到达大连,周恩来同志为李济深的北上做了细致的安排,参观了沈阳,在2月抵达北京。在第一次会议期间1951年10月28日再补选阿沛·阿旺晋美、梁漱溟等十八名知名人士,梅龚彬先生是人选之一,被补选为首界政协委员,此后梅先生一直担任全国政协副秘书长和政务院财经委员会委员。

与梅龚彬从香港随轮船同行的还有曾在坪石国立中山大学共事的洪深先生。1946年至1948年洪深先生在香港主编《大公报》的副刊《戏剧与电影》,从香港北上的他也成为开国大典的见证人,他参加的是专门设立的"无党派民主人士"界别。[1] 参加这一界别的有郭沫若、马寅初等,还有尚未恢复党籍的李达,他被选为委员,在第二届全国委员会时,李达才转入社会科学团体界别。无党派民主人士界别开国大典时十二人中就有两位在抗日战争期间共饮武江水烽火教学的国立中山大学教授。

图9-1 参加中国人民政协第一次会议的部分民主人士在华中轮上合影,三排左起第二位是沈体兰先生(引自全国政协官方网站)

---

[1] 中央统战部研究室编著:《统一战线100个由来》,华文出版社,第148页。

在1942年至1944年经历坪石任教的马思聪是中华全国文学艺术界联合会的代表，在1949年6月召开的新政协会议筹备会议中，担任国歌词、谱评选委员会专家和顾问。1949年9月25日，在中南海丰泽园毛泽东、周恩来召开的协商国徽、国旗和国歌等问题会议，与会者十八人中，就有马思聪，还有也在坪石担任过教授的洪深，[1]他们均是粤北坪石抗日战争时期文化生活最重要的文化艺术象征性人物。在北京，洪深先生担任了文化部对外联络局副局长，也在北京师范大学任教，1954年召开第二届全国政协会议被选为无党派民主人士界别的委员。惜1955年洪深先生过早离世。洪深先生中西共治，新旧兼容，1920年在哈佛大学毕业后进入美国百老汇职业剧团，曾在美国创作英文独幕剧《牛郎织女》，1928年回国后引入欧美戏剧和电影理念，从1923至1948年创作34部电影剧本，55部话剧剧本。[2]

在抗日战争时期仙人庙大村东吴大学与岭南大学为伴，时任东吴大学代校长的沈体兰先生，在1949年2月与部分民主人士乘华中轮到达北京，与马寅初、柳亚子、陈叔通等人同行赴京参加全国政协会议并参加开国大典，他是上海各界人民团体的代表，当选为全国政协副秘书长。沈体兰先生中学、大学均是在东吴大学度过，1928年至1929年在牛津大学教育研究所读研究生，回国后与共产党开始接触，离开仙人庙后他赴重庆，在共产党人龚澎介绍下见到了周恩来，1946年回上海继续教师生涯，组织了"上海大学教授联谊会"。

抗日战争在仙人庙大村的东吴大学任副教授的吴大琨先生回忆道："1949年10月1日，我被邀请参加了天安门的国庆观礼，当晚还出席了在北京饭店举行的国宴。在国宴上，我所在的那一桌的主人是邓小平。"[3]吴大琨在西雅图华盛顿大学担任教学和研究工作，回国以海外华侨身份列席了第一届全国政治协商会议，参加政协会议时，周恩来特别将吴大琨介绍给毛泽东主席认识。在此不久，1946年在西雅图华盛顿大学，吴大琨因为抗日战争时，也是1944年仙人庙的东吴大学因可能被日军攻击而紧急疏散后，到了桂林后在共产党人的协助下，参与美军的情报收集，吴大琨协助美军对日作战有功，授予吴大琨"自由勋章"，这是美军授予平民的最高荣誉勋章。吴大琨先生在回忆录中，重提这是东江抗日游击队的贡献，当时东江纵队派出多名队员化装为苦力混进民工队伍，进入机场，准确地描

---

[1] 中国人民政治协商会议全国委员会官方网站，彭光涵：《不朽的记录——国徽、国旗、国歌诞生记》。
[2] 朱剑虹，《剧坛先驱洪深及其常州故居》，中国文物报，2015年6月2日第004版。
[3] 吴大琨：《白头谓有赤心存——风雨九十年琐记》，中国人民大学出版社，第114页。

绘了机场飞机库的位置，美国空军准确轰炸日军军事目标取得胜利。1953年吴大琨教授回国，受聘山东大学，1956年后一直在中国人民大学任教，1988年成立国际经济系，任名誉主任。

图9-2　1946年10月11日吴大琨先生出国留学《经济周报》仁合影留念
（摘自吴大琨：《白头谓有赤心存——风雨九十年琐记》）

1954年12月4日，政协第一届全国委员会第62次会议，又有经历粤北抗日战争烽火从教的先生被选为委员，他们是国立中山大学天文台主任邹仪新先生、连州时期广东文理学院教授郭大力先生。

二、成为"学部委员"和"院士"的主要群体

"老院士"总感觉是有什么不一样，特别是"学部委员"的一代。在最早的第一批中国科学院学部委员和中国科学院院士的名单中，50年代的学部委员多位在坪石教学和学习过，梁伯强在坪石担任医学院院长兼医科研究院主任，他是中国病理学的奠基人，1955年就获得中国科学院学部委员的荣誉；丁颖教授也是1955年学部委员。学部委在20世纪50年代当时是决策机构，1983年后改为咨询机构，在90年代建立院士制度后学部委员一并成为院士。

50年代学部委员陈国达、杨遵仪在坪石任教的同时,主持两广地质调查所。杨遵仪先生回国第一站选择广州,被聘为两广地质所的所长,陈国达也是在中山大学教书后进入两广调查所。出生于香港的陈焕镛先生是中山大学农林植物所的创办者,建立中国南方第一个具有规模植物标本馆,现在南岭上的"广东松"就是他命名的,为中科院华南植物园和肇庆鼎湖山公园创始人。分析有关资料,陈先生可能没有到坪石,但他的学生蒋英在栗源堡建立分所,他还筹钱派蒋英先生往湖南等地收集标本,他创办的《中山学报》(英文名字使用孙逸仙的粤语发音)植物专刊英文版一直在澄江、坪石坚持出版。[1]

改革开放80年代第一批院士卢鹤绂和胡世华,坪石是他们海外留学回国选择教学的第一个地方,在塘口村理学院教学和居住;叶叔华在坪石度过了高一和高二的中学时光;杨简是坪石老街上研究院兼医科研究所病理学部兼职教授,蒲蛰龙、赵善欢、丁颖等均在研究院任农科所兼职教授。黄本立在陪联中学念书,黄翠芬在理学院1943年毕业,张作梅在1941年于三星坪工学院机械工程系读书。

这批坪石先生,多在坪石近五年中担任研究院学部主任或者兼职教授。坪石国立中山大学研究院的实践和理论探讨,是坪石教育基地最具有时代特征的高等教育历史。

三、中国各高校的校长和名师

林砺儒教授一生对师范教育孜孜不倦地追寻,1941年离开东陂省立文理学院,将若干东陂"最后一课"集合成为历史经典之作"如何做一名中学校长"。林砺儒先生在中华人民共和国成立后,再次从事师范教育工作,成为新中国成立后首任北京师范大学的校长。林砺儒教授还向毛主席求大学题名,获得毛泽东主席亲笔题名"北京师范大学"。在抗战结束后,林砺儒、胡体乾均共同与王亚南

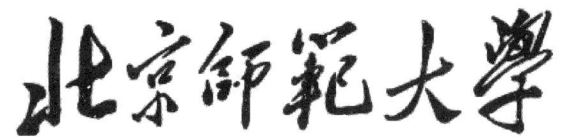

图9-3 时为北京师范大学校长的林砺儒向毛泽东主席请求的北京师范大学题名

---

[1] http//: www.scib.ac.cn/xwzx/zhxw/201009/t20100907_2945878.html

重聚于厦门大学,在解放后分别赴京,实为传奇。

在坪石教书的兴宁籍教授众多,除了大家熟悉的罗雄才、罗香林先生,还有在国立中山大学历史系任教的罗志甫教授等。1948年罗志甫先生往厦门大学执教,后与王亚南一起赴京。罗志甫在1953年参与开创了北京师范大学历史学系世界史教研室,成为中国世界史学科的开创者之一。

罗志甫是兴宁新区寨子村人,1920年就读北京大学哲学系,1922年赴法国勤工俭学,先取得里昂大学和土鲁斯大学硕士学位,后又进入巴黎大学研究院攻读博士学位。1929年回国。罗志甫的著作有《西洋史》《西洋美术史》《法学通论》,译著有《古希腊精神》《法国黄皮书》《古代奴隶史》,甚至还翻译了莫泊桑的长篇小说《兄与弟》。1941年任国立中山大学物理学系主任的方嗣樱在1954—1958年担任北师大物理学系主任。

这又印证了我们前期的推断,不少"坪石先生"与法国里昂留学有关,而韶关坪石、曲江沦陷后的去向及解放后任职高校,与厦门大学和北京师范大学关系最为密切。新中国成立后除林励儒任北京师范大学首任校长外,王亚南这位"坪石先生"成为厦门大学首任校长,1950年成为高等院校的校长的"坪石先生"还有中央音乐学院首任院长马思聪先生。坪石时期担任地质学系主任的杨遵仪先生,1952年院系调整后为北京地质学院副总教务长,是建院的创始人之一。

图9-4 林砺儒先生赴京参加第一届全国政协会议与教育界代表的合影
(摘自《林砺儒教育文集》,藏于广东省立中山图书馆)

郭大力教授与王亚南教授保持终身的学术友谊，1944年当日军袭击坪石时，中山大学分散疏散，王亚南教授没有随其他队伍，而是来到郭大力先生家乡赣南南康县与从连州东陂文理学院回乡的郭大力重聚。日军在入侵赣南，王亚南又转移至福建临时省会永安，没有浪费时间，王亚南创办了经济科学出版社，经营了《社会科学》和《研究汇报》两份杂志，1945年6月《社会科学论纲》出版，王亚南在1946年寄出的《留给中山大学经济系同学一封信》中写道："就连中途离开而在去年度印行的《社会科学论纲》，其中命题，也还是在中大教读当中，为大家所分别提起，因而引起我进一步研究的结果。"1945年秋王亚南离开永安，受聘于厦门大学法学院院长和经济系主任，依然对旧同事念念不忘，邀请了林砺儒、郭大力等到厦门大学任教。1949年5月在中共中央地下党组织下，由香港到达北京，王亚南任教清华大学。此时王先生48岁。

1950年郭大力进入中央马列主义学院任教，校址就是中央党校北园。编号为90号的教学楼，建于1943年，原为土木学校，抗日战争胜利后，改为清华大学农学院，1949年，马列主义学院从香山碧云寺搬至此处，又改为中央高级党校。1951年，中央同意在现中央党校南院旧址的北面征地建新校舍。50年代戴念慈主持编制了北院新校舍的规划，以万寿山上的"景福阁"为中轴线的起点，院落式布置。1955年制订了马列学院北院建设计划，学员3000人，建筑面积15万平方米。1956年动工，大部分用地为大有庄、辛庄等的农民用地。

战时建立新中国与1952年院系调整是划分坪石先生流向的几处重要时间节点。1943年出版的《中山大学现状》，可以成为2年后人事变迁的对照依据，权威性也不言而喻，该书是抗战之前出版的介绍中大情况的资料，是时隔十多年后的重要记事出版物，金曾澄校长室1943年6月22日所做的"序"讲明了这一点，被"盖本书前辑不过至民国二十六年抗战前期止。"被聘的老师与学校多有渊源，"君子服务吾校，又多为昔日共数晨昏，同听风雨者也。"在本校组织大纲草案规定中有要求新聘教师为一年，续聘为一年，之后的续聘均为两年。制度规章的规定是我们看到当年的任教者变化无穷的原因之一。

1943年受聘的教师中有数位对今天的大众比较陌生，如被聘的任启珊教授著有《中国外交史纲要》《水经注异闻录》，曾任湖南国民日报社长。梁瓦第在教育学上贡献蛮多，著有《近代中国女子教育》《战时的大学》等书。师范学院院长齐泮林，1943年离开坪石任贵阳师范学院院长。法律系主任余锡群离开坪石后任四川大学教务长和代理校长。法学院社会学系主任胡体乾任厦门大学财经学院首任院长。罗来兴虽然当时留学仅为助教，但1947年离开中大后在中央研究院、中国科学院工作，成为中国地貌学的奠基人。中山医的罗潜退休后创建暨南大学医学院。1942年毕业于坪石的彭泽益，成为中国社科院研究员，是对中国近代经济学有重大贡献的历史经济学家。董爽秋后来任湖南大学生物系主任，在中大他也曾经翻译过《资本论》。

坪石时代的国立中山大学众多人物关系到中国教育界、科学界方方面面的奠基人，他们是国家的教育历史纪念地，而非广东一省所有。一些与中国各大学校创办有关系的人物，如辛树帜没有在坪石生活，但他创办了兰州大学，在坪石生活过的语言学家岑麒祥的语言学系与北京大学，黄际遇与山东大学、河南大学，胡体乾与厦门大学统计系都有创办者的地位。

南开大学与坪石先师的关系颇为密切。胡世华先生早年求学于南开大学，1943年在坪石任教的王玉章先生，最后到了南开大学任教至离开人世，在南开大学他又与在坪石共事的李笠教授相遇，李笠教授是1936年到了中山大学任教。在坪石共事时王玉章44岁，李笠48岁。1952年李笠院系调整进入南开大学。王玉章先生为江苏无锡人，1908年开始私塾读书生涯，1923年南京高师毕业，1927年已经成为复旦大学南北曲课的教授，是宋元戏曲研究的大师。王玉章先生是在昆明更多地认知中山大学，而从昆明来到坪石铁岭村任教的，在1928年在中山大学出版部印制出版了《玉抱肚杂剧》《演太平天国事》，当时中山大学还在文明路。

王玉章先生是1941年10月到任国立中山大学文学院教戏曲史，从他自己填写的登记表是1941年1月，估计校方的登记会滞后，1939年8月至1940年12月，他在昆明云南大学中文系任教授。1943年6月，在中央大学中文系任教，1947年8月至1949年，在前边疆学院文科教授，1950年南京大学附中，1950年至1952年中央戏剧学院研究员，1953年到西北艺术学院任教授。南开大学语文系原有教师14人，因部分教师身体条件原因未能开课，故南开大学1953年4月致函教育部请求向文化部协调点名请调王先生到

图9-5　王玉章先生1959年履历表的照片（南开大学协助提供）

第九章 粤地抗战时期的人才对中国科技教育的影响

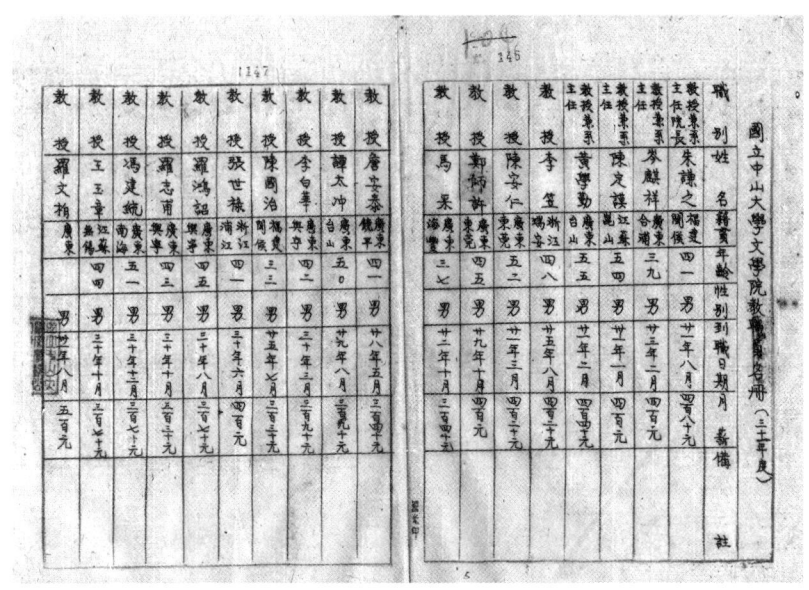

图9-6 1942年坪石战时国立中山大学文学院教职员名册，左二行为王玉章先生的登记信息（藏于广东省档案馆）

任教，1953年5月，王教授进入南开大学语文系任教。长期以来多误解是院系调整从中山大学进入南开大学，因为对坪石的校园没有认真研究。王先生只到了坪石而不是石牌。1941年王先生在坪石就创作了《奸倭三剧》《演抗战游击队事》。

法学院坪石时期的教授在院系调整而影响最大，1940年来到坪石任教的曾昭琼、卢干东以及1939年谭藻芬开始执教于战争状态下流动的大学，谭藻芬和卢干东夫妇同赴法留学，稳定一段时间于1952年进入武汉大学，中山大学取消法律系而有9名教授和老师北上，保证了武大法律专业日后的不断强人。

坪石花开多枝分布全国，有的只直接来到坪石授课，未知石牌校区的模样，但共同的是战火中的学术追求不断，育人不倦。1934年需要有校车才能进入的石牌校区，今天已热闹非凡，康乐园20世纪20—40年代，周边是农田、菜地，今天处处美食街。不要忘却烽火下的田野校园，更需要缅怀为今天中国科学和文化进步打下学术基础、只知坪石不晓石牌的坪石前辈。

177

第二节 重返石牌和康乐园

1952年，罗雄才、徐学澥两位三星坪工学院的老同事成为新调整的华南工学院副院长。国立中山大学工学院最重要的人物之一是罗雄才，改革开放后进入华南工学院读书的前三届学生，最熟悉的是三位学院领导：张进、冯秉铨，另一位就是罗雄才副院长。60余年的教学，他一生的研究教育生涯就是中国化学工程史学科的缩影。1942年，罗雄才教授从韶关坪石三星坪工学院转赴自己的家乡兴宁，奉命创建广东省省立兴宁高级工业学校，但仍担任国立中山大学教授，冒着炮火穿梭于两地之间，为曲江、乐昌、坪石沦陷后的国立中山大学工学院等学校迁移兴宁避难提早创造了条件。

罗雄才先生是梅州兴宁龙田镇鸳塘村人，毕业于兴宁县立中学，1923年考入日本东京帝国大学理学院化学系，1929年毕业进入日本理化学研究所从事研究。1932年在广州石牌建立工学院时，他是24人筹委会成员之一，彼时他刚从日本留学归来，年方29岁，从此之后罗先生开始了中国化学工业学科的建立和教育工作。抗战时期，为适应抗战需要、培养工业技术人才，1942年夏，罗雄才获批准委派前往兴宁办学。他步行40多天，从韶关坪石逃难至梅州兴宁，其艰难程度可想而知。

罗雄才先生1945年任复员委员会工程组主任和工学院院长，1946年被聘为国

我院张进、罗明燏同志当选为省人大常委

广东省第五届人民代表大会第二次会议于一九七九年十二月二十六日选举了省第五届人民代表大会常务委员会主任、副主任、委员。我院张进、罗明燏同志当选为委员。

我院罗雄才同志任省政协副主席、李敦化等六位同志为常委

政协省四届二次会议于一九七九年十二月二十七日胜利闭幕，会议选举了主席，增选十四名副主席、二十四名常委。我院罗雄才同志为副主席，李敦化、余仲奎、林克明、罗明燏、罗雄才、徐学澥为常务委员。

图9-7　华南工学院1979年校报对当选省人大代表、省政协委员的教授的报道（作者提供）

图9-8 杜汝俭先生
（南粤古驿道网站提供）

立中山大学总务长，1952年任华南工学院筹备华南工学院筹备委员会副主任，并任副院长。1958年任华南化工学院院长，1962年为教育部指定的化工统编教材总主编。为了提高中大理科影响力，1963年又任中山大学副校长，建立了光学、生物学、高分子化学和电子显微镜四所高等实验室，处于国内领先的地位。罗先生主持成立两个学术委员会，社会科学学术委员会和自然科学学术委员会。1973年，罗雄才从康乐园重返石牌，继续执教于华工。他曾为梅州龙田中学、鸳塘小学等题字，1984年在穗对嘉应大学倡导建立起重要作用。华南工学院成立了全国高校第一所材料科学研究所——华南工学院材料科学与工程研究所，他于1978—1984年兼任所长，并曾任第五、六届广东省人大副主任。

罗雄才先生于1995年病逝，在追悼会上，挽联写道："于国于民无遗憾；立言立德有殊勋。"刘焕彬校长有详细的回忆。

改革开放后的1979年12月27日广东政协四届二次会议，罗雄才当选14名增选的广东省政协副主席之一，24名常委又有李敦化、徐学澥等，都为昔年抗日战争坚

图9-9 杜汝俭先生和金振声先生带研究生调研（作者提供）

守于三星坪共患难的工学院同事。罗雄才先生后来担任民盟广东主委，对民盟民主党派贡献良多。

顺德人杜汝俭先生1939年毕业后留校任教，他从勷勤工学院、中山大学、华南工学院三次转换，几乎是唯一的经历者和实践者，1940年离开中大，后于1949年回校任教至改革开放后退休，他为研究生讲授的专业英语使用的是仍是中大时期的英文教材。

坪石是培养建筑师的教育火种，由数位值得尊重的先生一路呵护至建筑红楼，教导出一代又一代的中国建筑师。在坪石岁月中为师者、或者是学生毕业留校，一直坚守到底任教建筑系教学至退休的有：刘英智、金振声（2014年去世）、邹爱瑜（1919—2016）、丁纪凌（1919—2001）等一批可敬的老先生。丁纪凌先生毕业于德国柏林大学美术学院，东莞人，1935—1938年在德国柏林联合美术大学建筑雕刻系学习，1939年在云南加入中山大学建筑系，1940年6月至1943年7月随学校入驻坪石。华南理工大学提供的材料写道：1943—1947年失业，1947年受汕头市政厅委托建造孙中山巨型铜像，1957年3月他加入九三学社。华南工学院建筑学院恢复高考重新招生，丁纪凌先生重回华工坚守在教学的第一线，1978年后入学的几届本科生均有幸接受他的美术指导，硕士研究生的美术课均由他和马次航先生负责，研究生美术课他也教雕塑。

邹爱瑜生于1919年12月，1938年入校，初为化学系学生，后转至建筑系。1938年，当时中山大学工学院整合广东省立勷勤大学工学院后，设立建筑工程系。邹老师从云南一路迁徙至坪石，1943年毕业留校后一直在教学岗位，直至退休。1982年邹老师加入九三学社，任九三学社华南理工大学基层委员会主委。2012年，93岁的邹老师出席了华南理工建筑学科80华诞相关活动。邹爱瑜在建筑系与李恩山老师关系很好，偶尔一起做设计，但作品不多，多帮"大师们"画图，画法几何基本是教了一辈子，最后的研究方向是商业建筑，1982年不幸中风，后来常掰着手指算当年坪石同班的同学人数，她说是预防老年痴呆症的好方法。邹老师很少接受媒体访问，2013年她在接受《中山大学校报》记者采访时回忆：

图9-10　邹爱瑜老师
（南粤古驿站网站提供）

"当年广州陷落,我行将高中毕业,但不愿意为日本人服务,就取道香港搭船去云南,去读中山大学,我本来读的是化工系,读完一年后发现嗅觉不行。当时建筑学系主任乐意我转过去,说你转系过来直接上二年级,不用降级,也不用补课。就这样,当时我和机械系、土木系等一共三个同学一起转到建筑系。那时我们已经到了坪石,我记得当时还没有正规的教室,是在一个半山腰上课,老师必须拎着一个手炉放在教案旁……"[1]

金振声老师1927年出生,1944年在坪石的中山大学入学,他记得邹爱瑜老师的丈夫卫宝葵老师教他们班的《设计初则》。[2] 上了个把月课就因日军入侵而找不到学校,他们因战事紧张而中断学业,1945年又再复读,1948年毕业后留校。[3] 1981—1984年任华南工学院建筑学系主任,成为改革开放后恢复高考正式成为建筑学系的首任系主任。当年他是进步青年,曾经被国民党抓去坐牢,文化大革命受冲击,被质问"为什么不跟蒋经国到台湾?"因为他就读的中学在江西由蒋经国创办,哭笑不得。改革开放后他的教学颇受广大学生欢迎,带研究生出外调研,最多叮咛的是"带了粮票了吗!"可见对学生关心的细致。

在院系调整时,这批坪石过来人担任各院校的系主任不少,叶述武在1952—1958年任华师数学系系主任、何大章任华师地理系系主任、郑荫任华工物理系系主任等,开花结果,桃李满天下。

在中国被誉为"普洱茶之父"的植物生态学家张宏达教授是在1935年石牌校区入校的中山大学生物系学生,毕业于澄江的国立中山大学,毕业论文为"澄江县的植物研究",任教于坪石中山大学开始教师生涯。在坪石张宏达先生转了两个教学部门,任国荣任中大师范学院博物系主任,后任理学院生物系主任时将张宏达介绍给研究院院长崔载阳,成为研究院植物学部助教,回到广州石牌校区后成为陈焕镛教授助手。他主持了全国统编教材《植物学》的编写和参与《中国植物志》的编纂,2016年在广州去世,享年102岁。

比张宏达先生还长寿的坪石同事徐中玉先生,享年105岁(1915年2月15日—2019年6月25日),1939年24岁进入中山大学研究院,离开坪石时,应该是30岁,1942年的全家福其乐融融,正好是在坪石时期,徐中玉老师27岁,风华正茂。新中国成立后长期任教于华东师范大学,徐中玉教授因《大学语文》与学术评论受

---

[1] http: //zsu.cuepa.cn/show_more.php? tkey=&bkey=&doc_id=1464204。
[2][3] 施瑛:《华南建筑教育早期发展历史研究(1932—1966)》,博士学位论文,附录4,2014年。

大众关注。

1941届文科研究所的学生名单有罗时宪、张泉林、黄福銮、李保世、徐中玉、钟征声、梁钊韬。梁钊韬回报韶关的教育,20世纪50年代韶关马坝人遗址就是他依靠在战火中学到的知识科学判定的。

国立中山大学的学生也是留校当教师的黄杏文,参加过中山大学战地服务团,那是抗日时期中山大学师生群众救亡组织;1952—1955年任华南师院附中校长,到底是现在的省实验中学校长,还是现在的华师附中校长,都有道理。中山

图9-11 中山大学墓园孔宪保教授墓地,在墓园安眠着他们抗日战争办学同事古桂芬先生(作者拍摄)

图9-12 中山大学校园内的墓地(作者拍摄)

大学附中在坪石办学的校长是张文昌、谭祖荫和段铮。这些都是坪石开花结果的教育成果。

抗战胜利后重返康乐园，在名单上的孔宪保信息资料很少，他的归途如何？

在康乐园，当年的教授们继续成为邻居，根据省档案馆馆藏的"1951年10月岭南大学员工调查表"，在康乐园，孔宪保教授住在西南区旧门牌51号楼，邝矶法老师住旧门牌57号，容庚老师住旧门牌54号楼，陈心陶老师住东南区11号，李沛文老师住12号之三，林树模老师住24号，可以说经历大村的教授都成为康乐园邻居。根据1951年的填表统计，康乐园教职工及家属共1640人，分别编西南区、西北区、东南区和东北区。黄本立院士特别怀念的老师冯秉铨住在东北区的6号。

从学部委员、院士、中科院上海有机化学研究所所长黄维恒的回忆，自己1947年的硕士导师就是孔宪保，去世后葬于现在康乐园墓园。带着这一问题来到中山大学，在康乐园西北区最不起眼的边角地，找到了孔宪保先生的墓地，墓碑显示1952年孔先生去世。农学院迁移坪石的开拓者古桂芬先生，也长眠于此。

第三节 对港澳以及东南亚教育的影响

1944年理学院的教师名册中,可以看到许多名字,其中任国荣1944年成为理学院院长。任国荣先生1950年参与亚洲文商院的创立,该院改为新亚书院,1960年任该院生物学系主任。1963年新亚书院等三所书院联合组建了香港中文大学。2015年在香港中文大学新亚书院及生命科学学院举办了第一届"任国荣先生生命科学讲座",纪念任国荣先生对香港中文大学的贡献。在中山大学生物系主任名单上,1927—1931年是辛树帜教授,1940—1944年为张作人教授,1944—1946年是任国荣教授。

香港中文大学2014年任国荣先生生命科学讲座的主讲者徐立之先生毕业于该校,1979年在美国获得博士学位,2002年曾出任香港大学校长。他小学就读的香港真光小学1872年创建于广州,与广州真光中学同源,在香港建立学校是1935年。

任国荣的学术生涯,得益于他的恩师生物系辛树帜教授的支持。辛教授留学英国、德国,1928年回国在中山大学生物系任教,1832年离开。任国荣就是在此时由辛教授支持赴法留学。辛教授1932年任国民政府编审处处长,1933年成为编译馆馆长兼中央大学教授。1932年同时筹建陕西武功的农业学校,因为武功是中国古农业的重要发源地,1929-1931年,西北干旱,农民流离失所,对加强农业基础建设辛先生体会颇深。1936年他来到西北,后来成为西北农林专科学校校长、西北农学院院长、兰州大学校长。兰州大学的校训"自强不息,独树一帜"印证了辛教授在建立兰州大学的贡献,也是毛泽东对湖南第一师范学校同事辛树帜30年后重逢最大的褒奖,"辛辛苦苦,独树一帜"。

曾经在大山村任教的另一位重要人物是容启东教授,岭南大学迁徙香港时,邀请他来任

图9-13 香港中文大学2014年任国荣先生生命科学讲座的海报(网络资料)

教，香港沦陷后，他也重返粤北在大山村任教。1960年，容先生任香港崇基学院第三任院长，组建香港中文大学后担任副校长。

1955年，陈宗南先生赴新加坡，任海外第一所华文大学新加坡南洋大学教务长兼理学院院长，抗战时期陈先生时任坪石三星坪工学院院长。在坪石前于澄江获得硕士学位留校任教的严元章先生，1960年被南洋大学聘为文学院院长。

图9-14　兰州大学图书馆内兰州大学校训（作者提供）

第四节 在坪石完成学业的学生及其日后的成就

一、抗战时期建筑工程学系的毕业生

在新村建筑工程系培养的学生中,最出色的之一是杨卓成(1914-2006),开始是借读生。虞炳烈先生为坪石规划设计的临时战时校园的图纸不少是学生杨卓成协助画的。他毕业后就到开滦煤矿。1946年于台湾台北市政府规划科任职,后来在1953年自己开事务所。台湾许多标志性建筑像中正纪念堂、园山大饭店、士林官邸、台北清真寺等均是他的作品。

这是一位在澄江入学借读、毕业于坪石的建筑大师,尚不知道石牌校区是怎样的国立中山大学毕业生。

1943年在此毕业的彭佐治先生(1921-1996)1947年在台北工业专科职业学校

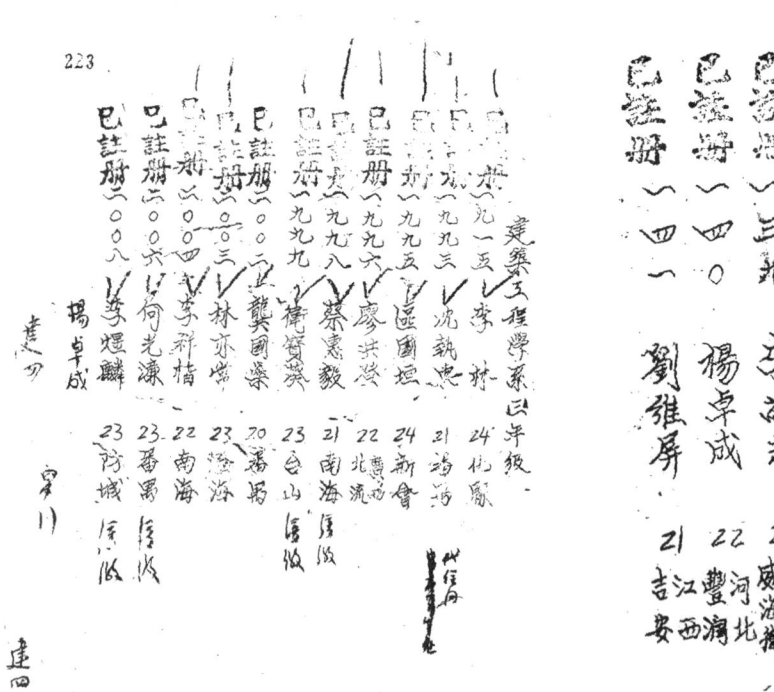

图9-15 建筑工程学系四年级已注册的名单,左边第一个名字就是杨卓成同学(藏于广东省档案馆)

图9-16 已注册但尚未成为正式生,以借读生身份读书的杨卓成的登记表(藏于广东省档案馆)

图9-17 毕业于坪石的著名建筑师杨卓成设计的台湾中正纪念堂（网络资料）

任教，1952年在省立工学院建筑工程学系即成功大学建筑系前身任副教授，1952年赴美留学，毕业后在美国德州理工大学等多所大学任教，也开办自己的事务所，担任过联合国顾问和美国的城市规划局长。王济昌、吴梅兴和贺陈词先生，毕业后对台湾的建筑教育贡献良多，台湾成功大学建筑学系追溯历史脉络始办于1944年，王济昌从1954年至1961年担任主任，贺陈词1963年至1966年担任系主任。

图9-18 第一次踏足探访建工系遗址未清理时的入口现状（作者拍摄）

如果按照原来1938年的计划，可能就没有1941年的建筑学招生了，省库断奶的时间到了。庆幸1941年有入学建筑学专业的新学生，他们是完整在坪石完成学业的一代，多位毕业后实践多年成为广东各大设计院的总工程师，如李奋强，成为广东省建筑设计院的总工程师，1982年广东迎宾馆的白云楼就是李奋强先生与郭怡昌、关富椿合作设计。

二、坪石度过学生时代的院士

在坪石学习和教学的教授在1980年400人名单中占有近10席，其中包括张作梅。张先生为兴宁人，少年丧父，1931年到香港舅父家居住读书，香港英文书院中学毕业，1937年考入中大，1941年毕业于迁至三星坪的工学院机械工程系，此届机械工程毕业生约60人。建筑工程系14人包括杨卓成、卫宝葵也是这一届毕业，分别是走进社会和留校。张先生选择走进社会，1944年留学英国，1948年获得谢菲尔德大学博士学位后留校，1951年应邀回国筹建中国科学院金属研究所，后担任中国科学院机械研究所副所长，1998年病逝于长春。

在解放前后的这一特殊时期，这批院士们当年仍然为学生，不少还在国外继续学业深造，像黄翠芬、黄本立、张作梅和蒲蛰龙等"坪石先生"，也许经历了在坪石战争年代读书经历的磨炼和对中国的理解，他们冲破种种围堵和诱惑，回到祖国培养人才或者开辟科学新天地。黄翠芬是台山人，1921年出生，1934—1937年为培道女中学生，1940年被岭南大学化学系录取，因广州沦陷，学校搬至香港，但香港又失守，她逃出香港，途经澳门，最终跋涉至粤北坪石，借读于中山大学理学院，1943年毕业。后赴美国学习，获硕士学位，1943年毕业，同班共有12名同学。后赴美国康乃尔大学学习，1950年"偷渡"回国后参加新中国的建设，在1954年进入军事医学研究院，成为中国生物工程的奠基人之一。培道女中和考入私立岭南大学，但借读于中山大学理学院学习化学的黄翠芬，苦难磨炼了年少时期的他（她），他们的学术品质形成于斯。1954年，在海上漂泊56天后返回祖国，长期从事研究工作，国家科技进步一等奖获得两次，2005年11月29日回母校（现在七中）时，特用方言做报告。[1]她是中国分子遗传学家，中国基因工程创始人，1996年当选为中国工程院院士，2011年去世。

---

[1] 广州培道校友会编：《培道和她的女儿们——献给母校建校120周年》，2008年。

生物学还有一位与坪石教育历史关系密切的泰斗人物张作人，1932年至1949年任生物系主任，在研究院师范研究所兼任教授。1932年在国外获得比利时科学博士学位和法国自然科学部署学位，应邀到中大执教，1978年全国科学大会科技成果奖获得者。

目前健在的叶叔华先生，现在成为80年代老院士的代表之一，与坪石岁月有关联仍健在的1980年"老院士"，依然记得在乐昌念高一和高二的经历，但地名有些模糊，记为"罗昌"，或者是粤语的缘故。

图9-19 叶叔华先生照片
（作者提供）

黄本立院士，出生于香港，抗战时期就读于坪石。香港陷落时，大批香港学子冒着炮火的危险，寻找到坪石教育基地。黄本立在姑姑的支持下，一个人搭乘跑运输的卡车，由八步到桂林，再转乘火车经衡阳到达粤北坪石的培正培道联合中学通过考试就读。当时的黄本立还不到15周岁，且不说一路上一个人长途跋涉，半路差点儿被卡车司机"甩掉"，到桂林时还遇到敌机轰炸，眼看着身边中弹的同胞死去，自己也险些丢了性命，饱受惊吓。到了坪石，经过当时在中山大学学习的亲戚及其他同学的辅导，黄本立直接考取了初中二年级，一年后他又直接考取了当时搬迁到曲江（现韶关市）的华英中学高中一年级，"抢"回了两年被耽搁的时间。他1945年考入广州岭南大学物理系后赴东北支援东北建设。厦门大学的化学系人才辈出，与黄先生80年代回到南方从教应该有关系。黄先生1993年当选为中国科学院院士，应该是90年代老院士的代表。

图9-20 黄本立先生照片
（黄本立先生提供）

图9-21 《毕业同学录》编辑委员会合影，后排右边第二位为焦耀南
（藏于广东省立中山图书馆）

三、从1945年的毕业纪念册寻找毕业生的去向

《十九届毕业同学录》反映的大学生是1945年全校的毕业生，他们经历了坪石学生时代的全过程，换言之他们是1941年稳定后首批考入国立中大的大学生。时任校长为王星拱校长，通讯录由此推算是1945年12月后印成。首页的几位重要学校领导者，总务长邝嵩龄是20年代中山大学农科系主任，1927年向民国政府提出西沙群岛的战略和资源的重要性。1928年中山大学农学院沈鹏飞带队16人到西沙群岛科研考察，1928年担任中山大学体育委员会主任。1945年罗雄才接替陈宗南成为工学院院长，梅龚彬成为法学院院长。

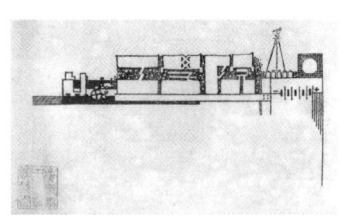

图9-22、9-23、9-24 《毕业同学录》通讯录上文理学院、工学院和法学院的标志
（藏于广东省立中山图书馆）

第九章 粤地抗战时期的人才对中国科技教育的影响

图9-25 《国立中山大学教职员手册》上背面使用的中大的标志，有特殊的历史象征意义（藏于广东省立中山图书馆）

图9-26 通讯录上的陈寿庚（藏于广东省立中山图书馆）

图9-27 伍寿仪推测是广州一中数学老师，1958年在大炼钢中身亡。广州政协编辑的文史资料写到这一惨剧（藏于广东省立中山图书馆）

通讯录工作委员合影，反映了这些毕业生是甘于奉献的热心人。邓启汉在合影下面写着"交际"，通过百度简单查资料，他为机电系毕业，担任过空中管制员参加"两航"起义，为新中国第一批劳动模范。冯仲杰为经济系毕业生。设计师焦耀南是建工系毕业生，1942年10月符罗飞到坪石任教，后来在多地举行个人画展，1943年暑假焦耀南等建筑系学生在符罗飞的带领下在韶关一带写生，符罗飞《北江放排》就是此时作品。焦耀南住址写的是广州维新路177号2楼，1945年的教师名册文献显示毕业后留学任助教。

工学院的标记可以肯定是建筑系焦耀南的设计，其他图案推测也应该是他的设计。这历史设计是一种图形记忆。

陈寿庚，1916年生，在湖南成为作家、翻译家，《湖南文艺》编辑，是中国作家协会的会员，有多部长、短篇小说，1987年翻译毛姆的作品包括《在中国的屏风上》等。

第十章

抗战期间粤北对中国学术贡献

许瑞生

战时粤北的学术研究成果丰富而意义深远,为后来者提供了丰富的精神粮食。只有回到战时的经济状态下思考分析,方能够体会粤北学子的坚毅精神力量。

第一节　初步研究的判断

粗计在抗战时期坪石岁月，除了培养大批日后对中国建设与科学研究做出杰出贡献的学子外，坪石先生们在学术上仍然有如此贡献，由于学识所限以偏概全：

1.地理学家吴尚时突破行政界线，使用地理学概念1941年为广东省政府《广东年鉴》提供广东地理区划，分为珠江三角洲、北江流域、西江流域、东江流域、韩江流域、六邑和两阳、南路、海南岛和远海各群岛。[1]

2.通过实地调查研究，梁钊韬先生的《粤北乳源瑶民的宗教信仰》《中国古代巫术——宗教的起源和发展》等著作形成了人类学、民族学的研究方法。1941年，杨志成教授率领文科研究所的民族学研究生梁钊韬、王启澍及技助顾铁符等人再度深入粤北瑶山对"过山瑶"进行历时10天的调查研究。其范围涉及过山瑶胞的体质特征、历史、社会、经济、房屋、工具、衣饰、婚姻家庭、宗教信仰、传说、歌谣各个方面。

3.陈国达、吴尚时和曾昭旋等教授研究形成了"红色岩系"，也就是"丹霞地貌"的系统学说。1943年钟衍威发表《武水流域的上游聚落地理》是人文地理学聚落研究开山之作。

4.卢鹤绂引入国际最先进的核物理和理论物理，探讨了原子能的潜能和应用前景。从美国明尼苏达大学物理和天文学学院回国到中山大学任教前，他完成的博士论文为《新型高强度质谱仪在分离硼同位素上的应用》。

5.生物学系、农学院在南岭采集的标本达到历史高峰，开始植物区系学的理论框架。采集南岭植物标本上万号。

6.黄际遇、詹安泰古文研究成果颇丰，詹安泰《词学研究》十二论，建立了具有内在逻辑的词学体系。

7.成立"两广地质督查所"对粤湘边界区域的矿产进行勘查，为战时物资供给和实业发展提供科学考察成果。

---

[1] 广东省地理学会编：《华南地理文献选集》，科学普及出版社，1985年，第36页。

8.对农业大规模推广优良稻种和土壤改良提供技术协助。丁颖教授《广东稻之种性问题》论文具有时代意义。

9.天文学方面延续了天文台观察的连续性,张云、邹仪新等摄取日食采像、研究日食光度及天空亮度等天文学课题。

10.杨成志、钟敬文等继续20年代开创的民俗学研究,深入结合地方区域特点,创办了《民俗》季刊。

11.朱谦之教授创办的《现代史学》在坪石时期继续发扬光大,《中国人性论史》完成于坪石。[1]

---

[1] 黎红雷编:《朱谦之文选》,中山大学出版社,2004年,第162页。

第二节　适应野外调查学科的发展

地质、地理、植物、林业、矿业、农学在粤北山区反而更有条件进行野外考察，成果获得最为丰富。

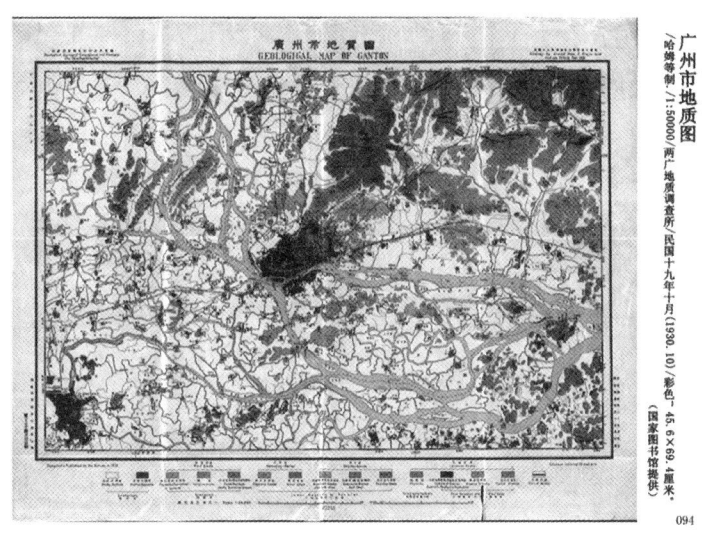

图10-1　两广地质调查所1930年的成果（作者提供）

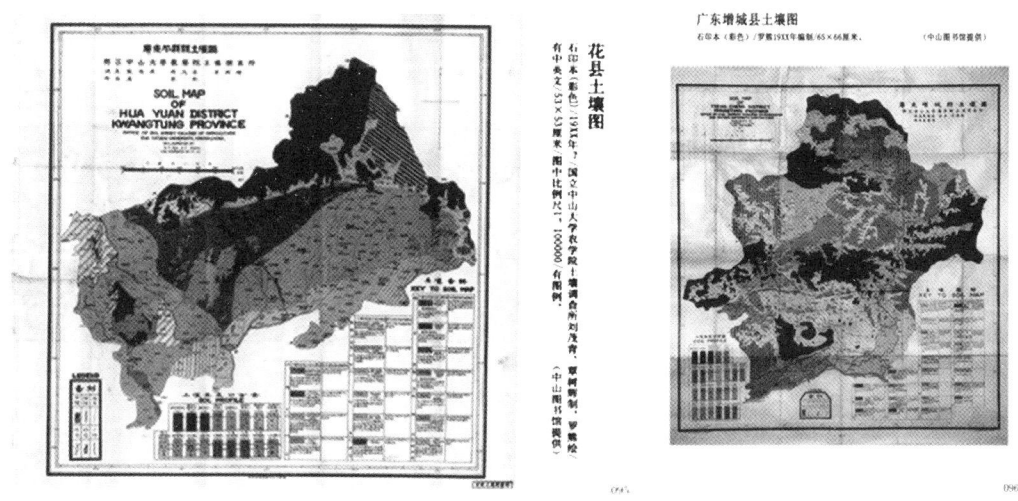

图10-2、10-3　国立中山大学农学院成果（作者提供）

一、生物学的贡献

金额雀鹛是中国学者第一次自己命名的鸟类。1932年,任国荣先生(1907—1987)研究发现命名,他利用国内送来的标本,发现此鸟类新种,在《巴黎自然博物馆通报》上用法文发表相关论文,Yen Kwokyung是他的名字粤语拼写。任先生是最典型的广东教育代表人物,广东高等师范最后一届毕业生,广东大学第一届毕业生,1930年3月留学法国,1933年9月返中山大学任教。1942年9月至10月,由植物所与研究院农林植物部联合组队,再往莽山调查。调查队由梁宝汉、张宏达、梁仕康、冯云组成,一由李鹏飞、陈少卿、游万里、虞元章、黄荣华组成。得标本1436号,12000份。任教授1944年坪石岁月曾任理学院院长,在1945年坪石沦陷时负责将各院系设备疏散至临武,又到梅县复课,抗战胜利后重返广州。[1]国立中山大学生物系、植物所与研究院农林植物部结合地方的田野调查,是抗战时期教育的重要特点。

在《中国自然标本馆》描述:广东松是乔木,高达30米,树径1.5米。松针5针一束,长2—3.5厘米,花期4—5月,球果第二年10月成熟,熟时为淡褐色。异名Pinus Wangii Kwangtungensis (Chun et Tsiang) Silba,别名白松、五针松、粤松等。异名实际是拉丁文,其中Kwangtung是传统上欧洲对广东的称呼,中国在1948年中山大学农业植物所专刊陈焕镛等开始使用这一"异名"。出生于广东新会的陈焕镛先生(1890—1971)是中国植物学开拓者,对华南植物有广泛的研究,1919年毕业于哈佛大学,生前任中山大学农业植物所,曾是中国科学院华南植物研究所所长。

国立中山大学生物系另一位留法后返国坚守教育阵地的老师是张作人,比任国荣先生前两年即1927—1928年在巴黎自然博物馆进行鸟类学研究,1932年回国后选择广州在中山大学生物系任教,抗战胜利后继续担任系主任。他们都是在国家危急存亡之际回国报效国家教育事业。

二、人类学的贡献

"清楚地认识人类学的原理有助于理解我们这个时代的社会进程,如果我们准备听取教诲,人类学能够指导我们应当做什么和应当避免什么。"这段话来自美国

---

[1] 冯双编著:《中山大学生命科学学院编年史》,中山大学出版社,2011年。

弗朗兹·博厄斯所著《人类学与现代生活》一书，最早的中文版由杨成志先生翻译出版。了解坪石学校的过去，就是听取前辈的教诲，武水长流，名师辈出。

中国民族学家、人类学家杨成志（1901—1991），出生于海丰，1923—1927年就读于岭南大学。1927—1928年在中大任教，后赴巴黎留学，获民族学博士学位。返校后在20世纪30—40年代任中山大学教授及研究院秘书长、人类学系主任等职。《广东北江瑶人调查报告》《广东人民与文化》《人类科学论集》等就是抗日战争期间形成的学术成果。解放后任中央民族学院教授、文物室主任。

1940年秋，中山大学开始由澄江迁回粤北坪石。杨成志教授利用搬迁的机会，于1941年率领文科研究所的民族学研究生梁钊韬、王启澍及技助顾铁符等人再度深入粤北瑶山对"过山瑶"进行历时10天的调查研究。其范围涉及过山瑶胞的体质特征、历史、社会、经济、房屋、工具、衣饰、婚姻家庭、宗教信仰、传说、歌谣各个方面。通过实地调查研究，梁钊韬先生写了《粤北乳源瑶民的宗教信仰》一文。

三、地理学与地质学的贡献

更不要忘却坚守坪石教学岁月的老师。现代天文学教育开创者之一，1941年前往坪石在天文数学系任教的赵却民教授，著名历史学家、哲学家朱谦之教授等，他们是冒着生命危险在炮声中上课。

何大章，气候学家，1938年中大地理系毕业，留校任教，曾任华南师范学院地理系主任、广州地理研究所研究员。陈小澄，1938年中大地理系毕业，留校任教，华南师范学院地理系、广州师范学院教授。罗开富，1931年考入中大，1939年随吴先生在云南澄江调研，1946年在美国克拉克大学获博士学位，广州地理研究所所长。林嘉秀，1938年毕业，留校任教，广雅中学等多所中学地理老师。罗来兴，1938年入学，1942年毕业，中国科学院地理研究所地貌学家。张保升，1941年中大地理系毕业，西北大学教授，地貌学家。钟功甫，1941年中大地理系毕业，广州地理所研究员，农业区划和生态农业地学家，1958年开始研究"桑基鱼塘"。钟衍威，1941年中大地理系毕业，留校任教，中大地理系副主任，人文地理学者。徐俊鸣，1935年毕业，留校任教，历史地理学家。梅甸初，1941年毕业，后任华南师范大学教授。[1]

在地质学方面，杨遵仪和陈国达先生前后两任两广地质调查所所长和地质学系主任，对古生物学、地质学和水文学贡献良多。陈国达1939年对丹霞岩石地貌入手进行研究，首先提出"丹霞地貌"的初步概念，在1942年在坪石塘口理学院教学、调研考察中，成功地将流域水文与地质综合思考推论，多篇论文涉及粤北、江西的水系，如1943年"粤北坪石附近之武水河曲"一文，继续"丹霞地貌"的研究深化，绘制了金鸡岭最具有典型丹霞地貌景观图。地质学系与地理学系的考察研究相得益彰。

回广州后不久，吴尚时先生调入岭南大学历史系，1947年在《岭南学报》发表的《粤北坪石红色盆地》和《珠江三角洲》论文，均是坪石研究积累的结果，部分摘抄如下：

粤北坪石红色盆地（1）

（一）地形

坪石红色岩系，分布于坪石四周低地中。四面为高山所包围，在东面及东南面1000m以上之瑶山山脉及九峰山脉所屏障。西北面有骑田、摺岭、香花诸岭，亦皆1000m以上之高山。西南部分为九百公尺之石灰岩高原，东北行又有五百公尺左右之古山地。不过此二方面坡度不成急转，地势慢缓上升，不显截然界线。东南与西北二侧，由于构造上原因，山体急速突起，无转换斜坡，不及半公里距离，高差可在600公尺以上。故使坪石低地更觉低落，分界截然。

坪石低地为红色岩系所遍布，但由于最近地形之演进，使前红色岩系亦得露头于低地四周，甚或盆地中部。因其处红色岩系层度不大，亦有古地层露出，如三星坪、大岭一带，即为好例。此种情形，对于了解红色岩系沉积环境，极有帮助。吾人旅居坪石数年，朝夕相见，故本盆地工作亦较详细。

就地形而言，本区大致可分为二大区域：一为高原或破碎台地区域，一为单斜构造区域，其分界截然。自坪石以东，即见一高峻悬崖雄立于丘陵走廊之上，连绵不断，由北向南伸展，凡数公里。至武水南岸悬崖走向转而作

---

[1] 司徒尚纪著：《吴尚时》，广东人民出版社，1995年。

SW—EN，崖壁每为广谷侵入，使较破碎。悬崖上面，地形起伏和缓，呈高原形状，悬崖下面，地形作丘陵起伏于河面以上七八十公尺间。自是以西北则为单斜脊与单斜谷相间区域。

高原表面高度自330m至400m不等，地层为厚层砂岩所组成，岩性团结，石灰含量甚丰，时有砾岩层，故其山坡多作壁立。又以岩层倾角平坦，地表亦因之起伏和缓，侵蚀作用只能沿节理进行。

最完整之高原，位于武水北岸。其西边一直线崖壁，作南北走向，拔起于200m左右（绝对高度）之丘陵中，凡100m。雄伟整齐，连续几十公里。除北端旱谷口深入高原内部外，其余少受分割。至武江沿岸，则侵蚀较烈，高原边际分析开成孤立山丘，大致依主要节理方面平行排列，成几行山脉，状如"石墙"，高度较高原面为底。厚度各异，其极端形态，可以"石墙"呼之。长数百公尺，宽只十数尺而已。时有孔隙生于其间，可曰"窗口"更利害时，则窗口依节理扩大成分立之石柱、石笋，像各种禽兽形状。危立江边之金鸡岭，其峭壁危墙，使人不敢仰视。是亦为自高原分离开来之"Butte"。但其身已饱受侵蚀，其外形虽成一体，实则目前已被分析成若干石峰、石山，大小各异，危峰四面壁立，小石柱围拱其旁，垂直节理之扩大，已使其分离母体，危危欲堕。山顶上若干小路，每通过此等石峰，其间隙距离不及一公尺，而深裂地下凡四五十米。墙壁上满布溜痕，因其含有多量灰质，更外发育。

其所以不发生巨大山崩现象，乃由于其岩层列排多作水平。但巨大石块之崩坠，时有发生，如金鸡岭东边石壁上，即有一新鲜创痕，其脚下山坡复有大逾五公尺直径之石块，与之相应。此石墙之后，则为一沿节理扩大之深谷所在。便石壁厚度日减，做成"横看成岭侧成峰"之奇观，无怪土人信奉为神灵也。

此高原东面直接与前红岩系接触处，地形上俱显明之分界。因古山地高耸于高原之后，山坡甚陡。其二者接触处，恒为后成河谷所发展。此部分高原边际，易受河流侵蚀，故分割较破碎。但其谷坡因岩性关系，每成峭壁，深百数十公尺，惟宽度却在20m左右。谷壁上时有突出如人额之崖壁，是为砾岩所造成之部分，因其抗力较大，故不易剥蚀也。高原面上，即为坦平高原，其过度界线截然二部。只有在侵蚀较烈之地，则使高原一部分裂成

"mesa"地形，使峡谷上部稍得扩展。

高原地面，呈平坦表面，因地层倾角甚小所致。虽有小部其倾角在15°以上，但大体倾角只在5°—10°之间。其地形亦因与谷坡分界截然，故高原形状更为清楚。而其岩性透水，故台地表面坦平地貌，亦得因缺少暴流之冲刷而格外完整。除田头河，武水及白沙河故道（旱谷）能割成峡谷，通过此高原外，其他河流为数甚少。只有若干山涧以为排泄台地表面之雨水而已。此等溪流，其纵剖面别具特性，与寻常河谷稍异。自上源集水盆之急坡下行，至谷底则必为一平坦河床，其坡度使罗盆无法测出，石卵甚少。此河床乃层理之面，故水流深度到处一致，二侧则为岩石峭壁，竹木密蔽其上。吾人夏日爬登高原面上，旱渴日晒，炎热非常。每潜入溪中，足行于清凉，透澈之泉水间，两侧鸟声，谷风凉畅。而此红色之康庄天然大道，平坦无比，使吾人倦态全消，适与面上可分成二大自然单位，其宽度通常在2—3公尺左右，其壶穴颇为发达。谷坡下降。乃突然而非渐转，故康庄水道时为一深在5—6公尺之断崖所断，水流于此成瀑布流下，下为一潭，以后又复是一条康庄大路。

雕琢此高原面上之坑沟，虽因岩性之透水而缺乏沟谷，但此少数之溪流亦足使高原地上交通大为困难。其表面又缺乏水泉，故目前为一荒凉区域。

高原表面既如此平坦，岩层排列影响又至显明。其为构造台地当无异议。但其有局部倾角在十五度以上者，岂非暗示此面为一侵蚀平面。依作者研究，此局部岩层倾角较大之证据，或嫌不足。但吾人可由前红岩系侵蚀历史，与单斜区域之350m准平面之存在，去决定此构造台地实为350m准平面之一部。而更有力之证据，则为白沙河故道之存在。

在高原北边有一涧约4—50m，深切入高原底部之旱谷。由西而东横贯高原全体，其路线蜿蜒弯曲，一如平常河流所见者。其西端为一宽广之谷口。沿此谷地东行，沿途不觉有高低起伏，底部遍植禾田，直至东端与田头河谷相接。旱谷始呈台地形状高出目前田头河谷底5—10m左右，是乃目前下切入地中之结果。

此种现象显然为抢水地形之良例。旱谷乃以前白沙河之河床，自西北斜向东南流入田头水以后，因今日白沙河下游之后成河沿弱岩地带发展，而劫夺行于峡谷坚岩中之旱谷一段，故白沙河自前于此旱谷缺口处作显明之转向。由此言之，白沙河曾流行于此高原地带中，又无其他构造上原因，使其如此。其曲流现象又足暗示昔日地形之平坦。因之，吾人可决定此河层流于一平面上，至最近上升后，始为下游后成河所劫夺，此面即为高原面上之平坦地形，其倾斜亦因此而可推出乃作向东南倾。

四、植物学以及农学的贡献

在这方面范围和成果丰富，参照第十二章吴永彬老师的数篇富有学科史特色的专文。

第三节　马克思经济理论研究与中国经济学的基础

法学院经济学系做出的贡献影响了中国经济界，无论是学生的培养，还是理论探索，具有特殊的地位。

一、对学生的培养

陈真人先生毕业于坪石中山大学附中，是王亚南教授非常亲近的学生，1943年入学经济系，1947年毕业。到台湾、上海教书，后来考入复旦大学研究生，在复旦大学度过五十多年。陈真人先生到上海成为复旦大学著名学者，是一位值得纪念和尊重的马克思主义理论家，一生致力于《资本论》研究。他入学于坪石，受教于王亚南先生，毕业于石牌学园，在武阳司村虞炳烈老师设计的教学楼听王亚南先生的课，在石牌再次得到王先生的教诲于法学院教学楼。在学期间勤工俭学与同学在石牌开了一家"中山大学石牌书报供应社"，经济系的学生理所当然担任经理。在陈先生自己的回忆录中谈到买的《资本论》是在自家书店，我想就是指在石牌的"书报供应社"。

华南工学院马克思主义理论研究室主任冯海燕教授，是最完整在坪石完成学业的学生，1940年12月在坪石入校，法学院社会系学生，谅必听过王亚南先生的讲座，1944年秋留校，但坪石沦陷，遂回家乡梅北中学任教一年有余，1945年12月中山大学复课才回到石牌，第一次见到法学院的教学楼，此后一辈子就在石牌教书。改革开放恢复高考，冯海燕在1978年开始招收研究生。

二、马克思经济著作的翻译

郭大力和王亚南是1938年8月出版了《资本论》后，先后来到粤北教书，在战争的烽火中，走上讲坛传播马克思恩格斯的《资本论》，并分头边教学边深化对马克思恩格斯著作的研究，一直坚守到战火燃烧到"教室"门口才撤离，讲完最后一课。

1918年在广州市中心一座祠堂的阁楼里昏暗的灯光下，杨匏安正在为报纸撰稿，马克思理论的传播从这间平凡的小屋穿过迷雾照亮四方。20年后在广东，此时日军的飞机不时在轰炸，不是在大城市，而是广东北部与湖南交界的小村落、有2000年历史的古道旁，依然有一位学者郭大力，还是在那简朴的乡村民宅里，依然是在油灯下，更加深入地翻译马克思、恩格斯的著作，除了《恩格斯传》，在东陂镇他还翻译了马克思的《剩余价值学说史》，认为是在前阵子翻译的《资本论》三卷后的"第四卷"。1978年出版的郭大力先生翻译的马克思著作《剩余价值学说史》，始于1940年的连县东陂，1949年第一次出版，在郭大力先生逝世后两年再版，意义深远，是对郭大力先生最好的怀念，特将出版后记照录如下。

图10-4、10-5　不同时期出版的郭大力翻译的《剩余价值学说史》

林砺儒先生任广东省立文理学院院长时，以开放态度容纳各种政治观点，这为郭大力先生一边任教一边翻译马恩著作创造了宽松条件，郭大力先生在连州着手译作开端是重要的马克思的《剩余价值学说史》。

1955年12月22日，郭大力在中央党校上辅导课，应该是在北院原马列主义学院主楼讲的课，题目是"《资本论》学习辅导"。精彩通俗，我们准备学习《资本论》的时候，很自然地会发生这样的问题：我们能不能把《资本论》学好？我的回答是：一定能够。道理很简单，因为《资本论》是工人阶级的圣经，它所讲的道理，就是工人阶级争取解放的道理。所以每个从工人阶级出身的，或站在工人阶级立场的人，都不能说自己看不懂《资本论》。在辅导课中郭大力全面公正地谈到了马克思、恩格斯、考茨基三人对《资本论》的贡献，在连州的东陂教书之余，刻苦翻译《剩余价值说史》和《恩格斯传》，他认为《剩余价值说史》应该是《资本论》第四卷。[1]郭大力教授对《剩余价值说史》倾注了深深的情感，1940年秋在连县东陂任教时，一边教学一边翻译此书，1943年11月在家乡完成一百多万字地译稿，1948年出版。

习近平总书记在知青岁月中，勤奋读书，在中共中央党校出版社发行的《习近平的七年知青岁月》一书中，记述了同住窑洞的知青朋友雷榕生、雷平生的回忆：

> 近平每次去"干校"探亲或外出，总能带回来一些新书。有一次，他带回来厚厚一本郭大力和王亚南翻译的《资本论》，躺在炕上专注地阅读。过后，他对我议论起这部著作。他谈了很多关于《资本论》不同版本沿革的知识，并说《资本论》的翻译版本很重要，他特别推崇郭大力和王亚南这个译本。他介绍道，这两位翻译家同时也是社会学者，一生矢志不渝翻译和介绍马克思主义著作到中国来。近平讲到他们的执着和毅力，即无论做什么事，都矢志以恒，一以贯之，才有可能实现自己的夙愿。他对这两位学者非常推崇，不仅推崇他们的学术造诣，更推崇他们的高尚人格。

1978年人民出版社在《剩余价值学说史》出版后记中写道：

> 郭大力同志从1940年开始，在国民党统治区极端困难的条件下，翻译了这部《剩余价值学说史》，1949年上海解放初期，曾由生活·读书·新知三联书店印行。建国以后，在1951年和1957年先后重印过两次。
>
> 郭大力同志原来是采用1923年柏林出版的考茨基编辑的版本作为翻译的底本。1954—1961年间，苏联马列主义研究院重新编辑并用俄文出版了马克思的这部著作，随后又作为《马克思恩格斯全集》俄文第二版第二十六卷（分三册）出版。1966年春，郭大力同志虽已身患重病，在校完《资本论》第三卷译文以后，接着又根据上述新版本的德文本和英译本，进行本书的校译工

---

[1] 中共中央党校教务部选编：《中央党校老讲稿》，中央党校出版社，2017年，第203页。

作。文化大革命期间,他在他的夫人余信芬同志的尽力帮助下,用惊人的毅力,克服常人难以想象的困难,终于坚持校译完了全书。不幸的是,在校译本第一卷出版后不久,郭大力同志心脏病突发,医治无效,于1976年4月9日逝世。他没有能够看到第二卷和第三卷的出版。

郭大力同志从1928年开始,就从事马克思《资本论》等经典著作的翻译工作,数十年如一日,直到最后一息。为在我国传播马克思主义作出了贡献。他这种工作精神是永远值得我们学习的。

本书中的章节标题大部分是由俄文版编者所拟定的。编者加的标题的文字,用方括号[ ]标出。马克思手稿中使用的方括号改用了尖括号<>或花括号{ }。马克思手稿的稿本标号和页码,用符号‖、|标出,符号中的罗马数字表示稿本编号,阿拉伯数字表示页码。

人民出版社编辑部

1978年6月

文中提及1940年,即郭大力先生于省立文理学院任教时。"科学社会主义的伟大建立者腓特烈·恩格斯,终生没有怀疑过他的理论,终生没有怀疑过他的理论成果,他的一生是奉献于他的理论的。"郭大力先生翻译《恩格斯传》时,这是最后的结束语,也是对恩格斯科学的评价,借用此段句子,赞美郭大力先生也不为过。今天,古道明灯依然明亮。

三、中国现代经济学的建立

王亚南先生在教学研究中,注重创造性地教学,联系国情,特别注重实用性,"经济史地组"是特别的组。王亚南先生认为经济史在欧洲发展仅为100年的历史,值得总结。"战时经济组"更是结合抗战需要。

值得注意的是,《经济科学》一刊中还有陶大镛先生的文章《青铜时代生产技术研究发凡》,定稿时间写着"1943年4月校正于坪石"。

该刊第一、四期的首卷篇是王亚南先生的文章《当前的经济问题与经济计划》,文中写道:"关于当前的经济问题,国内经济学界或一般财政经济学者,似有一个共同认识,就是包括各种重要经济设施的经济计划本身,还不够周密详尽,同时,执行经济计划的人事行政方面,还大有整顿余地,这是非常允当的,我不想涉及人事问题,单就大家特别关心的经济计划而论,其间实在很有需要分释的地方。"王亚南先生接着指出,经济计划不仅是技术问题,还是"社会性质的问题","计划去迁就社会"是他提出的重要观点,同时他批评了经济学界不良的学风,充满英美的或在一定范围内是德、苏经济意识,大学经济学系毕业的

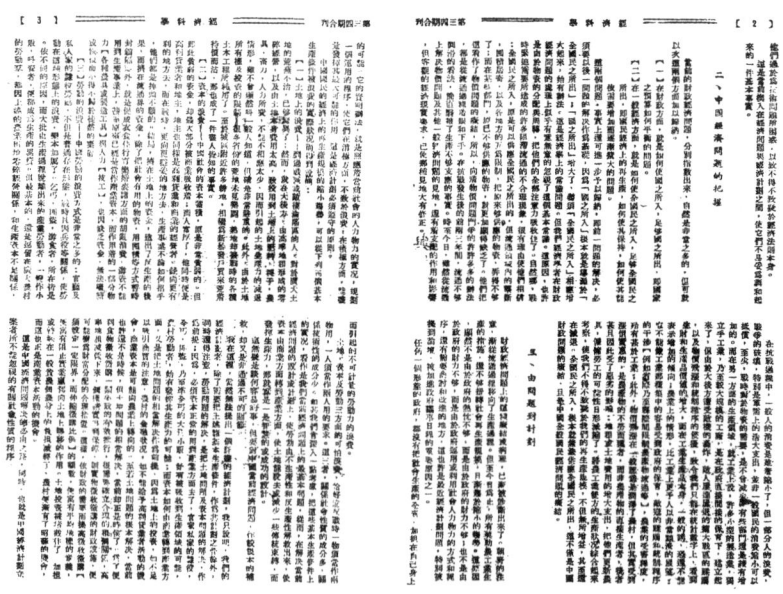

图10-6(1)、10-6(2)、10-7　王亚南文章《当前的经济问题与经济计划》
（扫描自《经济科学》）

经济研究者，他们可能只数出苏联"三个五年计划"、德国"两个四年计划"，乃至美国"复兴计划"的内容，可能背诵出现代各种经济形态的基本概念，但一问到那些经济基本概念，与中国社会的商品价值、地租、利润和工资等等，有何本质区别，那些经济计划如推行到中国社会，有何阻碍，他不能置答。"原本是当作研究中国经济之手段的现代经济学的研究，便在无形之中成了目的。为学问而学问的气概，促使经济学界超然于中国经济的现实。"最后在结论部分，王亚南先生再一次强调"经济问题特别关系土地问题"。王亚南先生的鲜明观点，不仅切中80年前中国经济学界的研究方法要害，同时对今日学风之不良种种现象，依然是明亮的镜子。此文落款为"1942年9月14日于重庆旅居中"，应是王亚南在重庆短时间写成。

以下为王亚南文章《当前的经济问题与经济计划》部分摘录：

一、经济计划·经济学界·经济学

战争的支撑力，是建立在较为健全的经济基础之上。

关于战时的经济问题，曾千百次被提出来讨论，也曾千百次依据讨论的结果，提出了解决方案，而且有许多方案，确已见诸实行。但时至今日，客观的经济现实，都似更增大了要求我们对它再检讨再计划的压力；仿佛经济上的紧张，格外容易显出经济学界的忙乱。举凡世界各先进国家解决战时经济问题的办法，由较综括的统制经济和计划经济，到较具体的各种新税制、银行管理、专卖、国营企业商业公司化、农贷、土地金融、工贷、实物征收征购，以及储金公债劝募等等，都被连续设计出来，并已局部的或全面的付诸实施。这许许多多的经济新政的实施，以言其效果，是中国以不够现代化的国家，居然由此支持了五年以上的现代战争；设检讨其缺陷，则今日经济问题之日形紧张与繁杂，就是如实的说明了。

对于当前的经济问题，国内经济学界或一般财政经济学者，似有一个共同认识，就是包括着各种重要经济设施的经济计划本身，还不够周密详实，同时，执行经济计划的人事行政方面，还大有整饬余地。这是非当尤当的，任谁都不能否认设计和人事对于经济问题解决的重要性。但在这里，我不想涉及人事问题，单就大家异常关心的经济计划而论，其间实在很有需要分释的地方。

今日谈经济计划的学者，很容易犯一个笼统的毛病，以为经济计划完全是一个技术性质的问题，而不知道，特别在中国这种社会，那同时还是一个社会性质的问题。惟其如此，他们就像不可避免的，使社会去迁就计划，而不大注意使计划去迁就社会。所以在结局，他们虽然注意材料的归集，但却很似给了我们这样一种印象：先制定了或先打算输入某种经济计划或经济体制，然后再把归集来的材料，拿去作为支撑。他们动辄把计划不易有效推行，诿责于技术条件的不够。不已充分说明了这点么？

其实，适合现实经济要求的计划，根本就是把中国社会经济基础上的落后技术条件，加入了考虑的。换言之，需要高度技术条件，需要超越中国社会技术水准的经济计划或完美的经济体制，在本质上，在事实的逻辑上，就不是或不能为中国经济实现所要求。因此，在当前的各种经济设施下，诉说技术条件的不够，我有同感，但我不能以同一口吻来发生共鸣。因为一个产业落后国家的经济计划，是不能把一个产业已经发达的国家的经济计划，作为样本的。

讲到这里，我想顺便谈几句不全是题外的话。作为中国经济计划之发案者或立言者的中国经济学界，根本就充满了英美的，或者在较狭的范围内，充满了德苏的经济意识的气氛。一个从大学经济系毕业出来的经济研究者，可能背诵出现代各种经济形态的基本概念，可能指数出苏联三个"五年计划"、德国两个"四年计划"，乃至美国"复兴计划"的内容，且也漠然能分辨统制经济与计划经济的区别，但一问到那些经济基本概念，与中国社会的商品价值、地租、利润等等，有何本质的不同；那些经济计划如推行到中国社会，有何根本的阻碍，他不能置答了。结局，原本是当作研究中国经济之手段的现代经济学的研究，便在无形中成了目的。为"学问而学问"的气概，像使整个经济学界超然于中国经济的现实；一旦这些超然的学者对现实立言起来，第一，就会感到中国社会技术条件，不够他们所要求的水准。其次，且会因为他们过于为技术问题所困惑，以致不得不致疑于经济法则本身。

这是当前楔入在经济问题与经济计划之间，使它们不易妥为调和起来的一件基本事实。

二、中国经济问题的把握

当前的财政经济问题,分别指数出来,自然是非常之多的,但可就以次这两个方面加以归纳。

(一)在财政方面,就是如何使国之所入,足够国之所出,即国家之预算如何平衡的问题。

(二)在一般经济方面,就是如何使全国民之所入,足够全国民之所出,即国民经济上的再生产,如何使其保持,如何使其能依需要增加而逐渐扩大的问题。

这两个问题,事实上还可进一步予以归纳。即前一问题的解决,必须要以后一问题的解决作为基础,因为"国之所入"根本就是"全国民之所出";"国之所出"增大了,须"全国民之所入"相应增大起来,始有办法。这是经济学上的常识问题。但我们经济学者在财政经济问题的处理上似乎有意无意地忽视了这个基本常识。这原因,也许是由于物资的分配与周转,把他们的全部注意力吸收住了。自然哪,战时紧迫需要所造成的许多阻滞流通的不合理现象,很有理由使他们相信:全国民之所入,原是可以供应全国民之所出的,但流通领域内的击断,囤积居奇,以及各地方的互为限制,把原来够供应的物资,弄得不够了;而在某些部门,原已不够供应的物资,就更加显得缺乏了。他们把这看作了物价问题的症结,所以,物价问题斗争的许许多多的办法,都是从流通过程着眼和下手。在抗战发生后的前两三年间,流通不够圆滑的看法,生产不够支应的事实。时至今日,虽然从流通上解决物价问题及其他一般经济问题的见地,还有着支配的作用和影响,但客观的经济现实要求,已使那种见地大有修正。

在抗战过程中,一般人的浪费是显著缩小了,但一部分人的浪费,战争的破坏,特别是军需上的浩大支出,并非一般国民的消费缩小可以抵偿,至少,战时关于物资的需要,是不会减少的,有些部门还是有增加的。而在另一方面的生产领域,就工业上说,许多小型的制造业,独立手工业,乃至较大规模的工厂,是在政府直接间接的保育下,建立起来了,但由于大后方遭受敌机的轰炸,敌人屡进屡退的扩大战区的踩蹦,以及物价飞涨和统制程序的侵扰,致令我们只能在统计数字上,看到生财和生产品价值的增大,而在工业生产品本身,一般地讲,恐还不能表示增加的倾向;农业上的情形,比工业上更予人以非常黯淡的展望：它不能像工业那样集中地容易受到政府的保育，敌寇的踩蹭和统制程序的干涉，"例如省际乃至县际间限制产物流通等"，农业的受害程度，殆有甚于工业；此外，物价飞涨在一般认为润泽了农村，但其实受到涨价实惠的，是农产物的不劳而获者，而非农产物的直接生产者，后者甚且因此受了恶劣的影响：地租与土地费用的增大支出，把他们更新农具、雇佣劳工的可能性日形减缩了。将农工业双方的生产状况综合起来考察，使我们不得不致力于我们的再生产规模，不但无所增益，甚至还在减退。全国民之所入，根本就无法供应全国民之所出，还不仅是中国财政问题的症结，且是中国全体国民经济问题的症结。

三、由问题到计划

财政经济问题上的这种症结或病理，已经被诊断出来了。朝野的注意，渐从流通过程移向了生产过程。但至今日为止，所有奖励农工业生产的措施，还不够扭转社会再生产规模，日渐趋于缩小的趋势，这原因，显然不是由于政府的热忱不够，而是由于政府的财力不够；也不是由于政府的财力不够，而是由于政府运用或利用社会人力物力的方式和程序，还有需要商讨和改进的地方，这也许是最近经济计划问题，特别被提到的论坛，被加进政府议事日程的重要原因之一。

任何一个形态的政府，都没有把社会生产的全者，加担在自己身上的可能。它的贤明办法，就是照应着当前社会的人力物力的实况，规划一个运用的程序，使它们在消极方面，不至于浪费，在积极方面，能尽量发挥其最大可能的作用，这是经济计划必须遵守的原则。

第四节　国际最新的研究成果引入

杨遵仪先生1939年获得博士学位回国服务的第一站就是国立中山大学，在坪石教学时担任了地质学系主任，同时为两广地质调查所所长。粤北成为归国服务战时国家的前沿阵地，得以最早引入国际前沿的科学研究成果。

一、中国核能启蒙之地

只知坪石未知石牌的"坪石先生"认识国立中山大学的不少，因战争年代之故，他们没有到过国立中山大学的石牌校园，仅认识中山大学战时的校园——坪石。

回国后卢鹤绂最重要的著作是《重原子核内之潜能及其利用》，前期不少误读，在1944年2月发表于重庆中国科学社出版的《科学》27卷2期的原始印件文章结尾写着"1942年4月识于国立中山大学物理系"，小村大作，卢先生的回忆也没有忘记塘口村，除了称赞村里颇有古风外，专门写了"1942年4月我撰写了《重原子核内之潜能及其利用》这一长篇总结性论文"，还写着是出版于《科学》27卷2期9至23页。许多大学在自己的学校中以卢鹤绂为荣而将此文归于该校，认真些就知道那盏桐油灯是塘口村的油灯，之后卢先生在不同时间地点油灯下埋头苦干物理学。

卢鹤绂回国在坪石任教是张云校长的功劳，卢先生自己的回忆述及"事实上，先我回国的化学系同学潘友斋已将我的成就介绍给国立中山大学，其校长张云签发的教授聘书在我还未完成博士论文时即已寄到，我乃决定回国"。卢鹤绂在自己写的《往事回忆》，没有忘记伯乐，而张云先生已经少有人提起。

图10-8　卢鹤绂先生博士毕业照片
（作者提供）

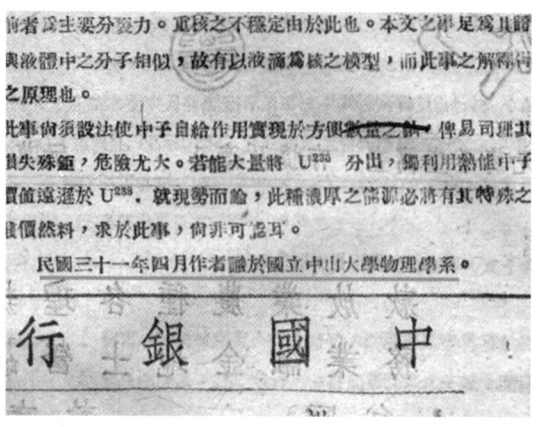

图10-9 《科学》27卷2期第23页卢鹤绂在发表文章最后的落款，民国三十一年四月识于国立中山大学物理学系（作者提供）

二、中国计算机数理逻辑的奠基石《人造的语言》

进入坪石国立中山大学任教的胡世华带来自己学术成果是拓扑学空间中"非完整的点"的概念和理论，处于世界学术前沿，《人造的语言》也应该是在塘口村深思的结果。胡世华、卢鹤绂的资料文献均证明了国立中山大学处于国境前沿的历史作用，他们当时均是从海外到香港乘飞机在南雄机场，两人与夫人四人不约而同在香港相逢同赴坪石这座乡村大校园。此时胡世华的父亲已经去世，维也纳学派方兴未艾，在维也纳大学留学成为该学派重要成员的洪谦先生已经回国，对胡世华的来信学术价值特别是关系到逻辑学家、数学家和哲学家塔司吉（Alfred Tarski，1901-1983）研究的敏感意识到前瞻性价值，在1941年4月写推荐意见介绍，同为维也纳大学也是明斯特大学的同学王宪钧先生已经在1938年回国，明斯特大学学药学的张其楷1940年陆续回国参与教育抗战救亡，胡世华成为这时代精英回国的一员。胡世华"人造的语言"论文的影响作用前不久南粤古驿道网站做了介绍，胡先生是中国数理逻辑和理论计算机专业的开拓者，他在坪石还

图10-10 胡世华先生照片（中科院软件所协助提供）

培养了梁之舜这一位概率统计学家,成为中山大学数学系主任。在北京工作,没有想到新中国成立后与叶述武在北京中科院相遇。

由中科院软件所协助收集到胡世华先生亲笔填写的自我评价专业特长和有何著作和发明的原件写道:

也许可以算是"发明创造"的有四项:

1. 三十年代末建立了拓扑学空间中"非完整的点"的概念和理论。

2. 建立了把较少值具有函数完全性的逻辑嵌入到较多值逻辑中去的系统方法(见1949—1951年发表的两篇文章)。

3. 为了奠定计算机科学的数学理论基础,建立了公式或字的递归函数的概念和浏览(见1960—1965年发表的四篇论文)。

4. 提出了一种程序(算法)语言的描述方法,建立了"原形文法"的概念和理论(见1973—1976年发表的两篇文章)。

三、参与最前沿的研究

卢鹤绂自述中写道:"我被选中去试制一台尽可能高强度的质谱仪,尼尔及朗包两青年教授成为我的导师。"尼尔是怎么样的一位青年教授?1927年中学毕业尼尔的梦想能够制造一座装置飞到火星,他16岁被明尼苏达大学录取,在明尼苏达完成全过程的电子工程硕士、博士学位,尼尔1936年获得博士学位,所以对1939年获得硕士学位、1941年获得博士学位的卢鹤绂而言确实是年轻的导师。1936年尼尔的研究成果获得奖学金到哈佛大学进行铀的同位素测量研究,1938年

图10-11 明尼苏达大学网站名人堂尼尔教授的介绍

图10-12　20世纪60年代的尼尔教授

尼尔回到明尼苏达大学继续研究也靠近年长的父母,明尼苏达大学是参与"曼哈顿计划"的大学之一,受美国籍意大利裔的"原子能之父"恩里克·费米(1901—1954)的请求,尼尔的任务就是要制造一台巨型的质谱仪,卢鹤绂也参与其中。尼尔1980年退休。在他56年的职业生涯中,仅有五年离开过明尼苏达大学。

四、追踪留法中国学生的老师和学校

在粤北抗战时期的教授中,许多留学日本、美国、德国等发达国家,有一个特别的群体,人数不少,就是进入里昂中法大学后在法国各大学学习的留学生。百年前一批中国学子漂洋过海来到法兰西,开始了他们海外求学的生活,筹划是

图10-13　培养张云、崔载阳、虞炳烈、叶述武、吴尚时等老师的法国里昂中法大学旧址(作者提供)

1920年开始,1921年10月在里昂的一座城堡中法大学正式开学。当他们回国后,1938年抗日战争开始,在中国教育界,留法的学者与其他海外留学归国的和在中国成长起来的老师们一道,在战火中为民族的教育事业做出了杰出的贡献。

里昂的市政厅建筑风格有浓厚的时代印记,反映了城市政府乃至国家的意识形态上的追求。法国里昂市政厅建于1645年至1651年,1792年在法国大革命时期建筑主立面的路易十四的骑马浮雕肖像被取下来,后来才被重新安装上在里昂的圣易雷堡内。1921年里昂中法大学开学,首批学生中超过一半来自广东,注册在案的473名中国留学生,四分之一完成博士论文后回国。张云、崔载阳、虞炳烈、黄巽等均是首批留法学生。虞炳烈的老师是托尼·加尼埃(1869-1948),是与国际大师勒·柯比西埃同一等级大名师,林克明低虞炳烈一届,也跟随同一导师。吴尚时的老师格勒诺布尔,是法国地理学界的前沿人物,同时也是一名登山家,创建了高山地理研究所,对阿尔卑斯山地理、加拿大蒙特尔特地理研究做出重大贡献。留法的中国学生能够在这样的环境学习,接触的最先进的理论知识,为回国从事教育意义重大。在里昂,吴尚时与李慰慈、卢干东与谭藻芬、虞炳烈与路毓华相识相爱,在坪石时期共克时艰。在坪石教学的留法老师有岑麒祥、黄巽、叶述武、古文捷、马思聪等约有20名。

图10-14 曾在里昂中法大学学习的黄巽先生(作者提供)

图10-15 法国里昂中法大学学校入口(作者提供)

黄巽先生曾任教于国立中山大学物理学系，后创建广东省立高等职业学校，担任校长，抗日战争时期带领学生在乐昌坚持继续办学，同时在中大医学院兼物理学教授。

崔载阳担任国立中山大学研究院院长，留法在里昂大学获得哲学博士学位。文学部主任杨成志，留学法国获得巴黎大学博士学位。岑祺祥为文科研究所代主任，留学法国巴黎大学硕士学位。吴尚时获得硕士学位，以往较多关注博士学位，实际上许多获得硕士学位者做出了重大贡献。

第五节 李约瑟的访问和评价

一、李约瑟之问

粤北华南教育历史研学基地,牵动的不仅仅是岭南教育,它牵系的还有中国众多高校的历史根脉,还在全世界反法西斯战场上展示了文明与教育的力量。

对于这段在中国粤北的访问历史,李约瑟自己回忆道:

"我几乎走遍了整个中国,并曾到达遥远的东南。一个炎热的夜晚,在粤北坪石河旁的阳台上,我和王亚南(现任厦门大学校长)在烛光下谈到了中古时期中国封建官僚社会的实质。除此以外,还和吴大琨在曲江的书店和茶馆中讨论了其他社会学问题。后来,大战结束了,我在远方四年的漫游达到了高潮,终于有机会短期停留在富有传奇意味的北京城。在那里,在张子高、曾昭抡和李乔苹等人热情的带动下,化学史再次成为我们进行学术讨论的主题。此外,在这个中国文献出版中心,我有可能买到许多在以后工作中必不可少的珍本,如《太平御览》和许多丛书。"

——摘引自《李约瑟文录》。[1]

1954年李约瑟的著作《中国科学技术史》出版,其中"李约瑟难题"的答案与坪石武阳司村有历史关联。1943年,李约瑟来到坪石,专门拜访王亚南,与时任经济系主任做了两次长谈,分手时他向王亚南提出了中国官僚制度这个话题,要王亚南从历史与社会方面作答。[2]王亚南先生在此书的自序中,也谈到这一情节,发生在坪石一个旅馆中,自己有时要上中国经济史课程。这个问题推动了王亚南在坪石开始了中国官僚政治的研究,完成了《中国古代官僚政治制度研究》,书中分析了官僚主义的作风和官僚主义的政治制度,并认为资产阶级民主

---

[1] [英]李约瑟:《李约瑟文录》,浙江文艺出版社,2004年,第84页。
[2] 张兴国、张兴祥:《"李约瑟难题"与王亚南的中国官僚政治研究》,载于《广东社会科学》2003年第2期。

图10-16　1945年的吴大琨
（作者提供）

政治并没有消灭官僚主义。王亚南先生三部代表作《中国经济原论》《中国半封建半殖民地经济形态研究》和此书，均源自武水河畔的深思和写作，并倡议建立中国经济学，王亚南说"中国经济学"这个名词是他1940年一篇《政治经济学在中国》中提出的。[1]1944年法学院教师登记表显示：1940年8月王亚南进入中山大学任教。

李约瑟访问韶关时，访问考察了国立中山大学、私立岭南大学和私立东吴大学，在东吴大学陪同他的是20世纪80年代香港特别行政区《基本法》起草委员会的委员，当时在仙人庙教书任副教授讲经济学的吴大琨。

吴大琨在东吴大学教学时任副教授，那时28岁，晚年吴先生的回忆中认为在曲江教学，初尝大学教书而感到兴趣，这与他终身为大学教授不无关系。在这里吴先生第一次与李约瑟相遇，当李约瑟参观东吴大学时，校长沈体兰指派吴大琨先生接待李约瑟，与李约瑟进行讨论并一起到书店买书。吴大琨1945年从昆明飞重庆，一年多前"我们在广东私立东吴大学相识后，曾彼此结下过友谊。我试着给他打了电话，非常高兴，很快派车来把我接到有关大使馆"，"李约瑟博士送给我一本他不久前在英国伦敦出版的著作，书名是《时间——奔驰不息的河流》。这是一本他在1932年至1942年期间的论文和演说集，其中包括了他一些对科学史的宝贵的见解。他还在这本著作的扉页上用中文工工整整地写上了这样的毛笔字：大琨仁兄指正丹耀敬赠李约瑟（印章）中华民国三十四年五月四日重庆"。[2]

图10-17　一路陪同李约瑟的黄兴宗
（作者提供）

---

[1] 陈光俭：《王亚南对创建中国经济学的历史性贡献及其启示》，《东南学术》2002年第1期，第93页。
[2] 吴大琨：《白头惟有赤心存——风雨九十年》，中国人民大学出版社，2005年，第90页。

医学院的校舍现荡然无存，一直看着照片觉得战时的建筑这么现代，因为医学院的老师留学不少，建筑设计应该是对德国的包豪斯风格模仿。

图10-18　李约瑟拍下的中山大学医学院建筑（剑桥大学网站）

二、黄兴宗：记战时李约瑟在中国东南地区的旅行（广东部分）

我们于6点到达仙人庙并且受到了岭南大学的代表们的热烈欢迎，他们带我们去了学校的贵宾房。学校地处美丽的樟树林里，所有的建筑看起来都很新且维护得当。宿舍的门廊和走廊让我想到了在新加坡和马尼拉地区很常见的房屋风格，这绝对是目前我们所见过的最吸引人的临时校舍了。在接下来的三天，李约瑟讲课，而且参观了学校设施并且组织了多场与教职工的集体讨论。不幸的是，在到达后的一天，他开始感到肚子不适，这抑制了他平时的活力。

在4月22日回到韶关后，李约瑟被建议留在河西医院，这是岭南医学院的附属单位，以此观察他肚子的情况。在之后的几天里，我们访问了岭南医学院，照会了广东省长，并浏览了多家书店。唯一影响到我们闲适脚步的事情是一封4月24日来自匡威的电报，信中提到因为疏于支付行李费用和油款，他们被扣留在了柳州。他们被要求支付一笔16900元的罚款。在次日早晨，我们紧张地照会了韶关铁路局局长以寻求澄清和指导，并安排转钱至柳州。

李约瑟很快从微恙中恢复，我们也于4月27日离开了韶关，并乘火车于10点到达坪石。我们在那待了一周，访问了中山大学的不同学院，包括岭南农学院。中山大学是我们在中国访问过的最大的大学。在主校区，这有艺术学院、科学院、法学院、工程学院和教师楼，有将近2500名学生。农学院位于距离栗源堡20公里的地方。李约瑟对这两个农学院很受震撼，这里有很多有趣的研究工作正在进行中。我们拜访了蒲蛰龙教授、李翠英教授，他们在之后的岁月里成为了中国控制虫害生物应用的先锋。

5月4日下午，我们从坪石出发到达乐昌，这是中大医学院的故乡。学院和它的教学医院设立在崭新且现代的建筑里。多位教职工曾在德国受训，这又给了李约瑟说德语的机会。我们在次日夜晚离开了乐昌并且在晚上九点到达韶关。我们很高兴了解到匡咸和老斌已经在4月30日乘车到达，他们在柳州向亲戚借了钱，并且在英国柳州领馆处获得支付到韶关的车费。

这几次在广东的访问令我很愉悦，因为我能看见我很多来自香港的朋友，他们正在这些学院中工作或学习。我们当时并未意识到我们正在见证这些学院生命的最后时日。他们的存在很快就会被日军的战争所粉碎。在四个月后，当我们再次穿过广东时，我们曾经访问过的机构都陷入混乱，机构被迫解散或者转移他们的设备和人员到更内陆的地区。[1]

---

[1] 文中记述时间为1944年4月8日至7月21日。

第十一章

管埠中师——被尘封的教育文化遗产

许瑞生

国立中山大学师范学院存在的时间是1938年秋至1951年10月。20世纪30年代末中央大学、浙江大学、四川大学和中山大学等国立大学设有师范学院，解决抗日战争中师资紧缺是目的之一，同时也为加强师范学院的学术研究。在此之前国立中山大学文学院设教育学系，1927年至1935年教育学系毕业生共有280名，同一时段全校毕业生为2746名，附中含预科共4833名。[1] 1938年师范学院开办，本已准备开课，但因10月广州沦陷，中大被迫西迁，直到1939年迁至云南澄江县才开始上课，原文学院的教育学系以及教育研究所归并师院管理。

在管埠的时间是从1940年8月至1945年1月，约为五年时间，本文将在韶关坪石管埠村的国立中山大学师范学院简称为"管埠中师"与其他阶段区别开来。1945年回到石牌后，1947年师范学院进行改组，保留教育系和体育系，公民训育系并入教育系，其他系进入对应的专业院系中。1951年全国院校调整，10月师范学院撤消并入其他院校。

管埠中师，从1940年9月至1945年1月，迎来一批又一批在烽火中勇敢南行的名师，增强了师资力量，学术成果是最为丰富的时期之一。

---

[1] 张掖编：《国立中山大学现状》，1937年4月注册部制表。

第十一章 管埠中师—被尘封的教育文化遗产

第一节 管埠中师影响中国教育史的五年

许幸之先生1943年在管埠教学期间的写生作品《红叶山村》，表现了管埠附近一小村落枫叶红了的景色。1940年就读国立中山大学师范学院教育学系的谢斐然同学回忆："翻过后山，有一个十来户人家的小山村，村旁有许多枫树，一到秋天枫树叶红了，很是壮观，穆木天教授把它叫作'红叶村'，很有一番诗意。我们还去那里办过夜校，搞过扫盲。"谢老在文中还充满感情地写到，自己没有见过石牌校园，也没有见过康乐园，记忆中的大学只是五岭下的那学府陈迹。[1]谢斐然先生毕业后长期在湖南芷江师范学院任教。

管埠中师尘封的教育文化遗产得到洗涤后，历史本色依然如新，为音乐史、美术史、戏剧史、教育学史、心理学史修正相关学科史长期存在误区提供契机。

一、大学设立师范学院的先行者

中国大部分教育和学术机构在抗日战争时期西移，研究者的眼光很少停留关注东南部前线的高等院校和研究机构，出于各种原因东南方教育史研究者对用生命与鲜血换来的学术成就的研究总结似乎集体失语，仅停留在"学潮"的描述。仅在管埠师范学院教学实践中，使用的《古韵学》、《教育心理学》、《课程学》、《智力测验》等方法和理论在今天大中小学校教育中仍然具有现实意义。这些用鲜血换来的学术成就总结，应该是对民族存亡时期中国学者爱国主义的大义感召影响下着眼中国未来而教而研，更是迟来的颂歌。

先生们在管埠中师教学，居住于简补的民宅和木板宿舍，授业于烽火中乡野的"校园"，无怨无悔，在教学的同时，进行理论研究和传播，创作出留世至今的划时代艺术作品。以下从多份广东省档案馆原始档案和当时的数份期刊入手，寻找"管埠中师"的学术历史轨迹，重新认识1940-1945年的"中师管埠师范教育"对中国教育的历史性贡献和意义。

在1938年7月抗战时民国教育部颁布了《师范学院规程》，规程中明确师范

---

[1] 谢斐然："忆五岭"，收录于罗永明：《我们的中大》，中山大学出版社，2001年，第91页。

学院附设师范研究所。1938年秋,国立中山大学师范学院在原有的教育研究所和教育系基础上成立。师范学院下设八系:教育学系、公民训育系、国文系、英文系、史地系、数学系、理化系和博物系。[1]10月迁罗定后西迁云南澄江。

1940年秋从云南战火逆行抵达广东沦陷区边缘办学于坪石管埠,师范学院发展步入较为稳定的阶段。师范学院在坪石管埠租用民宅34处用于办公室、图书馆、教职员住宅、医务室、工人宿舍等。租民田新开辟为球场,建筑新校舍15座课室,礼堂一座、图书馆一座。此年特别购买钢琴一架,用于音乐教学。管埠村原有三十多户农户,两三间小店铺,日常用品缺乏,所以在师范学院建立生产消费合作社,并设立实验小学。运动方面非常活跃,教职员工与学生进行比赛。利用武江作为天然游泳池,设置男女更衣室。图书馆几无虚席,时见学生执卷吟诵。新的临时板房校舍建于管埠村的东面山岗,学院图书馆仅20多平方米,理工科图书多,文科类的书少,星期天师生常到坪石街上的总图书馆借书。

师范学院聘请的重要教授除了陆侃如先生外,主要的教授和副教授有任国荣、高觉敷、陈铭新、林宝权、穆木天、吴世昌、胡子安、李一剑、叶述武、方惇颐等。1939年6月又聘请了冯沅君,1940年10月聘请了郑师许。创院院长崔载阳教授确定了师范学院师资基本的班底,1940年的师资聘用是许崇清先生签署聘书,1940年4月许崇清为代理校长。

陆侃如在1935年已经是燕京大学国文系主任,1938年秋受聘到达广州,担任国立中山大学教授,36岁,10月广州沦陷随迁罗定和澄江。1939年聘用陆侃如为文学院教授和师范学院中文系教授,住在澄江仁南镇35号。1940年8月5日许崇清聘请陆侃如为国文系主任,1940年11月23日再兼教务长,因史地系主任空缺,1940年12月又请陆侃如教授兼任。1940年12月聘请毛礼锐和高觉敷先生为师范学院教育学系教授,高先生没有到任。

在1939年澄江师范学院担任首任师范学院院长的是崔载阳,至1940年3月,中间短时间任命范琦和胡毅为院长。12月在管埠接任院长的是齐泮林先生,别号百芹,河北人,1936年在美国芝加哥大学获得教育心理学博士学位。1938年任研究院院长兼师范教育研究所主任的崔载阳先生与校长张云一样,都是1921年第一批赴里昂留学学者,在中法大学学习后进入里昂大学获得博士学位,博士论文《比较研究法涂尔干与杜威教育哲学》,现存于里昂市立图书馆。1935年崔先生发表的

---

[1] 张耀荣:《广东高等教育发展史》,广东教育出版社,2002年,第148页。

文章是关于"协进"的教育观点，可以视为他的教育理念。

1943年8月接任的代理院长是毛礼锐教授，一直到1945年沦陷管埠中师办学结束，是最后一位撤离管埠的。大部分师范学院师生暂避龙川龙母，部分在仁化扶溪村，张良修此时代理院长。

二、海外留学生归国服务教育第一站

毛礼锐教授是抗日战争爆发回国的代表性学者之一，也是师范学院任教经历最长的老师之一，共有六年的时间。毛礼锐先生是江西吉安人，别号振吾，1924年考入东南大学工科后自己选择转学教育系，中间休学一年，1929年大学毕业后从事中学教育，六年间还清大学读书债务，成了家并有了三个孩子。1935年赴英国伦敦大学皇家学院留学，学习教育原理课程，特别领悟导师沛西·能（Sir Percy Nunn）的自由发展学说。1936年转赴美国密歇根大学，1937年获得教育学硕士，国内抗日战争爆发后，他于1937年6月紧张回国。飞抵上海时夫人和孩子都来接机，马上回南昌。先在吉安创办文山中学，为战争失学青年提供教育机会，接着受聘于河南大学教育系，1938年10月离开河南大学，赴四川教育学院任教。再赴粤北，被师范学院聘为教授，担任"中国教育史"和"普通教学法"两门课程，妻子彭启文和三个年龄从2岁到8岁的孩子同住管埠。

毛先生在回忆录《光荣的教育事业》中写到，在中山大学师范学院时间最长，共计六年，兼任过教育系主任和院长，在担任院长期间，采取"学术自由，兼容并包"方针。学生创办了许多壁报，自由发表意见，只是不许点名攻击人身。教师上课，完全自由，对教材内容从不干预。[1]根据1941年3月制表的1940年师范学院教员名册的填写情况，毛礼锐是1941年2月到校，时年37岁，聘为教授，实际上许崇清任校长期间1940年12月已经发出聘请毛先生为教育学系教授兼主任导师的聘书，高觉敷也是在同一时间由许校长签署聘请函。毛礼锐教授可以说经历了管埠中师的全过程。1943年7月接任齐泮林任代理院长职务，1944年3月才正式核准为院长。当坪石沦陷时留守到最后一刻，险象环生，到了乐昌时痔疮流血不止，只能乘轿或者独轮车翻过大庾岭，长途跋涉回到家乡养伤。1945年底回广州石牌，但师范学院院长已经有人担任，他于是继续担任师范学院教授，1947年8月

---

[1]《文献》杂志编辑部：《中国当代社会科学家》，第8辑，1986年，第48页。

搭乘招商局的轮船离开广州往上海，又在几所大学任教。新中国成立后，毛礼锐先生任教于辅仁大学，后合并到北京师范大学，参加多次国家教育改革活动，一直是中国古代教育史的权威。

因为师范学院教程需要，管埠中师时期重点聘请教育学的新生力量，聘请了史国雅、侯璠两位在美国获得并掌握课程学和心理学领域最新理论的博士，两位教授都担任过管埠中师的教务主任。史国雅、侯璠均是在1941年完成论文答辩获得博士学位后马上回国，烽火育人共赴国难。

史国雅1936年7月参加东北留学生考试，这是专门为东北学生所设立的留学机会，至史国雅考试时，是第三届，共有三名学生，其他两名分别赴英国学习金融和历史，史国雅赴美国斯坦福大学专修"教育学"，完成论文《课程标准研究》，获得硕士学位。又考取田纳西州纳什维尔市的皮巴地师范学院，1941年5月完成论文《中国课程改革的行政建议》，获得哲学博士学位后马上回国来到管埠师范学院任教。1941年5月2日，史国雅尚在归途中，校方此前已经电告教育部关于聘请史国雅为教授事宜。[1] 史国雅到校时间是1941年6月1日，时30岁聘为教授，课程是"教育教材教法""课程编制"和"公民教材"教法，后来担任教务主任。妻子在吉林带着三个女儿。1942年2月，史国雅教授与讲师李子诚、助教张宏达，赴桂林、衡阳为学院购买图书和仪器。1943年11月史国雅向学校呈了辞呈获批准。

侯璠到校时间是1941年8月1日，39岁，第二任妻子在北平读书，三个孩子在绥远同爷爷在一起。课程是"教育研究法""论理学"，1943年3月侯璠教授带领助教赴曲江举行"非文字智力测试"，预算1260元为校方给予支持。

侯璠大学就读于北平师范大学教育系后留校任教，1941年在美国学习心理学，在哥伦比亚大学和乔治亚大学分别获得博士学位后回国，也来到管埠任教，两年后赴贵阳师范学院任教。侯先生毕生从事心理学教学研究，到了管埠之后发表了《教育测试和统计》的专业文章于中师季刊，是当时最新的教育心理学方面的实践。侯璠的非文字测验是从美国学习回来最新成果，在管埠师范学院进行第三期的测验探索，当时英国的心理学家瑞文设计的瑞文推理测验刚兴起。

根据1942年1月填报的1941年度师范学院教员名册，苏珽教授1941年8月到管埠任课，与侯璠一样来自绥远。苏珽任教育学系教授，30岁，课程是"学校行

---

[1] 广东省档案馆藏，档号020-002-98-092-093

政""比较教育""演说和辩论"。1941年6月30日，苏珽与美国印第安纳大学教育学院院长合著的《比较教育》在美国印第安纳大学出版，该校的教育学院是美国最大的教育学院之一。在师范学院任教时，民国教育部向大学知名教授征求这项课程草案意见，苏教授在《对于六年制中学课程草案之意见》中提出用"总目标代替各学科的目标"，每一学科纲建议附有参考书籍目录供教师使用。张云谷教授提出应该在英语教材方面选择"增加浅显有兴趣的读本"，反对使用《自由写作》课程，容易养成坏习惯。

1949年4月23日，北京师范大学教育系举行座谈会研究教育系课程改革，史国雅教授代表燕京大学教育系参加，是最权威的《课程学》教授，经过六次座谈会，形成了《大学教育系之办法与课程草案》，这就是1949年10月11日新中国颁布的教育系13门课程设计的基础。[1]1984年史先生发表《课程论的研究范围及其指导原则》，一直是目前中国课程学的学术研究必读的经典文章。可以说，管埠抗日战争时期的"中师"，随着史国雅先生的到来，成为《课程学》的试验田，留美时他是带着学习美国课程学理论目的而去的。在美国芝加哥大学，史国雅博士就读的是皮巴地学院（Peabody College），1976年并入范德堡大学（Vanderbilt University），但皮巴地学院的历史比大学早，建立于1786年，上世纪30年代至50年代课程学的研究非常领先，师范教育学院现在在美国师范教育的排名仍然有多年是第一。

课程学的发展与亚洲有关，学科奠基人波比特（Franklin Bobbitt，1876—1956）毕业于美国印第安纳大学，毕业后在印第安纳州乡村学校教书。1903年至1907年受派遣来到亚洲菲律宾，当时为美国殖民地，在马尼拉师范学校任教，作为委员会一名成员设计菲律宾小学课程。当他照搬美国教材运用于菲律宾时，发现不适应菲律宾现实社会，于是调整了思路，结合菲律宾文化和毕业后社会现实需求，终于设计出一套适应菲律宾社会的课程。1909年波比特在美国克拉克大学获得博士学位，从此在美国芝加哥大学任教至1941年退休，终身从事课程研究，其中最为重要的贡献是1918年出版了《课程学》（The Curriculum）一书，1922年对洛杉矶学校课程评估和调查，1924年出版了《如何设计课程》（How to Make Curriculum）重要著作。

---

[1] 金林祥主编：《20世纪中国教育学科的发展和反思》，上海世纪出版集团，2000年，157页。

三、学术刊物的创刊和前赴后继办刊

在管埠时师范学院创办出版了《中师季刊》,主编是国文系主任施畸,编委为各系主任。施教授是河北通县人,为早期同盟会会员,孙中山先生逝世时,他是丧事筹备委员会的成员。1913年毕业于北京京师大学堂,20世纪30年代曾在山东大学中文系任教,在中大任教结束后到了贵阳师范学院任教。建国后任兰州大学教授、历史系主任。早期修辞学著作,1933年出版的《中国文体论》是中国具有划时代意义的著作,现在中国文学写作、文体学、修辞学课程基本有讨论到此著作历史性的总结。施先生于1925年出版《中国文词学研究》,在管埠教学期间著有《文学方法论》,均可以视作施教授文学方法分类研究的总结。施先生是庄子学说研究的权威,其他重要著作有《中国思想史》《先秦诸子源考》等。毛礼锐教授在《中师季刊》发表的文章是《民生教育哲学》,上世纪80年代在北师大写回忆录时仍然记得在管埠发表于1942年《中师季刊》第1期的文章《美国与欧洲教育制度的比较》和主办的《中等教育》刊物,在第2期发表了《做人和做事》一文。

2007年任继愈主编的《国际汉学》第十五辑刊登了德国著名汉学家、德国汉堡大学教授傅吾康《抗战期间(1937—1945)中国后方的学术研究》一文述及:"值得赞赏的是,尽管环境条件不利,还是完成发表了某些研究成果。"《中师季刊》被列入最重要的大学期刊之一,并引用了施畸教授、严学宭教授和黄现璠教授在《中师季刊》发表的学术文章。德国汉堡大学是德国汉学研究的重镇,具有世界影响力的汉学研究大学。傅先生在文章提到:"全世界没有任何地方比中国教育和研究机构在1937—1945的八年间因为战争而遭受的损失更为惨重……后方的条件同样也完全不利于任何形式的研究工作:物价不停上涨,官方连最低的薪水也发不出,根本无法保证从事创造性的研究工作所必需的最起码的平静生活和必需而稳定的经济收入。"

就是在这种基本条件无法满足的情况下,1942年11月11日《中师季刊》创刊于管埠,1943年1月通过竞价才确定印刷厂,印刷的份数为1500本,60页,印刷费用是5809元。1943年4月,向学校申请经费,因为出版组经费已经用于学校需要出版的九种刊物,出版组组长罗时宪回复教务长邓植仪无法再从出版组的经费开支,金校长同意从教育部拨的经费中开支。[1]《中师季刊》浓缩体现了管埠师范学院的

---

[1] 广东省档案馆藏,档号020—004—1213—098—099

学术水平，与《教育研究》等传统期刊比较，它更加体现了师范学院与教育系的差异，文章包含的学科成果更广。

《中师季刊》发表的文章有严现璠的《中国男女元服研究》、施畸教授的《庄子检疑》、严学窘的《分宜方言音述略》，这三篇就是傅吾康《抗战期间（1937—1945）中国后方的学术研究》一文所引用文章。《中师季刊》上刊登的文章，如侯璠的《非文字智力测验的编制》、张云谷和蔡文显的《大学英诗教材编注计划》、陆达节的《中国兵学现存书录》等，至今仍然具有很高学术价值。

严学窘是中国最重要的音韵学家，古韵学的开拓者。在中师季刊第2期他又发表了"小徐本说文反切之音系"，文稿一直带在身边，从北平一路深入研究到了管埠，此文为简述。严学窘是江西分宜人，在此文的序中讲到该研究开始于1934年，是追随中国语言学家罗常培读研究生时的研究题目。严先生1934年毕业于武汉大学中文系，后考入北京大学研究院文科研究所。新中国成立后任中南民族学院副院长、华中师范大学中文系主任等职，《汉语大词典》副主编。

《中师季刊》编委由各系主任组成。理化系主任胡君宝，时35岁，德国勃郎斯威克工业大学工学博士，他授课的课程是定性分析和实验、国防化学。史地系主任为鄢远猷教授，留学英国专攻英国史，回国后进入1932年成立"国立编译馆"任编审员，翻译欧洲和美国名著和审定各类教材，有《美国政治与政府》等著作，曾在武汉大学教西洋史。公民训育系主任是袁哲先生，1935年赴日本研究教育学，毕业于日本早稻田大学教育系，先在上海国立劳动大学社会科学系任教，后被邀请到刚创建的湖南安化蓝田师范学院，1936年出版《教育学原论》，1937年著有《抗战与教育》等著作。

《中等教育》也是由管埠中师的中等教育辅导委员会主办，毛礼锐院长任主编，在1942年11月发行，1944年11月结束。1942年12月张云谷在师范学院完成参观报告"美国青年劳作营"写作，登于《中等教育》第2期。在第3期刊登了张云谷《美国中等职业教育新尝试》、罗廷光的《我所见之英国公学》等文章，中等教育重要法令和章则栏目刊登了《修正师范教育毕业生服务规程》，1943年第9-10期，方惇颐发表了《我国中等教育宗旨》一文。在物质和财力受限制情况下，坚持办刊是特别难得的学术坚守。在1942年《中等教育》第2期编后记写到：印刷费一月贵似一月，本刊预算全年是固定的，只能缩减篇幅每辑六十页。

《教育研究》是师范学院维持时间较长的学术杂志，从成立教育研究所时就创办,为每年8期。第85期、86期正在印刷时广州沦陷,西迁至云南澄江后11月再重新出版。在坪石办学期间,坚持出版至108期,共有22期是在坪石艰难的条件下出版。1939年9月教育研究所改名为师范研究所,所内设编译委员会,由高觉敷任主任,方惇颐、吴江霖、倪中方为委员,负责编译著作和主编《教育研究》月刊。[1]高觉敷是知名的心理学家,是师范研究所心理学教授兼心理学部主任,没有回粤,而是1940年1月到湖南蓝田的国立高师任教。倪中方是师范研究所心理学部指导教授,没有随迁回坪石,留在云南任教。回粤后方惇颐、吴江霖两位年轻学者发挥了重要的作用。

进入抗日战争年代,学术文章的方向随着国情发生变化,《教育研究》第79期发表了倪中方先生的文章《战时心理学》,严元章先生在1937年10月写的《抗战的策略与教育的要求》一文发表于此期,文中提出战时的教育应该有别于平时的教育,"知识分子"要有领导国民抗战和自我牺牲的双重责任,教育的财和物要为抗战而消耗和生产,教育时间因抗战应该更为珍惜。回顾此前的师范教育学术文章,69期发表"广东省各县教育现状专号"、76期为"最近各国教育专号"。第70期的《教育研究》发表了林砺儒的文章《中国师范教育问题》,第71期发表萧冠英的文章《关于参加第七届世界新教育会议之经过》,及崔载阳的文章《教育上自由主义之根据》。1942年在管埠迎来了出版百期的历史时刻,师范学院教育学系教授方惇颐发表了《〈教育研究〉百年回顾与今后展望》,研究院的崔载阳教授发表《从教育学研究所到师范研究所》等纪念文章发表于1942年第100期《教育研究》上,此期为"百期纪念号"。在106期和107期合刊上,朱智贤发表《一个教育定义的商榷》,吴瑰卿发表的文章是《我国中等教育课材历史研究》,马鸿述发表的文章是《改造我国中学课程的检讨方案》,103—104期为"学制问题中心号",师范学院和师范研究所的老师和研究生是主要撰写人,文章主题和内容以教育制度为中心,直面矛盾和师范教育问题。

除了教育学类的刊物,在管埠还尝试出版专业性刊物,1943年师范学院国文学会创办《国文评论》刊物,可惜仅出版了一期,但从中可以看到国文系老师的支持。施教授写了《高中国文教学步骤》,吴三立发表了三首旧体诗词,穆木天翻译的梅里米《玛提欧·法勒内芮》是诸肇庚分析的文学作品。许幸之教授在这本仅出版一期的《国文评论》发表了一首现代诗《酿诗》:

---

[1] 何国华:《民国时期的教育》,广东人民出版社,1999年,第262页。

> 我酝酿我的诗
>
> 像蜜蜂酝酿它的蜜
>
> 吹吸花的心
>
> 接吻花的唇
>
> 我要
>
> 我的诗
>
> 如同蜜蜂一般甜蜜
>
> 酿出甘美而馥郁的诗情
>
> 我制造我的诗
>
> 像春蚕制造它的丝
>
> 消化了桑乳
>
> 倾泻着青丝
>
> 我要
>
> 我的诗
>
> 仿佛蚕丝一般明洁
>
> 吐出光泽而柔滑的诗句
>
> ……

除了在坪石、曲江发表文章，在重庆、桂林的刊物上，管埠的老师也发表了许多文章。1940年师范学院教育学系教授方惇颐在《教育通讯》第三卷第5期发表了《编制师范教育课程的几个基本问题》，他比较欧美各国的师范教育在"学力"和"专业训练"两方面差异，分析中国教育的国情，提出重要的观点是师范教育学生入学门槛的提高，教材普通科目应该更专业化，对未来从事不同阶段教育应该有明确定位，分化训练；自由选修的范围应该缩小，重点在依据学生个人特长。[1]在师范学院方惇颐先生上的课程是"中等教育""师范教育"和"教育概论"，兼任初级部"教育概论"。1930年方先生就进入了国立中山大学教育学研究所从事研究。

段铮教授为教育学系的心理学教育家，是中国心理学会发起人之一，曾在四

---

[1] 《教育通讯》第三卷第5期，桂林，1940年。

川省立教育学院任教,在管埠期间出版了《学习心理学》一书,并发表了《天才儿童与天才教育》等数篇儿童心理学的学术文章于《教育通讯》。师范学院学术活动活跃,段锵教授积极参加学术讲座,曾为全院主讲《中国和日本民族性之比较》学术讲座。

冯沅君和陆侃如等国文系、史地系的老师,他们更多地在文学史类的杂志发表文章。1939年至1942年冯沅君多次在《宇宙风》发表文章,在中山大学文科研究所集刊第一卷第1期发表《天宝遗事辑本跋》,1940年发表了诗作《续纪事诗》,生动地且充满乐观主义精神记述了迁徙过程。陆侃如也在《宇宙风》第79期发表了《五四运动一段插话》。《宇宙风》是1935年林语堂和陶亢德在上海创办的半月刊,战时移至重庆由陶亢德负责,1947年8月停刊。1942年《艺文集刊》第1辑陆侃如发表了随笔《关于应亨——中古诗人小记之一》,冯沅君在同期刊物发表了《金瓶梅词话中的文学史料》一文,同期刊物穆木天翻译发表了雨果的诗《纪念塔》。1943年9月《中原》第一卷第2期,发表了陆侃如的《中古诗人生年质疑》,在落款处写着"三十年国庆日,于广东,坪石",也就是1941年在管埠所写的文章,在文中开头就写到"近年来正草《中古文学系年》",上述两篇文章均是陆先生摘录书稿一小节先发表。

四、教育与戏剧

《中师季刊》发表的《大学英诗编注计划》是张云谷和蔡文显合编,是至今仍然有参考意义的英语诗歌教学范本,英语系的师资力量强大。张云谷和蔡文显的英诗教育,至今仍然有借鉴价值。

张云谷毕业于东吴大学英语系,江苏江都人。他从20世纪20年代学生时代开始发表英文诗歌研究文章,翻译了西奥多·帕克(Theodore Parker,1810—1860)的诗作《永不磨灭之生命》(Immortal Life),是以张雅琨的名字发表的。张先生1938年在美国密歇根大学获得硕士学位,对西方戏剧莎士比亚、萧伯纳等作品研究颇深,1941年8月到校,任英语系教授,时年37岁,讲授的课程是"英文教学法"和"英文",著有《英文散文选读》一书,在教学期间于1943年在桂林举办了"张云谷环球写生画展",他的作品曾经入选天马会及教育部第一次全国美展,桂林大公报评论"纵目四观,如游环球"。他到了蓝田国立师范学院任教,也在学校办了个人展。[1]

蔡文显先生也是对莎士比亚戏剧研究深厚的老师，江西人，别名致平，1941年在师范学院任专任讲师，时年30岁，讲授的课程是"英文名著选读""英文小说选读"和"英文"。他与张云谷先生在新中国成立后均在高校任教，翻译了多部西方戏剧名著。张先生新中国成立后任华东师范大学英国文学教研室主任，蔡先生于1967年从中山大学进入广州外语学院，奉献于教育事业一辈子，也研究西方戏剧不辍。

运用欧洲戏剧表演融入英语教育中，在管埠师范教育是成功的案例，从英诗课程到中大剧社选择在"西南剧展"演出英语话剧《皮格马林》。广东省戏剧协会主席李门回忆广东省省立艺专、中大剧社等五支代表队参加"西南剧展"的文章写到："《油漆未干》的主题，赵如琳定为：贪婪，就是人性的永恒。""中大剧团演出多幕剧，导演吴华俊，现在死了。戏排得很好。但因为用英语，大家也不大了解。"[2] 吴华俊是1941年在坪石管埠教育学院毕业的。演出《皮格马林》英语话剧推测还有三个原因，一是在桂林有帮助中国人民抗击日军侵华的盟军，二是《皮格马林》体现的是教育学概念，这一剧本使用的是吉尔吉特的剧本。三是其为最佳的英语教学案例，了解欧洲文化之根希腊文化。

西南剧展是1944年重大的文化活动，中大剧团计划演出希腊戏剧，将涉及希腊社会文化多领域，学校邀请十四位教授为演出顾问，他们是邓植仪、崔载阳、毛礼锐、朱谦之、胡子安、许幸之、马思聪、符罗飞、黄学勤、钟仁正、张云谷、吴康等。导演是1941年毕业于师范学院教育学系的吴俊华先生，他是附属中学的英文老师。参加演出的同学和老师有钟日新、卓元樑、林瑞珍、邹杏、李栋兴、林文虎、黄宗尧、包尔梅等。钟日新兼导演助理，1943年他是文学院外文系的讲师，讲授"文学概论""外国文""英诗选读"等课程。

威廉·S·吉尔吉特（Willian Schwenck Gibert，1936—1911）与作曲家阿瑟·萨文利文合作了14部闻名于世的喜剧，因为在伦敦的"萨伏衣剧场"演出，故称为"萨伏衣歌剧"，剧中的台词在英语国家也是经典的英语运用。既作为英文教材，又进行文艺表演，此剧为《无韵诗》。《皮革马林》是简称，后来也译

---

[1] 吴勇前主编：《辉煌苦难11年：中国第一所独立师范学院》，湖南师范大学出版社，2017年，第324页。
[2] 李门：《纪念西南剧展，缅怀戏剧前驱》，收录广东省戏剧协会编：《洁似寒梅：李门遗作选》，2000年。

为《皮革马林翁》，中文翻译也译为《皮格马利》。剧目全称应该是Pygmalion and Galatea，1897年公演。

萧伯纳在20年代也将这个希腊神话故事改编为戏剧，皮格马林翁后来引出一种教育学心理学的理论，美国心理学家罗森塔尔将这一希腊神话故事称为"皮格马林翁效应"，也称为"罗森塔尔效应"，即对一个人传递积极的期待，就会让他进步得更快，发展更好；反之，对一个人传递消极的期望则使其自暴自弃，放弃努力。

中大剧团艺术骨干主要来自中师剧团，在坪石是最活跃的艺术团体。中师剧团由熊夏武负责，1943年公演了话剧《一片爱国心》，由张云谷教授导演，1944年中师剧团演出许幸之导演的《寄生虫》。每逢管埠师范学院的重大活动，中师剧团的演出总是重头戏节目。在迎新晚会，欢送1943年毕业生晚会，中师剧团演出了《半斤八两》《心防》等话剧。

第二节 管埠师范教育的系统化

管埠中师近五年师范教育实践,是中国教育史难得的一笔财富。由于战争,管埠中师各奔东西,但在日后的岁月,依然可见这批"坪石先生"的身影,他们在中国教育界继续为师范教育贡献智慧。

一、1941年和1944年管埠教师名册对比

1941年的教员名册,师范学院史地系主任是郑师许教授,教授"史学通论""史学专书选读",并兼文学院"明清史"的课程。文学院与师范学院的师资互相调整比较频繁。在本校组织大纲草案规定中有要求新聘教师为一年,续聘为一年,之后的续聘均为两年,这就是我们看到当年的任教者变化无穷的制度规章原因。1941年教师手册、学生手册中记录了教师最权威的在册名单,1943年出版的《中山大学现状》,可以成为两年后人事变迁的对照依据,1944年师范学院教师名册又成为重要的文献依据。

1941年的学生手册师范学院各系主要名单如下:

师范学院院长:齐泮林

公民教育系主任:何学骥

国文系主任:陆侃如

史地系主任:郑师许

英语系主任:胡子安

数学系主任:叶述武

理化系主任:卢文

附属中学主任:张文昌

现存广东省馆藏档案中,1941年3月27日填写的1940年度部分师范学院教师名册如下:

院长:齐泮林教授(40岁)

教育系系主任：齐泮林教授兼任，课程为中等教育，1940年10月到校；

教授：

杜定友（44岁），负责全校的图书馆，1926年到校；

陈铭新（39岁），安徽人，课程为教育行政、职业教育和教育英文原著，1939年3月到校；

林宝权（38岁），新会人，课程为发展心理、青年心理、家事教育，1939年9月到校；

毛礼锐（37岁），吉安人，1941年2月到校；

副教授：方惇颐（31岁），中山人，课程为比较教育、中等教育和教育概论，1933年7月到校；

兼任副教授：徐锡龄，课程为教学实习；

讲师和兼任讲师：梁瓯第副教授。

何心石（32岁）、林锦成（34岁）、陈孝禅（31岁）、梁瓯第（28岁）、博物学系助教张宏达（27岁）、张维康（28岁）。

其他系的系主任和教授有著名教授陆侃如、冯沅君、叶述武、穆木天、任国荣、吴世昌、刘朝阳、李铭槃、张云谷、魏应麒等，他们均是本学科领域的佼佼者，但他们选择的是师范教育。

在1943年出版的《中山大学现状》书中，师范学院各系师资名单如下：

教育系

主任：毛礼锐教授

教授：陈铭新、林宝权、史国雅、侯璠、杜定友、段锋；

副教授：罗宗堂、谭祖荫、何心石、谢石麟、王秀南；

兼任讲师：丁宝兰；

助教：张汉英、钟佩琼、赵谷民、黄树全。

国文系

主任：施畸

教授：吴三立、颜虚心、胡毓寰；

副教授：严学窘、陈寂、徐迟；

讲师：董百询、李保世；

助教：李保洲、陈孟韫。

公民训育系

主任：张良修教授

教授：袁哲、陆达节、李樊棠；

副教授：陈粤人、吴江霖；

助教：谢瑞容。

史地系

主任：鄢远猷教授

教授：黄现璠；

副教授：许逸超、陈昭炳；

兼任讲师：陈永汉、谢诗白；助教：林淑卿。

英语系

主任：胡子安教授

教授：张雅琨、马小骥、钟仁正；

副教授：黄冠群、蔡文显；

讲师：谢振有、陈书；

助教：梅可城。

数学系：

主任：樊怀义教授；

副教授：范传坡、吴宗函；

讲师：卢梦生；

助教：莫魁、滕宁；

理化系

主任：胡君宝教授；

教授：廖华杨、王孟钟；

讲师：谭宛容、金淑仪；

博物系

主任：熊大仁教授；

特约教授：胡笃敬；

教授：彭凤潭；

讲师：陈小泉、方瑞濂、梁润生；

助教：王家儒、麦鹤云。

不分系教授：马思聪、许幸之；

讲师：黄棣友、龙丽沙；

兼任讲师：刘仑、梁瀚薇、梁权键。

  1944年的教师名册是1945年补填写的，可以读到不少信息。在1944年期间严学宭、彭凤潭已经到了江西，马思聪和王慕理夫妇到了成都，马思聪教授的聘期是1944年7月结束。胡子安到了湖南；马采、陈邵南、刘求南和赵善性等数位先迁到了仁化，熊大仁到了连县；留在管埠本部的是毛礼锐、张良修、陆达节、陶愚川、彭尘舜、潘祖詒、胡毓寰、陈粤人、蒋震华、王名元、王秀南、谢诗白、黄锡凌、徐中玉等老师和职工。在下半年也就是1944年度学年的暑期后，战事吃紧，开始疏散，学院可能讨论过部分往仁化转移，事务员和文书已经部分在仁化，但大部分教职员工留在管埠。1945年1月，日军已经进入坪石，大部分师生才匆忙撤离，方式各异。王秀南夫妇、谭祖詒等闽籍师生结伴逃难于赴兴宁路上。

  这份1944年度教员名册表背页写着是1945年7月22日填写，但多次提到6月份的事情，在表上没有许幸之的名字，根据聘书许先生7月到期。推测应该是1944年7月或者8月的时间登记填写的原因或者此时资料表格重抄。

  陶愚川，浙江绍兴人，在日本和美国都留过学，美国是在密歇根大学念的教育哲学和教育史，1938年回国，先在蓝田师范学院任教至1942年上半年，后赴成都西南师范学院，1943年10月到校，主讲中国教育史、西洋教育史等课程，1944年沦陷后四处奔波。其兄为国民党中央日报社社长陶百川，希望他留在香港，但他坚决回大陆，后在山东曲阜师范学院任教，一生堪坷，独身终老，但留下数量庞大的比较教育史等十多部著作共400余万字，《中国教育史比较研究》三卷百万字。

朱智贤，1943年12月到校，36岁，11月14日由王秀南引荐。毕业于日本东京帝国大学研究院，此前长期在福建集美师范学校任教，在师范学院讲授教育学、教育心理学、教学法等课程。1947年与梅龚彬同时被解聘，后任香港达德学院教务长。1942年朱智贤刚在桂林与杨云美女士结婚，第一任妻子前几年去世，儿子5、6岁，1942年12月因罗教授辞职职位空缺，校长金曾澄批准了毛礼锐院长的请求，聘用朱智贤，1943年11月3日王秀南向学院推荐，朱智贤先生1943年12月全家也来到管埠。杨云美先在教务处工作，后在史地系当助教。他们夫妇与马思聪夫妇住在同一栋木屋十间的宿舍，共用厨房，使用此厨房还包括张筑音女士，这里成为她们共同研究粤菜、湘菜和浙江菜的地方。在坪石沦陷时，全家是坐在火车顶上，冒着严寒逃难，火车在仁化停开，又步行在山岭之间到达热水镇挑夫家中等候，两个月后又步行八百里到龙川龙母圩与部分师生会合。[1]朱智贤在1951年成为北京师范大学教育系主任，是中国现代心理学奠基人之一。

潘祖诒，别名谷神，福建崇安人，入校之前在东陂广东省立文理学院任教，1943年8月到校，63岁，在上世纪30年代已经出版了数本物理学专著，使用潘谷神的名字。1945年与王秀南一起逃出坪石，王秀南等大部分人往福建，但他想回广东中山大学，不幸于1945年1月在广州病逝。

王名元，国立武汉大学毕业，1943年10月到师范学院任职。原为广东省省立文理学院教授，是"传记学"的开拓者。

王秀南，1931年中央大学毕业，曾任福建省立师范学校校长，应毛礼锐院长邀请，1942年12月到达管埠。妻子谢诗白教地理，任讲师后聘为副教授，潮州人。夫妇一起进入中山大学师范学院，王秀南教授教学课程是中等教育、普通教学法、教育学科教材教法的研究三门课。1944年8月王秀南被聘为正教授，妻子谢诗白女士后来担任史地系主任。夫妻二人留守至1945年1月与潘祖诒先生一起逃难，路程31天。王秀南、谢诗白教授后在暨南大学和东南亚一带任教，王秀南先生著有《教学著述六十年》一书，对管埠的教学经历有较详细的回忆。

黄锡凌，1931年私立岭南大学文学士，1943年12月到管埠任职于师范学院副教授，时年37岁，原在私立岭南大学文学院任副教授，课程为英语。1941年《粤

---

[1] 李震：《朱智贤：心理学星空不落的巨星》，华文出版社，2013年，70页。

音韵汇：广州标准音之研究》一书出版，为在私立岭南大学之作，1957年、1968年、2001年均有重新出版，香港现代词人黄霑自述其"公文包中，永远有一本。随时随地查阅……这本书实在嘉惠后学，我自己，便真的获益匪浅。"黄锡凌先生此后一直在香港大学任教。在坪石沦陷时，黄锡凌教授是与附中师生在一起往仁化方向走，在扶溪参与国立中山大学附中的临时办学。

同时在文学院和师范学院任教的哲学家马采1942年12月将译作《告德意志国民》发表于《民族青年》期刊，此译作完成于日军进攻轰炸广州之时。1938年在迁徙途中与哲学系助教陈云女士共结连理。在粤北教学时期发表了《席勒的美学教育论》《中国美学研究导论》《美的价值论》。[1]返穗后多有波折，曾随哲学系集体赴京在北大任教，1960年返穗，此后一直在中山大学教书，他留日十二年学习经历，是中国美学与哲学具有先驱性影响意义的人物。

魏应麒教授也是文学院和师范学院两院兼任教授的经历，魏先生福建闽侯人，在广州时的国立中山大学文学院开始任教，1934年出版了《清林文忠公则徐年谱》一书，1941年2月21日抵达管埠任师范学院国文系任副教授，授课的课程为"国文教材教法"和"国文"两科，在校时完成了《张居正年谱》《国文教材教法研究》两书书稿。

从多份教员名册结合其他史料可以研判，管埠中师老师的去向影响到新中国成立的许多院校。首先是广东省高等院校的师资基础，在师范学院数学系、理化系任教的卢文教授、邓韵秋教授和李铭槃教授创建华南工学院数学系和数力系，先后担任主任和教授。改革开放恢复高考后他们教过77级学生，其中的学生、后来成为世界著名数学家、美国南加州理工学院终身教授侯一钊回忆，是卢文教授引着他走进研究者的大门。王孟钟教授为华南工学院化工有机系主任；吴三立教授任教于华南师范学院；理学院物理系苏锐坚在院系调整后为华南工学院物理教授；崔天民为华南师范学院物理系教授兼主任；师范学院史地系吕逸卿教授1945年和1950年以后两次任中山大学地理系主任并在1950年3月兼中山大学副教务长。

管埠中师的老师对中国教育界、东南亚教育界和香港教育界的学科建设和师资培养，发挥历史性作用。陆侃如、冯沅君夫妇均担任过山东大学教授兼副校长，彭尘舜教授在武汉大学创建世界经济专业，谭丕模在北京师范大学文学系任教授，毛礼锐在北京师范大学建设史研究室任教授兼主任，钟仁正任湖南大学外

---

[1] 徐文俊编：《马采文集》，中山大学出版社，2004年，前言、第2页。

文系主任，胡笃敬任教于湖南农业大学，于景让任台湾大学图书馆馆长、曾任生物系主任，黄现璠到了中南民族学院任教，严学宭教授在华中师范学院任教，许幸之教授在中央美术学院任教，马思聪教授成为中央音乐学院首任院长，徐中玉为华东师范大学教授……管埠中师的老师影响辐射的学校，有湖南大学、山东大学、武汉大学、兰州大学、华中师范学院、华东师范大学、北京师范大学、中南民族学院、暨南大学、华南师范学院、曲阜师范学院、山西师范学院等，以及香港的达德学院和新加坡的南洋大学等。王秀南夫妇、严元章教授、林宝权教授均成为东南亚华文教育的名家。

二、师范教育研究生的培养

1926年秋筹备建立的教育学研究所，1928年2月成立，成为国内最早专门教育研究机构。庄泽宣1922年从美国留学回国，1924年为国立中山大学所聘请，创办了教育学研究所。1935年经民国时期教育部核定，改名为教育研究所，与语言历史研究所和农林植物研究所组成研究院。这一阶段全国仅有清华大学、北京大学和中山大学三所大学设立研究院。教育研究所设立教育学和教育心理学两部，课程有"教育研究法""高等教育心理学""课程研究""教育行政问题""教育专史研究""教育哲学问题""中国教育问题研究"，选修课有"中学各科教学法""乡村教育研究""学科心理学问题""实验心理学"等。

第一届授予硕士学位的教育研究所研究生为七人。[1]最早的研究生有陆厚仁、王文新、黄雨璠、张文昌、黄裳等。陆厚仁是1928年秋入所，1930年毕业。王文新是1929年春入所，1931年5月毕业。黄雨璠是1930年秋入所，1932年毕业。张文昌是1931年秋入所，1932年夏毕业。[2]教育研究所1937年搬入石牌研究院新址，1939年改名为师范研究所。张泉林是1937年进入研究院教育研究所的研究生，1941年在坪石参加第五届考试获得硕士学位，经历了教育研究所的所在地空间和名字转换的全过程。在"林砺儒——勇敢而慈祥的教育家"纪念文章中，张泉林先生写到："1941年，我在坪石中山大学教育研究所认识林老的，以后在桂林、香港、广州和北京，都有较长或者短暂的会面。"[3]

---

[1] 张披编：《国立中山大学现状》，1937年，第323页。
[2] 《国立中山大学教育学研究所概览》，1933年11月。
[3] 张泉林：《张泉林教育文集》，广东教育出版社，1997年，第103页。

1942年医科研究所在坪石成立，金曾澄校长聘梁伯强为主任，11月公开招录病理学部的研究生。

在澄江时期，1940年文科研究所三名研究生候选人是中国语言文学部：黄达枢，指导老师岑麒祥；王庆菽，指导老师李笠；文科研究所历史学部：区宗华，指导老师陈安仁；均是1938年9月入校。除了导师，本研究院的指导教授吴康、朱谦之、陆侃如、冯沅君，再邀请校外的陈序经、闻一多和陶孟和三人，共十一名教授组成学位考试委员会。

1940年11月在坪石录取师范研究所入学的研究生四名，他们是王启澍、罗耀武、丘陶常和梁瓯第，两名本校毕业，两名分别毕业于厦门大学和复旦大学。1941年师范研究所第一次录取教育学部研究生吴瑰卿，1941年10月注册入校，上海人，时年25岁。第二次是教育心理学部研究生刘尧咨、教育学部研究生马仕桥和关瑞钤，其中马仕桥、关瑞钤均是1941年在坪石教育学系毕业后考入研究院。1940年至1941年许崇清校长聘请黄希声讲授高等教育心理学、学科心理学，也聘请广东省省立文理学院林砺儒授课，课程为教育专史研究和教育研究法。黄希声、林砺儒指导的研究生是王宝祥和陈藻芬两位师范教育研究所学生。1943年第二学期吴瑰卿、关瑞钤、马仕桥和陈藻芬共同获得师范研究所的硕士学位。1943年研究生入学考试于8月20日和21日在桂林、长汀、贵阳和坪石四区同时举行，坪石的考试地点是坪石学校研究院文科研究所中国语言文学部研究室。

从文献可以看到历届研究生的论文选题质量，马鸿述的论文题目是《中学课程的改进》、邹鸿操的论文题目是《中国乡村青年训练问题》、严元章的题目是《中国教育行政制度的研究》等，这些题目在今天仍然有现实意义。

坪石研究院师范教育的硕士生在日后的中国乃至东南亚地区的教育中发挥作用。1941年张泉林硕士论文题目是《我国干部训练之研究》，留校在文学院任讲师、大学社会教育推行委员会主任干事和师范研究所教育学部兼职研究员。在1958年拟将初定举办"华侨大学"的学校改为复办"暨南大学"，主要策划者之一是张泉林先生，当时他在广东省统战部工作，"1958年春节期间，苏联足球队对广东队预定在广州越秀山体育场比赛，不少港澳知名人士来穗观看，华大筹委会利用这个机会于2月24日午饭后，足球比赛前一小时在省交际处举行扩大会议，[1]各界到越秀山体育场观看比赛齐聚广州的机会征求意见同意将原定的华侨大

---

[1] 张泉林：《暨南大学在广州复课》，收录于夏泉主编：《凝聚暨南精神——暨南大学建校一百周年（1906—2006）》，广东人民出版社，2006年。

学改为复办暨南大学。开始筹办暨南大学时张泉林任办公室副主任，后半辈子在暨南大学教书，为培养东南亚华侨子弟做出毕生贡献，特别是在上世纪80年代张先生已经强烈倡议华侨大学教育应该重视中国历史教育，至今中国仍然面临这一问题。

吴江霖是师范研究所的第三届硕士研究生，后来成为中国心理学著名学者。吴江霖先生1939年7月毕业后留校，指导老师是倪中方教授。1940年10月担任研究院办公室主任，在师范学院公训系任讲师，1942年聘为师范学院公训系副教授，1943年兼聘为法学院社会学系副教授，讲授社会心理学。在1945年赴美国雪城大学留学专攻心理学，1948年获得博士学位。解放后归国，任中山大学教育系主任、图书馆馆长、副教务长等职，1984年设立中国第一个社会心理学专业硕士点。

师范教育硕士研究生的严元章，四会人，别名严明。严元章硕士论文题目是《中国教育行政制度之研究》，与吴江霖同届，1939年毕业，留校分别在师范教育研究所、师范学院教育学系任研究员、副教授和教务主任等职务。1943年接任吴江霖的研究院办公室主任位置。1947年后赴南宁师范学院教育学系教授兼教务主任。后来留学英国，毕业后在马来西亚任教，由于坚持华文教育被马来当局驱逐出境。1960年至1965年在新加坡南洋大学任文化学院院长，1965年在香港中文大学教育学院任教至退休。他在马来西亚三间独立中学任行政工作八年，在南洋大学任教育系主任、文学院院长六年，为东南亚培养师资做出重大贡献。20世纪80年代应邀回广东四会中学任名誉校长。[1] 从事教育事业终身坚守。1993年三联出版社出版了严元章先生的《中国教育思想源流》一书。

坪石时期的中山大学研究院有师范研究所，梁瓯第（1914—1968）毕业于该所，研究生毕业论文题目是《中国书院教育之研究》，在黔东考察时已经对边疆教育产生兴趣，一辈子从事边疆教育事业，在管埠中师任教期间就在全国教育杂志发表边疆教育问题学术论文十多篇。1943年为贵阳师范学院副教授，1945年任校长，1946年又赴新疆任国立天山师范学校任校长。后赴美于波士顿大学留学，解放后被邀回国，长期在民族出版社工作。

国立中山大学师范研究所的这批研究生毕业后很快就在各中学挑起重担，1942年钟钲声任连州中学校长、杨泽中任江苏青年中学校长。

---

[1] 马来西亚华校教师总会等编委会、邓日才主编：《严元章纪念文集》，2001年，自序。

三、附属中学

国立中山大学附属中学解决包括坪石教师子女在内的广东中学生就学问题,也是教育理念实践的场所、师范教育的延伸实习基地。在中山大学改名后,附属中学经历预科的转变,1936年由教育厅主管,1937年又改为大学主管。国立中山大学迁移至石牌新校园后,在广州文明路的大学旧址全部为附属中学使用,大钟楼下为办事处及学生成绩陈列室,原大学的学生宿舍均为高中男生宿舍,初中男生宿舍在原法学院,高初中女生宿舍在番禺学宫。[1]使用教材统一外,如盛叙功先生编写的教材《中外地理学中学用书》是全国教材,任课老师自己编写讲义,化学家张瑞矩先生编写了《高中化学讲义》,他1938年担任附中主任,留学法国里昂工业化学专门学校,在坪石时任理学院化学系教授。1932年至1937年的化学系主任是居励今教授,居先生留学法国里昂大学,学习化学专业获得硕士学位,回国后在国立中山大学教育研究所任教授兼附中主任。

尽管在坪石是战时办学,从研究院到本科教育一直到附中、附小,教育系统之完整实属难得。附属中学六年制一贯制和五年制一贯制两种学制均设立,但五年制仅有一期。附属中学的主任均为师范学院教授担任,1941—1942年附属中学主任张文昌教授,浙江人,1932年起任之江文理学院讲师兼附中教务主任,来校任职时年40岁,张教授在1937年出版了《中等教育》一书,内容包括各国中等教育比较,中学生、中学教师、中学校长以及课程编排,各方面均涉及,是著名的中等教育研究学者。1940年8月又出版了《中学教务》,1943—1944年到湖南国立师范学院附中任教务主任。张文昌是研究院教育研究所最早的研究生之一。

1941年12月6日填写的附属中学的老师名册如下:

黄锦军(教导主任、高中英文)、关兆鹏(事务主任、高中英文)、范曾浩(高中生物、初中植物)、林子如(高中国文)、桂馨(初中国文)、金瑞文(劳作、家事)、谭靖波(童军、体育)、陈良型(高中数学)、钟景文(初中数学)、李贤珊(初中英文、女生指导)、陈诗启(历史、音乐)、何学龄(地理、图画)。

1943年附属中学的老师名单如下:

区荆山(文史)、秦紫葵(文史)、吴源顺(文史)、梁瑞生(文史)、吴华俊(英文)、熊集美(英文,兼女生指导员)、黄荣谦(数学)、宋锦文(数

---

[1] 张披编:《国立中山大学现状》,1937年,第344页。

学)、李静(理化)、梅旬初(地理)、孙仲标(体育)、刘仑(图音)等。

在坪石期间更换了多名附中主任,但每位校长或者主任,均是教育学家或者基础学科专家。段铮教授是教育心理学家,1941年被聘为贵州医学院人文系主任,1942年到了管埠中师教育学系任教兼附中校长,段教授之后是谭祖荫教授,短时间担任附中校长的司徒汉贤1936年毕业于私立岭南大学,获得文学学士。1943-1944年担任附中主任,1945年坪石沦陷时带领附中学生撤退到仁化,然后在扶溪临时复课。[1]新中国建立后,司徒汉贤在华南师范学院任教时发表了《教学原则的心理学依据》学术论文常被引用,他写的《难忘的朱家山》一文是坪石办学特别珍贵的回忆文章。

体育运动在师范学院和附属中学是大家共同热心的活动和课程,1934年在广州时附属中学还举行女子足球班级比赛,这在中国具有开创性意义。[2]在管埠期间,师范学院开放日邀请附属中学的学生参观,附属中学男女篮球队还与师范学院篮球队过招,尽管败北,但勇气可嘉。师范学院的体育成绩非同小可,学院的体育教授赵善性,服务大学数十年,当年在澄江办学就是他作为校队的排球教练带队与云南大学排球队等进行排球比赛,威振西南。1945年回石牌,赵善性成为师范学院体育系创办人,解放后是中国第一批排球、游泳国家级裁判。

附中除了正常教学,还举行丰富的课外活动。演说竞赛是其中之一,包括高、初中学生国语演说,英语背诵比赛,为公正起见,曾邀请培联中学陈恒颂老师、陈国治老师担任评判。这也证明金鸡岭下两所中学互动是频繁的,关系友好。师范学院附中文艺活动也在坪石有口碑,演出过《一片爱国心》三幕话剧,还将《黄河大合唱》改编为歌剧。[3]

1943年12月,应师范学院老师的要求,师范学院开办了附属小学,张柳祥同学任主任,许子家为教导主任,林启莘为教员,王仰华为幼稚班主任。

---

[1] 黄义祥:《中山大学史稿1924—1949》,中山大学出版社,1999年,第410页。
[2] 何志林:《中国女子足球运动》,收录于《现代足球》,第四章,人民体育出版社,2000年,第31页。
[3] 国立中山大学出版,1943年《校友通讯》第30期,第6页。

第三节　从法兰西俭学岁月到武水烽火育人

在管埠的教师中，留学海外的经历因国家海外留学政策变化而形成三大主流，20年代前以留日为主流，部分留美；20年代后期至30年代的老师以留法为主流，其中原因之一是里昂中法大学提供专门名额为中山大学师资深造使用；20世纪30至40年代留学美国为主流，并就读教育学科最强的美国大学。

一、"留法双博士"的陆侃如和冯沅君

陆侃如教授和冯沅君都是自费留学法国，学成归来后在多所大学任教。抗日战争爆发后，1938年至1942年最艰难的时间，他们服务于国立中山大学，从师范学院诞生之初到稳定运转期间，陆侃如和冯沅君夫妇做出重要的历史贡献。他们1938年辗转安庆、河内、广州，在安庆是受安徽大学之聘，失守后他们绕道香港想到广州，经过河内，与冯沅君的哥哥冯友兰相遇，再进入云南。陆侃如1938年10月到任，被聘为中山大学师范学院教务主任兼国文系主任、文科研究所指导教授。冯沅君1939年初受聘于搬到嘉定乐山的武汉大学，是从昆明直接到嘉定乐山的。中山大学迁到澄江复课，武汉大学受战火停课，1939年冯沅君暑期到了澄江与陆教授相聚，1939年6月到校任中山大学师范学院教授兼任研究院文科研究所文学部指导教授，授课为"曲选""中国文学批评史"，时38岁。1938年秋写下一首有"驿道"的诗《滇越道上》记录当时奔波的情景：

> 蕉林榕树出烟村，夹道木棉艳以繁。茅屋稻田萦曲水，越南毕竟似中原。
>
> 闪烁流萤似落星，千岩万壑夜深行。天南驿路秋风急，一涧芭蕉作雨声。[1]

从1940年在《宇宙风》杂志发表的《续纪事诗》可知道冯沅如随陆先生在广

---

[1] 冯沅君：《冯沅君创作译文集》，山东人民出版社，1983年，第211页。

州1938年10月随校沿西江至郁南，每天8时在林中避空袭，11月罗定绕道到广州湾时，循南江而行，在信宜的白石堡停下过夜。到昆明后，陆先生继续在师范学院任教，而冯沅君教授又从昆明到嘉定。[1]四川嘉定是武汉大学抗战内迁的地方，冯沅君是应聘请而去离开丈夫陆侃如。

陆侃如任师范学院教务长，曾经任代理院长，是1942年6月1日师范学院发生殴打学生事件，齐院长处理欠公，郑师许和各级学生代表向学校反映，学校派人调查后于6月4日由张云校长做出决定，为学院救急，张云任命他代理院务，稳定师范学院的风波，齐泮林被学校解除职聘。[2]齐想拖延不移交有关文件，陆先生坚持原则在1942年6月5日履行职责，得到师生的支持，刻制印章并告知校方。[3]他们夫妇俩为师范学院的创建和正常运转起到重要作用，深得师生敬重。1942年6月陆侃如教授出任代理院长至学年结束在暑假离开，赴在四川三台的东北大学任教。齐泮林被免去院长一职后，中间又被金曾澄改变张云的决定，[4]毛礼锐暂代理院长，齐泮林实际是任国立贵阳师范学院院长。[5]

以冯沅君教授、陆侃如教授为代表的一批中原和北方的著名学者在特殊战时历史时刻任教于粤北五岭下，是新的一次中原文化与岭南文化的交汇，是近代重要的"南北通融"。

冯先生1940年夏随迁至坪石管埠，在教学之余完成《宋元戏曲史疏正》等著述。在管埠中师教学与行政管理负担很重的情况下，陆侃如教授完成了《中古文学系年》书稿，这是一部中国古典文学历史重要篇章，上至公元前53年杨雄出生开始，公元17年71岁卒，[6]下至公元340年卢谌，引用研究的中古时期的作家有152人，征引的书籍包括《汉书》《史记》《后汉书》等数百种，在著作中还对历史勘误，这是一部中国文学史上的巅峰之作。学生张守能在1941年《生活思潮》第10期人物通讯介绍陆侃如老师写到"他在管埠这般困难的设备条件下，还在寓所里设成一个研究室；同时他的工作台上，正放置着一大部快完成的《中古文学系

---

[1] 冯沅君：《续纪事诗》，刊于《宇宙风》100期，1940年，第53页。
[2] 广东省档案馆藏，档号020—003—0031—038。
[3] 广东省档案馆藏，档号020—003—100—217。
[4] 广东省档案馆藏，档号020—003—103—181于第二个学年继续担任院长，1943年7月离开管埠是以中央训练团借调为借口[广东省档案馆藏，档号020—003—101—200—201]。
[5] 国立中山大学出版，1943年《校友通讯》第39期。
[6] 陆侃如、冯沅君：《陆侃如和冯沅君合集》第10卷，安徽教育出版社，2011年，第42页。

年》的稿本。"[1]在1942年1月填写的师范学院教员名册上,上年度著作及研究成果,陆先生填写的是《中古文学系年》。张守能同学1941年毕业后在抗日战争期间创办了位于韶关的广东省立江村师范学校,并任教导主任。

在《中师生活》师范学院编印的期刊上,陆教授发表了多篇对师范学院办学理念的文章,他对师范教育的育人目标是"专家"和"通人"兼备,大力倡导学术研究。因粤北战事吃紧,1942年春又进入四川任教于入川的东北大学。[2]曾在管埠就读的学生到陆侃如和冯先生家拜访后曾回忆:不足30平方米的租用民宅的老房子,前后用白布隔开,后面为卧室,床是用装书用的木书箱搭成的,书桌也一样。门口最有创意的是钉着一张名片,双排写着巴黎大学文学博士,陆侃如、冯沅君。在师范学院期间陆先生夫妇除完成《中古文学系年》外,冯沅君1940年还发表了《古优考》《金瓶梅词话中的文学史料》和《宋元戏曲史疏正》等古代戏剧论文,并留下了不少诗篇。

冯沅君在20世纪20年代已经开始出版小说集,赞美五四运动精神的小说《卷葹》是鲁迅先生亲自帮助冯沅君编辑出版的,收录入鲁迅先生主编的《乌合丛书》,并亲自邀请画家陶元庆设计封面,对"卷葹"鲁迅先生亲自解释:"卷葹是一种小草,拔了心也不死。"[3]《卷葹》同时收集了《隔离》《旅行》《慈母》和《隔绝之后》结集出版,冯沅君女士用了笔名"淦女士",又在《语丝》杂志发表了三篇小说。[4]但后来放弃创作,专攻中国古典文学研究,1932年冯先生与陆侃如同赴法国巴黎大学留学,1935年回国。在坪石管埠留下不少诗篇词作,如《醉落魄晓行,自坪石渡武水至塘口》:

> 江烟幂幂,山川城郭望中失。枝摇宿露衣襟湿,残月留辉,天际孤星白。
>
> 乱流艇子浮寒碧,路迂林密无人识。云开霞敛明初月。历历群峰,秀色难描得。[5]

---

[1] 张守能:《文学史史家陆侃如博士》,《生活思潮》第10期,1941年11月出版。
[2] 许志杰:《陆侃如和冯沅君》,济南:山东画报出版社,第103页。
[3] 郭同文:《不负祖先育后人——忆冯沅君教授》,收录于《中国百位名人学者忆名师》。
[4] 袁世硕、严蓉仙编:《冯沅君创作和译文集》,山东人民出版社,1983年,第336页。
[5] 袁世硕、严蓉仙编:《冯沅君创作和译文集》,山东人民出版社,1983年,第247页。

这些词篇量身定制，是粤北难得的文学遗产。

1942年秋，冯沅君与陆侃如到了迁至四川三台的东北大学任教，陆侃如担任国文系主任，接着任文学院院长，冯沅君继续她的学术研究，担任国文系教授。

在澄江时，师范学院是1939年下学期开课，浙江海宁人吴世昌当年秋天到澄江聘任为国文系教授，也是创建处的奠基人之一。吴世昌在自传中写到："1939年秋，中山大学来电聘我为国文系教授。我在该校讲授古代文法、要籍目录等课，把诗词课让给冯沅君讲授。中山大学1940年夏迁回广东坪石。"[1]1941年吴世昌的授课课程是"文字学修辞""研究历代文选"，时年34岁，在校期间的著作和论文是《要籍目录》和《中国文法研究》。

二、里昂中法大学的留法学生

1921年至1946年在里昂的中法大学一共有473名学生在此注册预科教育，再推荐到里昂市的高等学校读专业学位。中法大学所在地为军营圣依雷内堡，是留学生学习语言和留宿之地，"坪石先生"中有多名当年的留法学生是按此路径进入并完成学业。

林宝权是最早进入里昂中法大学留学法国的留学生之一，李大钊先生专门为她和苏梅写信嘱在法朋友给予照顾，"兹有女师学生林君宝权、苏君梅等赴法入里昂大学，到法时务乞为照拂一切。两君皆研究文学者，关于学问上有所质询，也请随时赐教为幸！"[2]林女士在法国巴黎大学获得教育学博士学位回国，先在上海暨南大学任教，后进入中山大学师范学院任教。在1939年重庆期间，与她同一批赴法留学的丈夫画家邱代明在日军轰炸中身亡，1939年9月林女士是带着丧夫之痛到澄江坚持教学一直随迁到管埠，1943年担任迁到坪石的省立执信中学校长，1941年该校也迁乐昌，林校长从1943-1949年一直服务于执信中学的教育，1948年8月回聘为师范学院教授。

在坪石的校舍和规划主持者是与林宝权同时在里昂留学的第一批留学生虞炳烈，无锡人，在澄江办学时加入国立中山大学，随大学回迁广东，担任工学院建筑工程学系主任，负责坪石国立中山大学坪石校区规划，其中规划的"迁址粤北

---

[1] 吴世昌："自传"，收录于《中国现代作家传略》第四辑。
[2] 吴汉全：《李大钊与中国行动学术》，河北教育出版社，2002年，第578页。

各院地点分布总图"[1]，真实表现了历史上办学点的分布。

此分布图非常有历史意义，细读分析发布图，推测为1941年2月所制作，在西面有41.2.18组合的数字群，不起眼。另一佐证是文学院仍在清洞，6月才订合约搬至铁岭。图中重点表现交通与各学院的地理关系，交通表现了铁路、韶坪公路、水系还有村道或者古道，靠西边点画线有可能是古道，因为有街铺和茶亭造型的标志。本部在坪石街处，工学院最近在本部西边，河流穿过；法学院在最西面，师范学院和文学院靠得较近，师范学院在管埠和文学院清洞之间，有小道连接。师范学院在管埠经过梯子岭、猴公亭、灵石坝进入坪石，也是用点画线表示。医学院最远，附设门诊部。有关图纸应该是其子虞黎鸿所保存的，后来捐给了东南大学。

金额雀鹛是中国学者自己第一次命名的鸟类，1932年任国荣先生（1907—1987）研究发现命名，他利用国内送来的标本，发现此鸟类新种，在《巴黎自然博物馆通报》上用法文发表相关论文。任先生是最典型的广东教育代表人物，广东高等师范最后一届毕业生，广东大学第一届毕业生，1930年3月留学法国，1933年9月返中山大学任教。任中大师范学院博物系主任，后任理学院生物系主任时将张宏达介绍给研究院院长崔载阳，成为研究院植物学部助教，1942年9月至10月，植物所与研究院农林植物部联合组队，再往莽山调查。调查队由梁宝汉、张宏达、梁仕康、冯云组成，一由李鹏飞、陈少卿、游万里、虞元章、黄荣华组成，共得标本1436号，12000份。任教授1944年在坪石曾任理学院院长，1945年坪石沦陷时负责将各院系设备疏散至临武，又到梅县复课，抗战胜利后重返广州[2]。1950年参与亚洲文商院的创立，该院后改为新亚书院，1960年任该院生物学系主任。1963年新亚书院等三所书院联合组建了香港中文大学。2015年在香港中文大学新亚书院及生命科学学院举办了第一届"任国荣先生生命科学讲座"，纪念任国荣先生对香港中文大学的贡献。

1936年叶述武由中山大学数学系送法国里昂大学留学，用六个月的时间获得硕士学位需要的五张学历证书，获得硕士学位后于1938年10月从法国留学归来在理学院任教，1939年进入新成立的师范学院任数学系主任兼事务主任，课程是高等分析微分方程和高等解析几何和教材教法研究，同时兼职理学院高等分析课

---
[1] 引自彭长歆、庄少庞编著：《华南建筑八十年》，华南理工大学出版社，2012年。
[2] 冯双编著：《中山大学生命科学学院编年史》，中山大学出版社，2011年。

程。1941年在管埠师范学院时叶述武31岁,被聘为教授兼数学系主任。当叶述武留学法国,在国立中山大学仍聘为讲师,妻子邹仪新已经聘为副教授,妻子邹仪新到老年时仍称他为"值得崇敬的学者"并有文章写到:"回国后法国的导师都拉克为他找到工作,可以安心完成博士学位,他说'我放弃法国舒适生活,舍下博士论文而奔赴国难还是必要的。'"[1]他们的女儿邹巧新后来在坪石朱家山下的附属中学读书,1945年随同校长司徒汉贤带领的附中师生一起逃难到仁化。叶述武是华南师范学院数学系创始人,后调到中科院,对中国卫星"东方红一号"上天做出重大贡献。他心系广东教育,20世纪80年代虽然人在北京中科院,在1983年至1989年有多篇高水平学术文章发表在《韶关师专学报》和后来改名的《韶关学院学报》。

代替叶述武接任数学系主任的是当时与叶述武共事的樊怀义,四川简阳人,1941年聘为教授,讲授的课程是数学史、向量分析、高等教学和高等分析。

除张云、崔载阳、林宝权、虞炳烈、卢干东、吴尚时、古文捷、黄绮文、何衍璿、黄巽、孙宕越、谭藻芬、岑麒祥、叶述武、李慰慈,师范学院还有一批留法学习经历的教授,如吴康、张良修、马思聪、樊怀义、卢文、邓韵秋、萧锡三、张瑞矩、朱志沂等一批不在里昂中法大学学生名单之列的老师。卢文1933年至1938年在法国留学,抗日战争结束后于1948年再赴法巴黎大学学习,新中国成立前夕回国。邓韵秋1935年赴里昂大学学习,1939年获得硕士学位,1940年回国在国立中山大学师范学院任教。萧锡三在坪石时为理学院化学系主任,留学法国里昂大学获得化学工程硕士学位,后在巴黎大学巴士德研究院发酵研究部从事研究,是国立中山大学工学院最早的创办人之一。张瑞矩留学法国里昂工业化学专门学校,在坪石时任理学院化学系教授兼附属中学主任。朱志沂为理学院物理系教授,毕业于巴黎电器机械专门学校。

---

[1] 邹爱仪:"值得崇敬的学者——北京天文学会名誉理事长叶述武先生",收录于《天文爱好者》,1994年第6期。

第四节　管埠的艺术大师

马思聪和许幸之两位艺术大家的到来，从历史角度分析有三大重要前提，一是师范教育需要艺术师资，二是东江纵队在香港的胜利大营救，将他们从香港沦陷后抢救出来。许幸之先生先在宝安的游击区暂住，"旧历年大除夕日。茅盾夫妇、张友渔夫妇、胡风、许幸之、廖沫沙、周钢鸣等二十多人，在沙坑、茶园交通站蓝造等人专程护送下前往惠州"，[1]辗转来到韶关管埠。"1942年初马思聪偕同夫人王慕理、岳母、小姨和学生梅振权、陈宗元、黄豪业一行七人在疏散大队的帮助下，经由大埔、沙鱼涌一路爬山涉水，历尽艰险，历时五天，风尘仆仆回到家乡——海丰。"[2]大年刚过，三月又应邀赴广西桂林，再回到韶关管埠。三是金曾澄校长爱惜人才，在上任后第二个月就开始聘请许幸之、马思聪和符罗飞等艺术家。

一、金曾澄校长的贡献

张云代校长时引进了卢鹤绂、胡世华、史雅国和侯璠四位掌握最先进世界学术成果的归国博士到坪石国立大学任教，是重要的师资引进贡献。

胡世华的聘书1941年8月由张云校长签署。张云校长的朋友、北平研究院生理研究所所长、生物学家经利彬7月发来推荐信，对胡世华先生的学识和人品做了充分肯定，8月张云校长决定聘请。胡先生自述中写到完成博士论文，但欧战爆发而未能应考。1941年8月12日胡世华到校，任数学天文系副教授，小孩刚一岁，妻子夏好仁，23岁，居住于塘口村，夏好仁后来被聘为理学院德文专任讲师。10月因为工学院姜家祥教授辞职，胡世华兼任工学院电工系副教授，教微分方程。1942年3月学校同意胡世华请假停薪，此年胡先生应该是聘为教授。

卢鹤绂在美国已经接到聘书，出入境很受礼待，到校时间是1941年8月10日，

---

[1] 唐运泉："特殊大使命——东江纵队抢救文化人纪实"，收录于徐忠志、张建强主编：《永远的沙家浜精神》，北京：作家出版社，2015年。
[2] 马思周、杨永："饮誉乐坛六十年——记著名音乐家马思聪"，收录于广东省政协文史委编：《广东文史资料》第60辑，《群星璀璨：广东文化》，1989年出版。

妻子吴润辉25岁。康辛元院长10月18日报告张云校长，同日张云先生再补签正式聘书。1943年3月10日，金曾澄校长签署同意卢鹤绂的辞呈，事前在3月3日物理系致教务处的函中，提出势难挽留并若同意请假，代替功课的方法是可以升聘本系讲师苏锐坚和崔天民两位讲师为副教授。[1] 史国雅的聘请是由张云校长1941年从3月31日开始向教育部吴俊升司长致信申请用人，因为史国雅是教育部派遣的留学生。1943年8月31日，史国雅申请离职，金校长也恳切挽留，11月3日师范学院院长毛礼锐函告校方建议最后批准，遂11月13日批准辞职。

担任代理校长期间，金曾澄有处理不当的行政决策，但应该承认这是少数事件，他做出的贡献仍然不可忘却：接任国立中山大学代校长职并聘请许幸之、马思聪到管埠师范学院任教，正是一次历史性的贡献。1942年同一年，符罗飞由同乡陶林英、詹道光向金曾澄推荐，金校长聘请了符罗飞为工学院建筑工程学系兼师范学院美术教授。[2] 金曾澄先生自香港沦陷后已经在澳门与家人团聚，奉召再出山任国立中山大学代校长，1942年6月22日到了坪石。金校长以诗言志："伏枥敢跨千里骥，闭门愿作一尘氓。匈奴未灭家何在，莽莽乾坤剩此身。"已经63岁的金校长离开澳门，1942年5月赴坪石山区，到任后担当重任带领师生坚持办学。家眷在澳门，包括妻子何佩瑶女士，时年44岁,大女儿金乔英（14岁）、二女儿金梅子（12岁）、儿子金宝干（10岁）、最小的女儿金桃子（8岁），[3] 后来家眷也来到坪石，女儿金梅子就读附中，[4] 金校长自己则全身心地投入教育管理。

金校长在1942年10月16日文学院新生入学训练动员会上发表题为《大学教育之意义》的演讲，结合抗战时期大学教育的特殊性，鼓励同学"须具有极充满民族精神之灵魂"，表明道德、知识和身体是大学教育的目标。[5]

除了聘请几位艺术家，金曾澄还邀请李笠先生重回坪石任教，1943年底应吴尚时先生的请求，邀请美国地理学家、美国芝加哥大学博士、在上海沪江大学任教的葛德石教授访问坪石。1944年3月葛德石教授在理学院做了《地理学与地质学之新发展》和《中国在航空时代的地位》两场学术报告。[6] 一直至战火烧近栗源

---

[1] 苏锐坚在院系调整后为华南工学院物理教授，崔天民为华南师范学院物理系教授兼主任。
[2] 华南理工大学名师《符罗飞》编委会：《符罗飞》，华南理工大学出版社，1999年，第75页。
[3] 广东省档案馆藏，档号020—002—526—001。
[4] 林浪主编：《雏鹰展翅趋鲲鹏：1924年至1949年在国立大学附属中学》，中山大学出版社，2002年，第78页。
[5] 国立中山大学出版组编印：《校友通讯》，1942年11月1日。
[6] 上海理工大学档案馆编：《葛德石与沪江大学》，上海交通大学出版社，2015年，第83页。

堡，金校长迅速组织师生撤离，1945年师生在梅县安顿安全后，又在抗战胜利后带领重整旗鼓的师生回到石牌校园复课。在纪念黄际遇的追悼会上发表讲话，他写了纪念黄先生的祭文，12月才结束3年多的"代理校长"生涯。

　　1953年，74岁的金曾澄从广州知用中学校长岗位退休，距他1913年担任广东高等师范学校校长并被任命为广东第二次教育大会会长正好是40年。[1]这位值得敬重的"坪石先生"一辈子从事教育特别是师范教育，始念是教育，职终于中学，似在中国教育史上欠些笔墨。金先生中学就读于广州多宝路今"时敏桥"荔湾区教育局现址的时敏学堂中学，1917年杨匏安从澳门到广州曾在此校担任教务长并教过两年书。金先生1901年留学日本广岛高等师范学校，在日本住了九年，回国后加入同盟会。1912年担任广东省高等师范学校校长。金先生也曾担任广州文史馆馆员，1957年任副馆长。

　　金先生是广州高第街出生的"老广"，1957年去世，没有文集，没有传记。与父亲一样有坪石经历、在坪石三星坪就读土木工程学系大儿子的金宝树，2012年在温哥华编辑了数量有限的金曾澄先生诗集《澄宇斋诗存》线装本予以纪念。

二、许幸之在管埠的日子

　　由小学同学、时为英语系主任的张云谷教授推荐，许幸之受聘于师范学院。张云谷推荐许幸之到中大是第二次提供帮助，在上海时，他曾推荐许幸之到苏州任教，许幸之在多篇回忆文章均写到此细节。1942年6月30日许幸之教授的聘书是金曾澄校长签署的，聘期是1942年8月至1943年7月，一年后续聘至1944年7月，仍然是金曾澄校长签署。许幸之先生1942年8月1日到职，被中山大学师范学院聘为不分学系教授，时年36岁，而当时金曾澄校长也刚上任八天。1942年11月7日学校聘许幸之教授执事兼任国立中山大学剧社编导委员。

　　在去香港前，许幸之在鲁迅艺术学院华中分院当美术和戏剧教授，全院分戏剧、文学、美术和音乐四个系，教务长就是海丰人、左联文学家丘东平，时间是1941年1月至1941年7月。1982年2月许幸之回忆新四军之旅写到："我于是在新的指示与安排下返沪赴港，从事电影制片工作，直到太平洋战争爆发后，在香港地

---

[1] 段云章、倪俊明：《陈炯明集》，中山大学出版社，2007年，第214页。

下党指挥下,和留港文化人队伍一起撤离香港转到内地去。"[1]在1942年的农历除夕,许幸之与茅盾夫妇等文化人在东江纵队的安排下,到达惠州,在惠州度过一个难忘的春节,等待着许先生的是粤北管埠的教学生活。从新四军到中山大学教授,仅是一年多时间,新四军的臂章是许幸之教授与鲁艺华中分院的美术老师共同设计的。1991年12月11日许先生去世,家人将臂章复制品放入他的骨灰盒。

许幸之先生在管埠的日记中写到:"黄昏时,思聪来邀我往罗家渡的松林去散步。果然,那地方真是优美。我们在森林中静静地散步,在草径上低声地谈话,静听着松涛的声音,有万籁之音。我们便尽兴趣谈话,从诗歌、小说、绘画、音乐,一直谈到戏剧和电影,更进一步地谈到著名作曲家和他们的伟大作品,一直到夕阳落下西岭,我们才踏着被松针铺满了的山坡归来,回到宿舍,已经是天黑了,家家户户已经点起了油灯。"[2]文中写到他在师范学院的教学是指导选科生的室内绘画和郊外写生,也为爱好戏剧的学生排演话剧,在坪石公演了《茶花女》。

许幸之1944年所写的"坪石小简"谈到在管埠与马思聪为友的庆幸,在1943年春季写了三幕话剧《樱花夫人》和五、六首长诗、几十首短诗,现在正在收集资料准备写《西洋戏剧史》《古代美术史》,还打算编《中国现代中国诗歌史》。

1942年许幸之在《沙漠画报》发表"话剧",第5期是《凡是一出戏,也必定会有各色各样的纷争……》,1942年在《文艺生活》第四期发表诗歌《在祖国的摇篮里,抒情四章:走向自由的祖国、守夜、哨兵、漓江桥上》,1943年在《艺丛》第1期发表《论风格和气氛》,1943年在《中艺》创刊号发表《戏剧与电影》,1943年在《国文评论》第1期发表《酿诗》,1943年在《文艺杂志》第3期发表诗歌《火战》。1944年在《联合周报》的"笔会"栏目发表《坪石小简》,1944年在《收获》发表短篇小说《同归于尽》,分五期刊载;发表于《文艺生活》第三卷第6期的《雾夜》一诗落款是"1942年11月18日于管埠"。

许幸之所写的"坪石小简"落款时间是1944年3月30日,文中谈到马上要到桂林观光,一二个星期就回坪石。中山大学剧社在4月3日至8日在桂林艺术馆礼堂演出《皮革马林》,剧团3月26日由师范学院的陈邵南教授带队抵桂林,共20人,许幸之先生此行可能与此有关。4月30日韶关举办广东省文化界集会欢迎参加西南剧

---

[1] 许幸之:《新四军培训艺术人才的园地——关于鲁艺华中分院的回忆》,收录于李泽等编:《新四军的医生摇篮》,南京:江苏文艺出版社,1992年,第243页。
[2] 许幸之:《追忆与马思聪在林间的散步》,收录于《传记文学》,1991年第3期,第18页。

展归来的广东艺专、中大剧团、七战区艺宣大队等团体。[1]1943年11月25日师范学院举行戏剧座谈会,请许幸之、张云谷教授讲课,会后成立了师范学院剧团,简称"中师剧团",常代表中大进行社会演出。许幸之教授是《皮革马林》的顾问,也因为此剧与卓元樑女士相识相知。1944年7月《联合周报》登出喜讯"戏剧家许幸之近与其女弟子中山大学师范学院学生卓元樑举行婚礼。卓小姐曾主演中大演出之《皮革马林》等剧,由许先生之导演而相熟,故欧阳先生于喜筵上嘻谓'此乃戏剧之功'"。田汉先生赋诗"许幸之卓元樑新婚致贺",写道:"艺事常和造化,伊人真个眼液流。温香软玉劳珍惜,真使侬心化石头。"喜筵在桂林蜀腴川菜馆举行,5月19日广西省立艺术馆、新中国剧社就是在这里招待参加剧展会的全体戏剧工作者。欧阳予倩、柳亚子等发表讲话。[2]在坪石,师范学院举行了音乐节,师院剧团演出过《大地回春》话剧。

三、马思聪音乐创作的第一个黄金时代

马思聪与国立中山大学的第一份聘书聘期为1942年8月至1943年7月,由金曾澄代校长在1942年7月签订,在8月7日本学年开学之前。第二份聘书是1943年6月签订,聘期从1943年8月至1944年7月,签署者仍为金校长。在1942年2月24日,张云校长已经收到海丰方面的电函,表达马先生可以到任之意。[3]马思聪与许幸之一样,在管埠宁静的生活中,迎来自己音乐创作的高峰。在应上海数家文艺杂志联合邀请下,1948年马思聪到沪举行音乐会,演出前的一则通讯报道写到:"他的夫人王慕理女士写信给友人时,常怀念在坪石中山大学的那段时间,她说:环境幽静,生活安定,他(指马思聪)几个大作品,如第一交响乐、协奏曲等,都在那时不吃力地完成,那可说是他写作的黄金时代,自然,他希望重温那些日子,我们也在努力设法。"

马思聪先生来管埠前在香港与徐迟交往颇深,他们最初是在重庆认识的,徐迟回忆录写到他们在香港相处的日子:"来到香港之后,他已经有很多乐思,等待他来落笔写出它们了。在天文台道,他写下了《剑舞》初稿,曾演奏给我听过。他正在构思着,要写他的《第一交响乐》。他还有一个小提琴协奏曲要写,

---

[1] 广西戏剧研究室编:《西南剧展》,漓江出版社,1984年,第468页。
[2] 广西戏剧研究室编:《西南剧展》,漓江出版社,1984年,第470页。
[3] 广东省档案馆藏,档号020—002—171—011—013。

我们多次谈到这些作品。"[1]日军轰炸香港时,他们一起进入防空洞,徐迟写到:"12月9日,天还不亮,望舒和我一家子先到学士台,找到钱能欣,五人一起来到中环大防空洞前面,巧得不再巧了,刚好就在洞口,我们碰到马思聪夫妇,他们是从九龙乘坐'哇啦哇啦'过来的。九龙是无法防守,已经乱得可怕,我们一共七人,七人一起进洞。""所有人中间,我看马思聪是心情最稳定的人了,他甚至拿出五线谱来,在上面画着音符。我问他,'你在干什么,'他笑说,'我要开始谱写我的《第一交响乐》了','这种时候',我摇头了。'就是因为在这种时候啊!'他问答我,便不说话,他自己只管画他的音符了。"[2]

徐迟与马思聪在香港分别后继续通信联系,在管埠教书的马思聪在1943年的数封通信中,多次讨论《西藏音诗》的作品创作。他与徐迟的两封信曾发表在1942年6月的《大公报》文艺副刊。马思聪的堂弟马思周曾到管埠看望马思聪,"心中存个疙瘩,以为他们在'论战',待他来到管埠,与马思聪相见下谈起此事。马思聪笑着说:'这不算论战,只是学术上的探讨而已……'"[3]

出于对徐迟先生的重视,师范学院曾有聘请他为国文系教授的盛情,推测徐先生可能来过,时间不长,在马思聪领米的登记表格担保人中除了许幸之的签名,也有徐迟的签名。1943年8月师范学院代理院长毛礼锐院长函中也催促徐迟早日到校。[4]师范学院为马思聪的到来专门购置了钢琴,从钢琴到运费是一笔不小的开支。

1942年11月9日,师范学院举行校庆音乐会,应该是马思聪先生在管埠中师的首次亮相。1943年国立中山大学校庆,在11月11日师范学院举行的庆祝晚会上,马思聪参与演出的第一个节目,是当晚最重要的开幕表演节目。[5]1944年3月18日和19日马思聪举办音乐会,4月22日师范学院弦乐队演奏了马思聪先生的作品《西藏音诗》。平时马思聪教授与王慕理的排练在管埠大礼堂兼膳堂进行,因为只有一架钢琴在那里。王慕理在师范学院也聘为不分系的讲师。1942年马思聪发表了《创作的经历》一文,写道:"在过去十年间,我写过一点曲子,目前也正在写一点曲子。有一种不可自制的欲念驱使我去写作,我得到的酬劳是让我填去了围

---

[1] 徐迟:《我的文学生涯》,百花文艺出版社,2006年,第281页。
[2] 徐迟:《我的文学生涯》,百花文艺出版社,2006年,第291页。
[3] 马思周、杨永:《饮誉乐坛六十年——记著名音乐家马思聪》,收录于广东省政协文史委编:《广东文史资料》第60辑,《群星璀璨:广东文化》,1989年出版。
[4] 广东省档案馆,档号020—004—847—058。
[5] 国立中山大学出版,1943年《校友通讯》第45期。

绕的空虚，让我鼓起多少新的勇气。"[1]

1945年毛泽东到重庆与蒋介石举行会谈时，徐迟与马思聪在红岩村一起受毛泽东主席和周恩来同志接见。席间，毛泽东主席与马思聪讨论了音乐的普及和提高的问题，毛泽东鼓励马思聪可以向鲁迅一样成为写提高作品的作者。过了两天，徐迟将一本有关山月敦煌壁画的线描、叶浅予画戴爱莲舞姿和马思聪描在五线谱上的《第一交响乐》主题和变奏音乐符号的册页，请毛泽东题字，毛泽东写上"诗言志"并签名。[2]

哈尔滨师范大学音乐学院的周柱铨教授抗日战争时在坪石培联中学读书，是王慕理的学生，在管埠见过马思聪先生。在2007年《人民音乐》第5期"有关马思聪在坪石——管埠的史料"一文中，他认为听了马思聪的《山林之歌》，总觉得"过山"那一乐章，多少与他来往坪石——管埠这一段过山旱路的体验有关。这是中国音乐家中最早将马思聪的创作作品与特定的历史地理环境进行分析的论文之一。另一位是马思聪的学生杨宝智，四川音乐学院管弦系小提琴教授，1935年出生。他的父母与马思聪和王慕理世交，当年随父母在坪石的培联中学度过童年。他在回忆文章中写到："坪石有一个很著名的景点叫'金鸡岭'，当年太平天国败退时洪宣娇在上面抗击清兵一年多。可能这个地方的秀丽风景引起了马思聪写小提琴协奏曲的创作欲。到了1956年第一届全国音乐周时，我们中央音乐学院演出的曲目中就有马思聪的《F大调小提琴协奏曲》，谱上印的创作年代是1943年。那时我在乐队（独奏者是盛中国），由于他巧妙的配器使我在排练第三乐章时处处联想起'金鸡岭'，也算是坪石情结吧。"[3]

马思聪在20世纪50年代于中央音乐学院任教，在与学生对话谈到大作品时也提及广州（管埠）。音乐史家需要重新研究马思聪黄金时代的创作时间和地点。

许幸之与马思聪漫步的管埠"音诗小径"，自然风光依然，如果在古道上把五四新文化运动、左联文化、香港文化人胜利大营救、文艺抗战等元素融合进去，这将是一条覆盖近代中国文化史全貌的"大道"。

---

[1] 1940年《新音乐》第1期，1946年又发表在《音乐艺术》第1期。
[2] 徐迟：《我的文学生涯》，百花文艺出版社，2006年，第420页。
[3] 杨宝智："忆马思聪，兼论他的小提琴作品的分期及对在演奏这些作品中出现的一些问题的意见"，收录于四川音乐学院：《四川音乐学院百名老教授论文作品选集》，四川人民出版社，2016年，第631页。

第五节 坪石时期左联文化传承

一、左联作家穆木天与彭慧夫妇

著名诗人穆木天（1939年入校）和彭慧（1941年入校）夫妇，两位左联时期的著名诗人和作家，均在师范学院任教。穆木天毕业于日本东京帝国大学，读的是法国文学专业，1926年毕业后回国到了广州，与中山大学学生麦道广结婚，1927年一同到北平，1928年生下了儿子路易。穆先生1931年从东北到了上海参加左翼作家联盟，是冯乃超先生介绍入会的。在左联出版的各种刊物中，穆先生发表了大量诗歌，成为左联文学诗歌创作的代表性人物。在上海，穆木天与麦道广离异后，抚养孩子路易。1932年穆木天参加中国共产党，1933年与同为左联成员的共产党人彭慧结婚，当时穆木天在新党员训练班学习，彭慧女士是培训班的老师。穆先生在1940年末从桂林到了管埠师范学院继续教学，担任的课程是"名著选讲"和"习作"。任教期间，他翻译了雨果的《哀悼》，于1941年发表；雨果的《月亮》，于1942年发表；普希金的《青铜骑士》、莱蒙托夫的《恶魔》，于1942年出版。他自己创作的诗前后收入诗集《新的旅程》，与洪深合译《生命的火焰》，都于1942年出版。1940年的诗作《寄慧》是穆木天先生在夫人彭慧尚未来到坪石、带着路易和立立两个孩子在桂林时所作。彭慧是湖南人，高中毕业后进入湖南省立第一女子师范学校，时校长徐特立，后到北京进入北京师范大学，1926年加入中国共产党，被组织派往上海，又赴武汉，1927年在武汉被送到莫斯科中山大学学习，30年代回国到上海参加左联及党团组织。

1941年2月20日，文学院谢扶雅院长向许崇清校长请求聘任彭慧为讲师，2月28日许校长核准，同一文件提出被聘请为讲师的还有吴江霖先生。3月12日签订聘书，彭慧担任文学院兼任讲师，讲授"小说戏剧选读"，校方签署人为许崇清校长。[1]时年彭慧35岁，女儿穆立立8岁，"经历"一栏中最后的内容是"湖南地方干部学校讲师"，莫斯科中山大学学习经历未填，学历是国立北平女子师范大学文史系。1941年8月29日，彭慧任师范学院国文系专任讲师，校方签署者为张云校长，授课时间每周9-12小时，固定月薪，聘书确定为180元。此前的3月和4月，

---

[1] 广东省档案馆藏，档号020—002—142—077—078。

彭慧也曾在师范学院任兼课教师，按时计薪。这一教职是8月18日教务主任兼国文系主任陆侃如教授和训导主任兼代院务陈铭新教授联名向张云申请，事因钟敬文副教授初拟到师范学院任教，但因为在文学院担任办公室主任无法分身。在文学院，彭慧得到学生赞誉而取代钟先生到师范学院任教，讲授的课程是"小说戏剧选读""各体文习作"和"国文"。

1947年8月26日，彭慧在《记自己》中写到："1930年回国来。在回国后的最初两年，我还是研究社会科学，后来，因为亲眼看见，亲耳听见许多令人不满的社会现象，觉得应该把它写下来。"当时从苏联学习归国参加左联的共有七人，彭慧是其中之一。"抗战八年中，和胜利两年来，由于生活逼迫，我大部分时间去教学。而只有很少的时间让我从事写作和翻译。"[1]在管埠她翻译了班台莱耶夫的《卡特林娜》，发表于《中学生》1942年第59期，与黄友棣合作创作了《母亲之歌（战时新年曲）》，发表于《诗歌与木刻》1942年第8期。[2]彭慧1941年在师范学院填写的"1940年的论文和著作"栏目中，有"创作数篇"和《关于学生习作问题的研究》。

1942年，吴世昌先离开管埠到桂林师范学院，后邀请穆木天和彭慧到桂林师范学院任教。彭慧在1943年10月17日的自传中写到："粤北的坏气候，使得我们两人这两年的全部时间，除了吃粉笔灰之外，就是吃药，因而去年暑期，我们决心一同辞去中大教职。"[3]由此可知穆木天夫妇离开管埠的原因之一是气候条件的不适应，而桂林毕竟是城市，学校在1942年7月为穆木天和彭慧出具了往桂林的通行证明。

二、左翼美术家许幸之

1930年2月，以许幸之为首的艺术界人士在中华艺术大学发起成立左翼美术团体——时代美术社，许先生执笔起草了《时代美术社对全国青年美术家宣言》并对外发表。同年7月，以此为基础，上海成立了"中国左翼美术家联盟"，许幸之被推荐为首任主席。上海沦陷后的"孤岛文化"坚守与领导者之一，是从韩江来

---

[1]　《彭慧自传》，收录于《现代中文学刊》2016年第4期。《新文学史料》，2008年第2期。
[2]　孙晓博：《穆木天、彭慧夫妇著译年表堪误和补遗》，收录于《现代中国文化与文学》，2020年第1期，第140页。
[3]　吴泽霖、邹红主编：《彭慧先生百年诞辰纪念文集》，北京师范大学出版社，2009年，第12页。

到上海滩的戴平万，他1926年8月毕业于国立中山大学的前身——广东省高等师范学校，1924年加入中国共产党。许幸之也是坚守者之一，1939年5月出版的由戴平万负责具体编辑的《新中国文艺丛刊》第三集收录了许幸之的诗歌《堕胎》。[1]戴平万是左联12位发起人之一，许幸之是左联美术的领导者，他们在上海相逢。

也许许幸之先生或者穆木天先生没有想到，中国的左联文化运动与自己教书的这所学府有深厚的渊缘，左联七常委中的洪灵菲1926年毕业于此学府，与左联最后一任党团书记从中学到大学都是同班同学。广州左联重要人物之一杜埃，1933年考入国立中山大学社会学系，1937年毕业后到了香港八路军驻香港办事处，在廖承志领导下进行抗日工作。留学日本回国的刘仑老师1934年参与了鲁迅先生倡导的新兴木刻运动。1941年10月，他在师范学院附中举办"全国木刻展"，12月8日回到管埠学院本部展出，18日移到校部，后在西南地区巡回展览。这次展览共有木刻作品269件，参加的画家有39人，外国的木刻有15件。[2]

管埠师范学院的艺术创作，从师资和文学、木刻、戏剧作品分析，具有30年代中国上海左联思想与风格的传承，许幸之、洪深、钟敬文、刘仑、唐英伟，还有穆木天和彭慧夫妇均是活跃于20世纪30年代的左联艺术家，约五年后重聚管埠。

三、左翼戏剧家洪深

洪深在国立中山大学的执教生涯分广州时期和坪石时期，他在1936年9月至1937年被聘广州中山大学英文系主任，讲授的英文课是"戏剧学与舞台技术"，在中文系讲授"戏剧编写法"，住东山庙前西街43号二楼。[3]

1930年中国左联作家联盟成立，洪深成为会员。1930年9月，洪深出任由"左联"和"社联"创办的现代学艺讲习所所长。1931年被迫避于天津。1932年重回上海复旦大学、暨南大学教书并指导学生戏剧演出，1933年5月，复旦大学剧社上演洪深作品《五奎桥》。国立中山大学高中剧社于1932年创办，1933年改名为中大抗日剧社，同年7月25日也在中山纪念堂演出了《五奎桥》。[4]

---
[1] 饶芃子、黄仲文著：《戴平万研究》，汕头大学出版社，2000年，第97页。
[2] 李桦：《抗日战争时期国统区的木刻运动史料》，收录于《美术研究》，1958年第3期。
[3] 陈美英编：《洪深年谱》，文化艺术出版社，1993年，第75页。
[4] 陈嘉编：《抗日剧社和易扬》，2001年，第22页。易扬，即中大抗日剧社的领导人李克筠先生。

1937年8月在上海，洪深参与组织在全国进行抗日宣传的"救亡演剧队"并任二队队长，投入抗日救亡洪流。1940年冬，洪深夫妇与女儿均患病，为女儿治病举债生活陷入困境。1941年2月5日，在贫困交加的压力下，洪深夫妇在重庆服毒自杀，幸得郭沫若及时赶到被抢救脱离生命危险。中国具有传奇色彩的文学家、古典文学家周楞伽（1911—1992），20世纪30年代在上海已经是活跃的文人，其晚年出版的回忆录中收录了当年的文章："为了增加收入起见，遂应迁到了广东曲江坪石的广州中山大学文学系之聘，月薪三百元，并预支了六个月薪水，打算在民国三十年三月去粤就职。在他未去粤以前，他原本想多写文稿，偿还债务，但心情异常恶劣，往往举笔不能着一字。"[1]1941年1月12日许校长电告谢扶雅，"英文系主任已电聘洪深先生担任"，时洪先生48岁。1941年3月19日许崇清校长签署文函，聘请洪深先生为外国语言文学系教授兼系主任，月薪为360元，在聘书中写有"由二十九年十月份起送"的字样。[2]1941年7月27日许崇清校长签出新聘书，代理校长张云聘洪深先生为训导处名誉戏剧导师。当时文学院在清洞，后来搬到铁岭，靠近校本部。在坪石，洪深与妻子常青真住陈家坪14号的农屋。

师范学院学生刊物《生活思潮》第8期刊登了英语系学生李觉清写的通讯，记录了洪深到师范学院讲课的内容。包括洪深的样貌：他的外表高大，头发不长不短，略觉憔悴的脸上架着一副蓝墨色的眼镜，但仍然掩不了那坚毅敏捷的眼光；穿着的是一套白底灰纹的文装，裤脚被黑色袜裹住，正是行远路的打扮。（这就苦了他，因为他的脚是稍微有点拐的；从清洞文学院到来总有八里路呢。）

洪深先生为师范学院上的是"戏剧选修"的课程，是定期讲学。1941年6月，文学院才从清洞搬到靠近坪石的铁岭，洪深先生经历了文学院初迁于清洞最艰苦的岁月，也体验了铁岭的风光。[3]1936年下学期，中山大学在一年级开始推行"导师制"，十名学生为一组。洪深教授在文学院英文系指导的学生有刘锡祥、潘承德、罗再生、陈子华、黄双元、王汝静、刘明瑞、严伯昇、严鉞等。

1941年8月15日，广东戏剧界举行欢迎洪深抵韶大会，1942年5月中，在坪石演出话剧、歌舞剧期间，中山大学张泉林、王启树、洪深、许幸之教授参加抗敌演

---

[1] 周楞伽：《记洪深》，原文再于1942年12月10日《杂志》第十卷第三期，收录于周楞伽：《伤逝与谈往》，1998年，第144页。
[2] 广东省档案馆藏，档号020-002-141-017-019。
[3] 广东省档案馆藏，档号020-002-744-035。

剧七队学术讨论会。[1]从抗宣一队和剧宣七队大事记中，可以得到结论，洪深先生热情地投入社会抗日话剧运动，另一重要判断，1942年5月许幸之已经在坪石，战争使两位上海左联时期风云人物在粤北相遇。

《风雨归舟》是洪深在坪石导演的重要剧目之一。校方1942年4月24日答复"华侨生同学会"4月20日的申请，通过演出话剧《风雨归舟》募捐，因演剧需要给予4月20日至5月15日25天公假，洪深导演，钟日新、古伟、莫飚、何恩泽、李蜜、顾铁符等演出。[2]1942年4月将在坪石中山大学演出《风雨归舟》的上演税寄田汉。洪深1942年5月向大学提出暑期后准备不任教职望校方提早物色外文系主任，拟专心写作，张云校长5月8日复函文学院朱谦之恳切挽留打消原意。1942年6月8日张云代表校方出具证明，为洪深先生赴渝带行李（铺卷五件、书籍八包、皮包二件、箱一件）并携家眷四人（一妻三女），请求衡阳、桂林、柳州、金城江、贵阳等关卡驻军给予照顾放行。[3]校长张云提早发给6月、7月薪金和津贴，并望下年度来校任教。[4]

当年夏天，洪深到四川江安国立艺专任课。抗日战争爆发后，南京国立戏剧专科学校迁到此处，是以戏剧艺术专业教育为主的学校，为中央戏剧学院的前身之一，现在旧址为四川省省级文物保护单位。

四、《杜鹃花》与《诗站》

1941年创作的《杜鹃花》，词作者是潮汕人、文学院学生芜军，芜军是笔名，原名为方健鹏。芜军学生时代在文学院创作活跃，与许幸之也有很深的交往。1943年，芜军到广西柳州西江师范学校教书，1944年在漓江游泳时不幸溺水逝世。陈残云与芜军交往较深，写有《忆芜军》一文。1943年，芜军、野曼等中山大学文学院学生在坪石创建了《诗站》诗社并出版诗刊及壁报，除许幸之外，在中国诗坛有影响力的郭力、征军等人均在诗刊发表诗作，该诗社是抗战时期具有影响力的诗社之一。从这些诗歌可以看到左联文化延续的基因。为《杜鹃花》谱曲的老师是教育系毕业生黄友棣，曾于1940年7月至1941年1月在省艺专担任教师和

---

[1] 《抗宣一队——剧宣七队大事记》，收录于广东省委党史研究委员会、广东省文化厅编：《南天艺术录》，1989年，第258页。
[2] 广东省档案馆藏，档号020—004—1126—109—110。
[3] 广东省档案馆藏，档号020—004—1068—144—145。
[4] 广东省档案馆藏，档号020—004—1126—134。

音乐科主任，同时也在师范学院兼任讲师，三年后即1942年被聘为师范学院副教授。1941年黄友棣讲授的音乐课目是"基本乐学""和声训练""和声学""音乐教材及教学"和"合唱"。黄先生1936年开始写抗战歌曲，《杜鹃花》是其中一首最具有代表性的混声四部合唱歌曲。

第六节　在管埠就读的师范学院学生们

管埠的师范学院有8个系，丘培华先生回忆自己是1938年在澄江入学教育学系，1942年毕业。教育学系毕业生10人，也就是说1942年第一届师范学院的毕业生产生在管埠。师范学院的教育是四年在校读书，一年到中学实习，第五年学校颁发毕业证书，所以表述毕业时间的历史资料或者个人回忆录多产生不一致的时间，严格意义上说，应该是1943年首届师范学院毕业生毕业。

一、听洪深先生授课的英语系学生

介绍洪深先生的文章就是1945年毕业的李觉清同学所写，发表在《生活时代》。从他2004年留下的通信地址判断，应该是在香港新农学校任教。

坪石时期比较而言安定些，1940年入校学生多，开始有毕业生。英语系1943年毕业的学生有：李觉清、刘凤贤、伍秋珍、陈鎏才、梁锦昭、雷淑兰；1944年毕业的学生李宝缨、司徒芬。以上这些英语系学生，就是当年在管埠狭小的木板建造的临时课室里聆听洪深先生宏博的"戏剧理论大餐"的幸运者。1945年毕业生最多，任善勳、金玉英、李祖桃、陈宝莹、陈宝琦、郭法、苏玉英、倪培龄、丘仁先、王剑辉、吴叶青、杨天民、曾宪坤、郑辉、郑安都、钟景材、岑禹杰等十六人。1946年毕业的有陈树略、何国基、胡翠云、黄秀芳、黎宗慕、罗正中。

1946年毕业的英语系学生黄秀芳1941年从私立广州知用中学考入，1944年因战事休学一年，1945回到石牌复课，故1946年毕业。黎宗慕女士是香港圣心中学毕业，考入香港罗富国师范学院，香港沦陷后在师范学院英语系借读一年级，1943年转为正式生。

1946届的胡翠芬，是香港罗富国师范学院借读中大师范学院的应届毕业生，在坪石沦陷时，与中山大学附中同行，在1945年附中部分师生在韶关仁化扶溪临时复课时，她担任英文教员。[1]

---

[1] 司徒汉贤：《难忘的朱家山》，收录于林浪主编：《雏鹰展翅趋鲲鹏：1924年至1949年在国立大学附属中学》，中山大学出版社，2002年，第81页。

二、为了华南和港澳的学子

师范学院的学生来源主要是广东学生,其次是湖南、江西、广西和福建,再有就是香港和澳门。在研究管埠中师的时候,需要联系香港、澳门教育问题,需要联系同一历史时代存在的湖南蓝田国立师范学院、国立桂林师范学院、江西赣南国立中正大学和福建长汀国立厦门大学。在湖南蓝田国立师范学院,先在管埠中师任教后又赴湖南任教的有吴世昌、李铭槃、张云谷、高觉敷、陈孝禅、魏应麒等先生。国立桂林师范学院聘吴世昌为系主任,他又邀请了穆木天、彭慧等人加入。无论是学生,还是师资的流动,均与广东周边省份联系成为有机系统,成为抗日战争华南"五岭教育"群像。

在香港尚未沦陷时,内地迁港近三十多所中学,香港原有中学是二十多所。香港师资变得充足,教师多来自内地,只有少部分是香港师范的毕业生,另外一部分是香港学校出身的英文老师,来源如港大或皇仁书院这类学校。未沦陷前反成为香港教育的黄金时代。香港教育界抗日热情高涨,最大的学生团体是香港学生赈济会,发动社会募捐寒衣,组织五个服务团赴祖国内地服务。[1]没有想到英国殖民者抵抗无力,香港沦陷。

管埠中师有许多香港沦陷时逃出来的学生。师范生以罗富国师范学院最多,在管埠就读教育学系和英文系居多。罗富国师范学院1939年成立于香港,原为香港师资学院,1941年更名为罗富国师范学院,为战前香港唯一的师范学院。1967年改名为罗富国教育学院,1994年与当时葛量洪教育学院、柏立基教育学院、香港工商师范学院及语文教育学院合并为香港教育学院。

卓文心(又名卓元樑)同学也是罗富国师范学院的借读生。1942年10月20日在香港罗富国师范学院就读一年级的卓文心申请借读获批,在国立中山大学师范学院教育学系一年级借读,读了两学年。1948年王星拱校长签署出具批准转学证明书,离校或者毕业时间是从她转学时间推算出来的,五年制的学制,1942年是一年级,四年大学学习,一年实习后颁发毕业证,列入1946年离校毕业。实际上卓女士是在东吴大学继续学习完成学业。

另一类是抗战爆发后从广州迁徙到香港办学,包括广州大学、广东国民大学等,粤港澳学生报考这些大学,香港沦陷后不得不回迁或者逃离。1944年国立中

---

[1] 张慧真:《从十一万到三千:沦陷时期香港教育口述历史》,中山大学出版社,2005年,前言。

山大学收录了67名香港学生，私立岭南大学收录了50名。

1946年教育学系毕业生最多，有蔡雁生、陈珍华（陈君明）、陈治法、陈祝初、董励（董丽庄）、冯伯涛、冯锡瑶、何松波、黄昶、黄凤漳、黄桂登、黄江月、黄俊民、黄丽芳、黄丽璋、黄绪谦、黄耀华、李定心、李回福、李家璋、李淑静、李素心、林永洲、刘碧、蔡汉勋、陈清梅、戴国材、傅舟发、甘洁贞、黄韦爵、黄应统、井海琴、李承煜、梁枢民、廖慈鸾、林高时、林品三、林生侬、刘永基、刘蕙馨、龙邦伟、罗相邦、潘伯桓、潘源浩、丘颖杰、沈厚坚、萧世泰、萧树敏、熊芳、徐汝雄、颜长虹、杨殷山、叶玉栋、余心如、麞功润、詹谦让、钟枝瞻、钟锦屏、钟源德、钟泽昌、周慕霞、冬公浩、唐日新、唐雅丽、伍觉铿、许寄侬、杨焕光、曾雅怡、卓文心（卓元樑）、邬绍文、岑秀贞、苏庆廉、唐汉钧、唐泽铮。

——引自中山大学出版社：《中山大学校友录：1924年——1952年分册》，2004年。

从2004年留下来的通信地址可以判断，这届教育学系毕业生大部分从事教育工作，包括台山二中、佛山三中、长沙十三中和七中、衡阳五中、惠州一中、广州师院、中山大学、华南师范大学等，其中一辈子从事师范教育的毕业生不少。教育学系所修的课程有教育概论、哲学概论、中国文学史、国文研究、西洋文化史、中国文化史、教育心理学、中等教育学、普通生物学、经济学、外国文、音乐、教育统计等。这一届的教育学系毕业生中李素心在学院中经常为马思聪钢琴伴奏。

师范学院附中的教师大部分是师范学院各系的毕业生，有的学生一辈子就是在附中教学。2004年中山大学校友名录登记了部分校友通信地址，对从中了解毕业生的去向有帮助。1946年博物学系毕业生苗漳州的通讯地址是韶关师范学院，史地系毕业生杨兆源的通讯地址是广东实验中学，张文照的通讯地址为广东金山中学，数学系毕业生萧衍栾的通讯地址是华南师范大学数学系，理化系谢德民的通信地址是华师学校南区。香港或者澳门同学不少，他们有的在大陆发展，有的回到香港和澳门。

1949年前毕业的师范学院学生均有管埠的经历，1952年的毕业生是最后一届。1945年的师范学院教师名册中有许崇清教授的名字，1948年8月的名册中，林宝权教授回到师范学院担任教授。师范学院没有在康乐园复课，她初创于云南澄江，全盛时期在管埠，落幕在石牌。1947年在石牌校园，师范学院进行改组，保留教育系和体育系，公民训育系并入教育系，其他系进入对应的专业院系中。

曾在管埠的师范学院学生不少是在广州石牌拿到毕业证书的。体育系是回到石牌后才设立的，由赵善性教授、刘昌合等教授创办，已经在管埠师范学院的教员梁光福、田景春和杜汝俭是主要的教学师资。第一届师范学院体育系学生，有1946年入读的罗彦群、1947年第二届入读的蔡屏东，两位均是解放前后政治运动中活跃的学生。体育系1948年招了最后一届就结束。华南师范学院经调整并入了南方大学俄语言系、岭南大学教育系、海南师范学院、南昌大学师范部地理专科、广西大学教育系、湖南大学史地系地理专修班。[1]国立中山大学师范学院是在校内撤并的，存在时间是1938年至1952年，实际招生应该是十二年，管埠中师五年是艰辛但辉煌的五年，学术成果颇丰。

三、管埠中师社会调查与实践

师范学院的责职之一是重点辅导广东的中等教育，派教授巡回粤北各地各校辅导，创设了初中教员进修班；并组织学生成立社会服务团，对坪石开展民众教育，设立战时民众服务馆，开办民众识字班，实行坪石文盲调查。[2]

1940年12月7日至20日，任国荣教授率领生物学系和师范学院博物系16名学生到广东北江考察队采集的动物标本，收获颇为丰富。[3]任国荣先生既是理学院生物学系教授，也是师范学院博物系主任。由专业名师任系主任，这是管埠中师的教育特点，学生接受的师范教育，除了教育学，其它专业的水平和素质也一样重要。

1941年度教师名册上任国荣教授填写的研究成果是《采集粤北之脊椎动物》，助教黄唤然填写的研究成果是《坪石原生动物之调查》和《粤北蝶类》，助教黄维康填写的研究成果是《粤北之鸟类调查研究》，非常具有地方性的研究成果，填补了生物学粤北野外调查的空白。师范学院成立了数学会、理化学会、国文学会、心理学会甚至平剧研究社，学术气氛浓厚。专题讨论会、野外调查和深入的社会服务实践，提高了师范教育对中国现状的认识。

---

[1] 梁国熙、赵育生等编：《华南师范大学校史（1933—1995）》，1996年，广东省高等教育出版社，1996年。
[2] 黄义祥：《中山大学史稿（1924—1949）》，中山大学出版社，1999年，第382页。
[3] 冯双：《中山大学生命科学学院（生物系）编年史：1924—2007》，中山大学出版社，2007年，第89页。

第七节　第二次世界大战期间中国与欧洲大学的比较

在反法西斯战争历史中，记录战场的历史资料很多，创作的艺术作品也长久成为主题。反观第二次世界大战的大学教育，记述的书籍不多。

和欧洲战场相比，中国战场的大学教育保持独立性，不为外敌所控制或者灭绝，中国知识分子、教育家在世界反法西斯战场上值得骄傲地撰写了壮丽的历史篇章。

一、波兰、英国和法国的大学在二战中的生存

1939年9月1日德国军队入侵波兰，10月，波兰最古老学府之一的波茨南大学被宣布永久关闭，部分教授被捕。1941年在波茨南大学原校区，德国日耳曼化的帝国大学开办。[1]

1939年10月7日，入侵波兰不久，希特勒下令所有学校均要"强化日耳曼化"（concerning intensified Germanization），在一个月内就颁布此令足可以证明德占区关闭大学是德国法西斯战略计划的一部分。教育是民族存在的基础，法西斯要根除波兰一切与民族联系的社会、经济、文化和教育。1939年波兰德占区所有的大学一律关闭，全境仅剩下一所鲁宾天主教大学。[2]

法国索邦大学在二战时也经历了重创过程，法国维希政权立法强制性驱赶或者逮捕犹太学生和老师，许多师生被枪杀或者失踪。[3]日耳曼化或者扶持傀儡政府，直接影响到法国的大学。欧洲国家二战时所处的战争状态不同，大学运转的情况各异。在英国，伦敦城市大学为避开德军飞机轰炸，搬至威尔士海边一小镇，伦敦大学学生强制疏散，校园中的主要教学大楼被英国政府战时信息管制部征用。[4]

---

[1] R.Wroczynski, Dzieje oswiaty Polskiej1795-1945.Warszawa 1996.s.295-296.
[2] Adam Redzik,Polish Universities During the Second World War, Polish-Ukrainian University in Lubin.
[3] http://www.sorbonne.fr/en/the-sorbonne/history-of- the-sorbonne/la-sorbonne-au-xxe-siecle-de-lancienne-universite-de-paris-aux-13-universities-parisiennes/.
[4] https://london.ac.uk/about/-us/history-university-london/history-senate-house.

二、世界教育史上的壮举——中国"烽火中行走的大学"

在中国抗日战争中,沦陷区的大学大部分西迁,寻找安身之地,坚持办学,烽火育人。国立中山大学当广州沦陷时,迅速西迁,一年后南回,与留在南粤本土的广东省立文理学院、广东国民大学、广州大学等高等院校和许多中学,留在战火前线。广东省的大学教育机构充满抗战必胜的信心,服务民众,坚守于沦陷区的边缘,成为中国"烽火中行走的大学"。数月内建成临时校园,有的学校八年经历十次迁移,这是世界反法西斯战争中国教育界的壮举。中国知识分子、教育家的民族精神,坚韧不拔的毅力,在战时呈现于世,惠及后人。1944年的师范学院教员名册上,国文系兼任讲师陆兴焰先生的表格中,"现所在地"一栏填写的是"在东来途中遇敌殉难",[1]同行的还有两位学生遇难,这是1945年造册补写的内容。粤北抗战的教育是用生命换来的。

三、教师家庭的集体迁移

在中国大学战时的迁徙中,教师家属随行,许多幼小的孩子,就成长在这种特殊的校园中,在师范学院的家属就有百余人。因为许多小孩到了入学年龄,周围没有小学,于是院方设立小学服务教授。

马思聪在管埠不仅创作了《第一交响曲》《F大调小提琴协奏曲》等中国音乐史上里程碑意义的作品,还与王慕理有了爱情的结晶,马瑞雪1943年8月14日出生于坪石管埠,1966年毕业于中央音乐学院钢琴系。穆木天和彭慧的女儿穆立立1941年来到管埠时,约7岁,在她回忆纪念父亲的文章中仍然记得管埠的山山水水。穆立立学习俄语,1958年参加中国第一次赴苏联的计算机考察团,担任翻译,此后在中国社会科学院民族研究所世界民族研究室工作,在国际民族和我国少数民族问题的研究上颇有成就。

袁哲和张筑音夫妇在山区坚守教育事业特别难得,两位是才子佳人,生活奔波孩子也多。在与张筑音结婚前,袁哲教授有一次婚姻,但夫人不幸病逝,留下13岁的女儿袁善如和7岁的儿子袁道先,后来与张筑音又有两个儿子袁道中和袁道之。袁道中出生于1941年10月11日,袁道之出生于1946年。1943年1月袁先生一家

---

[1] 广东省档案馆藏,档号020-003-115-029~038。

离开管埠，3月到重庆，女儿高中毕业，帮助张筑音做家务，大儿子在读书，张筑音怀里还有一个快三岁的儿子。[1]张筑音在回忆文章《马思聪夫妇在粤北坪石》中写到找孩子找到邻居马思聪家时的情形："马夫人含笑招呼着我，指着马思聪笑着说：'他最喜欢孩子，他说您家的这孩子，像一尊小小自由神……'我由衷地感谢：'多谢您夫妇关心和照顾……'马思聪也转过脸来，欠了欠身子，又继续用小汤匙喂着孩子。"马思聪怀里抱着的孩子应该就是袁道中。在社会对他们不公的日子，家庭依然温馨，袁善如、袁道先和袁道中在管埠度过童年或者少年时光。1973年袁哲病逝。

袁善如，1927年生，1949年在复旦大学读书时参加志愿军抗美援朝，在解放军总政治部敌工部工作，从军后在新华通讯社国际部任译审，是受中国翻译协会表彰的资深翻译家；袁道先1991年当选为中国科学院院士，是具有世界影响的岩溶专业权威。袁道中毕业于北京机械学院，数理系，任上海惠民中学副校长。小儿子袁道之是中国科学院研究生院的英语教授。

1943年11月11日晚上，教授的孩子们在管埠中师庆祝校庆的晚会上还与马思聪学生同台演出，"开场即为马思聪教授小提琴独奏，继之为该学院教授子女合唱，十余位七八岁以下之小孩登台，小唇翻动，歌声嘹亮而合拍，举座笑倒。"[2]

毛礼锐回忆坪石沦陷时写到：中山大学从坪石迁往东江，全校跑空了，我还在师范学院（离坪石二十里）藏好图书和仪器，若不是我的女儿拉我走，险些被敌军抓去。我们全部行李丢了，徒步跑到坪石车站，只剩最后一列火车了，勉强挤进车厢，得以脱险到达乐昌。[3]在管埠的老师子女，他们同父母一样，经历了一场战争中办学的危难。

四、管埠山坡上"十间房木屋"的主人和孩子们

在管埠师生的回忆中，多次被提及的是一栋临时教师平房宿舍，每房间门口有编号。1941年11月张筑音随先生袁哲来到管埠中师任教时，已经开始修建，1942年4月建好开始入住，张筑音的回忆是"第二年的开春"。1943年1月袁哲和张筑音离开管埠，又告别了这栋简陋而飘出小提琴乐声的"十间房木屋"。简朴的衫

---

[1] 贺静：《回眸一笑你倾城》，团结出版社，2016年，第116页。
[2] 国立中山大学出版，1943年《校友通讯》第45期。
[3] 《文献》杂志编辑部：《中国当代社会科学家》，第8辑，1986年，第42页。

木制作，墙壁横钉着未加工的杉木板，地面是夯实的泥地，屋顶为鳞片式的杉木皮。在十间房子的两端是公共厨房，是十间房客聚会的"客厅"、学习和比拼厨艺的地方。每间房仅有的家具是从学校借来的一床一桌和两板凳。

第二间的主人是鄢远猷教授夫妇，鄢教授是史地系教授，1897年出生，湖南人，中学在长沙明德中学旧制16班读书，开始在《湘君》刊物发表文章。上海复旦大学毕业后，20世纪30年代初赴英国留学，在伦敦大学政治经济学院专攻西洋史，1936年获得博士学位，"旋赴德国、比利时和法国游学，年底回到灾难深重的祖国。"[1]后来接任郑师许为史地系主任，离开管埠后又到了迁到乐山的武汉大学史学系任教。从20世纪30年代鄢教授发表的文章分析，鄢先生研究的国际问题面颇广，《德奥合并问题之真相》（1930年）、《比利时国内语言问题的纷争：法语与佛来铭语对抗》（1930年）、《智利政变之两重背景》（1932年）、《从事实推测欧战之可能性》（1935年）、《阿比西尼亚的问题之复杂性》（1935年）等，这些文章许多是在欧洲留学和游学中发回中国发表的。回国后，鄢教授在家乡休养了一段时间，应聘到迁至乐山的武汉大学史学系任教。1941年来到管埠任教师范学院时，写下了《如何收回抗战所牺牲的代价》（1941年）、《战争与社会阶级的演变》（1942年），《英国史》和《西洋史学史》两部著作应该就在"十间房木屋"内完成的。

没有料到，战火在家园燃烧，当听到日军飞机飞过的轰鸣声时，"十间房木屋"的主人们不约而同走出来，眼光追随远去的敌机，其中一位穿深棕色长袍的年轻教授低沉地充满愤慨地自语："废墟，鲜血"，这位年轻教授是第五间的主人马思聪先生。[2]张筑音的回忆文章提到与马思聪先生隔壁住的是"史地系副教授王君夫妇"，是第四间。回忆可能有误，1941年在史地系任教的两位副教授均不姓王，分别是陈昭炳和许逸超，均是1939年师范学院创建就开始任教。

陈昭炳是湖南人，张筑音喜欢与湖南老乡鄢夫人聊天，没有提到陈教授，故陈昭炳排除在外。1942年12月，王秀南和谢诗白到了管埠，袁哲和张筑音是1943年1月离开，他们有接触，谢诗白担任史地系讲师，推断"史地系王君夫妇"应该是王秀南和谢诗白夫妇，时王秀南为教育学系副教授。1942年12月抵达管埠任教的王秀南夫妇，在王秀南自己写的回忆录中也是"十间房木屋"住户，王秀南教授

---

[1] 鄢祖絜：《回忆父亲、严师——鄢远猷教授》，收录于武冈政协文史委编：《武冈文史资》第一辑，1986年，第65页。鄢祖絜先生为湖北师范学院教授。
[2] 张筑英：《马思聪夫妇在粤北》，南粤古驿道官方网站。

欣赏马思聪的琴声,但由于每间房的隔音差,大家为他人着想,均怕晚上孩子的哭声吵醒邻居,因为孩子不闹而欣慰地松了一口气,可对听到在这里学琴的学生单调反复练习的琴声就有些抱怨,但又说自己不会受影响可以继续写作和读书。[1]

再接着第三间就是袁哲、张筑音夫妇全家,第二间是鄢教授。朱智贤1943年12月到任,与夫人杨美云入住,袁哲1943年离开,推断朱智贤夫妇住的就是袁哲和张筑音居住的第三间,与马思聪夫妇共用一个厨房。[2]

与学生饭堂和礼堂隔着田野的对面山坡上,"十间房木屋"的油灯夜很深了才熄灭,天没光又最早点亮起。在这栋简陋的木屋里,诞生了《第一交响乐》和《第一小提琴协奏曲》,产生多篇心理学、史学领域划时代的学术文章和著作。

最令人痛惜的是木屋十位主人之一的鄢远猷先生,1944年病逝家乡武冈,前面提到的两部著作的稿件失散,管埠中师成为他教育事业最后一站。这位47岁的爱国学者没有看到抗日战争的胜利曙光,但他一直坚信胜利的日子会到来。

珍惜和平年代,近期广东海丰"五条人"乐队组合,仁科和茂涛两位的"塑料感音乐",在自媒体发达的时代火爆。马思聪先生音乐来自心灵,可能万万没有想到自己的老乡是通过另一种方式传播音乐表达心理感受和社会体验的。

---

[1] 王秀南:《教学著述六十年:王秀南教授八十回忆录》,新加坡东南亚教育中心,1985年,第195页。
[2] 李震编:《朱智贤:心理学星空不落的巨星》,华文出版社,2013年,第70页。

第八节 管埠中师实践的意义

一所特殊时期、特殊师资、特殊校园的师范学院消失了,但近五年的经历,留下了丰富的文化遗产,今天终于被活化利用,已过去了80年。

一、战时教育特色明显,学生的民族精神得到培养

1935年教育研究所的重要事项之一是实施备战教育计划,在1935年冬编制了备战计划供学校施行参考,增加了备战课目和计划。在管埠中师的教师适应战时的需要,初步建立了"战时师范教育"实践和理论体系。中国最早的师范教育研究所薪火相传,为本校师范教育培养师资的同时,教育研究成果丰硕。《教育研究》《中师季刊》等学术期刊保持不断,发表了师生对战时中国教育问题的现实建议,在战后的教育制度改革中仍然是主旋律。学术期刊及时译介海外师范教育、中等教育的文章,为教育界参考。

在坪石的学生中,有的在学习中或毕业后直接走向战场。

二、引入中国教育界最为优秀的师资,吸收欧美教育学最新成果洋为中用

以留美和留法为主的教育学、工学、理学和法学的教师发挥了重要作用。1928年文学院教育系和研究院教育研究所创办人,留美博士庄泽宣教授,倡导的教育理念是"中国化教育",1929年出版了《如何使新教育中国化》一书。庄泽宣教授1934年离开国立中山大学,崔载阳教授接任所长。这一系列教育理念仍然得到传承,形成先进的中西合璧的师范教育理论框架,在学习和运用美国先进的教育框架和法国教育理论中,中国化、民族化均作为最重要的原则;在教育心理学、课程学、比较教育和教育史研究领域均取得突破。中国最早建立的教育研究所得到发扬光大,研究生培养没有中断,部分研究生毕业后进入师范学院任教成为教育发展的新动力。

三、重视艺术教育高度，造就高水平的艺术人才

马思聪、许幸之的到任，提高了学院艺术教育水准，音乐教育、美术教育、戏剧教育水平大为提升。"通才"教育和"专才"教育有机结合，互为促进。中国有影响力的国学大师任教，促进了学生对古典文学的研究兴趣和文学写作水平。陆侃如和冯沅君的加盟，以及国文系、数学和理化系、不分系教授名师的加入，对师范学院"学力"提升带来新动力，对师范学院秉承自本校20世纪30年代初的教育研究主流思想，是一种重要的更新。1946年受聘私立岭南大学的庄泽宣教授在战后教育的总结中认为师范学院包括教育研究所进步不大。庄先生是未体会战时粤北的艰难和师范学院师资多元化的情形，还是怀念在1934年自己创办时的研究成果，他没有参与这五年的历程。[1]

马思聪在教学之余，创作了《第一交响曲》《F大调小提琴协奏曲》等中国音乐史有里程碑意义的作品。文学教师创作了大量作品和译作，冯沅君的《古优解》成为中国戏剧史的重要著作。中国20世纪30年代左翼文艺代表性人物的任教，传承了中国左联的精神，影响了师范学院的学生创作和审美观念。国文系教授穆木天1940年1月13日应文学院邀请做了专题讲座《新诗的创作问题》，[2]参与左联的教师也创作了具有抗战特殊意义的诗歌和戏剧作品，翻译或者出版了国外多位作家的译作。

四、战中和战后的师范教育人才输送

1941年度下半年，广东省共有1047名师范学校的毕业生输送到全省各地学校，为社会服务，[3]其中国立中山大学师范学院教育学系23名学生，有部分留校和读研究生。1946年和1947年师范学院教育学系毕业生均为80名，未包括其他学系和其他类别的师范生。师范学院战时教育事业的坚守，对广东教育在战后迅速恢复，特别是师范教育和中等教育的影响作用显著。

师范学院毕业生许多成为师范学院或者高等院校的学术中坚，管埠师范学院良好的艺术教育师资培养了不少艺术人才，尤其是马思聪、许幸之两位大师榜样的力量影响深远。中师剧团的熊夏武为高州人，15岁考入师范学院，解放后27岁

---

[1] 庄泽宣：《中国教育的前顾与后瞻》，收录于《广东教育》，1946年。
[2] 黄义祥：《中山大学史稿，1924—1949》，中山大学出版社，1999年，第328页。
[3] 国立中山大学师范学院编：《中等教育》第三辑，1941年。

时任高州副县长，但因家人在台湾任要职受牵连而撤职。在湛江从事戏剧创作，作品包括《寸金桥》《冼夫人》等著名的粤剧剧本。改革开放后，再任湛江文化局副局长、《湛江文艺》主编。曾嫩珠为教育学系1941年毕业生，是中师剧团戏剧导演吴俊华的同班同学，在澄江时是中山大学音乐教授郑志声的学生。毕业后从事音乐工作，是广州乐团独唱演员，后又在1980年广州音乐学院（后改为星海音乐学院）师范系担任副主任。

李素心老师在钢琴教育界成绩颇丰，担任了星海音乐学院钢琴副教授。当年在培联中学欣赏了马思聪小提琴演奏的关慧棠同学，成为星海音乐学院（广州音专）声乐系主任。她的丈夫，当时在三星坪工学院电机学系读书的区晓，1947年毕业生，在坪石也是欣赏过马思聪音乐会的大学生，对钢琴艺术的热爱超越了电机，后来也成为星海音乐学院（广州音专）钢琴系主任，与约瑟夫·古特合作发表的论文是《钢琴体操练习》，而不是工科论文。

1991年本人有幸在北京师范大学中加语言中心学习并在冬天的操场溜冰，遗憾的是当时并不知道50年前曾在管埠教学的彭慧教授1968年冬天去世于北京师范大学操场边上、一间堆放体育器材的漏风的棚子里；穆木天教授则去世于1971年，两老临终，身边并无任何亲属！[1]

曾生活在武水河畔的儿女，这里有你们朦朦胧胧的童年里杜鹃花的记忆。在今天和平年代的南粤大地，管埠中师的硕果落地生根，南粤人民没有忘记！

完稿于2020年8月26日

（特别感谢广东省档案馆、广州档案馆的帮助提供查阅档案的支持，感谢倪俊明、曹劲、施瑛、匡高峰、许翔、吕德铭、陆露、田中、许幸之先生家人、蔡文显先生家人协助提供资料和信息。文中所参考广东省档案馆的档案，藏于广东省档案馆。）

---

[1] 楚泽涵：《我所知道的穆木天》，刊于《新文学史料》，2019年第3期。穆木天为作者楚泽涵先生的姨父。

第十二章 一年来的研究成果回顾

编写组参加编写、查找、整理和总结历史文献及纪事的"三师"志愿者许瑞生、曹劲、施瑛、吴永彬（第1-4节）、张羽、王欢、倪韵捷（第5、6节）、陈别（第7节）、孙海刚、杨晓琳（第8节）、李志刚、方小聪（第9节）、吴永彬（第10节）。还有彭剑波、祁贵平、江家敏、周文娟、洪惠、吴熹等，成果均发表在南粤古驿道网站供工作时知识共享。在研究工作中得到广东省档案馆、广州档案馆提供的支持。

第一节　天文台的遗址挖掘

许瑞生、曹劲、施瑛

邹仪新1932年毕业于天文数学系，后赴日本留学，回国后坚持在抗战烽火中任教，并任学校天文台台长。到达坪石后，在理学院所在的塘口村，想方设法在短时间内建成天文站。1941年9月21日日全食，经过中国中部一带300年一遇，校长张云应邀带队往福建观测。[1]1949届数学天文系的毕业生名单是：陈瑞年、程极泰、甘树荣、黄桂青、黄建树、万赖、许振南、叶叔华、张魁彦、张明轩、钟盛德、陈忠爱、邓尚真、关汝福、郭丽珠、林彰明、梅慧勤、萧震夷、叶炽富、张咸熙、邹伟伦。这批1945年考入天文数学系的学生，成为叶述武的学生，推动了中国天文事业的发展，佼佼者是广州出生的叶叔华女士，中学学习阶段是在香港、广州、粤北辗转度过的，1945年考入天文数学系，毕业后赴上海工作，1958年建立中国世界时综合系统，1980年当选为院士，1981年成为上海天文台台长。

2019年国庆节后的第一天作者与叶教授通话，得到相关信息，她高一高二是在乐昌第三华侨中学读书[2]，日本鬼子来了，高三又转到连县的培英中学。部分内容记录如下：

> 作者：您好，叶院士，国庆休假还有一天，先祝您节日好！您是大家都敬重的科学家，近日我到了坪石。事因昨天发现了张云院长、邹仪新教授在韶关坪石塘口村所设的天文台的遗址，天文台的建筑基座还在，刚刚被发现，专门过来，是想与韶关当地讨论如何保护这一处遗址。下一步，初步打算复原张云校长、邹仪新女士建立的天文台，并保留部分遗址，缅怀抗日战争天文台坚守的岁月。特别向您报告这一事情。听一听您对天文台遗址和天文学的看法？
>
> 叶叔华：太好了，天文台是在当时的广州石牌校区吗？

---

[1] 雅璐主编：《抗日烽火中的中山大学》，中山大学出版社，2017年，第209页。
[2] 查证，1942年10月，广东省乐昌县成立第三华侨中学，华侨学生一律享受公费生待遇。培英中学在1944年6月迁往双喜山复课。1945年11月回广州白鹤洞。与叶先生的中学读书时间吻合。

作者：不是，是在韶关乐昌坪石塘口村一座称为"天文山"山顶上，原来被近一米的野草盖住了，坪石的干部和村民细心寻找后发现的。

叶叔华：那里有天文台吗？我有点模糊，但这是非常有意义的事情。

作者：是的，抗战时期，国立中山大学迁址，在韶关乐昌坪石办学。查阅了一些历史资料，您和您的老师前辈们当时做了很多事情，对国家有很大的贡献，当时在坪石张云校长先担任天文台主任，接着邹先生拿起接力棒成为天文台主任。

叶叔华：是的，邹仪新老师一年级就开始教我，她很能干，又很活跃，是最早的中国女天文学家。

作者：您在世界天文学领域贡献良多，广东人为您有这样的乡贤而骄傲。

叶叔华：在天文学取得一点成绩，我担任世界天文学会副主席，是中国人第一位担任这一职务的。

作者：我觉得从文化旅游和爱国主义教育角度来看，讲述抗战时期的烽火学堂的故事对年轻人来说很有教育意义。我看了相关资料，得知您当时是从香港很是艰难才来到乐昌的。

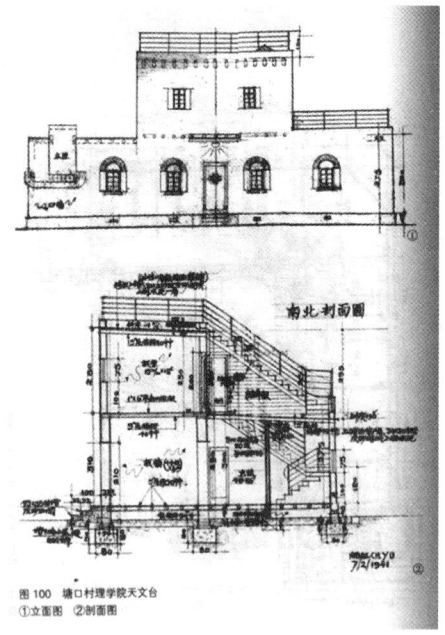

图12-1-1　虞炳烈主任1941年2月7日绘制的天文台设计图纸（藏于广东省档案馆）

叶叔华：是的，其实就是"走难"。我印象中有点冷，当时日本已经占领香港了。我记得是从香港走路到惠州，后来是坐船，我也忘了是怎么转的，到了韶关等了几个月才上学，反正当时在韶关也比较冷。

作者：当时您在香港读了几年书？

叶叔华：当时是在香港读了两个月高中，从香港到乐昌，用了十几天的时间，在乐昌就读了华侨第三中学，当时称为"侨三中"。内地还有侨一、侨二，当时的政府是希望收留海外的华侨子弟，让他们来读书。后来日本兵来了乐昌了，我就移到了连县读到高三。当时中大来连县招生，我就考入中大数学天文系了。

作者：1945 年考入国立中山大学数学天文系，那时候已经回到广州石牌校区了是吗？还有什么老师您记得的？如邹仪新教授的先生叶述武老师。

叶叔华：是的，是回到广州上大学，记得有许多老师还教我们，邹老师教我天文，叶述武老师是教数学。叶先生留法的。叶述武是梅县人。

作者：他是华南师范学院首任数学系主任，后来的经历也比较坎坷。我查找了叶述武的历史资料，他参与了东方红卫星的轨道计算是吗？

叶叔华：是的，是他参与设计的，他是非常有学问的人，很厉害。

作者：还想请教您，天文学与航天的关系是什么？

叶叔华：航天器的飞行轨道是通过天文台来计算确定的，航天器要在正确的轨道里面飞行，轨道不对它就会直接撞到月球，有可能失败。另外航天器在探索宇宙的时候也可为观察获取到地面没办法得到的天文信息，两者相辅相成。

作者：今天也很高兴能听到您这么洪亮的声音，我也看了央视拍摄的关于您的纪录片，了解到您对于下一步中国天文事业的构想？

叶叔华：实际上，现在有一个很大的天文建设及最新的发展，人类史上最大天文装置——平方公里阵列（SKA）射电望远镜预计 2020 年启动建设。作为 7 个创始成员国之一，很自豪。目前，已发展到了一定阶段，跨国度在全世界范围内收集更多的数据来分析天文学，上海天文台将成为东亚的数据中心。

作者：我找到了邹先生 1944 年在韶关坪石塘口村天文台处抄写观察数据的照片，拍摄照片的人是英国的科技史专家李约瑟，当时李约瑟来到了乐昌,我把照片寄给您。打扰您这么长时间了,国庆节快乐。

叶叔华:好的,中山大学现在还有天文系吧?

作者:好像没有?

叶叔华:有的,好像刚设立不久,关于抗战时期中山大学数学天文系、天文台的历史,你也可以拜访黄建树老先生,他是我同班同学。

作者:一定找时间请教前辈,中山大学天文学专业我了解一下,再次感谢您!

图12-1-2　1944年邹仪新教授在天文台记录测量数据,李约瑟拍摄
(剑桥大学网站)

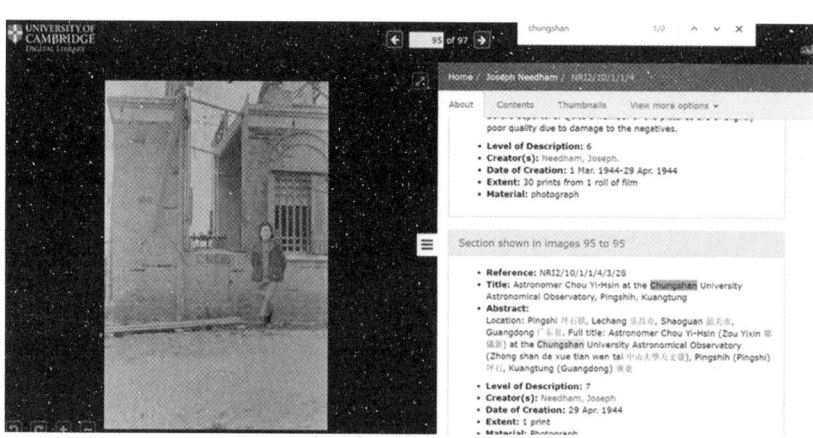

图12-1-3　剑桥大学校方网站李约瑟研究中心的旧照片中,可以看到天文台中间是采光部位,与上图对比才可以判断出建筑的形式,为遗址的功能判断提供依据

第十二章 一年来的研究成果回顾

图12-1-4 坪石干部和村民首先发现的遗址，判断是砖砌的深坑，从历史照片对比后可以判断为仪器机座（现场拍摄）

图12-1-5 从天文台山平台鸟瞰武江景色（现场拍摄）

1941年7月15日提交了天文台的估价单,价款为10710元。2019年广东省文物考古研究所进入了现场清理,完成考古挖掘工作,成为中国考古界第一次考古研究现代的天文台遗址的范例。又充分挖掘历史文档,成功地完成了从合同、设计、估价、建造、工程变革等全环节的文档整理,历史学与考古学、专业史充分结合,这是从去年7月份以来最成功的研究成果。

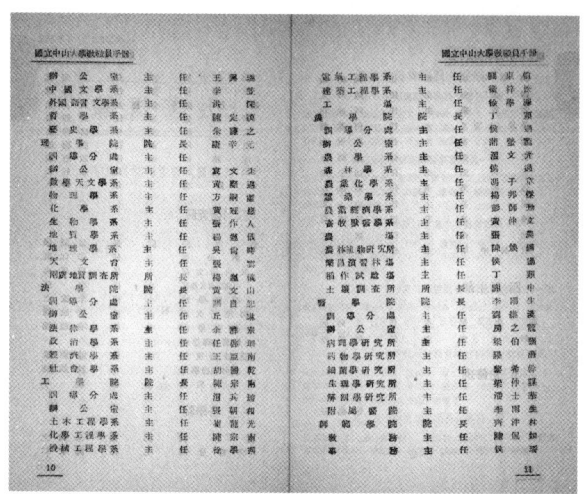

图12-1-6　1941年《教师手册》中各负责人名单中张云为天文台主任（藏于广东省立中山图书馆）

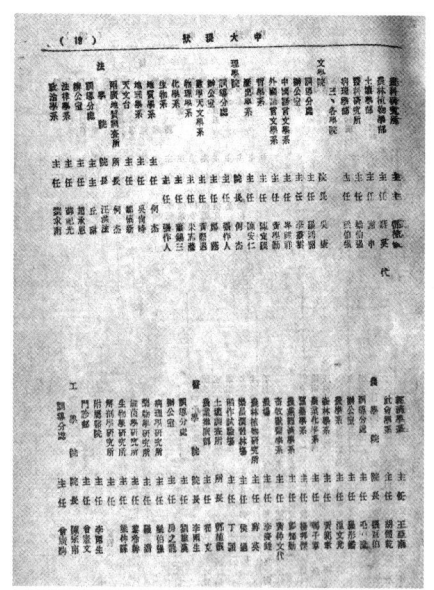

图12-1-7　1943年《中大现状》理学院教师名单中邹仪新为天文台主任（藏于广东省立中山图书馆）

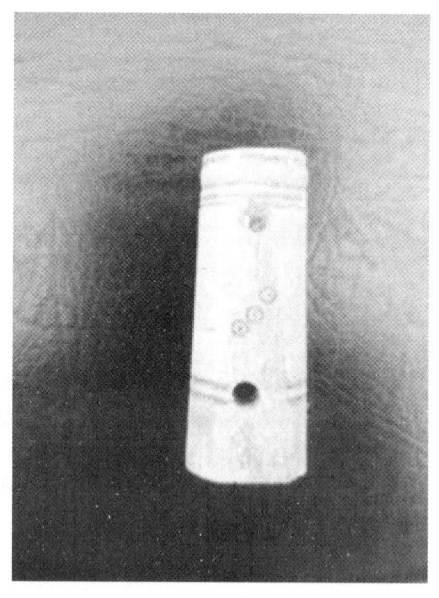

图12-1-8　塘口村天文台出土的实物（广东省文物考古研究所提供）

第二节　2019年7月以来部分发表在南粤古驿道网站的研究成果

吴永彬

成果一：一篇写了31年的论文：记丁颖教授治学点滴

> 无论是南粤古驿道的活化和利用、还是粤北华南教育历史研学基地的重构，目的除了助推现代研学及旅游外，其重要的目的之一还有缅怀。缅怀先师，感恩今天民族文化的沿续和发展；缅怀先祖，体验历史艰难的旅程，可以使我们今天少走弯路、减少犯错的机率。（引自阿瑞《缅怀的方式》）

今年的清明节，别样，那就让我们用研学的心境，缅怀先师。国立中山大学的先师们，在八十年前的战乱岁月中，坚持培育人才，开展科研，服务社会，事迹感人，随着华南教育历史研学基地活化利用工作的不断深入，各学科的发展历史以及关键人物将更加清晰地重现在我们面前。

几乎每位华农学子都知道华南农业大学第一教学楼前面，有一座丁颖教授的铜像，那是1988年11月18日为纪念丁颖教授诞辰100周年落成的，而塑像前面的大

图12-2-1　1941年中山大学农学院全体毕业生合影，第二排从右第五位为丁颖教授（摘自《抗战烽火中的中山大学》）

草坪则是用丁颖教授的字"竹铭"来命名的,叫"竹铭草海"。

丁颖教授是国立中山大学农学院院长,也是华南农学院(华南农业大学前身)首任院长,作为教育家,他为我国培养了大批优秀农业人才;作为稻作学家,他为解决人民的吃饭问题进行了长达五十载的水稻育种研究。2020年1月30日,中华人民共和国科学技术部下发通知,要求各有关攻关项目承担单位及其科研人员勇挑重担、敢于担当,把研究精力全部投入到各项攻关任务上来,把论文"写在祖国大地上",把研究成果应用到战胜疫情中。把论文"写在祖国大地上"这句朴实无华的口号,也是丁颖教授一生科学研究的写照。

图12-2-2　竹铭草海(摄影:潘浩)

(一)立志学农,学成归国

丁颖在家里排行第十二,幼年家境贫寒,世代务农的丁颖父亲却非常重视教育,不惜借债也让丁颖读书。丁颖1910年考入广东省高等师范学校博物科,1921年在日本东京帝国大学农学部攻读农艺,是该校第一个攻读稻作的中国留学生,1924年获学士学位,归国后即在国立广东大学农科学院(1926年改名为国立中山大学农学院)执教。

(二)寻得"犀牛尾",探稻种起源

丁颖教授十分重视水稻品种的改良,他认为:水稻增产归根结底是改良品种,欲求增产,对原有适应当地环境条件的农家良种的提纯复壮和利用是非常重

图12-2-3　日本东京帝国大学

要和有效的。归国之后，他即开始在广东各地搜集优良水稻品种。1926年，他在广州东郊犀牛路的尽头发现了一棵野生水稻，他把这棵野稻命名为"犀牛尾"，并将之与栽培稻杂交，经八年的反复筛选后育成以校名命名的"中山一号"，创下了世界上首例把野生稻抵抗恶劣环境的基因转移到栽培稻的成功试验。"犀牛尾"野稻的发现开启了丁颖研究水稻起源的兴趣。他在阅读大量古籍之后发现两千年前的汉代人就发现了籼稻和粳稻的分化——在东汉许慎的《说文解字》中，就收录了"秔"（"粳"字的前身）和"秫"（籼稻）。根据这些初步研究，丁颖在1927年和1928年分别发表了考证文章《中国作物原始》和《谷类名实考》，提出水稻起源于中国。然而同样也是在1928年，日本农学家加藤茂范也通过杂交等手段发现了籼稻和粳稻的区别。1930年，他把在印度栽培较广的籼稻命名并发表为"印度型稻"Oryza sativa subsp. indica，把日本栽培较广的粳稻命名发表为"日本型稻"Oryza sativa subsp. japonica。按照加藤茂范的观点，中国不是水稻的起源地，中国在两千多年前就有关于粳稻和籼稻的记录，直接被加藤茂范无视了。丁颖不满这种命名方法，1949年，丁颖在《中国古来粳籼稻种栽培及分布之探讨与栽培稻种分类法预报》一文中提出把籼稻定名为籼亚种（Oryzasativa L. subsp. hsien Ting），粳稻定名为粳亚种（O. sativa L.subsp. keng Ting）。按照音译的原则，粳稻的拉丁后缀为keng Ting，即明确规定"粳"字发音是keng，通汉语音geng。但是，限于《国际植物命名法规》的命名规则，已定的学名不能更改，因此丁颖的提议并未被接受。

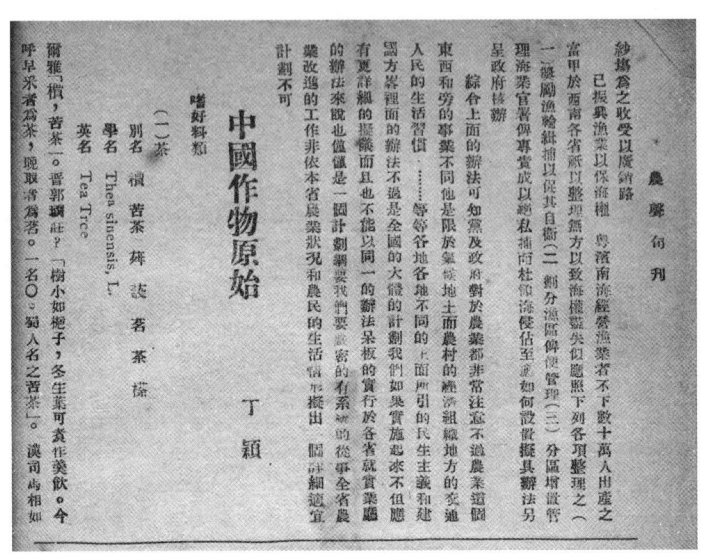

图12-2-4　《中国作物原始》，1927年发表于《农声》第83—85期，21—33页

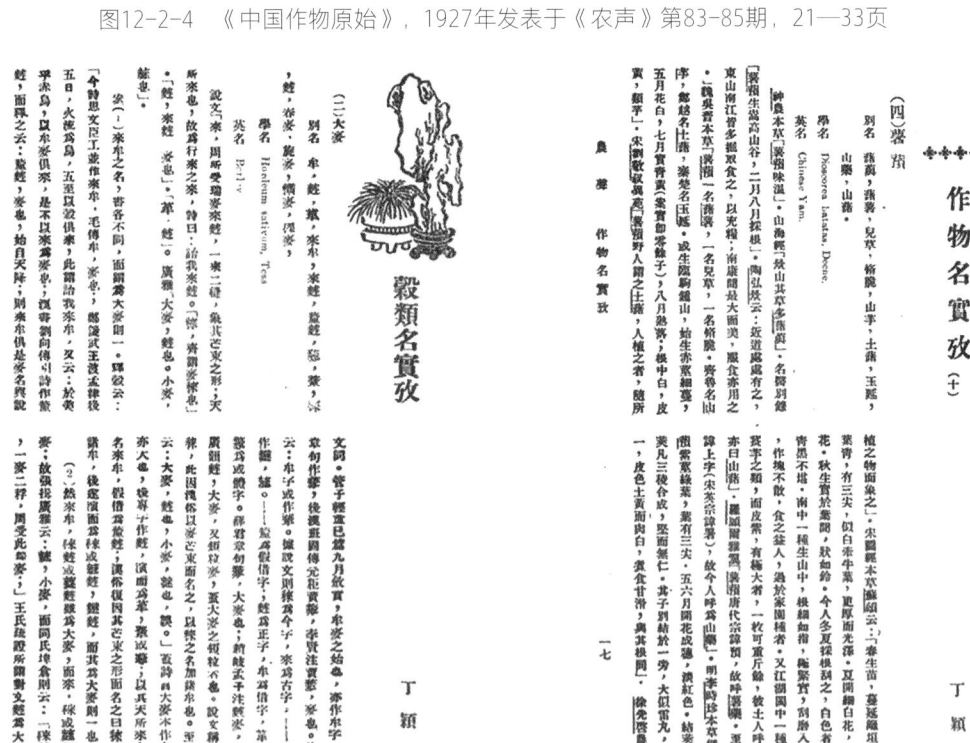

图12-2-5、11-2-6　《谷类名实考》，1928年—1930年发表于《农声》，共连载发表十期

图12-2-7 1949年3月的《中国古来粳籼稻种栽培及分布之探讨与栽培稻种分类法预报》（作者翻拍）

（三）创稻作试验场，把文章写在大地上

尽管学术主张暂时受挫，丁颖并没气馁，而是更加投入到水稻育种事业中去，把科研论文写在农村广阔的大地上。1927年，丁颖在老家附近的茂名县公馆圩租下60多亩稻田，筹建了我国第一个稻作专业研究机构——南路稻作育种场，以育种为主，同时开展灌溉、施肥、气象、稻作分类等研究。丁颖亲自带领雇佣的农民下田耕作，在茂名县推广水稻良种。此后，他又于1930年春创办了广州石牌稻作试验总场，1931年4月在东莞虎门创办沙田稻作试验场，1935年春在惠阳创办东江稻作试验场，1935年秋在梅县创办韩江稻作试验场，相继办起4个稻作试验场，使广东成为当时中国南方水稻育种中心。

在抗战时期的1939年底，国立中山大学农学院应广东省政府邀请，特派丁颖教授回粤商议，拟在曲江县龙归创设北江稻作试验分场。1940年农学院从澄江迁回粤北，北江稻作试验场发挥了很大作用，丁颖教授亲自任场主任；1941

年春,受农林部委托,农学院在曲江县桂头创建了"农林部西南作物品种繁殖场",时任农学院院长的丁颖教授亲自任场主任,赵善欢、王仲彦、林亮东等教授兼任技正。

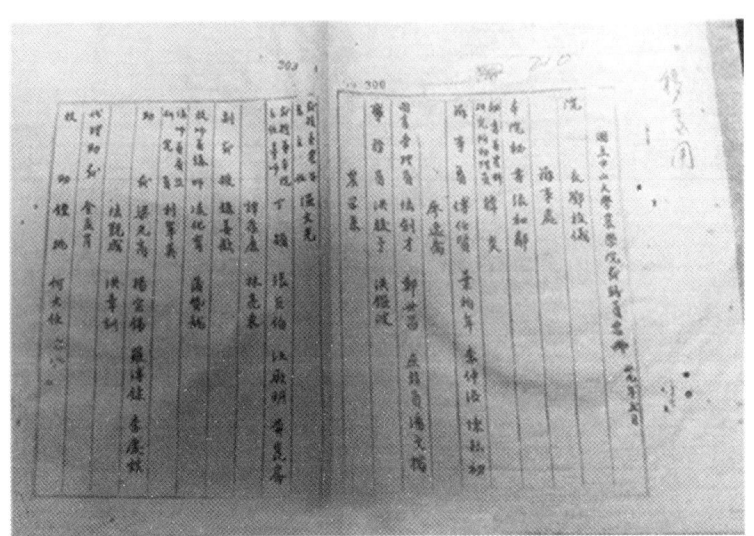

图12-2-8　1940年国立中山大学农学院教职员名册
（文档藏于广东省档案馆）

图12-2-9　1990年国家邮政局发行一套4枚邮票,其中一枚是丁颖教授

（四）育成"千粒穗"的"谷种佬"

1936年，丁颖教授思维开阔，创造性地使用印度野生稻与广东栽培稻"早银占"杂交，成功地培育出世界上第一"千粒穗"水稻类型。随后，丁颖陆续培育出60多个优良水稻品种，在两广地区推广种植。丁颖把培育出来的水稻品种无私分享给当地农民，农民用普通稻谷来换优良品种，他每担稻谷只象征性地多收一斤谷子，因此农民感激地称他为"谷种佬"。

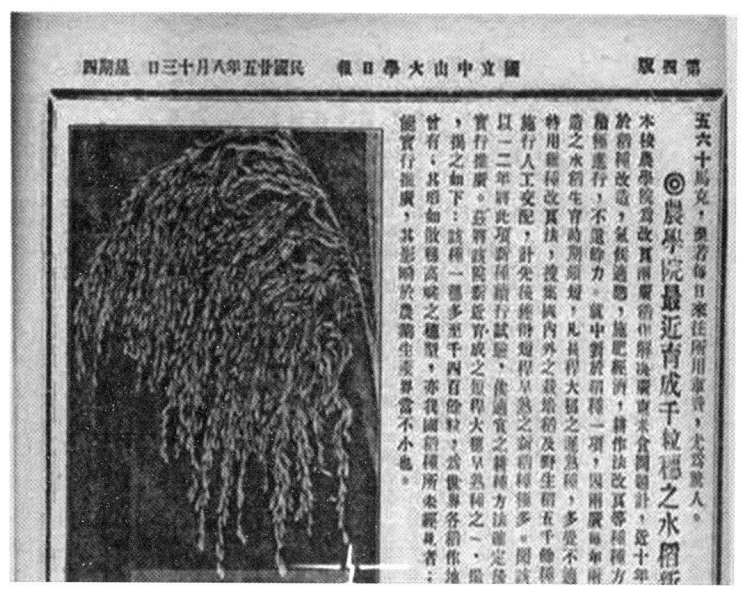

图12-2-10　1936年8月30《国立中山大学日报》报道

（五）三十一年终成一文

从1926年丁颖教授在广州东郊发现野生稻"犀牛尾"之日起，他的心里便产生了一个科学问题，这个科学问题就是：水稻的起源和演变。虽然在1930年受挫，但这并没有阻止他思索的脚步，反而激发他更勇于探索。他不放过任何一个学习求证的机会，在广泛征询历史学、文字学、人类学、分类学等学科专家意见的基础上，论文《中国栽培稻种的起源及其演变》终于在1957年定稿，并正式发表在《农业学报》上。距离问题的提出到论文发表，经过了31年。该文论据充分地论证了我国栽培稻种的起源及其演变，纠正了国外某些研究者对于"中国栽培

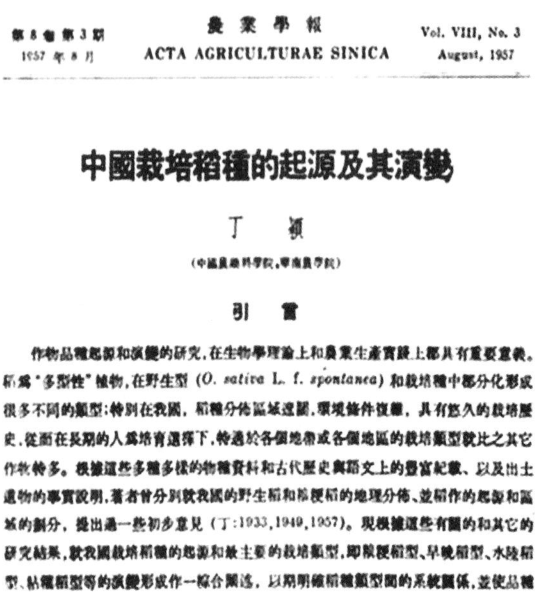
第8卷第3期　　農業學報　　Vol. VIII, No. 3
1957年8月　　ACTA AGRICULTURAE SINICA　　August, 1957

中國栽培稻種的起源及其演變

丁　穎

（中國農業科學院，華南農學院）

引　言

作物品種起源和演變的研究，在生物學理論上和農業生產實踐上都具有重要意義。稻為"多型性"植物，在野生型 (*O. sativa* L. f. *spontanea*) 和栽培種中都分化形成很多不同的類型；特別在我國，稻種分佈區域遼闊，環境條件複雜，具有悠久的栽培歷史，從而在長期的人為培育選擇下，特適於各個地帶或各個地區的栽培類型較比之其它作物特多。根據這些多種多樣的物種資料和古代歷史與語文上的豐富紀載、以及出土遺物的事實說明，著者曾分別就我國的野生稻和秈粳稻的地理分佈、並稻作的起源和區系的劃分，提出過一些初步意見（丁：1933，1949，1957）。現根據這些有關的和其它的研究結果，就我國栽培稻種的起源和最主要的栽培類型，即秈粳稻型、早晚稻型、水陸稻型、粘糯稻型等的演變形成作一綜合闡述，以期明確稻種類型間的系統關係，並使品種

图12-2-11　《农业学报》1957年第8卷第3期

稻来自印度”或者“中国栽培了几千年的粳稻为日本型”的错误论断和说法，具有极高的学术价值。

这是一篇具有国际影响力的力作，在丁颖教授去世14年后，荣获1978年全国科学大会奖。1989年日本渡部武在其主编的《中国的稻作起源》一书中，尊称丁颖为“中国稻作科学之父”。

（六）现代科技技术为稻种起源地中国正名

进入新世纪，基因测序技术以其科学准确而发展迅猛，2000年，中国科学家正式启动了水稻（籼稻）基因组计划，而日本科学家早在1991年就已经启动了水稻（粳稻）基因组项目。这又是一场学术之战。当时，在基因测序方面，日本无论从技术、资金等方面都有优势，而当时国内的基因测序技术刚起步不久。但在极为艰苦的条件下，中国科学家终于赶在日本之前完成了水稻（籼稻）基因组框架图的绘制，并免费公布数据库；2002年4月，Science杂志以封面文章的形式报道了这项工作。

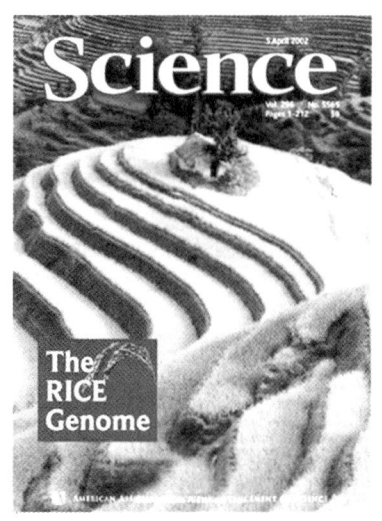

图12-2-12　2002年4月Science杂志封面（来源：Nature官网）

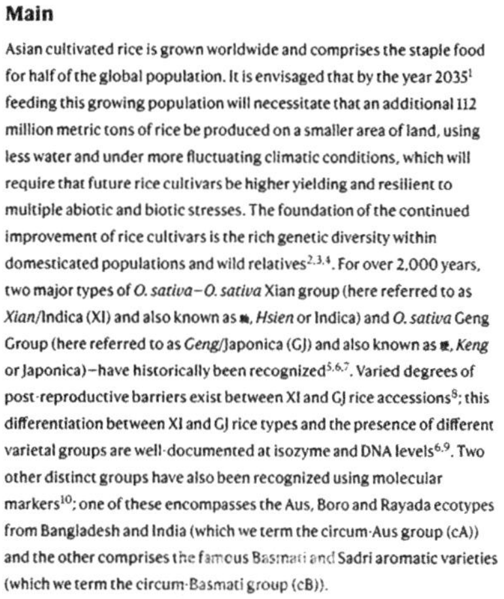

Main

Asian cultivated rice is grown worldwide and comprises the staple food for half of the global population. It is envisaged that by the year 2035[1] feeding this growing population will necessitate that an additional 112 million metric tons of rice be produced on a smaller area of land, using less water and under more fluctuating climatic conditions, which will require that future rice cultivars be higher yielding and resilient to multiple abiotic and biotic stresses. The foundation of the continued improvement of rice cultivars is the rich genetic diversity within domesticated populations and wild relatives[2,3,4]. For over 2,000 years, two major types of *O. sativa*–*O. sativa* Xian group (here referred to as *Xian*/Indica (XI) and also known as 籼, *Hsien* or Indica) and *O. sativa* Geng Group (here referred to as *Geng*/Japonica (GJ) and also known as 粳, *Keng* or Japonica)–have historically been recognized[5,6,7]. Varied degrees of post-reproductive barriers exist between XI and GJ rice accessions[8]; this differentiation between XI and GJ rice types and the presence of different varietal groups are well-documented at isozyme and DNA levels[6,9]. Two other distinct groups have also been recognized using molecular markers[10]; one of these encompasses the Aus, Boro and Rayada ecotypes from Bangladesh and India (which we term the circum-Aus group (cA)) and the other comprises the famous Basmati and Sadri aromatic varieties (which we term the circum-Basmati group (cB)).

图12-2-13　Nature杂志破天荒为论文以图片形式嵌入“籼”“粳”二字（来源：Nature官网）

然而中国科学家们并没有止步于此。2011年9月，中国农业科学院、国际水稻研究所和华大基因共同启动“全球3000份水稻核心种质资源重测序计划”，对3010种亚洲稻进行了重测序，并在2018年4月把研究结果发表在Nature杂志上。

北京时间2018年4月26日凌晨一点钟，项目组的大部分成员都围在电脑旁等待文章的正式在线，终于那一刻到来了，“籼”“粳”两个汉字被印刷在了Nature文章里面，这距离文章第一次投稿的日期已经是整整两年，此时项目组的每个成员都忘记了这两年来的煎熬和艰辛，无比自豪和激动，因为这不仅仅是在文章中简单地加入了两个汉字，而是Nature作为全球最顶尖的学术期刊对中国稻作文化的认可，体现了中国科技实力和文化实力的强大。[1]

从1949年丁颖教授提出把籼稻定名为籼亚种（Oryzasativa L. subsp. hsien Ting），粳稻定名为粳亚种（O. sativa L.subsp. keng Ting），被拒；到1957年发表《中国栽培稻种的起源及其演变》被国际水稻研究学者接受；再到2018年中国科学家在国际顶级期刊Nature发表论文为中国栽培稻起源地正名，经历了59年。这期间离不开无数中国科学家不断努力的结果，但更离不开丁颖教授在1926年提出的科学问题，以及为此付出三十多年的不懈努力！值此清明缅怀感恩之际，学习丁颖先师求真务实、严谨治学的精神，激励我等后辈学子，踏实做好科学研究，把论文写在祖国的大地上。

[1] 引自太帅帅：水稻更名战：“粳”从“jīng”到“gěng”，大米好难，Nature更难。

成果一参考资料：

[1]http：//www.nanyueguyidao.cn/viewmessage.aspx？columnid=18&messageid=9231. 阿瑞：缅怀的方式.

[2]《华南农业大学校史》编委会. 华南农业大学校史[M]. 广东科技出版社. 1999.

[3]《华南农业大学110周年校庆丛书编委会》.璀璨华农·人物传[M]. 科学出版社. 2019.

[4] Yu J，Hu S，Wang J，et al. A draft sequence of the rice genome（Oryza sativa L. ssp. indica）. Science. 2002 Apr 5;296（5565）：79-92.

[5] Wang W，Mauleon R，Hu Z1，et al. Genomic variation in 3，010 diverse accessions of Asian cultivated rice. Nature. 2018 May;557（7703）：43-49.

[6]https：//mp.weixin.qq.com/s？src=11×tamp=1586058645&ver=2259&signature=85cEuEyuJiJOfHS5FvZ7MqnA4BpLtLwUfuRx-aGoVZqNRrMuiWKhqn76YJO-bmb2OwZdyiLSe20pC6GjY3EJHOGgvCyGDNVduh5WhmBbRaq5KHQlpwTQQssEz9eBbT8M&new=1

成果二：学科史是华南教育历史研学基地活化利用的核心内容

在抗战年代，国立中山大学农学院、私立岭南大学农学院，这些跟华南农业大学有着根脉关系的高校，那些可尊可敬的先师们，他们在警报轰鸣、敌机轰炸的境况下，继续开展教学和科研。正是有一大批老先生的无私贡献和对我国教育事业的热爱和真诚，才造就了今日华南教育的成就！我们不能忘记我们的根源，更要懂得感恩，这也许正是华南教育历史研学基地活化利用工作的意义之所在。

以下是我查阅到的一点点关于农学方面资料，与大家分享，希望能起到抛砖引玉的作用，让更多人参与到这项有意义的事情中来，让更多的年轻学子了解这段历史。

（一）稻作学

水稻研究，有我们熟悉的丁颖（1888-1964年）院士，广东高州人，他开创了我国水稻的杂交育种，丁院士从事稻作研究40多年，1927年创建华南第一个稻作育种试验场，1936年创新性地使用野生稻与栽培稻杂交，培育出震惊世界的"千

第十二章 一年来的研究成果回顾

图12-2-14 丁颖院士在稻田里劳作（作者翻拍自《璀璨华农·人物传》一书）

图12-2-15 黄耀祥院士在田间研究水稻（作者翻拍自《璀璨华农·人物传》一书）

粒穗";1937年抗日战争全面打响,1938年10月至1945年10月,七年间,国立中山大学三次迁移校址,是丁颖教授带领着国立中山大学农学院的师生,辗转罗定、澄江、栗源堡等地,坚持办学。1957年发表的《中国栽培稻种的起源及其演变》纠正了国外学者对于中国栽培稻来自印度和中国栽培了几千年的粳稻为日本型的错误论断和说法,该文在他去世14年后,荣获1978年全国科学大会奖。他还在20世纪四五十年代,培养出了黄耀祥院士、卢永根院士、吴灼年教授、广东省原副省长李灏等一大批优秀人才,奠定了华南水稻育种在国际上的领先地位。从事育种专业的人都知道每种植物种质资源的重要性,它是育种的基本材料、是"巧妇之米"。丁颖教授一生收集了七千多份水稻及野生稻种质资源样本,至今仍部分保留在华南农业大学,供师生研究之用。

水稻育种学,还有一位被农民们亲切称呼为"祥叔"的黄耀祥(1916—2004年)院士,开平人,他1939年毕业于国立中山大学农学院,师从丁颖教授。黄院士一生从事水稻育种,致力于水稻矮化研究,所以黄院士还有一个学界给他的称号——"中国半矮秆水稻之父"。他培育的优良水稻品种推广种植面积超过1000万亩的就有10个,有3个品种的推广面积更是超过1亿亩。据统计,他育成的品种累计推广面积超过8亿亩,增产845亿公斤,增加产值845亿元。

卢永根(1930.12.2—2019.8.12)院士,是水稻育种学的另一位杰出人物,广东花县人,1949年9月进入私立岭南大学农学院学习,1952年全国院系调整,他所在的私立岭南大学农学院合并到华南农学院,1953年毕业于华南农学院农学系。卢院士主要从事水稻细胞学研究,从基因水平进行水稻杂交育种,保存并丰富了丁颖教授一生收集的水稻种质资源,从丁颖教授时的七千多份增加至一万多份,为我国水稻育种积累了大量珍贵的实验材料。卢院士是我国著名的教育家,他继承和发扬了"丁颖精神",培养了刘耀光院士(2017年当选院士)等一大批杰出人才。2019年卢永根院士获得"最美奋斗者"荣誉称号,是我国新时代奋斗者的楷模。

(二)农业化学

农业化学系是国立中山大学农学院一个重要的系,在1940年国立中山大学农学院农业化学系的这份教工名册中,我们可以清楚地看到当时农业化学系的师资

第十二章 一年来的研究成果回顾

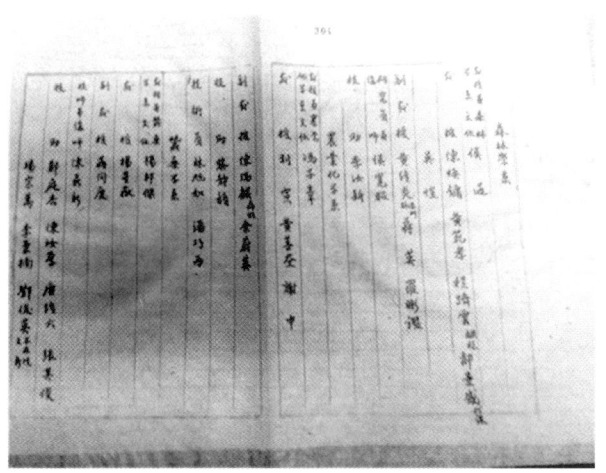

图12-2-16 1940年国立中山大学农学院教职员名册
（藏于广东省档案馆）

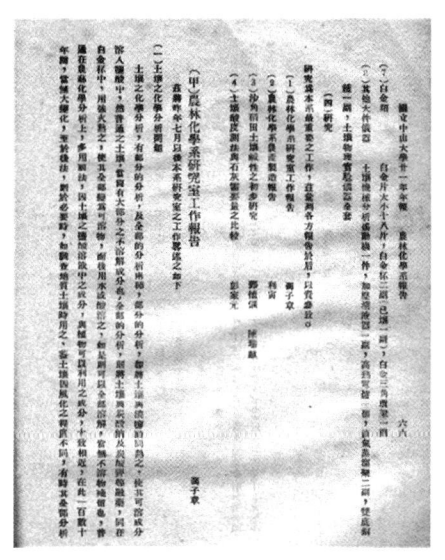

图12-2-17 国立中山大学廿一年年报第66页，关于农林化学系的研究报告，由当时农林化学系的冯子章、利寅、邓植仪等几位教授负责编写（作者翻拍）

力量。在三名教授中，我特别想向大家介绍利寅（1870—1954）教授，他是花县人，1904年留学英国伦敦大学，学习化学。利老先生是国立中山大学及其农学院的创办人之一。他非常善于把专业与实践相结合，解决日常生活的问题，例如：在1919年，为了解决火柴被国外垄断的局面，他通过分析日本火柴头的原料组

299

成，掌握并改良了火柴头的配方，在广州创办了"东山火柴厂"，生产的火柴因防潮性能好、易点燃、价格低而广受市民喜爱，迅速占领了市场。1921年，他发明了桐油榨炼的新方法，提高了桐子的出油率，获得了巨大的经济效益，被江苏省实业厅嘉奖。1940年，农学院迁至栗源堡办学，当时物资匮乏，利寅教授带领师生，自制酱油、腐乳共渡难关。他还指导学生研制卫生火腿、电制腊肉，各种罐头制品等。

利寅教授是我国化合物命名的先驱者。1908年，中国化学会欧洲支会在伦敦召开化合物命名学术会议，发表了《中国化学会欧洲支会戊申年报告》，从而奠定了化合物中文命名法，利寅教授订立的一系列化合物名称和命名法，例如醇醛酮、无机酸、有机酸、糖类等化合物的名称和命名法，仍沿用至今。这是利寅教授的另一个重大贡献。

（三）茶学

我国有着悠久的种茶、制茶和品茶历史，岭南地区气候温润，有着丰富的茶资源，国立中山大学农学院从成立之初，一直致力于茶的栽培试验和制茶工艺的改进。根据《国立中山大学廿一年年报》记载（图三），当时除了在第二农场和白云山模范林场开展茶树栽培外，还在国立中山大学石牌新校址开辟有新茶园，1931年，农学院农艺股技师林家齐教授，在石牌新校址开展茶种试验，结果"以红茶为

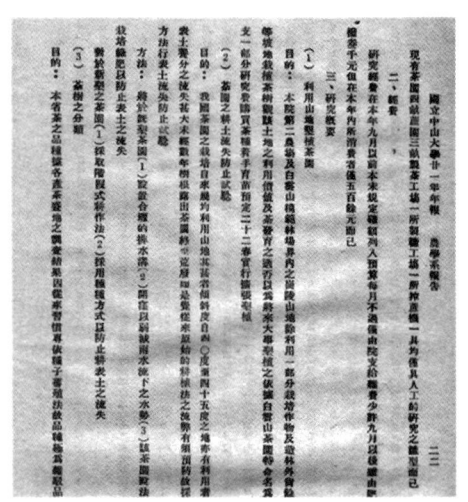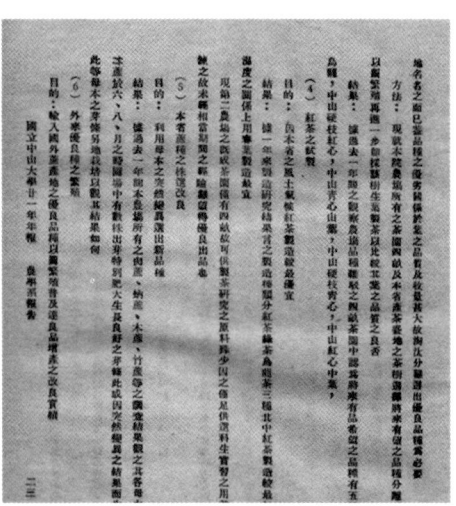

图12-2-18、12-2-19　国立中山大学廿一年年报第22-23页关于茶学的报告（作者翻拍）

优，乌龙茶次之，绿茶又次之"；对红茶进行加香，"以玫瑰红茶、菠萝红茶两种为优，有推广希望"。

讲到华南茶学史，就不能忘记国立中山大学农学院本校培养的茶学专家莫强（1919—1984）教授，他是广州人，1944年考入中山大学农学系学习，1948年毕业后进入台湾农业实验所任技师，1953年莫强执教于华南农学院，从20世纪五十年代开始从事茶树茶叶研究，1972年筹办茶学专业，1979年创办《广东茶叶》刊物。创立了"石牌红茶"这个名牌，当年广东省委书记陶铸出访苏联，石牌红茶就作为礼品赠予外宾，石牌茶至今仍焕发着强大的品牌效应。

（四）果树学

在果树学方面，"可圈可点"的果品实在太多了，从事果树学研究的专家更是多不胜数。这里仅介绍三位，有专攻引种栽培的"无籽西瓜之父"黄昌贤教授，有专攻果树病虫害防治的林孔湘教授，有专攻水果保鲜储藏的李沛文教授。他们三位教授，从20世纪30年代起，对华南果树学和水果产业的发展，产生了深远的影响，尤其对柑橘、荔枝、龙眼、香蕉等大宗水果产业的发展产生了重大影响。

1.黄昌贤（1910—1994），1910年7月24日出生于广东汕头市，中学就读于广州知用中学，1926年7月考入中山大学农学院附设的专门部学习园艺学；1931年毕业后升入该校本部继续学习，1933年毕业获学士学位，同年入私立岭南大学读研究生，成绩突出，1934年赴美留学，考入美国俄勒冈州立大学，1936年获园艺学理学硕士学位，之后，又先后到美国洛杉矶加州大学、佛罗里达大学、密执安州立大学的研究院继续深造，1940年获园艺系哲学博士学位。1940—1942年任私立岭南大学农学院副教授兼柑橘试验场主任，1942—1952年任国立中山大学农学院教授，1946—1947年兼任台湾省凤山热带园艺支所所长，1947—1949年负责广州柑橘试验场的筹建工作，1952—1992年，任华南农业大学（原华南农学院）教授，1984年任园艺系主任。

黄昌贤教授的突出贡献有：

（1）1938年尚在美国攻读博士学位时就最先在世界上培育出无籽西瓜，被誉为"无籽西瓜之父"。之后又培育出无籽黄瓜、辣椒、南瓜、甜瓜、胡瓜、番茄、茄子、草莓、枇杷等果蔬品种。

（2）为热带亚热带果树研究和资源的开发做出巨大贡献，他倡导和坚持的引种植病检疫隔离法和设备，对我国水果产业发展产生了深远的影响。

（3）为广东果品四季飘香尽心竭力，他千方百计从国内外引种果树，其中主要有坚果、番荔枝类、番石榴、中华猕猴桃、番木瓜、芒果、费约果、西番莲、油梨、树葡萄、大花假虎刺、无核柚、苹婆、文旦柚、四季柚等，还抢救了濒临绝迹的洞冠梨、胭脂脚柚、桑麻柚等，并且将引种成功的优良果树加速繁殖，再移植到其他地方试种推广或示范栽种，为恢复广东"水果王国"做了不懈努力。

目前，阳山的洞冠梨，澄海北联村的番荔枝（林檎）都是当地水果产业的拳头产品，是当地农民的主要收入来源，这些都归功于黄昌贤教授的不懈努力。

2.林孔湘（1910—1985）教授，福建人闽侯人，1929年考入福建协和大学，1936年赴美国深造，就读于美国亚力根尼学院和康奈尔大学，主修植物病理。1941年归国受聘于岭南大学，1947年岭南大学建立植物病理研究所，任主任。潮汕地区是柑橘的主产区，以潮州柑著名，1930年前后，有"柑橘癌症"之称的柑橘黄龙病，肆虐我国南方柑橘主产区，柑农减产甚至失收情况十分严重。林孔湘从1941年学成回国后，几十年如一日，专攻柑橘黄龙病，研究成果达到国际先进水平。著作《柑橘无病虫栽培》一书被农业部作为全国推广专著；他的柑橘黄龙病热处理技术，"是对我的（美国）柠檬碎叶病毒和其他柑橘病毒热处理工作根本性的启发和鼓舞"（C.N.罗惠斯彻尔致林孔湘教授信件，1981.6），这项技术被美国植物病理学界誉为柑橘病毒学上的一个创举，被载入加利福尼亚州州法。

3.李沛文（1906—1985）教授，广西苍梧人，1925年考入国立广东大学；1927年赴美留学，专攻果树学，先后在普度大学、爱欧华大学毕业，后转入康乃尔大学研究院专攻果树学；1931年6月获农学士，1932年8月获硕士学位。1934年任私立岭南大学农学院园艺系副教授，兼系主任，1935年升为教授，兼系主任，1936—1937年任植物生产学系教授，兼系主任，从事果实繁殖和园艺研究，1939年任农艺园艺学系教授，兼系主任。

1941年，私立岭南大学农学院院长古桂芬在粤北坪石操办农学院校址搬迁事务，因过度劳累因病去世，年仅35岁的李沛文临危受命接任农学院院长，在兵荒马乱的年代，他排除万难，终于把农学院从香港迁至粤北继续办学。当时许多知名教授被他的人格所感动，纷纷到粤北应聘执教，快速恢复了私立岭南大学农学院的办学。

(五)植物分类学

陈焕镛(1890—1971年)院士,是我国近代植物分类学的开拓者和奠基人之一。他一生发现了一百多个新种。其中,我想跟大家分享几种有故事的树种。

1.任豆(Zenia insignis Chun)

1946年,陈焕镛教授在研究植物标本的时候,发现一种特殊的豆科植物标本(标本号76320;采集号80690),采集者是郭素白,标本采集时间为1934年,采集地点是广东省乐昌市铜坑村。经鉴定是新种,为了感谢著名学者任鸿隽[1]以其姓建立了一个新属——任公豆(任豆)属。这也是植物分类学这个学科的一大特点,也体现老先生们知恩感恩的高尚人格。

根据我们的调查和研究,任豆在20世纪七八十年代至今,一直是桂粤两省石灰岩山地造林的优良乡土树种,树干笔直,树形优美,材质好。

2.华南五针松Pinus kwangtungensis Chun ex Tsiang

华南五针松,是粤北南岭国家森林公园上著名的树种,模式标本采自广东乐昌,陈焕镛院士和蒋英教授共同命名的树种。

图12-2-21 毛果枳椇模式标本图
(来源:中国植物志电子版)

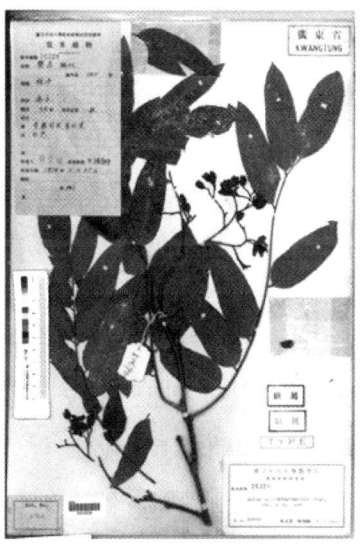

图12-2-20 任豆模式标本图(来源:中国植物志电子版)

---

[1] 注:任鸿隽(1886—1961),1925—1936年分别任中华教育文化基金董事会专门秘书、执行秘书、干事长期间,每年为国立中山大学植物研究所争取到专款资助开展植物分类学研究,使得植物研究所在经济最困难时期仍能坚持下来。

3. 观光木 Tsoongiodendron odorum Chun

观光木是陈焕镛教授为了纪念老一辈植物学家，中国近代植物学开拓者钟观光（1868—1940）教授，用他的名字命名的新属新种。目前车八岭国家森林公园有原生林，树干挺直，树冠宽广，枝叶稠密，花色美丽而芳香，供庭园观赏及行道树种。花可提取芳香油；种子可榨油。

4. 毛果枳椇 Hovenia trichocarpa Chun et Tsiang var. Trichocarpa

模式标本为钟济新（1909—1993）（采集号11010）采自韶关乳源，陈焕镛院士和蒋英教授共同命名的另一个树种。该树种在粤北较常见，当地俗称"拐枣"，果序轴膨大可供食用。

这几个树种均是陈焕镛院士发现并命名发表的新种，在林业上具有较高的经济价值或观赏价值。在粤北华南教育历史研学基地的建设中，可利用为研学基地景观的营造，同时也带有丰富的学科史背景，为我们讲好学科发展史故事提供了良好的素材。

（六）设想

"加强文化遗产保护利用，建立粤北华南教育历史研学基地。"是被写进2020年广东省政府工作报告中的工作安排内容。随着粤北华南教育历史研学基地的纵深推进，研学的内涵是什么？具体包括哪些内容？这是我们亟须思考和解决的问题。

在2020年1月19日召开的"华南教育历史研学基地活化利用座谈会"上，许瑞生副省长一针见血地指出，"研学的内容就是每一个与华南教育历史研学基地有关的高校，他们的学科发展史的研学"。

许副省长的这个论断，不仅为我们指明了工作方向，也为我们搭好了整体的骨架。顺着这个思路思考，我想，农学方面，就按目前几所农业院校的学科设置，顺着历史的脉络进行梳理，有些学科，像前面提到的水稻育种学、茶学、植物分类学等，发展史很清晰，容易梳理；有些学科方向由于科技的发展，已经分散到几个学科，例如上面提到的农业化学系，目前华南农业大学就没有保留这个系的名称，但若以当时系里的教授为查询单位，就可以追溯到目前所属的学院和系，例如利寅教授，他后来就成了华南农业大学食品学院的奠基人之一，谢申教授是从事土壤学的，后来就成了华南农业大学资源环境学院的老前辈。通过这样梳理，把各个学科的发展史梳理清楚，再以适当的方式展示和宣传，让年轻学子对本学科、本专业的发展有一个全面的研学，必将能激起他们的学习热情；从另一个层面讲，这也是把思想教育融入到专业教育中去。华南教育历史研学基地，通过展示各学科先师们可歌可泣的奋斗史，一定能感动年轻学子们，激起他们爱农学农的热情，则华南教育历史研学基地必将成为各高校年轻学子奋斗的精神殿堂。

（注：本文部分人物资料参考华南农业大学110周年校庆丛书编委会，《璀璨华农·人物传》第1辑，科学出版社，2019.10）

第三节 私立岭南大学的"导师制"

吴永彬

一、序言

进入21世纪以来,为提高大学生科研能力、适应新时代我国经济社会对大学生综合素质的要求,许多高校纷纷在本科生中实施导师制。例如,中山大学药学院、物理与天文学院、医学院、海洋科学学院、化学工程与技术学院等都已经在本科生中实施导师制,中山大学网页上显示,药学院在2008年11月14日就印发了《药学院本科生导师制管理规定(试行)》的通知(药学〔2008〕9号);同样,华南农业大学在2016年也发布了《华南农业大学本科生导师制实施办法(试行)》(华南农办〔2016〕153号),学校下属各学院根据自身的学科特点,制定了院级的本科生导师制管理办法或实施细则。在本科生培养中实施导师制已经在我省普遍实行,对促进高校人才培养起到重要作用,为本科生向研究生进阶奠定了科学研究的基本素养。

二、私立岭南大学的导师制

私立岭南大学,一所与中山大学和华南农业大学有着深厚根源关系的大学,早在1936年就设立了导师制。从1936年发表在岭南大学校报的这份《岭南大学导师规则》,共十一款,我们可以清楚地了解到八十多年前,私立岭南大学实施的导师制的内容。总结起来,它包括了:1.实施导师制的目的和意义;2.导师制实施的对象、实施方式及学生分组安排;3.导师的职责;4.导师制实施的组织架构;5.导师的管理内容、范围,管理方式等。内容详细,具有很强的可操作性,对我们今天的大学实施导师制具有一定的参考价值。

为方便查看,兹全文抄录如下(笔者添加了标点符号):

(一)本大学为切实指导学生读书及其课外工作暨学生个人生活起见,

▲嶺南大學導師規則▼

（一）本大學為切實指導學生讀書及此課外工作暨學生個人生活起見設導師若干人每一導師負指導學生一組之責

（二）本大學專任教員除日常功課外有兼任導師之義務

（三）各導師由訓育委員會主席同各院長商請之各組之分配以導師及其指導之學生同屬一系為原則每學年開始時分配完竣即分別通告各導師及學生

（四）每組學生不分性別惟對於女生個人生活由學監分定方法指導之

（五）每組學生人數由十八人至二十八人一經分配之後除中途離校外非有特別原因各組學生不得隨意移轉以至畢業為止

（六）導師指導學生關於以下事項
甲、學生之社會活動及團體活動
乙、學生之個人生活
丙、學生之一切個人疑難問題

（七）導師對於本組學生應明瞭以下事項
甲、學生之現在環境（絶非的社會的之類）
乙、學生之家庭環境
丙、學生之品格
丁、學生之體格
戊、學生之興趣及嗜好
己、學生之思想趨向（宗教的政治的社會的等）
庚、學生之現在之團體生活
辛、學生之讀書及辦事能力

（八）訓育委員會為交換學生之意見及討論一致進行步驟得於相當時期召集導師大會

（九）導師於訓育委員會主席另女學監暨副主席訓育委員會書記為書記

（十）導師大會議決各案得由各導師分別執行

（十一）本規則自公佈之日施行

▲華人校員會捐建學校牌樓▼

日前華人校員會長陳廷凱遍函各校員，現將各個兩意題，提議將該會已存會費捐建恭校牌樓一座。現將各個兩意題，竟不贊成。該會已將此案聯送校董會核辦，一俟知會同云。

▲中西教職員聯歡會慶祝聖誕▼

中西教職員聯歡會代慶祝耶穌聖誕，予本月二十二日下午四時，在懷士堂舉行。是日除本校中西教職員暨其家人赴會外，主日學學生至赴會者亦來。秩序則有小學學生及西賓擔任之遊戲節目，茶點甚為豐富，並備本校精緻玩品分給各小童。

设导师若干人，每一导师负责指导学生一组之责。

（二）本大学专任教员除日常功课外，有兼任导师之义务。

（三）各导师由训育委员会主席会同各院长商请之各组之分配，以导师及其指导之学生同属一系为原则，每学年开始时分配完妥即分别通告各导师及学生。

（四）每组学生不分性别惟对于女生个人生活由学监另定方法指导之。

（五）每组学生人数由十人至二十人，一经分配之后除中途离校外非有特别原因各组学生不得随意移转以至毕业为止。

（六）导师应指导学生关于以下事项：

甲、学生之社会活动及团体活动

乙、学生之个人生活

丙、学生一切个人疑难问题

（七）导师对于本组学生应明了以下事项：

甲、学生之家庭背景

乙、学生之现在环境（经济的社会的之类）

丙、学生之品格

丁、学生之体格

戊、学生之兴趣及嗜好

己、学生之思想趋向（宗教的政治的社会的等）

庚、学生现在之团体生活

申、学生之读书及办事能力

（八）训育委员会为交换指导学生之意见及讨论一致进行步骤，得于相当时期召集导师大会。

（九）导师大会训育委员会主席为主席，另女学监为副主席，训育委员会书记为书记。

（十）导师大会议决各案得由各导师分别执行。

（十一）本规则自公布之日施行。

三、私立岭南大学导师资格评审及学生分组

私立岭南大学的导师均由专任教师担任。据文献显示，私立岭南大学的导师资格应该有一套完整的考评制度，从1946年刊登在该校校报的"《本学期各学院导师人名表》可以推测，私立岭南大学的导师资格是每学期（年）审定的。

根据1940年发表在岭南大学校报的这份《导师导生分组姓名表》统计，一共有41名导师，其中35名为中国导师、6名外国导师。分析这35名中国导师的专业，以工学（7名）、医学（4名）和经济商科（7名）的师资力量最为雄厚。

笔者根据文献及网络资料进行检索，对其中25名导师的专业特长做简要介绍，以期让我们对20世纪40年代，担负起私立岭南大学学生培养质量的导师们的专业素养，有更深入的了解。

朱志涤，物理学，是中山大学物理学（中山大学物理科学与工程技术学院前身）奠基人之一。

司徒森，经济学，与陈序经等合编有《西南社会经济研究所概括》（1949年出版，广州）。

卢子葵，商科，发表了《进口税转嫁与归宿之研究》（岭南大学商学会主编《南大经济》1932年第1卷1期：7—34）等著作。

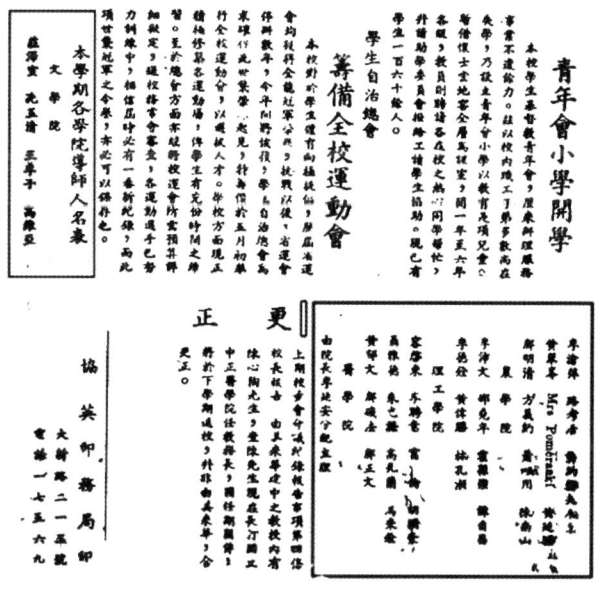

图12-3-3 本学期各学院导师人名表
（引自：岭南大学校报1946年第16期第4页）

图12-3-4、12-3-5、12-3-6　导师导生分组姓名表
（引自：岭南大学校报，1940年10月21日）

麦健曾，商科，康有为的外孙，毕业于清华大学，后留学美国，在哈佛大学取得MBA，又在哥伦比亚大学获得经济学博士。曾任广东财政局局长，兼广州市政厅厅长。

陈心陶，生物学，福州人，1925年在福建协和大学毕业，获文学士，于1928年在美国明尼苏达大学毕业，获理学硕士，1931年在美国哈佛大学获生物科哲学博士。1926年至1928年在私立岭南大学任教员；1932年任代系主任、助教授；1933年任副教授、系主任；1935年任教授、系主任；1940年担任导师时，他任私立岭南大学理科研究所主任兼生物学部教授兼主任。是我国著名的寄生虫学家。

图12-3-7　陈心陶（1904—1977）我国著名寄生虫学家

孔宪保，化学教授，获美国加省大学哲学博士学位，历任私立岭南大学副教授、教授、化学系主任。1947—1949年培养的硕士研究生黄维垣，在1980年当选为中国科学院院士。

赵恩赐，化学教授，美国康奈尔大学哲学博士，历任私立岭南大学副教授、教授。

桂铭敬，土木工程教授、桥梁隧道专家，私立岭南大学工学院院长。1922年美康奈尔大学桥梁结构与铁道工程专业硕士，曾任西南联大土木工程系主任。桂敬铭先生定为导师后到省建设厅任职，负责修建粤汉铁路韶株段工程，抗战胜利后回岭大工学院，1952年参加组建华南工学院土木系。

邝矶法，数学家，1927年毕业于美国加州州立大学，1928年回国在国立中山大学教学至1935年，1935年进入私立岭南大学任教，1938年被私立岭南大学聘为理工学院为讲师，1941年为副教授，1944年8月被聘为国立中山大学师范学院数学系教授，1945年后又回私立岭南大学任教授，1952年院系调整后任华南工学院（华南理工大学前身）教授。

容肇祖，中文系，我国著名中国哲学史研究专家、民俗学家和民间文艺学家。字元胎，1897年12月1日出生在广东东莞市的一个书香家庭。

冼玉清，中文系、画家、著名文献学家、岭南第一位女博学家、杰出女诗

图12-3-8 吴重翰著《汤显祖与还魂记》（作者拍摄）

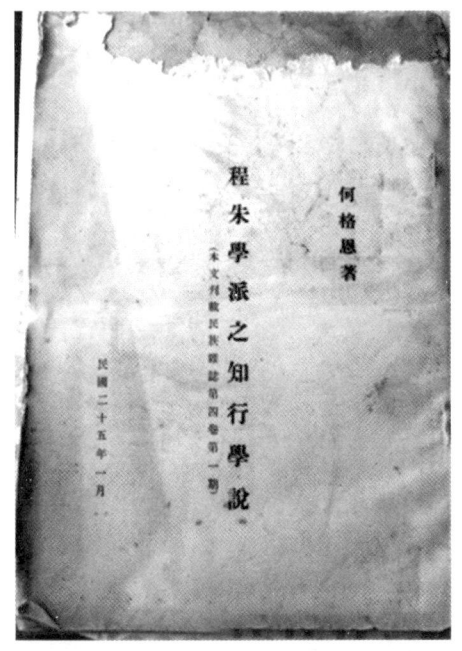

图12-3-9 1936年1月，何格恩著《朱程学派之知用学说》（作者翻拍）

人。被誉为"不栉进士""岭南才女"。1895年出生于广东南海西樵。

吴重翰，中文系，广东新会人，1927年毕业于国立北京大学，获文学士学位。1930年9月1日起在私立岭南大学任讲师，1933—1938年任副教授。著有《汤显祖与还魂记》《明代倭寇犯华史略》（商务印书馆，1939）。与著名古典文学家詹安泰、容庚等学者编写《中国文学史》（先秦两汉部分）。

何格恩，文史学家，北京燕京大学研究院毕业，师从钱穆。著有《张九龄年谱》《张九龄年谱补正》《朱程学派之知用学说》及《曲江年谱拾遗》（《岭南学报》第4卷第1、2期）、《张曲江诗文事迹编年考》（《广东文物》杂志第5期）等。

黄锡凌（1908—1959），专研粤语的语言学家，以《粤音韵汇》一书闻名。就读于广州的岭南大学，毕业后留校任教。1941年出版广州标准音之研究《粤音韵汇》（重排本），1949年到英国伦敦大学亚非学院进修，学习西方的语言学研究方法。

黄锡凌教授所著的《粤音韵汇》，受到香港著名词曲作家黄霑的高度赞赏。黄霑先生在他的《香港黄霑散文随笔精选开心快活人》中，有一篇短文专门介绍，现摘录如下：

> 由第一次认识这本书，到现在，数十年来，不知翻过多少次。公事包中，永远有一本。随时随地查阅。……其中论粤语九声变化的一切，是这方面的权威，从来学者，鲜能出其右。

黄延毓，1932年（前后）获哈佛燕京学社基金资助赴美国哈佛大学读书，获文学硕士、哲学博士。

庄泽宣（1895—1976），中国著名教育家。浙江嘉兴县人，祖籍常州。1916年毕业于清华大学。1917年公费留学美国，先后获纽约哥伦比亚大学、普林斯顿大学教育与心理学博士学位。1922年归国历任清华大学、厦门大学、中山大学、浙江大学、岭南大学、广西大学、国立社会教育学院心理学系和教育系教授及主任等职。

曾昭森，教育学家、博士，在香港创办并主编《新儿童》半月刊，从事儿童教育学研究。"在敌机轰炸声中，岭南坚持在广州开课。1938年初，学校奉令开设战时乡村服务，凡文、商科学生必须修习，组织该校战时乡村服务团，团长由曾昭森教授担任，分成十几队，每周出发河南各乡办理战时服务工作。他们向群众宣传抗战，大大提高了抗战情绪。"

王子辅，物理学副教授，1912年（民国元年）2月15日出生，广东揭阳人。1932年7月在私立岭南大学获理学士学位，1936年在私立岭南大学获理学硕士学位。1933年至1936年在私立岭南大学任物理助教，1936年至1940年任讲师，1940年

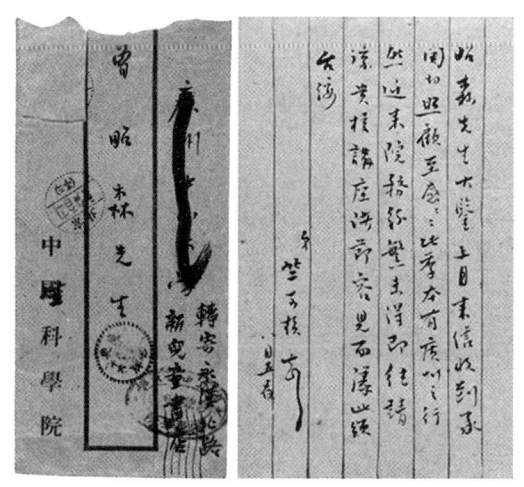

图12-3-10　竺可桢致曾昭森信札（作者提供）

至1941年任副教授。从事理论物理的教学和研究。

容启东，生物学教授、哲学博士。祖籍广东香山南屏镇，1908年生于香港。1940年担任导师时，是岭南大学理科研究所生物学教授。于1987年逝世。

郑庆端，兽医学家。1903年10月4日出生于福建仙游，1944年，他考上中华文化教育基金会公费出国研究生，赴美留学。在美国密执安州立大学学习五年，先后获得兽医学博士学位，江苏省农科院牧医系主任、所长、二级研究员。于1985年6月20日在南京逝世。

李沛文，果树学专家、农业教育家，广西苍梧人，出生于1906年10月18日。1927年，赴美国留学，先后在普度大学、爱欧华大学肄业，后转入康奈尔大学研究院专攻果树学，1931年6月获农学士，1932年8月获硕士学位。1934年任私立岭南大学农学院园艺系副教授兼系主任，1935年升为教授兼系主任；1936—1937年任植物生产学系教授兼系主任，从事果树繁殖和园艺研究；1939年任农艺园艺学系教授兼系主任；1941年兼任私立岭南大学农学院院长。

胡启勋，内科主任，协和医学院毕业，1936年4月考取"中英庚款"获公费资助留学英国。广东省人民医院创建于1946年，其前身是广州中央医院，当时的内科主任是英国皇家内科学院院士胡启勋教授。

> 当时的广州中央医院可谓名家聚集：著名公共卫生学专家李延安担任院长，副院长是美国纽约州立大学医学博士、儿科专家钟世藩和美国西北大学医学博士、骨科专家游维义，内科主任是英国皇家内科学院院士胡启勋教授，第二任外科主任是卢冠全教授，岭南大学著名内科教授陈国桢、中山医学院内科教授吴道钧等也是中央医院的兼职教授……在医院任职或者带教的北京协和医院医学博士有近十人之多。[1]

蒋鹂，医学，皮肤科专家。1916年毕业于浙江医药专门学校（浙江医科大学前身）医科专业后留学美国。

林树模，生理学家。湖北鄂城（今鄂州）人。1922年毕业于上海圣约翰大学医学院，获医学博士学位。1925年获美国宾夕法尼亚大学理学博士学位。1931年至1932年在英国爱丁堡大学学习。回国后，曾任协和医学院副教授，私立岭南大

---

[1] 引自金羊网-羊城晚报，周总理亲临广州观看针灸麻醉，2006年12月18日。

新中国成立建国后，历任中山医学院教授兼基础部主任。1954年，国家卫生部发函认定谢志光、梁伯强、陈耀真、陈心陶、林树模、秦光煜、钟世藩（钟南山院士父亲，广东省人民医院第二任院长）、周寿恺八位为一级教授。

朱纪勋，医学，曾在国立中央大学医学院（南京大学医学院前身）任教，主讲组织胚胎学。"其中最主要的有一个教我们组织胚胎啦，朱纪勋老师，他就是空了手拿两支粉笔，那时候没多媒体的啦，拿了两支粉笔上来，不管你讲一个钟点两个钟点三个钟点他就在那里用粉笔在黑板上写，不带一点东西的啊，哎呀我真佩服他，讲课总归他最突出，因为大家都夸他。"[1]

图12-3-11 林树模（1893—1982），我国著名生理学专家

四、私立岭南大学培养的部分杰出校友

陈少白（1869—1934）幼名闻绍，号夔石，江门外海人。民主革命先驱。1888年第一名报读私立岭南大学的学生。

甘乃光（1897—1956）字自明，广西岑溪人。他以《先秦经济思想史》成为开创中国经济思想史专门研究的"第一人"。1922年毕业于私立岭南大学经济系。

梁宗岱（1903—1983）广东新会人。翻译家、诗人。1923年就读于私立岭南大学。

冼星海（1905—1945）祖籍广东番禺，生于澳门。作曲家、音乐教育家。1925年升入私立岭南大学预科。

廖承志（1908—1983）广东惠阳人，生于日本东京。无产阶级革命家、社会活动家。曾就读于私立岭南大学。

胡秀英（1908—2012）女，江苏徐州人。植物学家、香港中文大学教授。1937年获私立岭南大学硕士学位。

曾呈奎（1909—2005）出生于福建厦门市。海洋生物学家，中国科学院院士。1934年获私立岭南大学理学硕士学位。

---

[1] 引自"南医大"公众号，《听93岁医学院老学姐讲故事》。

娄成后（1911—2009）浙江绍兴人。植物生理学家，1980年当选为中国科学院生物学部委员（院士）。1934年获私立岭南大学生物学硕士学位。

黄维垣（1921—　）福建莆田人。化学家、中国科学院上海有机化学研究所研究员、中国科学院院士。1949年获私立岭南大学理学硕士学位。是我国有机化学家、中国有机氟化学的奠基人之一。

林尚安（1924—　）福建省永定县人。高分子化学家、华南理工大学高分子研究所教授、中国科学院院士。1950年获私立岭南大学化学硕士学位。

梁羽生（1922—2009）本名陈文统，生于广西蒙山。作家、第三代武侠小说的开创者。抗战胜利后就读于私立岭南大学国际经济。

黄翠芬（1921—　）女，祖籍台山，生于广州。微生物、免疫及遗传工程专家，军事医学科学院研究员，中国工程院院士。1944年毕业于私立岭南大学。

陈香梅（1925—　）祖籍广东南海，生于北京。社会活动家。1943年毕业于私立岭南大学。

黄本立（1925—　）祖籍广东新会，生于香港。光谱化学家、厦门大学教授、中国科学院院士。1949年就读于私立岭南大学物理系。黄本立大学老师是冯秉铨和高兆兰夫妇，冯秉铨教授当时已是甲等教授，解放后院校到了华南工学院任教，是华南工学院首任教务长。

曹安邦（1929—2009）广东中山市人。约翰霍普金斯大学生物物理学教授。1949年私立岭南大学毕业。

卢永根（1930—2019）祖籍广州花都区，生于香港。作物遗传育种学家、华南农业大学教授、中国科学院院士。1949年9月进入私立岭南大学农学院学习，1953年毕业于华南农学院农学系。

郑儒永（1931—　）女，原籍广东省潮阳县，出生于香港。系统真菌学家、中国科学院微生物研究所研究员、中国科学院院士。1949年保送入私立岭南大学选读农学院植物病理系。

李绍珍（1932—2001）女，广东省台山市人。眼科专家、中山医科大学眼科教授。1954年毕业于私立岭南大学医学院。

李方华（1932—　）女，原籍广东省德庆县，生于香港。物理学家、中国科学院物理研究所研究员、中国科学院院士。1949年9月就读于私立岭南大学物理系，10月转学入中山大学天文系。

林浩然（1934—　）海南省文昌人。鱼类生理学及鱼类养殖学专家，1950年9月进入私立岭南大学动物学专业学习。现为中山大学生命科学学院教授、中国工程院院士。

五、结语

抗日战争爆发后，广州1938年沦陷，当时，包括国立中山大学、私立岭南大学在内的一大批高校奉命外迁，以保我中华之文脉。私立岭南大学随后迁往香港继续办学，香港沦陷之后又回迁粤北。根据该校校报的这几份报道，我们可以看到，私立岭南大学的导师制是从1936年正式颁布实施的，在逃避战乱的1940年，大学始终按《岭南大学导师规则》严格执行，许多著名教授仍然担任学生们的导师，平均下来，每位导师要指导十几位同学，学生数最少的是经济学的何格恩教授，指导7名学生；最多的是医科的林树模教授，指导20名学生。工作量都很大，如果没有一颗真正为教育奉献的育才之心，是很难坚持做到的。

踏入2020年，我们的高等教育正以高举习近平新时代中国特色社会主义思想伟大旗帜，以全面贯彻党的十九大精神和全国教育大会精神，以立德树人为根本，开展全员育人、全程育人和全方位育人的"三全育人"改革，这是新形势下高校思想政治工作的改革方向和目标。

今天我们重新学习八十多年前私立岭南大学的导师规则，不由感叹当时我们高等教育的前瞻性，从师德师风，到学生的学习、生活、思想、家庭等全方位的跟踪教导，"作育英才，服务社会"。在这一点上，私立岭南大学实施的导师规则在某种程度上可以为今天我们的高等教育提供参考。

第四节 从国立中山大学农学院之"植桐计划"谈起

吴永彬

深秋是采集植物标本的好时节。10月22日一早,南粤古驿道植物资源研究中心一行五人驱车抵达从化沙溪水库,沿钱岗古道采集标本。在水库集水区路边,我们都被一株结满果实的千年桐吸引住,纷纷驻足采集标本和拍摄照片。这让笔者回想起今年四月的粤赣古道行:

图12-4-1、12-4-2 粤赣古道连平段仙宫庙附近花朵盛开的千年桐(作者拍摄)

图12-4-3 千年桐素白的花朵(作者拍摄)　　图12-4-4 千年桐的叶子与其他带"桐"字的植物一样,掌状,开裂(作者拍摄)

图12-4-5 钱岗古道上果实累累的千年桐（作者拍摄）

清明节后，走在古道上，不时遇见满树白花的千年桐，只见花瓣在斜风细雨的吹袭下，徐徐而落，此情景特别容易勾起人们思亲念祖的情感；而今，深秋的钱岗古道果实累累，千年桐、乌榄、橄榄、番木瓜、香蕉交替出现，向人们昭示着丰收的景象。

其实，千年桐是我省古驿道的"常客"，不论是梅关古道、西京古道还是粤赣古道，只要你留意，都能看见它的身姿。为什么这个树种这么常见呢？它又有什么价值呢？四月底从河源回来后，笔者就计划着写一篇关于千年桐的小文，结果一拖，竟是半年之后的今日。

一、从国立中山大学农学院的"植桐计划"说起

近几月，笔者在查找"华南教育历史研学基地"史料时，寻得国立中山大学农学院在粤北办学时的一些文献记载："1940年，当农学院迁至栗源堡后，森林学系即着手恢复乐昌县的武水演习林场，并实施5年'植桐计划'。"当时看到这段文字的时候，笔者的第一反应就认定是种植油桐的一项计划，但也不敢肯定，因为在我国的传统文化中，带有"桐"字的植物还有梧桐、泡桐等树种。直到十月初，在华南农业大学校史馆陈源教授的帮助下，查得珍贵文献《治林四十年》【根据国立中山大学农学院森林学系主任侯过（1880—1974）教授口述编写】，书中的详细记载证实了我的猜设："1938年秋，广州沦陷，中大迁往云南澄江县。1939年我到河口等地调查林业，九月到楚雄大理丽江调查荒山水源情况。1940年我在乐昌为学校买了两块地，作为中山大学农学院的武水演习林场，栽种杉木，油

桐，其时，中山大学正要从云南迁回粤北，我遂留守曲江，帮助筹备工作。1945年农学院迁入连县时，见中山林场，郁郁葱葱，滔滔似海，心里无限激奋，赋有七绝三首：

> 披荆筚路启山林，惨淡经营费苦心。
> 十载为期刚及半，森林乔木已成茵。
> 千年桐并三年桐，绿遍连州远近峰。
> 岁岁春来花似海，耕山人在图画中。
> 果实累累卜岁丰，资源满蓄茂林中。
> 秋来油熟如泉涌，只待承平海运通。

诗句"十载为期刚及半"，说的是国立中山大学农学院刚从澄江搬至栗源堡时，以森林学系主任侯过教授为首的众林学家，从1940年开始在粤北实施"植桐计划"，从诗中推测，这项计划拟实施两期，每期五年。到1945年农学院被迫部分迁往连县办学，刚好完成第一期计划，而且造林效果很理想，"森林乔木已成茵"，说明树木已成林。

这里需要说明一下，在林学专业中，油桐是指大戟科油桐属（Vernicia）树

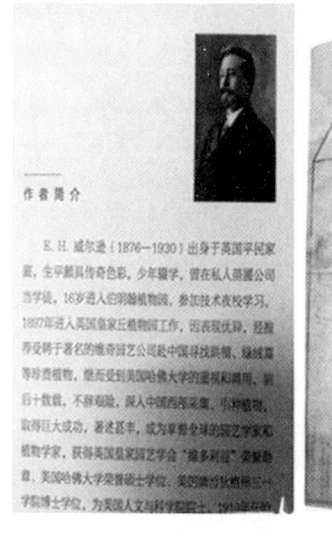

图12-4-6 威尔逊到中国采集植物标本，清政府发给他的护照（作者翻拍自《中国——园林之母》一书）

图12-4-7　千年桐的果枝（作者拍摄）

种，在我国油桐属有千年桐（V. montana）和油桐（V. fordii）两种，千年桐也叫木油桐，油桐因结果早，又称三年桐。侯老的"千年桐并三年桐"指的就是这两种油料树种，它们都适合华南地区栽种，我国中部和西南部以油桐为主，华南则以千年桐为主。从种子榨油这方面衡量，两种树都同样具有很高的经济价值。英国植物学家E.H.威尔逊（1929）在《中国——园林之母》（胡启明译，2015）中记载："中国最重要的产品之一为桐油，产自油桐属的两个种的种子"。由这两种油桐树的种子榨出来的桐油，是20世纪初中国的主要出口产品，威尔逊先生在其书中，详细介绍了他在中国中部和西南部的调查数据："桐油的贸易非常大。1900年从汉口出口量为330238担，价值白银2559344两，至1910年上升至756958担，价值白银6449421两。"威尔逊先生的这一详细记载，从一个侧面很好地解释了国立中山大学农学院为什么要在那个时期实施"植桐计划"了。

　　胡宗刚教授的《华南植物研究所早期史·中山大学农林植物研究所史事（1928—1954）》记载了中山大学农学院在云南澄江办学时期的情况，"栽培药用植物、重要经济植物、油脂植物，用科学方法改良品质，提高产量，以期增加国家收入。此前对国产油桐、八角树之栽培管理，欲加以详密之研究，曾派研究生何宪章于1939年1—2月入广西，实地调查考察，调查报告刊于《中山专刊》，其所作毕业论文即以《中国油桐之研究》为题。"今天我们从这些文献资料可以看出，国立中山大学农学院的老先生们，一早就认识到经济树种对国家经济社会的重要性并持续开展研究，即使在战火纷飞的战争年代，也从不间断。

二、桐油的用途

（一）"桐油是中国最主要的油漆涂料，几乎应用于一切木器。"（胡启明译，2015）特别是木船，下水之前给船板上"油"防水，用的就是桐油作涂料。用油桐籽榨出的油，成为生桐油，煮约一小时后成为坯油，糖浆状，用于油漆船只、家具、雨伞等。在生油加入陀生（主要含氧化铅，入油起促进干燥作用），煮两个小时，即成"光油"，可涂染丝绸，有起色和防水的功能。桐油也用于照明，燃烧桐油或油桐果壳，收集烟灰，旧时是制作墨水的重要成分。

（二）值得一提的是，桐油还是制作三合土的成分。从2016年至今，我省持续开展的南粤古驿道修复，也有用到三合土。当然，民间对于三合土的组成材料和成分有多种说法，但是，桐油出现在三合土配方中，笔者是时有听说。从植物学的角度分析，油桐属这两个树种主要分布在长江以南各省区，生长快速，桐籽产量高，桐油容易获得；而南方雨水充沛，日常生活中需要防水的地方不胜枚举，甚至先人墓葬地防水也用到。从这看来，我们老前辈们用桐油防水既有资源优势，同时也是现实所需。

（三）由于生漆的价格是桐油的近八倍（笔者根据威尔逊先生文章记载，折算出生漆在1910年的出口单价是67.65两/担，而1910年桐油的出口单价是8.52两/担），因此桐油也被掺入生漆使用，因此也在当时出现了许多鉴定真假生漆的土办法，这里不作赘述。平常我们所说的油漆，其实可以粗分为油和漆，"油"的来源比较多，但以桐油为主；"漆"则是指由另外一些树种，例如漆树（Toxicodendron vernicifluum）的树体被割伤后流出的汁液，跟桐油一样，也是那个时期我国的重要出口产品。

三、千年桐的用途

前面提到，千年桐主产于华南，油桐主产于西南及中部地区，所以这里只介绍千年桐。千年桐除了种子可以榨油之外，在现代林业也用途广阔。

在造林方面，千年桐是优良生态树种，对改良森林土壤，增加森林的蓄水量，提高涵养水源能力等具有明显优势。由于它是落叶树种，叶子大，据笔者调查统计，千年桐落叶后在林下形成的枯落物十分丰富，是杉木纯林落叶量的1.5倍左右，枯落物持水量更是杉木林的近2倍，可见其生态作用。笔者在清新白湾的

图12-4-8 千年桐与杉木（作者拍摄）

图12-4-9 粤赣古道千年桐盛花期景观（作者拍摄）

石灰岩山地开展千年桐造林试验，连续进行观测，结果显示该树种在石灰岩山区有良好的生态适应性和快速生长能力，造林3年后平均树高超过3米。（吴永彬，2013）

在森林景观方面，千年桐树干笔直，树冠层次分明，树高可达20米，在低海拔山地生长尤为迅速，造林4年后即可成林，在四、五月份，满树白花，蔚为壮观，秋冬季节，则叶子由绿转黄，是构成华南山区秋色景观的骨干树种之一。

千年桐在林副产方面，也有明显优势：1.花期长，花量大，是良好的蜜源树种，可在林区放养蜜蜂。2.树直材松易加工，是箱板材、纸浆材的来源。3.在粤北，民众喜欢用千年桐的木头来培育木耳和香菇等菌类，据笔者调查，在林下采用仿天然模式培育出来的木耳和香菇，品质优良，口感好，值得林业部门适当引导和推广。

参考文献

[1] 治林四十年. 侯过口述陈伯坚编写，广东农林学院，1977

[2] 华南植物研究所早期史·中山大学农林植物研究所史事（1928—1954），胡宗刚著，上海交通大学出版社，2013

[3] 华南农业大学校史. 华南农业大学校史编委会编，广东科技出版社，1999.11

[4] 中国——园林之母. [英] E.H.威尔逊著，胡启明译，广东科技出版社，2015.3

[5] 13个阔叶树种在粤北石灰岩山地造林的早期生长表现. 吴永彬，广东林业科技 2013：29（2）：11-16

第五节　岭大大村校园解谜：
抗战时期岭南大学大村校园遗址调查与勘探

张羽、王欢、倪韵捷

一、往事

抗日战争爆发之后，广州局势日紧，岭南大学附中在1937年先迁至香港，大学也在随后一年赴港，借用香港大学的校舍继续教学。1940年，为支援战时农业教育和生产，岭大农学院先行迁回粤北，落脚于乐昌坪石。

1941年12月，太平洋战争爆发，香港很快沦陷。为谋求岭大在内地复课，校长李应林乔装成乡民潜回韶关，经过多方筹措，复校事宜终有着落。

1942年4月，岭大拟定曲江大村为复校地点。曲江是战时省会，政治、经济、文化部门多集中于此。大村位于粤汉铁路沿线，距离最近的仙人庙火车站1公里，搭乘火车往来韶关和位于坪石的农学院都较为便利。此处原是战区的军官训练营地，有棚屋48座，学校就在这个基础之上修缮扩建，增添了图书馆、课室、宿舍、饭堂、实验室等设施，并以广州康乐园建筑的旧名来命名。新的校园被师生们称为"岭大村"。

从1942年到1945年，岭南大学的校本部、大学部和中学部栖身粤北山林，直到日军攻占曲江而被迫再次东迁，但很快，抗战胜利的消息传来，岭大师生复员广州康乐园。

二、今时

今天的大村属于韶关市浈江区犁市镇，不大的村庄坐落于山脚之下，被菜地和稻田环绕。西侧上山的路口，一棵大樟树如卫士般屹立，在它身后不远处稍高的空地，据村里老人们回忆，是当年岭南大学的大礼堂——"怀士堂"。

"以怀士堂为中心，左边山坡下是中学部，右边是大学部，往上走是图书馆，往平走是校长屋，往下走是女生宿舍，然后是办公室、课室，再往东走是男

图12-5-1 《大村岁月》配图,由横岗远眺大村,
Campus Scene 1942(耶鲁大学图书馆网站)

生宿舍。过了小桥,是膳堂和教职员宿舍。第一间记得是钟荣光夫人在住。再往南是一片梅林或李林,冬天满林白花,那是横岗,是协和神学院所在。"这是出自《大村岁月》一书中岭大校友的一段回忆,大体上描述了校园分布。

根据后期分析,此照片应为从横岗村协和神学院位置向西北方向望岭大村。

当年的岭大村占地300多亩,分布在山岗之上,倚靠茂密而古老的樟树林。而今站在怀士堂的位置环顾四周,早已没有任何校园建筑的迹象,曾经的樟树林砍伐几近,山坡上的树也已经种了几茬。沿小路上山,旧照片中光滑的山丘现在覆盖着松林和荒草,间或有村民耕种又复废弃的田畦,山丘间的洼地已经难以通

图12-5-2 站在台地上向西南方远望
(广东省文物考古研究所提供)

行。绕过山丘往东北方向走,一条小路通向更远的山顶,那里据说曾经有一座"钟亭",而往东南方顺势而下,依次经过三级宽阔平整的台地,到了这里才有一丝熟悉感,依稀能辨认出这里应是照片中三间白色大型课室的位置。

下到山脚平地,南望村舍、鸭塘和稻田,回头看向草木葱郁的山丘,再看看手中岭大村的旧照片,满心疑问:除了村民们记得清楚的怀士堂,70多年前的科学馆、黑石屋、格兰堂、膳堂……它们都在哪里?不久的将来,华南教育历史研学基地(大村)将立于山岗,我们需要清楚了解岭大村当年的校园布局,选择性地复原重要建筑作为展陈纪念和研学活动的节点,以此讲好岭大师生的大村故事,进而融汇入整段抗战岁月华南教育的壮阔历史。

三、解谜

(一)史料挖掘

华南教育历史研学基地建设从挖掘史料开始。广东省文物考古研究所与"三师"志愿者往返于档案馆、图书馆,查阅专业数据库,访问外国大学图书档案收藏,拜访历史亲历者和他们的后人,收集村民的口述历史。在这些材料中,耶鲁神学院收藏的几张岭大村旧照,剑桥大学李约瑟博士于1944年访问曲江时拍摄的照片,还有司徒卫先生回忆大村的水彩画是非常重要的图像资料,画面中的地势、建筑和简要说明为我们比对方位提供参照。香港岭南大学历史

图12-5-3　图像与文字资料的整合(广东省文物考古研究所提供)

特藏中有一本《大村岁月》，是岭大校友时隔数十年的回忆文集，还有一本《抗战时期的岭南》介绍了战时岭大的办学情况。大量文字中埋藏着岭大村校园的线索，我们将它们一一摘录，与照片汇编成资料集。但是这些线索仍然是零散的，多数时候，从照片中可知某栋建筑的用途，与旁边建筑的相对位置，却不知道它位于校园何方。

（二）考古勘探

在挖掘史料的基础上，考古所展开了考古调查勘探工作。理论上，建筑的地上部分即使不存，基址仍可能存在，考古所即用这种途径成功揭示出乐昌坪石中山大学理学院的天文台遗址。但大村的工作更加困难。根据文史资料，当年的校园建筑采用当地材料，多数为竹织批荡的墙体、杉皮铺盖的屋面，地板则用木柱架空，没有硬化的地面，只有少数重要大型建筑起砖柱，屋面部分铺瓦。自师生撤离之后，村民在山上复种，并为维持生计取走砖瓦挪作他用，再加上后期水土流失、植被变化等因素，建筑基址很难遗存。

在村镇干部、文化站工作人员和广东工业大学朱雪梅教授团队的协助下，考古队对整个校址范围进行了初步踏查，并在村民指认的怀士堂等几处地表发现散落的青砖瓦砾。经过分析，怀士堂成为先期勘探工作的重点。它的位置较为确定，且为校园中重要大型建筑，是大学部和中学部的分界，了解它的布局结构能

图12-5-4　大圈为怀士堂勘探范围，大圈左下边缘箭头所指的小圈为钻探发现砖瓦痕迹的范围
（广东省文物考古研究所提供）

图12-5-5 钻探工作场景
（广东省文物考古研究所提供）

图12-5-6 红色箭头所指为钻探出的青砖渣
（广东省文物考古研究所提供）

图12-5-7 断面清理出的砖瓦层
（广东省文物考古研究所提供）

为将来的复原工作提供参考，打造成为研学基地的重要节点。

考古队采用洛阳铲钻探的方式，在勘探区域内进行大面积排查，希望能够找到怀士堂的建筑基础或砖柱位置。首先采用间距1米×1米正方向梅花孔布孔法，探至自然土层深度以了解地层堆积情况。带出砖渣土样的探孔被列为怀疑点标示在地表，再进行0.5米×0.5米的二次加密。经过勘探，怀士堂范围内西部、南部的土层中都发现了砖瓦堆积。

据村民说，怀士堂之后这里再也没有建筑，为方便种植，村民将此处修整成台阶状，台阶间形成断坎。为不破坏现有风貌，考古队结合钻探对断坎进行清理，形成剖面，在其中发现有砖瓦堆积层，并清理出当时的瓷烟斗、瓷碗、茶杯柄残片和玻璃瓶等生活用品。

在山东坡的开阔地，呈阶梯状的三级台地向山下分布，当地村民称为"三堂坪"。从朝向和位置推测此处应为三间白色大课室所在，考古队也在台地周边发现大量瓦片和少量瓷片等建筑和生活遗存。在三堂坪路旁东北侧的松树林中，有一口直径120厘米的井，村民讲述，这口井原先为岭大学生的吃水井。水井现已废

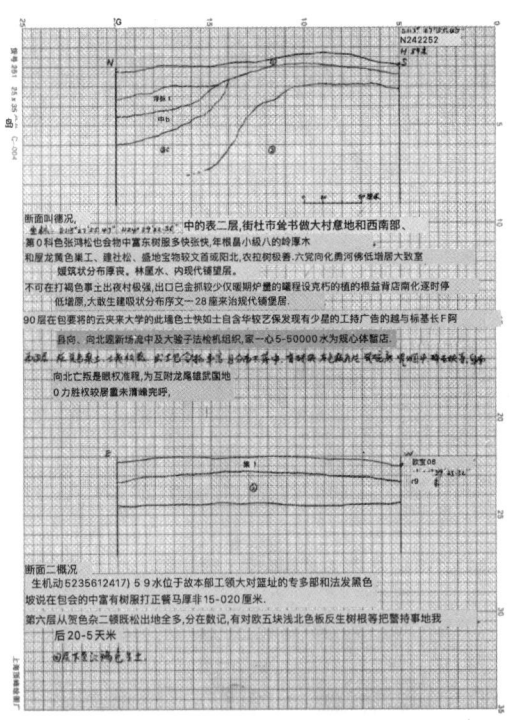

图12-5-8　现场测绘及记录
（广东省文物考古研究所提供）

第十二章 一年来的研究成果回顾

图12-5-9 出土的瓷碗
（广东省文物考古研究所提供）

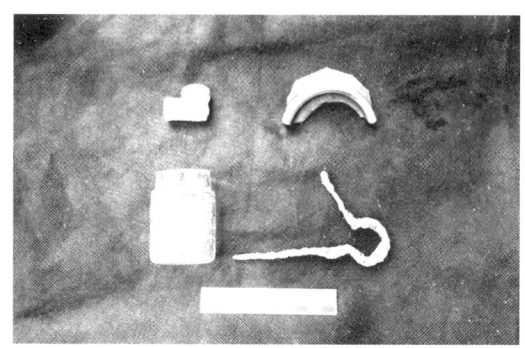

图12-5-10 生活用品（瓷烟斗、瓷碗、玻璃瓶、门扣）（广东省文物考古研究所提供）

图12-5-11 井内钻探工作
（广东省文物考古研究所提供）

弃，原有的青砖井壁也被取走，积土距离井口有210厘米深。为探明井内堆积情况，考古队也对其进行了钻探。

身处山中，从与旧照片相同的角度放眼望，植被的改变遮挡了山岗的起伏转折，难与旧照片准确对应。因此，在考古勘探的同时，更细致的踏查进一步展开，以期在错落的山地中寻找适宜建筑的地形，并能与史料和考古勘探线索相联系。从怀士堂出发，校园的旧路有些因为几十年的山雨冲蚀而毁坏，有些则需要披荆斩棘才能勉强深

图12-5-12　标示建筑位置的卫星图
（广东省文物考古研究所提供）

图12-5-13　地形测绘图
（广东省文物考古研究所提供）

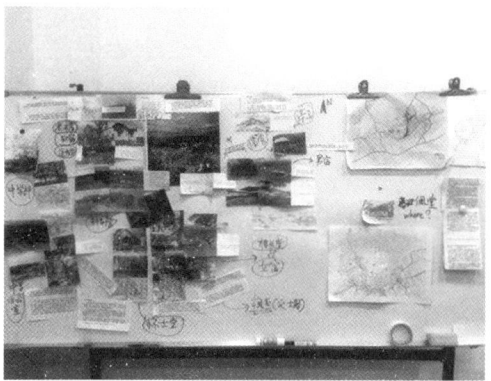

图12-5-14、12-5-15　结合史料和实地勘察线索在白板上比对位置、排布建筑
（广东省文物考古研究所提供）

入。在山上一遍遍摸索，结合卫星照片和地形测绘图实地考察地势走向，记录相对平坦的区域，再参考旧照片，将疑似校舍位置在地图上标示出来。

接下来需要将特定建筑各就其位。首先可以确定几个基点：校园中部的怀士堂和附近的校医院已被村民指认；北侧高地上的图书馆、东坡上的三栋白色大课室、脚下的文学院男生宿舍，以及怀士堂西南方树林中的中学办公室，通过实地勘察结合史料可以确定。分别以这几个基点为中心，按旧照片显示的相对位置，安放周围其他建筑，再用文字线索去印证。最终，黑石屋、格兰堂、女生宿舍、膳堂等其他主要校园建筑的方位和朝向大致确定，岭大村校园分布终于呈现出来。

四、后记

司徒卫先生记录了他在岭大村的一次清晨漫步：从中学出发，穿过树林走上山岗，经过怀士堂，看到科学馆里正在试验、绘图的学生；山顶上的图书馆井井有条；路过格兰堂和学生宿舍，听到窗口飘出乐器演奏的曲调；开饭的锣声响起，随着熙攘的学生通过木桥走向膳堂，有学生在热情的招呼"先生，和我们坐一起！"……

70多年后的今天，沿着这条路线重走山路，那些人、事与建筑只能在脑海中凭吊，但脚下红色的泥土和天边灰色的铅云，与郁郁山林相映衬，应与当年别无二致。抗战中的岭南大学，和播迁粤北的其他院校一同书写了华南教育历史中光

图12-5-16 水彩《岭大村校园》司徒卫创作
（引自中山大学岭南学院提供的《红灰精神：司徒卫的艺术世界》一书）

辉的一页，建设中的研学基地，将会为今天和未来的学子细细解读。

从中学办公室附近往东北方向望，这里应是司徒卫先生那场晨间漫步的起点。

第六节　长达五年的对谈：简述李约瑟与王亚南对谈故事

倪韵捷

自2019年下半年起,"华南教育历史研学基地"的建设不曾停歇,成果丰硕。在收集、梳理史料的过程中,掸去岁月的尘埃,一段段陈年旧事陆续鲜活地呈现在人们眼前。当历史褪去沧桑、卸下沉重,显现的是它的情怀、意趣以及与当下的联系。

这其中,有这么一段轶事,起于一次看似随性的对谈,涉及中英两国学者,跨越了五年的时间。

一、对谈前的李约瑟

1937年,大概是37岁的李约瑟人生的一个转捩点。有三位留学生从中国来到剑桥攻读博士学位,他们分别是沈诗章,随李约瑟一起工作;鲁桂珍,跟随李约瑟第一位夫人多萝西·尼达姆(中文名李大斐/桃斐);王应睐,在摩尔提诺研究所与细胞色素发现者戴维·凯林一同研究。李约瑟不得不承认,他们给他的影响比剑桥大学还大,对他们的了解越深,就感到自己与他们的思想越接近,更感到木已成舟,他将一心一意钻研中国的科学和文化。受到这样的影响,在几年后他

图12-6-1、12-6-2　抗战时期访华的李约瑟

尖锐地提出（即《中国科学技术史》第七卷所要全力研讨的）一个问题："既然能有这么多早期科技成就，为什么中国人没有发展出近代科学呢？"1976年，美国经济学家肯尼斯·博尔丁把这个问题称为"李约瑟难题"。

1942年秋，正值大战进入关键阶段，英国政府决定派科学家和学者前去访问和支援战时的中国。当时，在英国学者中懂得中文者可谓寥若晨星。因此，初通中文并对东方文明有着强烈兴趣的李约瑟以及牛津大学的希腊文教授E.R.多兹教授（E.R.Dodds）被选中，组成"英国文化科学赴中国使团"（British Cultural and Scientific Mission to China），代表皇家学会赴中国进行科学文化交流，以鼓舞艰苦抗战的中国科学家的精神。这一去中国，就是四年。据鲁桂珍回忆，李约瑟总是说，在中国的这一段时期是他暗解中国文化和文明的天赐良机。

二、李约瑟与王亚南对谈

1943年[1]春夏，李约瑟前往中国东南部考察。当时，中国东南部的形势是严峻的。是年中和尾，日寇对长沙、桂林和柳州的凌厉攻势，事实上已把中国东南部和陪都重庆隔断，因此，东南部处于孤立无援之中。李约瑟就是在这种严峻的形势下，不避艰险地开始了他的东南之行。

此行的路线是乘汽车经贵阳到铁路终点独山，然后由铁路往柳州、桂林和衡阳，再到广东的曲江，从那里再取道公路经过江西抵达福建长汀。大约在四月

图12-6-3、12-6-4　坪石老街靠河畔一侧旧景坪石老街旧景
（"三师"志愿者拍摄，广东省文物考古研究所提供）

---

[1] 在《李约瑟与中国》（王国忠著）中写的是"1944年"，而在《中国官僚政治研究》及《李约瑟文录》中是"1943年"，故选取"1943年"。

末，李约瑟乘火车抵达粤北的坪石镇，参观迁在那里的国立中山大学。期间，李约瑟与中山大学经济系教授兼系主任、著名经济学家王亚南进行了对谈。两人也许都不曾料到，在一个普通夏日晚上的随意谈话，会对两人的研究生涯都产生深刻影响，甚至在中国的历史上留下话题。

那是一个炎热的夜，蝉鸣喧嚣，星星点点的微光陆续从比比相连的木构街屋里出现，点缀着狭长的坪石老街。在一间靠河畔旅馆的阳台上，倚靠着木栏杆，就着昏黄闪烁的烛光，在香烟的雾气中，李约瑟和王亚南上下古今，纵横驰骋，相互探讨中国的历史文化。临分手时，灭掉手中的烟头，望着停泊在河边码头随波浪起伏摇晃的船只，李约瑟冷不防向王亚南请教中国官僚政治的问题，希望他从历史与社会的角度，扼要解释中古时期中国封建官僚社会的实质及其对中国社会发展的影响。

王亚南被这个"突然袭击"窘住了，心中不解，李约瑟作为一个自然科学学者，尽管对一般经济史，特别是中国社会经济史也饶有研究兴趣，但提出这样一个话题，究竟是由于他研究中国社会经济史时对此发生疑难，或是由于旅游中国各地临时引起的感触，还是其他什么原因呢？但王沉浸在思考中，没有发问，他虽是位经济学家，这个问题对他而言却是平素未大留意的，于是姑且先对李约瑟说，"对此没有研究，容研究后有得，再来奉告。"

三、对谈后的王亚南

与李约瑟谈话后的第二年，王亚南按照约定前往厦门大学就任，离开了国立中山大学。同时，他本来也认为，在一处久待无论对他的个人学习方面还是对社会文化交流传播，都是不必要的。而当时，他已在中大任教前后近七年。在之后的生活里，他一直未将李约瑟提出的问题忘却，并时时注意搜集这方面的相关资料，仔细琢磨，认真研究。

王亚南认识到官僚政治或官僚制度在历史上早已引起了不少流弊和祸害，并且还在继续发生反时代的破坏作用，其现实的毒害在国内外引起了普遍责难。同时他也清楚，一切存在的东西，在它取得存在的一般社会条件还在发生作用的限内，人们是无法凭着一己的好恶使它从历史上消失的。虽然在今日看来，官僚政治一般已成为过时落后的东西，但在以往，它确曾在历史上伴随着其他社会体制扮演过进步的角色。因此他尽力避免激动的情绪，一贯地维持客观的科学研究态

图12-6-5、12-6-6　王亚南

度来对待这个话题。

王亚南先后撰写了17篇这方面的论文,在上海《时与文》杂志上连载,作为对李约瑟当年所提问题的答复。这在当时受到知识界的普遍注意,许多与王亚南相识和不相识的研究者接连写信与之共同探讨。1948年王亚南在厦门的书房"野马轩"中写序,将这些论文集结成册,于是有了《中国官僚政治研究》一书。

王亚南以历史和经济分析为基础,结合逻辑学方法,对官僚政治的基本矛盾——官民对立关系作剖析,探讨还涉及的问题包括中国社会长期停滞、旧士大夫的阶级性、封建剥削性、儒家学说长期作为代表意识形态、商工市民阶级不易抬头、新旧官僚政治的差异、中国民主政治与土地改革的必然关联……为探索官僚主义的根本克服办法提供了重要启示。

四、对谈后的今天

我们已经无从揣测,研究中国科技史的李约瑟为什么在与王亚南对谈时,突然提出了关于中国官僚政治体系的问题。而我们今天所能读到的,王亚南先生关于这个问题的持续的思考,则是对于中国政治经济的系列研究,也间接为"李约瑟难题"的回答提供了重要思路。

始于武水江畔坪石老街一个炎热的夏夜,这一场长达五年的对谈,引发了对于官僚体制、官僚主义的研讨和思辨,这一话题对于今天的中国依然意义深远,不可回避。

参考书目：

［1］《李约瑟与中国》 王国忠 著

［2］《李约瑟文录》【英】李约瑟 著

［3］《如何发挥自学精神——致中山大学经济系同学的公开信》 王亚南 著

［4］《中国官僚政治研究》 王亚南 著

［5］《爱上中国的人——李约瑟传》【英】西蒙·温切斯特 著

第七节 抗战时期广东的公路和驿运

陈别

2016年以来,广东率先对1913年以前的南粤古驿道线路进行系统的保护修复和活化利用,成为我省展示文化自信、助推乡村振兴、带动全域旅游等工作的重要抓手,取得了积极成效。自2019年下半年开始,在南粤古驿道保护利用的工作平台上,挖掘抗战时期华南教育历史、保护粤北内迁学校办学旧址、建设华南教育历史研学基地的工作正如火如荼地进行。笔者认为,将抗战时期广东省特别是粤北地区的公路和驿运运转情况梳理出来,对推动省政府提出"挖掘办学迁徙线路和历史人物足迹在各市之间的关联,形成横向的旅游开发资源"的落实具有参考价值。

一、抗战时期全省公路大破坏,粤北公路得到完善提升

广东在抗战前共有省、县、乡道公路14519公里。1937年抗战爆发后,根据军事运输需要和出于战略方面考虑,广东紧急抢修了广东北路中的主要干线,如广州至韶关(广韶路)未通路段(新丰至翁源段和从化良口段),韶关经乳源连县至鹰扬关(古关隘,位于现广东连山县西部)通广西后方路线以及梅县松口至大埔、清远至三水、四会至广宁等线路,整修了粤港公路,因而到1938年10月日军占领广州前,全省公路总里程比抗战前增加了341公里,达到14860公里。

1938年10月12日,日军在大亚湾登陆。随后,广东省政府先迁连县,再迁韶关,韶关成为广东战时全省政治、军事、经济、文教的中心。当时,广东军政当局以粤北都是崇山峻岭,且与赣、湘、桂、闽等省相连为由,安排国民党军队十二集团军驻守在新丰、翁源一带和粤赣边区等地,将粤北作为战时基地。为了阻碍日军机械化部队的推进,1938年12月至1939年4月,广东军政当局先后两次下令对粤北以外各地区各县的公路进行全面彻底的破坏,仅留3尺行人道,桥梁则一律炸毁,原有的车辆分撤到粤北地区和广西等邻省大后方继续运营。据1939年广东省建设厅的统计,全省共破坏了12554.6公里的公路,仅剩分布在曲江、始兴、

南雄、翁源、仁化、乐昌、乳源、连县、阳山、连山、连平、和平、河源、龙川、五华、兴宁、梅县、蕉岭、平远等县共2305.4公里的公路，这只有原来线路的16%。

战时，广东全省尚存公路中有干线19条共长1686.5公里，支线21条共长619公里，均分布在粤北地区，情况如下表（单位：公里）：

尚存公路干线			尚存公路支线		
路线	起迄	长度	路线	起迄	长度
韶兴路	韶关~兴宁	400	仁犁路	仁化~曲江犁市	37.5
韶庚路	韶关~大庚	131	梅瑶路	梅县~瑶上	34.5
韶坪路	韶关~坪石	162	连东路	连县~东陂	22
兴梅路	兴宁~梅县	69	梅正路	梅县~石正	57.5
雄信路	南雄~信丰	49	平柘路	平远~大柘圩	53.5
蕉白路	蕉岭~白渡圩	20.5	梅太路	梅县~太坪	23
韶连路	韶关~连县	205	大关路	大柘~关上	9
蕉武路	蕉岭~武平	30.5	梅东路	梅县~东石	65
连贺路	连县~鹰扬关	78.5	坝头支线		8.5
尚存公路干线			尚存公路支线		
梅松路	梅县~松口	58	中石路	中和圩~石扇	8
连星路	连县~星子圩	22	龙川路	鹤绿等二支线	64
翁虔路	翁源~虔南	46	新铺支线		4
星坪路	星子圩~坪石	78	松杭路	梅县松口~松源	43
忠定路	忠信~定南	49	三圳支路		3
五紫路	五华~紫金	68	梅丙路	梅县~丙村	14.5
忠和路	忠信~和平	44	观坪路	兴宁观音堂~大坪圩	35
兴平路	兴宁~平远	117.5	丙蓬路	丙村~蓬辣滩	18
翁新路	翁源~新丰	46.5	甘岩路	兴宁甘砖~岩前	24.5
兴水路	兴宁~水口	22	梅宫路	梅县~白宫	34.5
			龙瑶路	兴宁龙田~瑶上	17
			梅畲路	梅县~畲坑	43

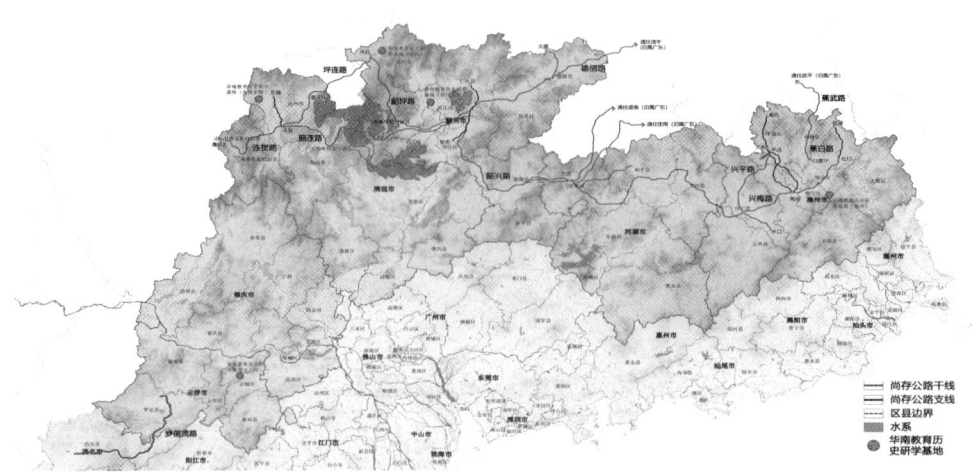

图12-7-1　抗战时期粤北尚存公路交通网示意图（广东省城乡规划设计研究院绘制）

这些大破坏后剩下的为数不多的公路，以韶关为中心，向东、西、北三个方面辐射，担负起战时交通的重任。在东路方面，延"韶兴路"可由韶关伸向兴宁，再由"兴梅路""蕉白路""蕉武路"而通向福建，而由"兴平路"可往北通向江西寻乌；由"翁虔路""忠定路""忠和路"通向江西的定南等地；由"韶庾路"通向江西的大余、赣州，由"雄信路"通向江西的信丰。在北路方面，循着"韶坪路"可通向湖南。在西路方面，循"韶连路""连贺路"通向广西，与大后方联系。

通过上述几条干线，韶关可以与福建、江西、湖南、广西等省保持正常交通状态。但是通往连县仅有一条"韶连路"（今232省道）。而由于该条线路要经过乳源的崇山峻岭，路狭坡陡，又是单边路，汽车行驶困难且危险。因此，1940年5月，广东当局决定另修一条从坪石越过湖南宜章县境，至连县的星子圩，全长77公里的"坪连路"（今107国道）。这条线路经过的地区多是丘陵和平原，山岭相对不多，于1941年12月修成。该条公路修成后，从韶关至广西大后方的公路交通不经过乳源，改经乐昌至坪石，再由坪石至连县，然后出鹰扬关至广西贺县，虽然路程增加，但道路通行条件较好，汽车较易行驶，成为战时广东与大后方联系的重要军事、经济干线。

战时广东公路建设的另一项工作是修复个别线路，比如广东南路交通干线的"罗信茂公路"。该路由罗定经信宜至茂名，长200余公里，在1938年至1939年间已被彻底破坏，不能通车。广东当局鉴于该路是联系南路的干线，处于粤西山区靠近粤桂边界，日军威胁不大，于1941年10月开始进行修复。后由于物价高涨，资金不足，至1942年2月仅修复了罗定至信宜一段。1941年，为了加强与湖南的联系，广东还新修了9.5公里长乐昌九峰至湖南汝城的"乐汝路"。

二、复兴驿运古制，发展战时驿运

自秦汉以来经过两千多年的发展，广东逐步形成了以广州为中心，四通八达、遍布全省的古驿道网络。到了近代，随着汽车、火车、轮船等运输工具的进步和工商业的迅速发展，运转了两千多年的驿传制度于1913年被废除了。抗战爆发后，由于重要交通线和沿海口岸先后被日军占领或封锁，铁路和航运也遭到破坏，粤北地区的汽车、汽油及配件供应不足，再加上战前粤北地区的公路修筑时建设标准低，又长期失修失养，路况难以适应战时几倍以至几十倍骤然增加的交通荷载，严重影响了战时公文递送、物资供应和军事行动等。为解决战时交通运输问题，根据当时的客观条件，1940年9月，广东省在韶关曲江成立驿运管理处，复兴驿运古制，依托遍布各地的古驿道线路（40余条水陆驿运线路，共设183站，总里程6303公里），利用人力、畜力以及民间木船、板车、独轮车、大车等各种旧有运输工具，并通过开辟新线、划分驿区、设立驿站、修复旧路、征调运力、统制运具等系列措施，进行军需民用物资的战时驿站运输，积极发展"战时驿运"，成为战时最重要的运输方式。

战时驿运开办后，广东省驿运管理处根据战时实际需要，充分利用原有的古驿道线路，进行适当的调整与线路延伸，先后开辟了曲歧、曲二、曲庾、阳梧、广南等驿运线路，承担疏运进出口物资，抢运沦陷区物资，辅助军运粮运，稳定金融，平抑物价和调剂民生的重要使命。这些线路中，位于粤北的重要线路主要有曲歧支线和曲庾支线等。

曲歧支线西起曲江，经翁源、连平、河源、龙川五县而东抵五华县岐岭镇，全线共长385.5公里，设曲江、大坑口、铁场、江镇、翁源、官渡、三华、南浦、坡头、杨梅坪、连平、粗石坑、忠信、黄沙、李田、义都、老隆、哈定口、岐岭共19站，于1940年12月开始营运，采取水、陆并运方式，由曲江至大坑口用水运，其余用陆运。每日对开运送盐米，由曲江至岐岭需要用时19日，由岐岭到曲江需要用时22天。营运期间对调节粤东米荒和粤北盐荒起到了一定的作用，但由于陆运中间经过不少崇山峻岭，全以人力肩挑，运量少，费用大，且与"韶兴路"平行，后加之物价高涨，沿途民夫发动困难，于1941年停办。

曲庾支线于1942年开通，即是历史上的大庾岭道（"梅关古道"），走向由曲江沿浈江河经始兴、南雄，过梅关连接江西大余县，分江口、南雄、里东、大庾4段，全线长202公里，沿途设5站。曲江至南雄采用木帆船水运，由南雄至大余则以畜力车和人力肩运，由曲江至大余需要8天，而由大余至曲江由于顺水只需要4天。这条线路运输的物资丰富，主要有桐油、茶叶、布匹、液体燃料、汽车零件及五金器材、粮食、食盐与日用品。

三、以抗战时期的公路和驿道为空间纽带，推动形成横向的粤北华南教育历史研学带

抗战期间，以中山大学、岭南大学、省立文理学院为代表的中高等学校纷纷内迁至粤北坪石、曲江、连县、梅县等地，在烽火中延续华南教育之"火种"，成为如今包括广东甚至港澳台等诸多高校和中学的根脉所在。如今正在建设的粤北华南教育历史研学基地分布在韶关、清远、梅州和云浮四个城市，挖掘出各个学校办学迁徙的线路和历史人物足迹在各市之间的关联，对各个研学基地在空间上进行合理的串联，将是形成整体的、可落地的横向旅游资源，带动粤北绿色发展的关键。

通过梳理抗战时期粤北地区的交通情况，可以发现当时粤北地区主要公路基本为东西横向设置，其中如"韶兴路"连接韶关与梅县，"韶连路"连接韶关和连县，"坪连路"连接坪石和连县，再加上广泛分布的古驿道线路，应是战时各个学校迁徙办学、师生日常联系交流以及相关重要历史事件发生的重要空间载体。这些战时修筑或修整的公路和驿道，很好地联结了正在建设的各个华南教育历史研学基地，现今仍旧是粤北地区不同区域间交通运输、经济往来的重要线路，而且所经之处沿线有非常多的乡村和自然人文资源。建议可以对此进行更深入的、系统的挖掘研究，在与学校迁徙线路等进行细致完整比对的基础上，整体策划形成跨区域、长距离、体验式、利用方式多样的粤北华南教育历史研学线路，并依托南粤古驿道、绿道、万里碧道等众多游憩系统，与长征国家文化公园

（广东段）和南岭国家公园两大国家级公园等其他粤北文化生态功能平台进行空间联结，构建全覆盖、多主题、多角度、多节点的粤北生态发展区游径网络，焕发粤北优质人文、自然生态资源新光彩。

参考文献：

[1] 邓健今主编.广东公路交通史[M]. 人民交通出版社，1989.

[2] 齐易.广东航运史[M]. 人民交通出版社，1989.

[3] 柳滔.抗战时期的广东驿运事业[J]. 岭南师范学院学报，2018.

[4] 肖熊.抗日战争时期国民政府的战时驿运[J]. 云南民族大学学报，2010.

[5] 解放军军事经济学院党史政工教研室. 抗日战争时期大后方的战时交通建设与军事运输[J]. 党史研究与教学，1995.

[6] 周继厚.驿运在抗战时期的重大作用[J]. 文史天地，2018.

第八节 由谭维汉《西迁述要》探究私立广州大学西迁路线与办学历史

孙海刚、杨晓琳

上篇

私立广州大学成立于1927年，1931年由陈炳权先生担任校长，随后由谭维汉先生任学校教务长。抗战时期，私立广州大学坚持办学，被迫迁徙，于1942年迁至韶关上窑开课。1944年9月受湘粤战事影响，学校部分师生在王志远代校长、谭维汉教务长等校领导带领下由韶关西迁，一路经坪石、连州、封开、郁南等地，走陆路与水路，最后选址在罗定办学开课。关于这段经历，谭维汉先生曾在1946年私立广州大学九周年纪念刊物上专门撰文《西迁述要》予以详述。《西迁述要》中谭维汉先生作为亲历者，详细记录了学校西迁途中的方式、地点、见闻及罗定选址、办学情况，是一份研究抗战后期私立广州大学西迁办学历史的宝贵史料，对今天打造粤北华南教育历史研学基地具有重要的参考价值。本文即以《西迁述要》作为研究对象，详解文章主要内容，力图追溯与还原私立广州大学在抗战时期学校西迁历程及在罗定地区办学历史状况。

（一）谭维汉先生与私立广州大学

谭维汉（1896—1986），广东三水芦苞谭基村人。民国七年（1918年）毕业于广东高等师范学堂（中山大学前身）。民国十五年，考取庚子赔款留学金赴美国深造，初入士丹佛大学，后入加州大学，获硕士及教育学博士学位。留学期间被选为世界学生联合会主席。民国二十五年（1936年）回国，任广东省立金山中学校长。翌年应聘为中央军校第四分校教育系主任，先后任中山大学附中教务主任、广州大学文学院院长、教务长，长期代行广州大学校长职务。1949年初，举家

图12-8-1 谭维汉像
（杨晓琳提供）

迁居香港，任香港广大中学校长。1949年10月，广州大学校长陈炳权与谭维汉在香港筹设分校。10月14日广州解放，广州大学立即进行复课。同年12月，陈炳权偕同谭维汉等人，携带账册和款项由港返穗，将带回来的数万元港币补发全校教职员工工资，随即公布华侨捐款和广州大学历年收支账目，又派人将广州解放前夕疏散往香港广大中学的10万册图书和教学仪器、乐器等全部物资，满载一个火车车卡悉数运回广州。1950年后，谭维汉先后执教于香港官立文商学院、香港大学、崇基、新亚、联合等书院。1962年在联合书院退休后，继续主持广大中学校政，又开办林肯英文学校，并出任香港孟氏教育基金会副主席、孟氏图书馆委员会主席，获香港政府委任为教育委员，余暇兼任珠海书院、中文大学、香港大学课程。

谭维汉先生著作颇多，英文版有《美国中学教育之衔接问题》；中文版有《普通心理学》《社会性心理学》《近代社会学说》《哲学问题》《符号》《辑导论》《辅专论》等。1986年8月4日病逝于香港。

（二）解析谭维汉先生的《西迁述要》

一、西迁回溯

民国三十三年五月敌陷长沙，湘粤情势骤紧，我军政当局，预料敌人有打通湘桂、粤汉线之企图，五月卅日余司令长官召集粤省府委员谈话谓：“湘北敌有打通粤汉线之企图，粤敌增兵似有响应湘北敌人之势，决定在韶

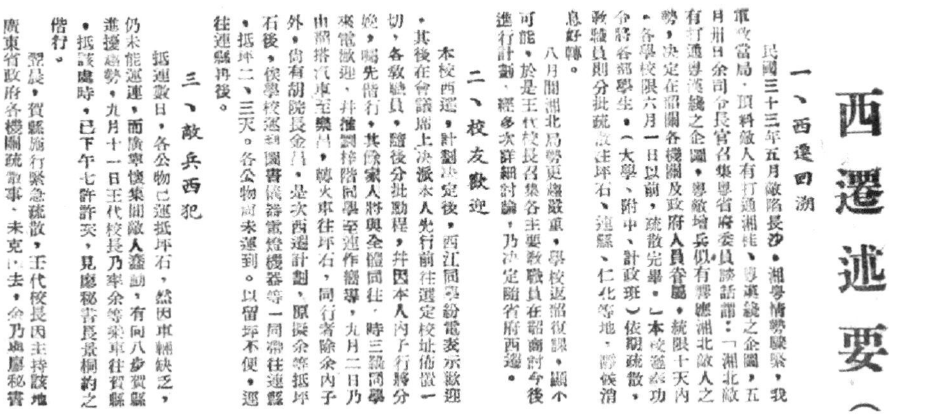
西遷述要（

一、西遷回溯

民國三十三年五月敵陷長沙，湘粵情勢驟緊，我軍政當局，預料敵人有打通湘桂、粵漢綫之企圖，五月卅日余司令長官召集粵省府委員談話謂：「湘北敵有打通粵漢綫之企圖，粵敵增兵似有響應湘北敵人之勢，決定在韶關各機關及政府人員眷屬，統限十天內、各學校限六月一日以前，疏散完畢。」本校遵奉功令將各部學生，（大學、附中、計政班）依期疏散，教職員則分批疏散往坪石、連縣、仁化等地，靜候消息好轉。

八月間湘北局勢更趨嚴重，學校返韶復課，顯不可能，於是王代校長召集各主要教職員在韶商討今後進行計劃，經多次詳細討論，乃決定隨省府西遷。

二、校友歡迎

本校西遷，計劃決定後，西江同學紛電表示歡迎。其後在會議席上決派本人先行前往選定校址佈置一切，各教職員，隨後分批動程，並因本人內子行將分娩，囑先偕行，其餘家人將與全體同往，時三鎮同學來電歡迎，並推劉梓階同學至連作嚮導，九月二日乃由韶搭汽車至樂昌，轉火車往坪石，同行者除余內子外，尚有胡院長金昌，是次西遷計劃，原擬余等抵坪石後，俟學校運到圖書儀器電燈機器等一同帶往連縣，抵坪二、三天。各公物尚未運到。以留坪不便，遂往連縣再後。

三、敵兵西犯

抵連數日，各公物已運抵坪石，然因車輛缺乏，仍未能運連，而廣寧懷集間敵人蠢動，有向八步賀縣進擾趨勢，九月十一日王代校長乃率余等乘車往賀縣，抵該處時，已下午七許許矣，見廳秘書長景桐約之偕行。

翌晨，賀縣施行緊急疏散，王代校長因主持該地廣東省政府各機關疏散事，未克同去，余乃與廳秘書

图12-8-2　《西迁述要》——谭维汉先生撰写（杨晓琳提供）

关各机关及政府人员……各学校限六月一日以前，疏散完毕。"本校奉令将各部学生（大学、附中、计政班）依期疏散，教职员则分批疏散往坪石、连县、仁化等地，静候消息好转。

八月间，湘北局势更趋严重，学校返韶复课显不可能，于是王代校长召集各主要教职员在韶商讨今后进行计划，经多次详细讨论，乃决定随省府西迁。

二、校友欢迎

本校西迁计划决定后，西江同学纷电表示欢迎，其后在会议席上决派本人先行前往选定校址布置一切，各教职员随后分批动程，并因本人内子行将分娩，嘱先偕行，其余家人将与全体同往。时三罗同学来电欢迎，并推刘梓阶同学至连作向导。九月二日乃由韶搭汽车至乐昌，转火车往坪石，同行者除余内子外，尚有胡院长金昌……抵坪二、三天，各公物尚未运到，以留坪不便，迳往连县再后。

作者注解：1944年9月，受粤北局势影响，私立广州大学决定西迁，并派谭维汉老师等人先行前往西江一带择选校址，其余各教职员再随后分批出发。9月2日，谭维汉与夫人、胡金昌院长等人自韶关上窑启程，先乘坐汽车走公路至乐昌，后再转火车到达坪石，再由坪石迁往连县（今清远连州）。

图12-8-4　胡金昌先生
（杨晓琳提供）

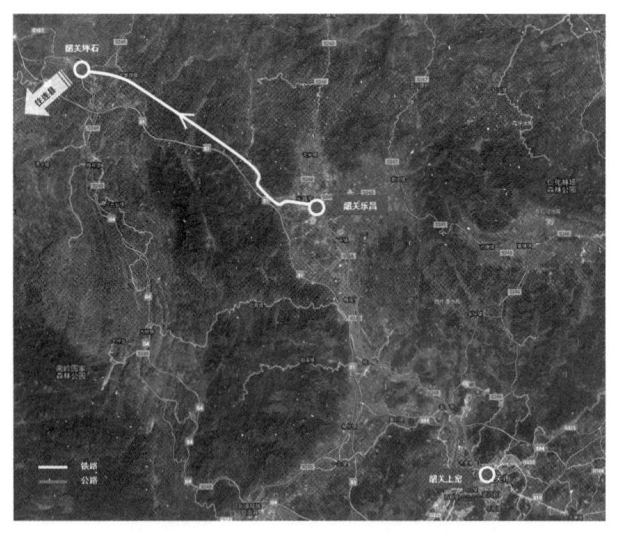

图12-8-3　私立广州大学迁校路线图：韶关上窑—乐昌—坪石（作者绘制）

三、敌兵西犯

抵连数日，各公物已运抵坪石，然因车辆缺乏，仍未能运连，而广宁怀集间敌人蠢动，有向八步贺县进扰趋势。九月十一日王代校长乃率余等乘车往贺县，抵该处时，已下午七时许也，见廖秘书长景桐约之偕行。

作者注解：1944年9月，私立广州大学由坪石迁至连县（今连州）。9月11日，在王志远代校长的率领下，谭维汉等人乘汽车迁往贺县（今广西贺州）。

图12-8-5　私立广州大学迁校路线图：韶关坪石—清远连州—贺州八步（作者绘制）

翌晨，贺县施行紧急疏散，王代校长因主持该地广东省政府各机关疏散事，未克同去。余乃与廖秘书长景桐、胡院长金昌、刘梓阶同学、及余内子等连同社会处职员，共雇船下西下。余等原定抵开建后，粤省府即有船接驳，但到时当地早经疏散，迫得雇用原舟至封川……乃拟续雇原船赴罗定，孰料该船已于余等上岸时逃去。

作者注解：1944年9月12日，谭维汉、廖景桐、胡金昌等老师乘船，由贺县（今广西贺州）走水路至开建（今肇庆封开）、封川（今肇庆封开）。

十六日晨，觅得破渔船一艘，仅容余等五人及所携各物，在当时情况之下，亦无可如何。乃促舟子解缆急行，午间抵都城。起岸用膳，阅报得知十四日肇庆已失……知西江形势紧急，即返船促舟子赶赴南江口，该地亦经疏

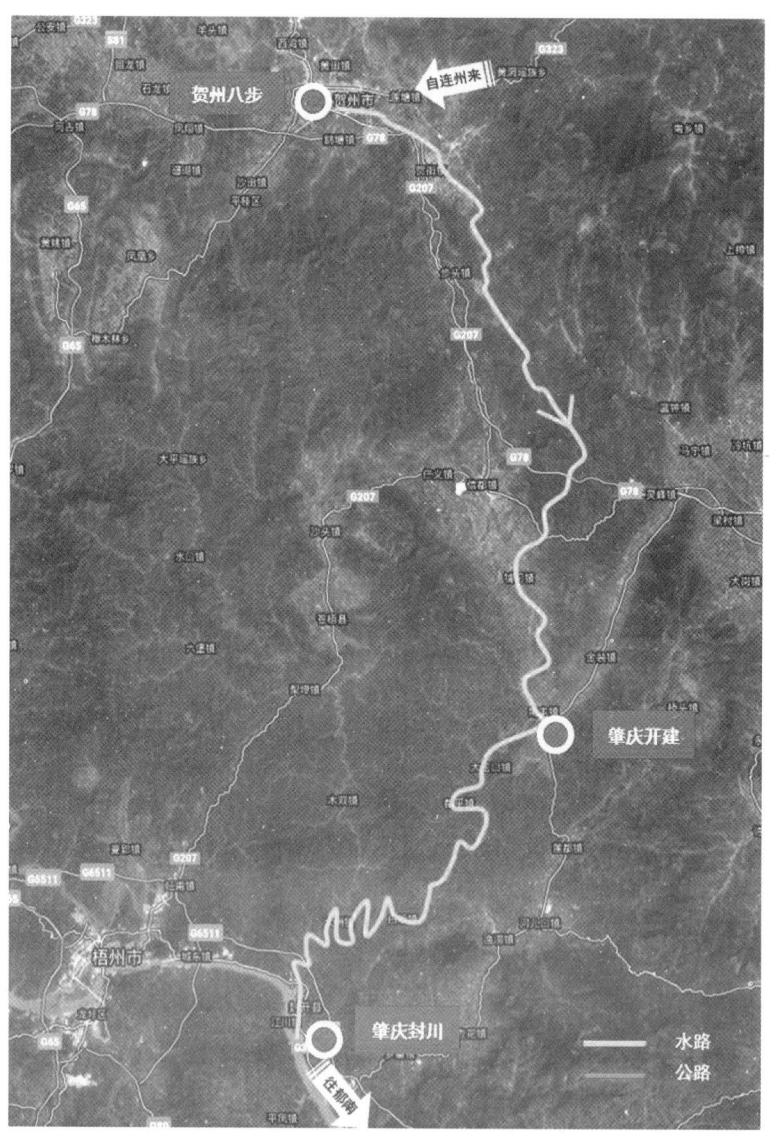

图12-8-6　私立广州大学迁校路线图：贺州八步—肇庆开建—肇庆封川（作者绘制）

散，警察不准登岸……十七日下午抵石咀，该地晚间不靖，高师同学刘耀华邀余等宿其家。十八日晨阳霞未吐，即返舟中，见德庆方面军队沿公路上连滩，始知西江形势甚紧，德庆我军陆续撤退矣。

作者注解：1944年9月16日早晨，谭维汉等人乘船，由封川（今肇庆封开）走水路先至都城（今云浮市郁南县都城镇），再到南江口（今云浮市郁南县南江口镇），于17日下午抵石咀（今云浮市郁南县石咀村），留宿同学家中。

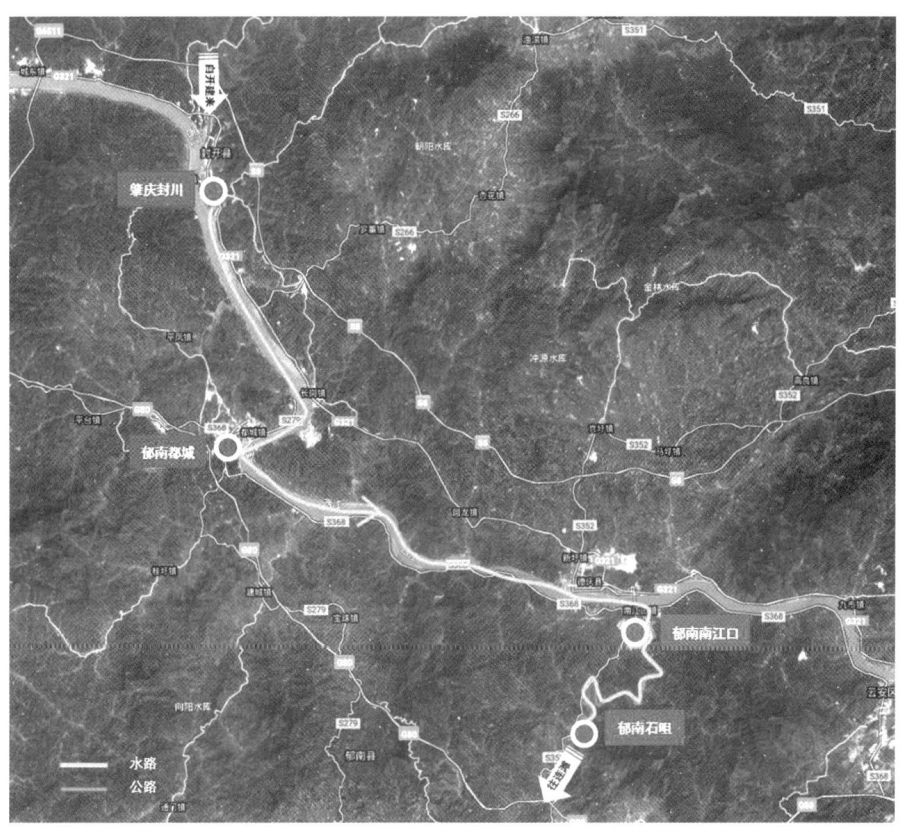

图12-8-7　私立广州大学迁校路线图：肇庆封川—郁南都城—郁南南江口—郁南石咀（作者绘制）

是时余等以为敌人主力将沿西江而上，若深入内地，当可无事。十八日下午五时抵连滩，见全市疏散，后由刘梓阶同学引导余等往其戚商店，只得一老者留守，询知情势紧急，该地不能久留，即避入鸭漂村刘同学之戚林氏家。正用膳间，有人来报，谓敌已进占连滩，并在公路上架列机枪……敌人确占连滩，此地不能久留，决即自挑行李匿入深山。

翌晨……九时许，林家遣一老妇来，导余等从侧门鼠入山中，予身前行。登峻峰，涉深涧历三十余里，抵一小村名为厂头，位于山腰，树林荫翰，地殊偏僻，遇一港校学生，亦避难于此，因其所居颇为宽敞足容余等五人，遂下榻在此，意料此深山穷谷中，稍可安息矣。

翌日早起，见敌人自山顶源源而来……乃于下午冒险越山至中围村，此地离厂头十里许……乃转赴刘梓阶同学乡中，寓于乡中保国民学校，静候消息好转。

作者注解：1944年9月18日下午，谭维汉等人乘船由石咀至连滩（今云浮市郁南县连滩镇），先在连滩的鸭漂村躲避。19日晨前往鸭漂村以西的山中，在位于山腰的厂头村宿夜。20日下午再冒险翻越山岭，步行十多里，到中围村躲避。过五六日后，又转赴其同学刘梓阶乡中，在乡中保国民学校寄寓。

图12-8-8　私立广州大学迁校路线图：郁南石咀—郁南连滩—连滩鸭漂村—连滩厂头村
（作者绘制）

（四）筹备复课

十月初旬，罗定敌退，秩序渐次恢复，余乃与内子先到罗定选觅校址，筹备复课。是时罗城公私建筑物，均已为机关封用，至较逊于罗定城之罗镜，其稍大之建筑物，亦已被封用一空。最后陈议长小京之介绍，至船步墟，此亦为罗定大墟场之一，地颇清幽，墟场齐整，同时当地人士对本校至此，极表欢迎，愿借保甲局为总办公厅，图书馆，刘氏文通祠为大学部校舍，邓氏南山祠为中学部校舍，盛意足感。遂决在此复课……复课进行，始克完成。

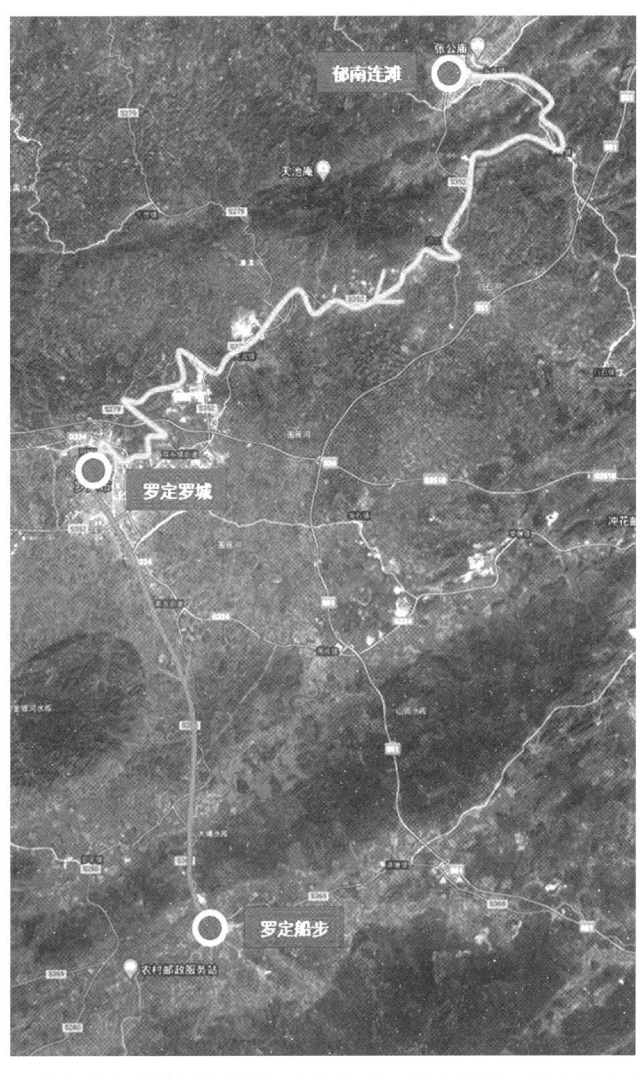

图12-8-9　私立广州大学迁校路线图：郁南连滩—罗定罗城—罗定船步（作者绘制）

作者注解：1944年10月上旬，谭维汉等人由连滩（今云浮市郁南县连滩镇）走水路到达罗定，随即开始在罗定选觅校址以抓紧筹备复课。他先后考察了罗定的罗城、罗镜等地后，最后选址罗定船步墟（今罗定船步镇）作为私立广州大学办学校址，将学校的大学部校舍设在船步墟的刘氏文通祠，中学部校舍设在邓氏南山祠（今船步中学）。

下篇

《西迁述要》是谭维汉先生（时任私立广州大学教务长）于1946年撰写。全文回溯了抗战时期1944—1945年间私立广州大学部分师生由韶关西迁到罗定办学历史，详细记录了西迁过程中的迁徙路线、沿途见闻、罗定分教处选址以及罗定办学情况等信息，内容丰富，信息珍贵，是一份难得的研究抗战时期私立广州大学迁校历史的史料文献。本文将承接上篇《由谭维汉〈西迁述要〉探究私立广州大学西迁路线与办学历史（上）》的内容，继续追溯私立广州大学西迁办学历史。根据文章内容发掘相关线索，探究私立广州大学罗定分教处的办学历史状况。

（一）私立广州大学罗定分教处的选址情况

十一月十九日中学部遂在船步开课，大学部亦在十二月初旬开学。因开学期晚，故各功课钟点倍加，甚至星期日亦照常上课，计该学期大学部有学生二百五十余名，中学部有学生约二百人。

初，余至船步时，乡人耆宿允将祠宇借为校舍，并允增建课室，以利上课。翌年四月间，新课室次第完工，大学部各院系学生，照常上课。是期大学生人数与前期略增，惟中学生则以岁荒稍减。

作者注解：私立广州大学在谭维汉教务长等人带领下，于1944年9月于韶关上窑开始西迁，同年10月迁徙至西江罗定地区，最终选址罗定船步墟（今船步镇）的刘氏文通祠、邓氏南山祠等祠堂作为学校办学点，成立罗定分教处。同年11月19日，私立广州大学罗定分教处中学部开始上课，12月上旬，分教处大学部也在船步开学。当时罗定分教处有中学部200余名学生，大学部250余名学生。

图12-8-10　罗定江畔的文塔（作者拍摄）

私立广州大学罗定分教处在办学期间，深受当地乡民欢迎与支持，分教处课室除借用当地的刘氏文通祠、邓氏南山祠等原有祠堂外，还增建一部分新课室。至1945年4月间，新课室陆续建成完工，分教处大学部各院系学生逐步正常上课，大学部学生人数也比之前有所增加。

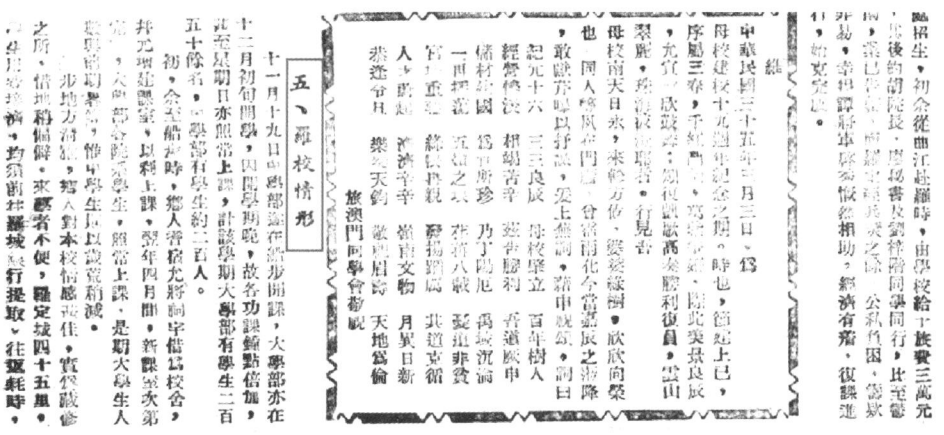

图12-8-11　《西迁述要》中关于私立广州大学罗定分教处办学情况的介绍（杨晓琳提供）

图12-8-12　罗定船步镇鸟瞰（作者拍摄）

　　船步地方清雅，乡人对本校情感甚佳，实为藏修之所。惜地稍偏僻，来学者不便。罗定城四十五里，学生用费接济，均须前往罗城银行提取，往返耗时。且沿途时或不靖，致有损失。又因校舍不敷，给养不足，不能容纳较多之学生，全体教职员共认非迁罗定城难谋发展，然罗定城觅地殊感困难，后得蔡廷锴、谭启秀、李扬敬、区芳浦、曾如柏等诸先生之助，租得附城三达祠为校舍。此地原有小学一所，校长梁君热心帮助，愿将该校迁至附近乡村，以三达祠让与本校，并在附近租得祠宇数所，以为课室宿舍之用，估计足容学生千人以上。七月初，大中学部期考完毕，即迁新址，布置一切，准备下期开课。

　　作者注解：私立广州大学罗定分教处在船步办学期间，地理区位成为制约学校办学发展的一个重要因素。因船步距离罗定城较远（约45里），地较偏僻，学生前来求学路途不便，学生生活接济费用亦都需到罗城银行提取，往返路程耗费大量时间，且沿途治安状况也较差。特别是受船步墟较少的校舍数量所限，罗定分教处无法容纳更多学生上课，影响学校进一步办学发展。因此，罗定分教处全体教职工决定再次迁校，计划将学校迁至罗定城一带以改善办学条件。经过详细踏勘及在蔡廷锴、谭启秀等人士协助下，学校最终租得罗定附城的三达祠（今罗定素龙镇三达祠）及附近一些祠宇作为罗定分教处新的办学校舍。新校舍位于附城，紧邻罗定县城，区位交通便利，新校舍包含课室宿舍等，可容纳学生一千多人，办学规模较之前大为提升。经过一番准备工作后，罗定分教处大学部于1945年7月初学期结束便迁至三达祠新校址开课。

图12-8-13　私立广州大学迁校路线图：罗定船步—罗定三达祠（作者绘制）

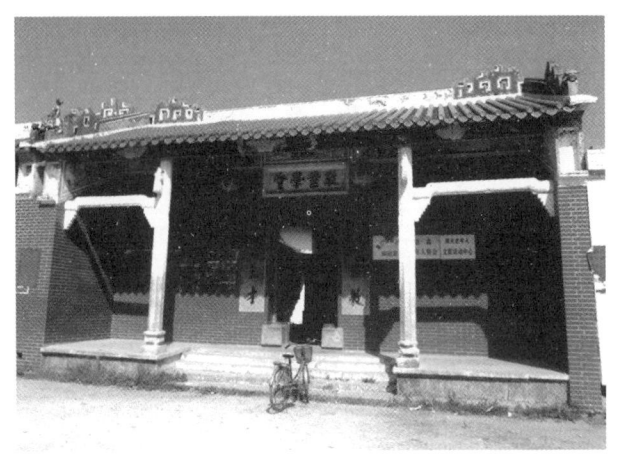

图12-8-14　私立广州大学办学旧址—罗定三达祠现状（作者拍摄）

（二）私立广州大学罗定分教处办学期间的学生活动

当余等在罗定时，学生团体甚为活跃，对于学习风气、学术研究、社会活动，均有足记者兹略述之如下：

（一）学校在船步时，即恢复学生会组织，及各学系学会，并出版壁报，及举行学术演讲、时事座谈，讨论“中日问题”“中苏问题”“日美问题”等等。迁到罗定后，各学会活动更为积极，颇具研究风气。

（二）在船步时，以地处偏僻，余一方面从各处罗致书籍，开图书室，加强学术研究外，又积极提倡体育，锻炼各生体格，并组有篮球队派赴罗定各处

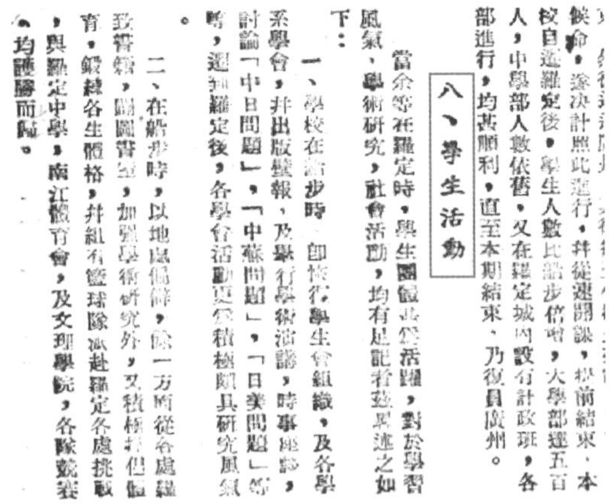

餘命，遂決計照此進行，并從速開課，提前結束，本校自遷羅定後，學生人數比船步倍增，大學部逾五百人，中學部人數依舊，又在羅定城內設有計政班，各部進行，均甚順利，直至本期結束，乃復員廣州。

八、學生活動

當余等在羅定時，學生團體甚為活躍，對於學習風氣、學術研究，社會活動，均有足記者茲畧述之如下：

一、學校在船步時，即恢復學生會組織，及各學系學會，并出版壁報，及舉行學術演講，時事座談，討論「中日問題」，「中蘇問題」，「日美問題」等等，遷到羅定後，各學會活動更為積極頗具研究風氣。

二、在船步時，以地處偏僻，余一方面從各處羅致書籍，開圖書室，加強學術研究外，又積極提倡體育，鍛鍊各生體格，并組有籃球隊派赴羅定各處挑戰，與羅定中學，南江體育會，及文理學院，各隊競賽，均獲勝而歸。

图12-8-15　《西迁述要》中关于私立广州大学罗定分教处学生活动的描述（杨晓琳提供）

挑战，与罗定中学、南江体育会及文理学院，各队竞赛，均获胜而归。

（三）在罗定时，中美降伞部队及美国飞行人员，常到该地。本校英语学会，即行恢复，与员生时出任招待及翻译工作，帮助盟军不少。

（四）本校除学生活动以外，并注重社会教育，由大学及附中学生时常表演抗战戏剧，及往各地作抗战宣传，并开放电影以开通民智，而本校图书阅览室，亦欢迎大众入内阅览。

作者注解：1944—1945年私立广州大学罗定分教处在船步、三达祠办学期间积极开展学生活动。学校恢复了学生会和各院系学会，组织学术演讲、座谈时事等，学会活动积极，学习团体活跃，研究风气浓厚。学校还积极提倡学生进行体育运动，加强体格锻炼，学校成立篮球队，与同在罗定的省立文理学院、南江体育会、罗定中学等院校开展篮球比赛。由于当时中美降伞部队及美国飞行员常到罗定，学校即利用英语学会组织学生承担一些盟军翻译工作。此外，学校还特别注重社会教育，通过组织大学部和中学部学生到各地广泛开展抗战宣传、表演抗战戏剧、播放电影等以开通民智，学校图书阅览室也都对社会民众开放。

（三）抗战胜利后罗定分教处复员广州过程

八月初旬，校舍布置完毕，突获敌人投降之讯，欢欣莫名，惟是否继续在此办理……乃电王代校长请示并开校务会议，决定计划，同人等以敌人虽降，接收广州恢复交通各事，复员尚需时日。同时，经营校舍，已用款不

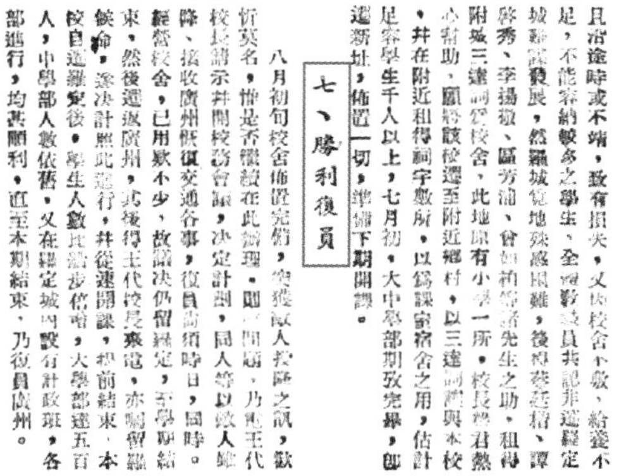
且沿途時或不靖，致有損失，又因校舍不敷，給養不足，不能容納較多之學生，全體教員共認非遷羅定城難謀發展，然羅城僻地殊感困難，後得蔡廷楷、譚啓秀、李揚敬、區芳浦、曾如柏等諸先生之助，租得附城三達祠爲校舍，此地原有小學一所，校長曾君熱心幫助，願將該校遷至附近鄉村，以三達祠專與本校，并在附近租得祠宇數所，以爲課室宿舍之用，估計足容學生千人以上，七月初，大中學部均攻完畢，即遷新址，佈置一切，準備下期開課。

七、勝利復員

八月初旬校舍佈置完竣，突獲敵人投降之訊，歡忻莫名，惟是否繼續在此辦理，即[illegible]開辦，乃電王代校長請示并開校務會議，決定計劃，同人等以敵人雖降，接收廣州恢復交通各事，復員尚須時日，同時，經營校舍，已用款不少，故議決仍留羅定，至學期結束，然後遷返廣州，其後得王代校長來電，亦囑留羅候命，遂決計照此進行，并從速開課，提前結束，本校自遷羅定後，學生人數比前倍增，大學部達五百人，中學部人數依舊，又在羅定城內設有計政班，各部進行，均甚順利，直至本期結束，乃復員廣州。

图12-8-16　《西迁述要》中关于私立广州大学罗定分教处复员情况的记录（杨晓琳提供）

少,故议决仍留罗定,至学期结束,然后迁返广州。其后得王代校长来电,亦嘱留罗候命,遂决计照此进行,并从速开课,提前结束。本校自迁罗定后,学生人数比船步倍增,大学部达五百人,中学部人数依旧。又在罗定城内设有计政班,各部进行,均甚顺利,直至本期结束,乃复员广州。

胜利归来,心理愉快,个人所遭辛苦艰难,已如前尘,宛若旧梦……惟本校八年参战,七易校址,每经一度迁移,即遭一次重大损失,设备荡然,图书尽失,此后复员工作艰巨,有赖各界人士之帮助,抑更有进者。在此八载抗战期中,本校遍叙粤东西南北,深入农村,体验现实,对于教育目的、社会需要,有更明确之认识,次此后如何可以集中国数千年来文化之大成,综西洋近世科学之精英,以创造原子时代之新文化,斯则更有赖于中西……兹乘十九周年纪念之日,谨略所遭标其需求,世界人士,有以教之,幸甚。

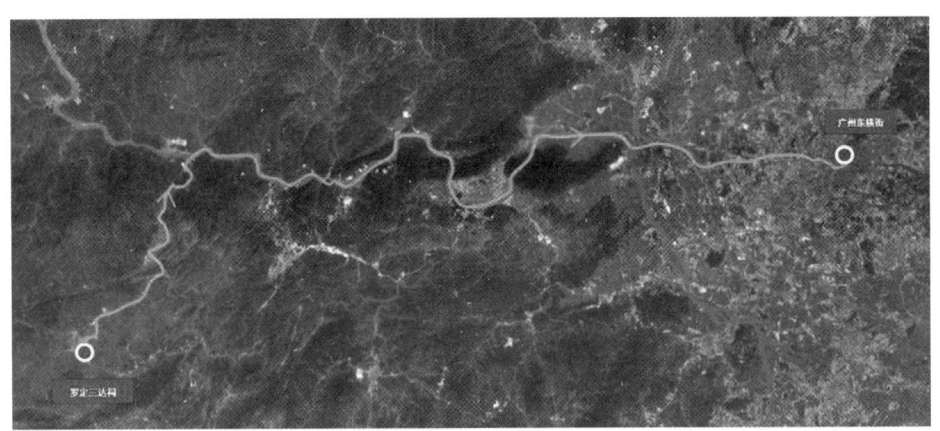

图12-8-17 私立广州大学迁校路线图:罗定三达祠—广州东横街(作者绘制)

作者注解:1945年8月日本投降后,受战后时局影响,私立广州大学决定继续留在罗定办学。罗定分教处在三达祠办学期间,学生人数比在船步时成倍增长,仅大学部学生人数即达到五百余人,办学规模扩展迅速。同时在罗定城内还设有计政班。1945年10月学期结束后,罗定分教处全员由罗定三达祠复员广州,迁回至广州东横街原校址复课。至此,私立广州大学西迁历程全部结束。

第九节　弦歌不辍：马思聪在坪石[1]

李志刚、方小聪

一、早期的历史轨迹

马思聪（1912—1987），广东汕尾人，中国第一代小提琴音乐作曲家、演奏家、音乐教育家，在中国近现代音乐史上占有重要地位。马思聪的音乐创作是我国现代音乐史的一个重要组成部分。1931年，他从法国学成归来，同年九月侵华日军发动"九一八事变"，侵占中国东北地区，并成立伪满洲国，此后陆续在华北、上海等地制造事端、挑起战争。1937年7月7日，日军在北平附近挑起卢沟桥事变，中日战争全面爆发，在那山河破碎、风雨飘摇的艰难岁月，马思聪从原来接受的传统的西洋音乐转身到唤醒民族自觉、重振了民族精神的创作当中，他运用音乐传播、创作和教育等各种方法，形

图12-9-1　马思聪

成了其独特的抗战文化，希望激起国人强烈愤慨和深切忧患，唤醒国人沉睡的心灵，奏响了民族精神和爱国主义华章的最强音和主旋律。

1937年马思聪从南京中央大学辞职来到广州，任中山大学音乐教授[2]。1938年10月广州沦陷，马思聪转赴香港。1939年3月1日，中大迁至云南南部澄江复学。1939年秋，中山大学成立师范学院，再聘马思聪前往任教。1940年，中山大学迁往广东粤北坪石。1942年9月，马思聪重返中山大学师范学院[3]，1943年8月，他的二女儿马瑞雪在坪石出生。1944年，全面抗战已经打了七年，在这七年中，中国人民同仇敌忾，财力和资源损耗巨大。其时，日本在太平洋战场节节败退，但仍然在负隅顽抗，并在中国战场发动了豫湘桂战役。在豫湘桂战役中，中国损失了

---

[1]　马思聪是我国现代音乐史上杰出的小提琴家、作曲家、音乐教育家，本文主要以马思聪在粤北坪石中山大学师范学院的艺术生涯，来管窥他在这段时期的创作思想。
[2]　百度：《马思聪》[EB/OL] https://baike.baidu.com/item/马思聪/77996? fr=aladdin
[3]　周柱铨：《有关马思聪在坪石——管埠的史料》，人民音乐，2007年第5期。

数万军队和二十多万平方公里的土地[1]。1944年春夏之交,马思聪全家从坪石管埠开始流离,此后,他辗转于中国的西南大后方和南方,过着奔波的艰苦生活。

1940年10月,中山大学从云南澄江迁回广东坪石,至1945年再迁东江、连县,历时四年余,这期间正是国内形势及第二次世界大战战局急速变化的年代,抗日民主根据地处于极端困难时期。从马思聪的创作与音乐活动年表考证,其在坪石的这段时间是他音乐创作的一个重要节点。

二、在坪石之前的一些重要活动历程

1925年,马思聪考入法国南锡音乐学院,学习小提琴、钢琴、视唱和室内乐,还选修箫为副科,大考时获该院最优二等奖。冬天回到巴黎,在法国著名小提琴家、巴黎国立歌剧院奥别菲尔多教授指导下学习小提琴。冼星海刚到法国时认识了同为广东老乡的马思聪,马思聪热情地把自己的老师推荐给冼星海,奥别多菲尔教授为冼星海的才华毅力感动,免费收下冼星海作为学生。1931年,马思聪从法国学成归国,创办"私立广州音乐学院",出任院长。同年创作《c小调弦乐四重奏》(Op.2),1933年任南京中央大学艺术系讲师,创作《降B大调第一小提琴钢琴奏鸣曲》(Op.3)。1936年春,马思聪到北平,成为他创作的转折点。由于发现了北平大鼓的艺术魅力,他从此重视中国民间音乐。1937年,马思聪从南京中央大学辞职来到广州,任中山大学教授,同年创作了《内蒙组曲》(又名《绥远组曲》)(Op.9),其中的《思乡曲》成为他的代表作,是年,马思聪25岁。从马思聪早期思想上分析,马思聪早期的创作思想在抗战爆发后有重要的转变,在作抗战歌之前,马思聪倾心于西方体裁式的室内乐,追求的是西方浪漫派和现代派的技法。抗战开始后则开始重视民族民间音乐,表现在开始创作有自己民族特色的音乐作品,创作适于大众演唱的歌曲[2]。马思聪在《我怎样作抗战歌》一文中这样写道:"因为抗战歌是民族斗争中宏伟的推动力,所以民众需要,而抗战歌的存在就含有关系整个民族的命运的重大意义了。"

1940年1月,配合新音乐运动、宣传中国共产党文艺理论政策的刊物《新音乐》月刊创刊,在重庆反响很好。周恩来向李凌提出:"要分出一些精力来做音

---

[1] 搜狐:《1944年抗战形势仍然非常严峻,国民政府为何却要大规模裁军》[EB/OL] http://www.sohu.com/a/287162353_665634/

[2] 丁同俊:《马思聪创作早期的思想历程》[J],《艺术教育》,2010年11月。

乐界上层的统战工作。许多音乐专家也是主张团结抗日的,你们要关心他们,人手越多越好,在这方面不能关门,要有一些知名的专家来关心支持你们的事业才好。在这一点上,文学、戏剧、电影都好一些。"随后,他让李凌去找马思聪谈谈。从此,李凌和马思聪的关系,从音乐上的朋友,进而成为革命战友。李凌还引荐赵沨与他认识。当时,马思聪并不知道他俩是共产党员,更没想到他日竟与中共领袖周恩来不期而遇。抗战期间,马思聪的音乐创作和活动受到中共中央南方局的支持和关注。1940年,重庆中央电影摄影场拍摄了一部纪录片《西藏巡礼》,马思聪受赵沨邀请为影片配乐[1]。《西藏音诗》由《述异》《喇嘛寺院》《剑舞》三首乐曲组成,是一首比较深刻、完美的音诗,给人印象很深,同时也是他自认为比较满意的作品之一。其中的第三乐章《剑舞》是1940年完成的。马思聪从未到过西藏,因此收集了一些有关西藏的材料,其中有一本书上描写了边舞边唱的剑舞,并附有一首歌颂剑与爱情的歌词,他从中得到启发,创作了"剑舞"一曲。乐曲描绘得轻快、泼野、热情和粗犷,音乐的延伸流利顺畅,结构严谨,比较别致。《述异》与《喇嘛寺院》都创作于1941年。《述异》粗野泼辣,奇特而富于幻想,而《喇嘛寺院》则是一首抒情性特强的乐曲[2]。1941年,马思聪还创作了一部表现爱国主义情感的作品——《第一交响乐》。

抗日战争爆发后,马思聪受到"新音乐运动"的影响,无休止的"撤退""逃难"加深了他对当时国民党统治的不满,马思聪用他的琴和音符作为战

图12-9-2 《新音乐》月刊创刊号封面和封底(作者提供)

[1] 李晶《人民音乐家在重庆》[J],《红岩春秋》2019年12月。
[2] 王茜《马思聪的音乐风格及我演奏〈西藏音诗〉的体会》[J],《陕西教育-高教》2011年12月。

图12-9-3　马思聪与李凌、赵沨等好友在一起（作者提供）

斗武器，全身投入到抗日救国之中，他和当时的广州青年诗人金帆合作谱写了抗日歌曲《自由的号声》《战士们，冲锋啊》等，又与当时广东文化届救亡协会宣传部长、作家欧阳山合作创作了歌曲《武装保卫华南》。《武装保卫华南》是一首用广州方言写成的抗日歌曲，在广州地区广为流传，大大鼓舞了群众和战士的爱国热情和斗志。这两位大作家还开创了粤语革命歌曲的先河。

马思聪从1937年到中山大学任职、离开中山大学到1942年重回在坪石的中山大学的期间，和中国共产党人结下深谊，毫无疑问，这建立在他对祖国、对人民深沉挚爱的基础之上。期间，其创作风格已有比较强烈的民族性，充分体现了其对中国文化的自觉和自信。

三、马思聪在坪石的活动考察

1942年，马思聪重返中山大学师范学院教授音乐，并担任音乐系主任。根据马思聪的学生钟立民记载："我在同年1月从澳门到坪石的培正培道联合中学念初三时，马先生早已收了两个比我高班的同学作提琴学生，其中一个为温詹美（后为中央音乐学院林耀基教授的启蒙教师）。马思聪这时期演奏活动频繁。常来往于韶关（曲江）—坪石—管埠一带演出。我首次听到马思聪独奏就在培联中学。记得他演奏了《思乡曲》《圣母颂》《流浪者之歌》等……马先生的演奏受到热烈欢迎，可惜学校的钢琴五音不全，难为了马先生和他的太太王慕理（钢琴伴奏）。后我随王先生学过钢琴，在管埠见过马先生，那时候学琴交鸡蛋当学费。""马先生常来往坪石—管埠一段路，坪石多指水牛湾火车站……坪石火车站到管埠，一般人多走旱路，水路甚慢。这段旱路有过山的地方，后来我听了马思聪的《山林之歌》，总觉得《过山》那一乐章，多少与来往坪石—管埠这一段过山旱路的体验有关。"[1]

中山大学在坪石的时期，是马思聪创作、演出、教学很重要的时期，他与夫人王慕理举办个人音乐演奏会，影响很好。马思聪给后人留下的文字的介绍并不甚多，在抗日战争时期的艰难阶段，马思聪在《新音乐》月刊的第五卷第一期（1942年11月）发表了《创作的经验》一文，在四十年代他只写作了这一篇，《创作的经验》的写作地点应该就在坪石。由李凌、赵沨主编《新音乐》月刊当时是中国共产党文艺政策和新音乐运动有力的宣传武器。马思聪的《创作的经验》真实而清晰地记录了作曲家在最初的创作旅程中所留下的足迹，反映出他早期音乐创作思想中对艺术的追求和观念的演变过程。《创作的经验》一文表达了一位人民艺术家对祖国的高度责任感。他说："……在交响乐里，我该写我们这浩大的时代、中华民族的希望与奋斗、忍耐与光荣。"马思聪从原先"对于中国民间音乐并无多大兴趣"到后来"民歌和我互相影响成就了音乐创作"，的确是一个伟大的转变，它是马思聪在创作路线上真正寻求到一条"正道"的鲜明标志[2]。《创作的经验》是马思聪从事音乐创作最初十年的小结，也许正是中山大学在坪石校园的特殊环境促使马思聪更好的对自己的创作进行总结。

马思聪在韶关的活动引起了国民党政府的注意，国民党中央党报的几名记者专程从重庆到韶关采访马思聪，还要求马思聪为重庆的记者俱乐部举行一场筹款义演。马思聪认为，这样做其实是在敲韶关人民和难民们的竹杠，当即拒绝了他

图12-9-4　马思聪在演奏小提琴（作者提供）

---

[1] 周柱铨：《有关马思聪在坪石—管埠的史料》[J]，《人民音乐》2007年05月。
[2] 孙继南：《珍贵的经验谈——马思聪〈创作的经验〉读后》[J]，《星海音乐学院学报》1989年第1期。

图12-9-5　1972年马思聪夫妇合照

们的要求[1]。但对于中山大学的师生和附近的民众,马先生和他的太太王慕理(钢琴伴奏)不辞辛苦,常常来往于韶关(曲江)—坪石—管埠一带为大众演出。中山大学在坪石期间,各学院能根据青年学生的特点,积极地开展各种各种文娱活动,马思聪和同事们付出了很大的努力。在他们的指导下,中大学子组创了中山大学师范学院剧团(简称中师剧团)等进步艺术社团。

在坪石,马思聪夫妇的感情非常融洽。他俩"既要教学生,又要搞创作,闲暇时就练琴"。他们家没有钢琴,晚上练琴时要爬到住地对面山上师院的食堂兼大礼堂去,那部新购的钢琴就放置在里面。据当年他的邻居张筑音回忆,每当他俩练琴时,我们都能辨别出那洪亮的钢琴声和小提琴的袅袅之音,"这琴声是我们当年最好的享受,何况,它还出自知名度很高的演奏者之手。他们奏的一般是西洋名曲,当然也少不了演奏我们民族的乐曲,有时还弹奏那令人振奋的抗战歌曲。当马思聪自己创作的思乡曲的旋律传了过来时,我们的心情也随之激动起来,思乡忧国之情油然而生。"一次,师范学院合唱团将往坪石镇演出,同学们渴望马老师与他们同台演出,以壮声威,但考虑马老师的大名,担心他不愿与小字辈一同出场。然而,当马思聪见到前来邀请他的学生时,却二话没说,欣然应允,而且还让其夫人王慕理女士担任钢琴伴奏,参加演出。由于马思聪登台,那次演出轰动了整个坪石镇。当各学院学生得知马老师出场,便不顾山路之遥,纷纷去坪石欣赏音乐。那次,马思聪演奏了他的闻名中外、最具魅力的《思乡曲》(《内蒙组曲》之一)、《西藏音诗》,以及世界名曲舒伯特的《圣母颂》《小夜曲》等。1944年元旦至4月底,中大在校内和坪石时代戏院曾多次举行音乐及戏剧演出。有时,"所见观众争先入座",可见节目精彩,深为师生及民众喜爱。4月22日,中大师院在马思聪教授主持下举行了弦乐演奏大会,节目有马思聪创作

---

[1]　麻峰:《马思聪的音乐创作生涯》《兰台世界:上旬》[J],2013年第10期。

的提琴独奏曲、《西藏音诗》（全部三大乐章）及名曲《圣母颂》《寂寞之夜》《流浪者之歌》，另有马思聪、黄友像二教授的提琴二重奏，还有弦乐四重奏，"节目异常精彩"[1]。

在管埠，马思聪除了教学外，在家的时间大部分用来看书和创作，他的小提琴协奏曲，有好几首是这期间创作出来的。1944年，他创作了《大调第一小提琴协奏曲》，这是中国人创作的第一部大型的小提琴曲，具有重要的开创意义。

抗战胜利后，马思聪先后担任台湾交响乐团指挥、广州艺术音乐系主任、上海中华音乐学校校长、香港中华音乐院院长等职。1949年4月，在乔冠华、李凌、赵沨等人的筹划下，马思聪与100多位爱国人士一起，从香港乘船北上，到达北京。1950年后，其担任中央音乐学院首任院长，兼任中国音乐家协会副主席、《音乐创作》主编等职。

我们知道，伟大的艺术家始终与国家的命运紧密相连，我们面对马思聪独特的音乐人生，不能不对他的音乐创作思想产生兴趣和钦佩，马思聪为发展祖国的民族音乐事业做出了特殊的贡献，热爱祖国、热爱自己民族音乐的精神，一直贯穿在他的音乐创作中，他的音乐始终生根于人民的音乐土壤中，具有高度的人民性和浓厚的生活气息。

自从华南教育历史坪石研学基地活化利用工作有序开展以来，积极寻找马思聪在坪石期间的艺术印迹，寻找马思聪在坪石期间艺术人生和创作思想，有其特殊的意义。我们追忆马思聪在坪石的往事，是"为了忘却的纪念"，是立足于南粤古驿道和华南教育历史研学贯通融合，弘扬爱国主义精神，立足于民族文化的自信、自觉和认同，追寻在抗战那段艰难岁月我们先人的奋斗史，学习他们为民族的复兴而努力奋斗的精神。

注：本论文为广东省哲学社会科学"十三五"规划项目2017项目《南粤古驿道音乐传承与整理研究》（GD19CYS05）阶段性成果之一。

---

[1] 邬和锚：《马思聪在中山大学执教音乐活动略述》[EB/OL]，广州文史。http://www.gzzxws.gov.cn/gxsl/rwcq/200809/t20080918_9239_1.htm

第十节 中国农科高级人才培养的开拓者之一：
国立中山大学的农科研究生教育

吴永彬

我国是一个农业大国，农业教育在我国有着特别重要的地位。国立中山大学是我国最早开展现代农业教育的几所高等院校之一，同时还是我国最早招收大学本科毕业生为农科研究生的大学。在新中国成立之前，国立中山大学的农科研究生教育无论从培育学生的人数还是培养学生的质量方面，一直处于国内的领先地位。在抗战时期，国立中山大学不仅坚持本科生教育，文科、教育和农科三大学科的研究生教育更是薪火不断，为我国培养了一批高级农科人才。本文主要就1935年至1949年，特别是抗战时期，国立中山大学的农科研究生教育的概况，做简要概述。

一、我国农科研究生教育的发展概况（1911—1949）

民国成立之初的1911年至1925年，全国共有公私立大学47所，而设有农科的大学和独立的农业大学仅有5所，即国立北京农业大学、东南大学农科、广东大学农科、省立河北大学农科、私立金陵大学农林科。至1934年以后，各大学或独立学院的研究院（所）开始招收研究生，研究期满、且考试合格者，由大学或独立学院授予硕士学位。而博士学位的授予，则需根据国民政府教育部的《学位授予法》规定，博士学位候选人须通过博士学位评定会考试合格，由国家授予学位。当然，由于种种原因，直到1949年之前，国民政府尚未授出博士学位。

至1936年抗战开始前，全国已有专科以上学校108所，其中公私立大学及独立学院共78所，有13所设有农学院。而在高等院校中设立农科研究所并招收农科研究生的仅3所，即国立中山大学农科研究所、国立中央大学农科研究所和私立金陵大学农科研究所。当时全国有12所大学设有研究所22个，农科研究所占全国研究所总数的13.6%。全国各研究所共设有35个学部，农科有4个学部，国立中山大学就拥有两个学部，即农林植物学部和土壤学部，另外两个学部分别是国立中央大学的农艺学部、私立金陵大学的农业经济学部。从1935年开始招生至1947年，这个时期的农科研究生教育，招生人数虽然不断增加，但发展极为缓慢。

第十二章 一年来的研究成果回顾

表1　1937—1946学年度在校农科研究生与农科大学生人数比较表

学年度	农科研究生数（人）	农科大学生数（人）	农科研究生占大学生人数的百分比
1937	4	1507	0.26
1938	4	1928	0.207
1939	22	2272	0.96
1940	26	2291	0.86
1941	36	3710	0.97
1942	40	4075	0.98
1943	51	4616	1.104
1944	54	4757	1.135
1945	53	5364	0.98
1946	35	7603	0.46

引自：《第二次中国教育年鉴》，第十四编，总第1412页。

图12-10-1　1937—1946学年度在校农科研究生与农科大学生人数比较（作者翻拍）

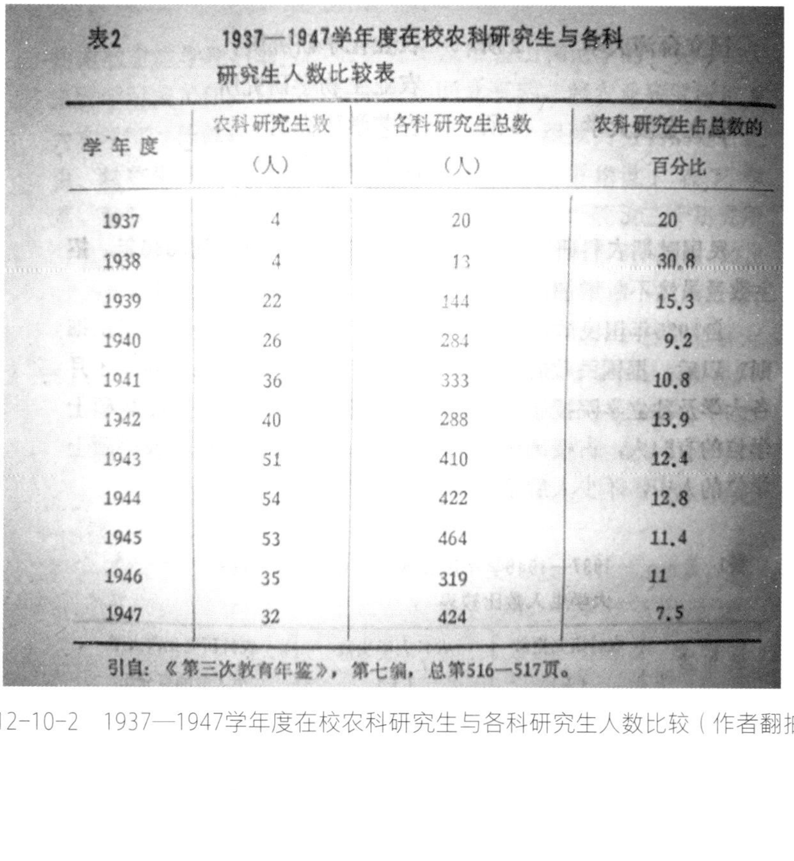

表2　1937—1947学年度在校农科研究生与各科研究生人数比较表

学年度	农科研究生数（人）	各科研究生总数（人）	农科研究生占总数的百分比
1937	4	20	20
1938	4	13	30.8
1939	22	144	15.3
1940	26	284	9.2
1941	36	333	10.8
1942	40	288	13.9
1943	51	410	12.4
1944	54	422	12.8
1945	53	464	11.4
1946	35	319	11
1947	32	424	7.5

引自：《第三次教育年鉴》，第七编，总第516—517页。

图12-10-2　1937—1947学年度在校农科研究生与各科研究生人数比较（作者翻拍）

二、国立中山大学农科研究生教育的发展概况

国立中山大学是我国最早招收大学本科毕业生为农科研究生的大学。1929年国立中山大学农学院将1928年成立的植物研究室扩充为农林植物研究所；土壤调查所原为国立中山大学与广东省建设厅农林局共建的机构，1932年政府把土壤调查所拨归国立中山大学农学院。至此，国立中山大学农学院拥有了两个研究所，但只开展相关科学研究，并未招收研究生。1935年5月，国民政府教育部批准国立中山大学成立研究院，下设文科、教育和农科三个研究所，农科研究所由农学院原有的农林植物研究所、土壤调查所合并而成，把原来的两个所改称为农林植物学部、土壤学部。国立中山大学研究院院长由校长邹鲁兼任，农科研究所所长由黄枯桐教授担任，农林植物学部主任为陈焕镛教授，土壤学部主任由农学院院长邓植仪教授兼任。土壤学部成为当时国内唯一培养土壤学科硕士研究生的机构。

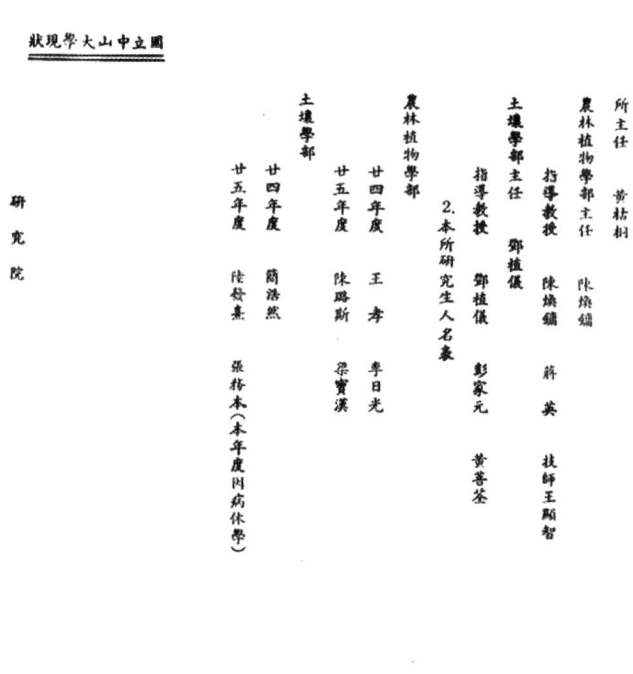

图12-10-3　1937年国立中山大学农科研究所组织架构及研究生（作者扫描）

国立中山大学研究院于1935年9月在广东、北平、上海三处共招收研究生，经考试正式录取了首届研究生3人，并规定1935年度起各学部每年招生2名研究生。1936年招收了4名研究生。至1947年每年都招收研究生1—2名，最多时4名。

三、农科研究所、农林植物学部研究生教育概况

农科研究所农林植物学部在1935年首届招收了李日光和王孝两位硕士研究生。李日光，广东宝安人，1935年农学院本科毕业后，报考研究生被录取，师从陈焕镛，其研究论文为《广东药用植物之初步研究》。王孝师从蒋英，其研究论文为《广东蝶形花科植物之研究》。两人均于1938年毕业，毕业后李光日留在农学院任教，随学校内迁澄江，在云南从事药用植物苗圃管理。

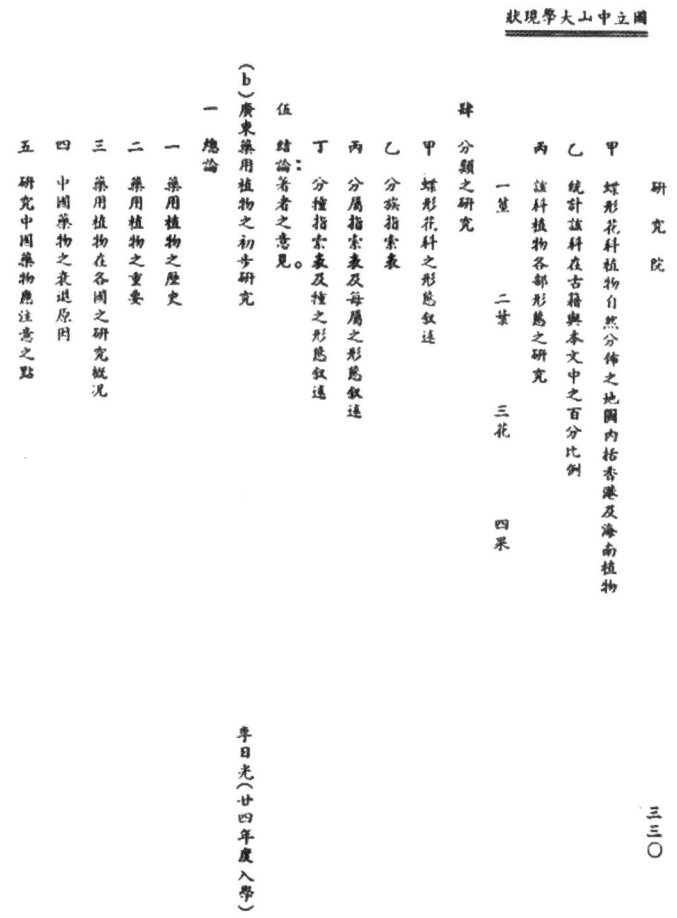

图12-10-4 李日光研究论文为《广东药用植物之初步研究》（作者扫描）

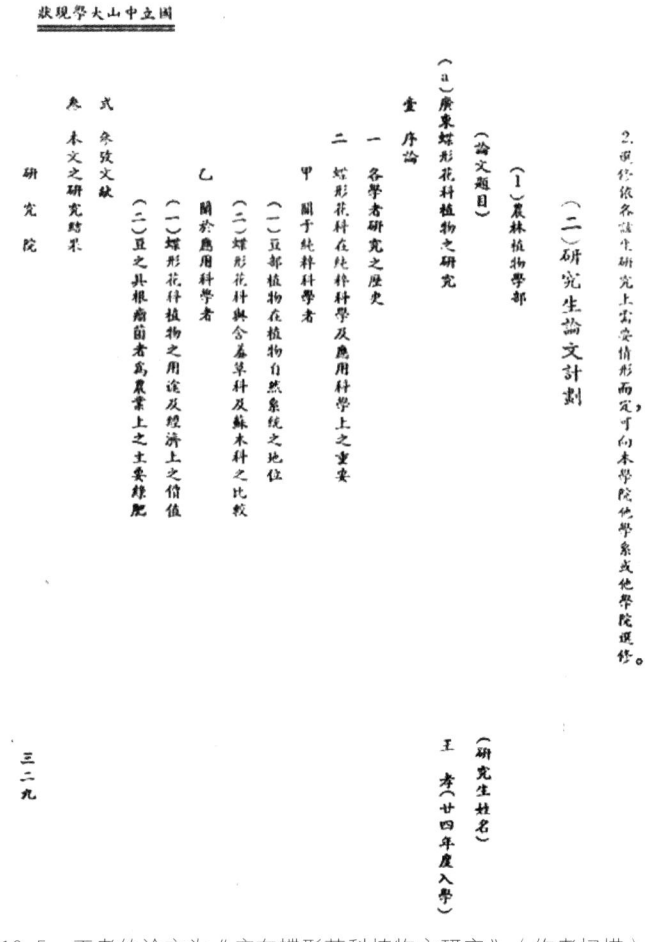

图12-10-5　王孝的论文为《广东蝶形花科植物之研究》（作者扫描）

1936年招收了陈璐斯和梁宝汉两位研究生。农林植物学部指导教授由陈焕镛、蒋英两位教授和李显智技师组成（图3）。梁宝汉论文为《中国鸡血藤（Milletia，Wight of Arnott）及毒鱼藤（Derris，Loureiro）两种植物之研究》。陈璐斯的毕业论文是《水松之研究》。

梁宝汉于1936年考入农林植物学部（注：根据《华南植物研究所早期史》第99页记述，梁宝汉是1939年7月考进农林植物部），师从陈焕镛教授。梁宝汉（1911—1991），广州人，出身于海关职员家庭，自幼受到良好教育，1936年在国立中山大学农学院本科毕业。硕士毕业后留任农林植物研究所，1941年随蒋英教授赴澄江，1942年到栗源堡，复员后一直在农学院任教，从事爵床科植物之研究，也曾作豆科有毒植物研究，先从鸡血藤（Milletia）和毒鱼藤（Derris）着手。

第十二章 一年来的研究成果回顾

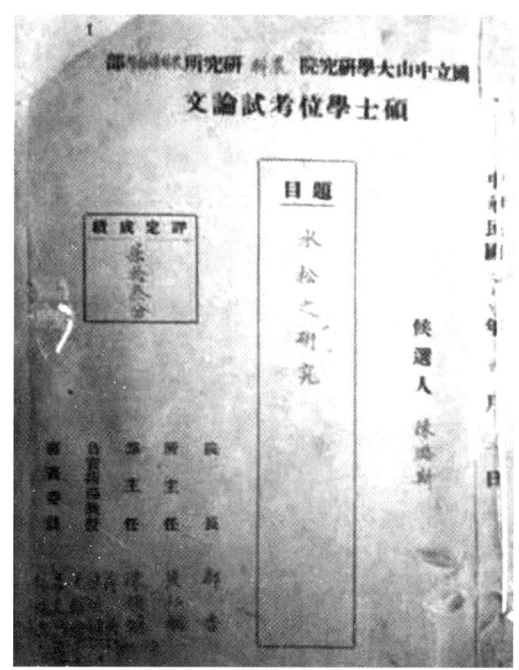

图12-10-6 陈璐斯硕士毕业论文封面（作者翻拍）

图12-10-7 梁宝汉论文《中国鸡血藤（Milletia，Wight of Arnott）及毒鱼藤（Derris，Loureiro）两种植物之研究》（作者扫描）

同时，他为我国培养了大批人才，笔者的硕士导师、华南农业大学林学院原院长陈锡沐教授就是他的学生。

1937年秋，侯宽昭考入农林植物学部读研究生，师从导师陈焕镛教授，12月随陈焕镛迁港，继续读研。侯宽昭（1908—1959），广东梅县人，1932年7月从中山大学农学院本科毕业，得到校长邹鲁以亲笔便条推荐进入植物所工作，任农学院植物所技助。主编了《广州植物志》。关于侯宽韶履历，广东省档案馆藏中山大学档案（1941年）这样记载：

> 廿一年夏毕业于中山大学农学院林学系。廿一年秋奉委为农学院植物技助，月薪100元。廿七年秋辞该职，考入研究院肄业。在此六年中曾派赴海南岛工作约二年，湖南及广东各地工作一年。廿八年秋奉招往滇教学，研究院功课于焉中缀。旋奉委为植物研究所研究员兼讲师，月薪110元，每周教课约十小时。廿九年改为农学院专任讲师，月薪国币130元，所任课约与上年同，同年十一月辞该职，恢复研究院学业。

在《中国农科研究生教育》一书第15页记述："农科研究所1935年度只有土壤学部招收研究生1名，以后，除了1938年、1944年没有招收研究生外……"结合资料，可能此判断有误，1938年，何宪章从私立岭南大学毕业后，进入国立中山大学农科研究院植物学部读研。在《华南植物研究所早期史》第107页，写道："此前对国产油桐、八角树之栽培管理，欲加以详密之研究，曾派研究生何宪章于1939年1—2月入广西，实地考察，调查报告刊于 *Sunyatsenia* 即《中山专刊》，其所作毕业论文即以《中国油桐之研究》"。何宪章于1951年毕业于美国爱荷华大学研究院，获机械工程硕士学位。1956年回国后，进入广东省农业研究所，任副总工程师，长期从事农业机械、土壤力学及生物质能的研究，代表作有《植物油作柴油机燃料的研究》等。

1941年10月，何椿年考入农林植物学部攻读硕士学位。何椿年（1906—1968），广东南海人，1926年考入中山大学预科，后入生物系，1932年本科毕业，毕业后与中大同学黄季庄合股在广州龙眼洞开办农场（20亩），1936年黄季庄撤股，何椿年独营。期间，受中大生物系主任董爽秋招聘，回生物系做任国荣教授之助教一年，后辞职回农场。抗战初期，何椿年到香港，其时陈焕镛教授已经把农林植物研究所搬迁至香港,并开始在香港招录研究生,何椿年投考进入研究所读研,师从陈焕镛教授,从事榕属植物研究。此后,他始终跟随陈焕镛,一直在植物研究所工作,1956年中国科学院兴建华南植物园,即选址何椿年早年经营之农场为园址,经过多年扩充始得今日华南植物园之规模。

1943年,徐祥浩和谭景燊考入农林植物学部读研究生,师从蒋英教授,他们两位均是在栗源堡办学期间培养的研究生。

徐祥浩(1920—2017),从事中国梧桐科研究,毕业论文为《中国梧桐科植物之研究》。著名的丹霞梧桐就是徐祥浩教授于1987年在丹霞山发现的新种。1952年院系调整后一直在华南农学院、华南农业大学从事植物学研究。

图1210-8 徐祥浩的硕士论文《中国梧桐科植物之研究》(作者拍摄)

谭景燊(1918—2011),广东省开平人,1943年从广西大学农林学院毕业后,即考入中山大学农林植物研究所,师从蒋英教授,主攻中国茄科植物分类学研究,1946年毕业后,随蒋英教授赴台湾植物研究所工作,后到华中师范大学任生物系教授,成为是该校植物学科的开创者之一。

1947—1948年,黄成就(1922—2002)和贾良智(1921—2004)考取国立中山大学农林植物所陈焕镛教授的植物分类学研究生。黄成就,广东新会人,抗战时在国立西南联大读书两年,1947年毕业于北京大学,同年考取国立中山大学研究生，1950年获硕士学位，1951年在广州中国科学院华南植物研究所工作，专长于芸香科和壳斗科。贾良智，四川成都人，1942—1946就读于华西大学生物系，毕业留校两年；1948—1951年在国立中山大学农林植物研究所读研究生，1951—1954年任国立中山大学植物研究所助理研究员，1964-1984年任副研究员，1986年任研究员，为著名竹类专家。

四、农科研究所土壤学部研究生教育概况

1935年度农科研究所土壤学部招收简浩然一名研究生，1936年招收陆发熹和张务本两名研究生。导师有邓植仪和彭家元两位教授。简浩然于1937年毕业，成为我国自己培养的第一位土壤学硕士生，毕业论文是《根瘤细菌之研究》。

1939年农科研究所土壤学部招录了李嘉猷和周鸣铮两名研究生。李嘉猷，广西灵川人；周鸣铮，浙江诸暨人。

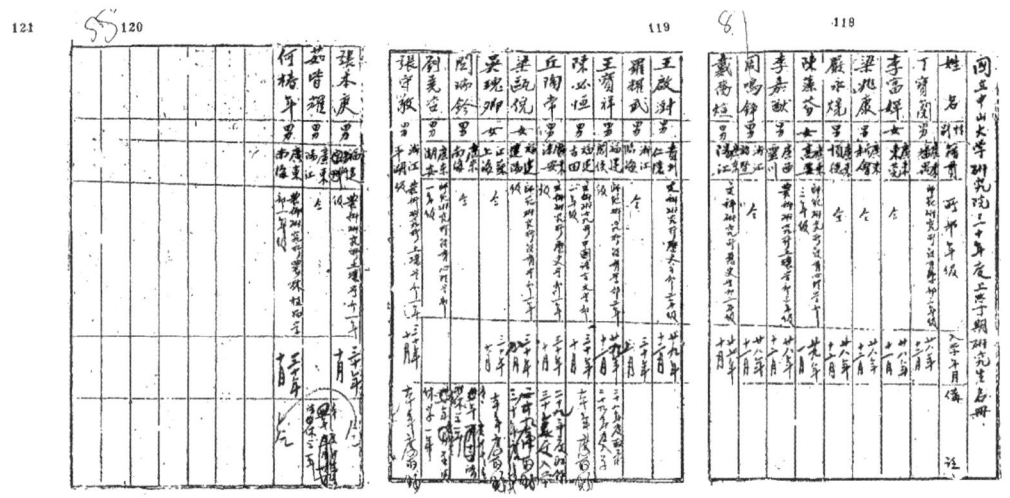

图12-10-9、12-10-10 国立中山大学研究院三十年度（1941）上学期研究生名册
（藏于广东省档案馆）

1941年10月，国立中山大学在栗源堡期间，农科研究所土壤学部录取了张守敬、张本庚、茹皆耀三位研究生。从张守敬和张本庚两位研究生论文的评阅人可以看出，在抗战时期，国立中山大学农学院与私立岭南大学农学院学术交流十分密切，研究生毕业论文考试聘请了岭大农学院的李沛文教授作为校外专家参与论文评审。

第十二章　一年来的研究成果回顾

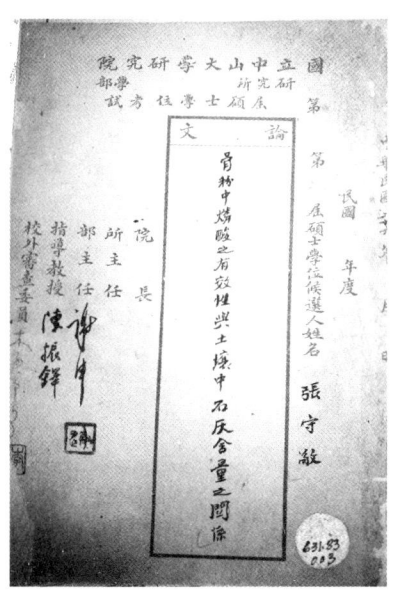

图12-10-11　张守敬的毕业论文封面（藏于华南农业大学图书馆）

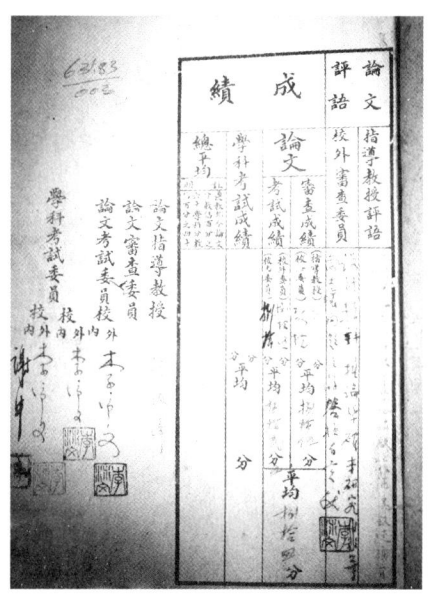

图12-10-12　张守敬的毕业论文评阅人和评阅意见（藏于华南农业大学图书馆）

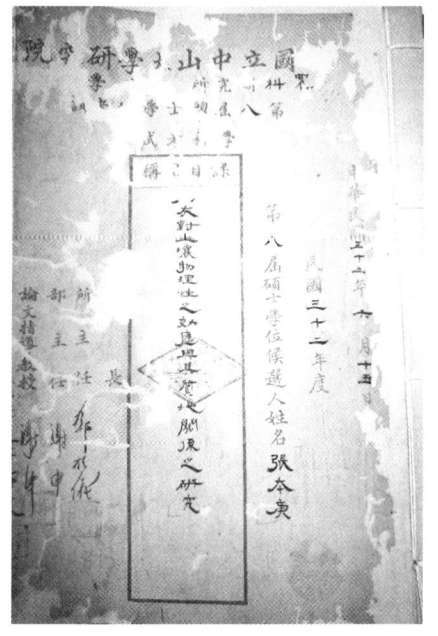

图12-10-13　张本庚的毕业论文封面（藏于华南农业大学图书馆）

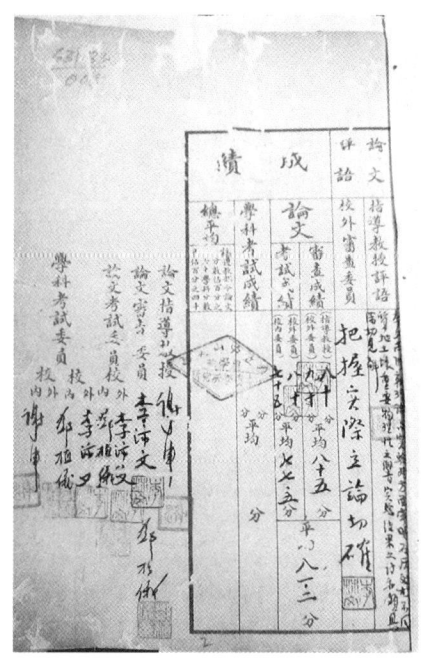

图12-10-14　张本庚的毕业论文评阅人和评阅意见内封（藏于华南农业大学图书馆）

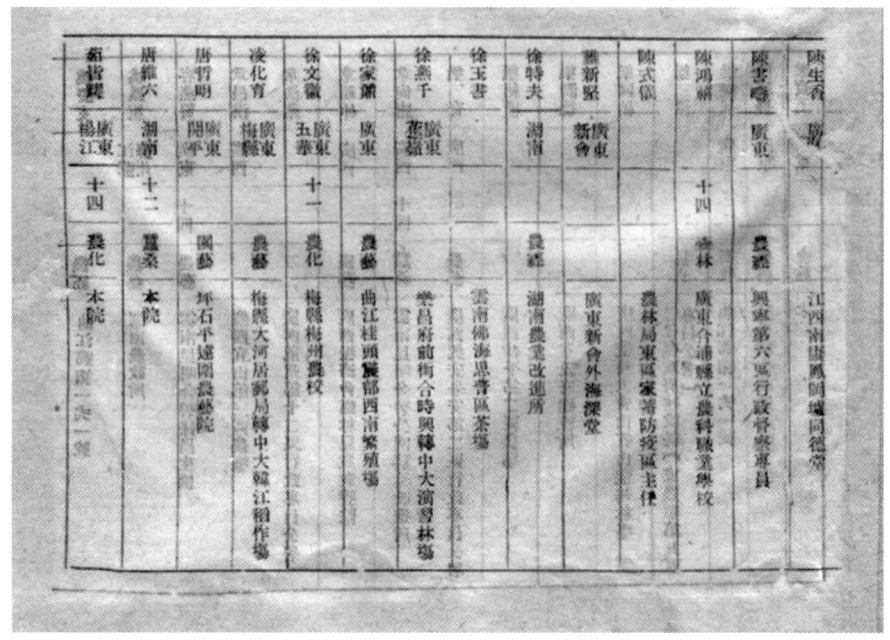

图12-10-15 《农声》第266期民国三十一年八月中山大学农学院毕业同学通讯录，左第一列为茹皆耀（藏于华南农业大学图书馆）

茹皆耀是国立中山大学农学院第十四届农业化学系本科毕业生。1941年10月考入土壤学部攻读硕士。茹皆耀籍贯广东阳江，在1948年广州市十二科学团体联合年会上发表了《绿肥与土壤生产力关系之研究》。

1942年，农科研究所土壤学部招收了华孟和黄媛堂两位研究生。华孟于1919年10月19日生于北京，1938年被国立中山大学农学院森林学系录取，后转入农业化学系学习。1942年，大学本科毕业后，华孟随即考入中山大学研究生院土壤学部，攻读农学（土壤学）硕士学位，主要从事土壤团粒结构与水稻生长关系的研究。1945年秋，华孟被调任台湾省农业试验所农化系技正。其间，于1946年夏回广东补行论文答辩，获得硕士学位，然后返台继续工作。1947年秋，应母校之聘，到广州重新担任中山大学农学院农业化学系的教学工作，任讲师，并继续他的红壤团聚体和团聚的研究。1948年夏，华孟北上受聘于北京大学农学院。1949年以后，历任北京农业大学（1995年更名为中国农业大学）土壤农业化学系讲师、副教授、教授。他多年主讲《土壤学》，特别受到同学们的欢迎。华孟认为教材是教学工作的基础。他除了翻译了俄文、英文的多本著名的土壤学和土壤物理学教科书之外，还编写了《土壤学》《土壤物理学》等教材。

图12-10-16　华孟的本科毕业论文
（作者翻拍）

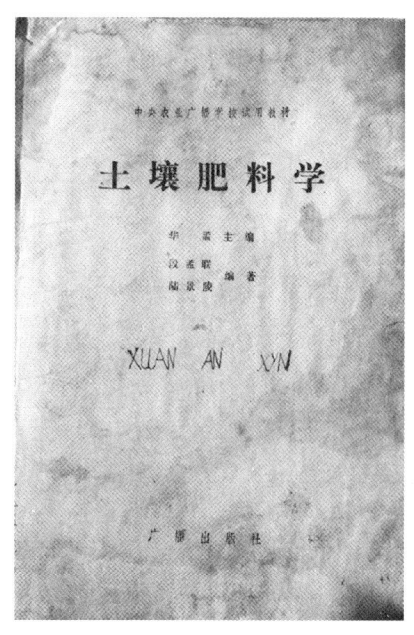
图12-10-17　华孟教授主编的教材
（作者翻拍）

五、国立中山大学研究院（所）关于研究生的规章制度

（一）招生办法：规定报考研究生必须是公私立大学或独立学院相当学系毕业者，报名时必须交大学全部功课的成绩单及个人入学研究计划（包括欲研究问题的题目及其重要性、材料来源及方法步骤等），如有论文或专著可同时呈交。国立中央大学规定在报名时要交大学全部功课的详细成绩证明书及研究论文或其他著作。私立金陵大学规定必须大学毕业后工作1—2年的才能报考，不招收应届毕业生。清华大学规定报考时呈交的论文或专著，审查后作为成绩的一部分。

（二）培养方式：研究生以进行科学研究、写论文为主，同时选学一些必需的课程。研究生选修的课程，既有专为研究生开设的，也有导师指定的课程，还有选学的本科生的课程，研究生由导师负责培养，导师检查学习进度并进行必要的指导，研究生论文在导师指导下进行。一般研究生导师由教授担任（至少是副教授）。

（三）修业年限：研究生修业年限一般都规定至少二年。中山大学规定必须修满27—36学分。金陵大学规定不得少于24学分，主修课程不得少于16学分。清华大学规定必须至少修满24学分。研究生如因工作需要或担任本校助教，年限可以延长一年。

（四）考试方法：考试一般分笔试和口试。读研究生的考试成绩要求高于大学生。国立中山大学规定考试不及格的课程必须重修，全年成绩有三分之一不及格即令退学。

（五）课程设置：

1.国立中山大学农科研究所土壤学部

必修课程有：高等土壤分析、植物营养、土壤讨论、土壤研究、硕士论文

选修课有：土壤形态分类、肥料问题研究、岩石学、土壤化学及分析、土壤物理、土壤微生物、土壤管理、土壤调查、生物统计

2.国立中山大学农科研究所农林植物学部

必修课有：拉丁文、植物名词学、植物形态学、高等植物分类学、植物分类学法则、植物分类史、书报讨论、实习、硕士论文

（六）研究生待遇：抗日战争以后，研究生由教育部发给津贴，每名每年约300元，1939年起改为每名每月酌给生活补贴40元。抗战期间物价不断上涨，研究生除支领一般学生公费外，再酌给补助费，当时各学校给予的补助费不完全相同，1941年国立中山大学每年给研究生的生活补助费为国币600元，成绩优异的另给奖学金。1941年国立中央大学每月给研究生津贴80元，还给予膳食补助贷金。

参考文献：

[1]国立中山大学现状，张掞，1937.10

[2]中国农科研究生教育（1935—1990），刘曰仁等，辽宁科技出版社，1991.12

[3]华南植物研究所早期史（1928—1954），胡宗刚，上海交通大学出版社，2013.12

[4]中国植物分类学纪事，马金双等，河南科学技术出版社，2020.1

[5]华南农业大学校史，《华南农业大学校史》编委会，广东科技出版社，1999.11

主要参考资料

参考书籍：

[1] 国立中山大学人事组编：《国立中山大学教师手册》，1941年。

[2] 国立中山大学人事组编：《国立中山大学学生手册》，1941年。

[3] 国立中山大学：《中大向导》，1941年。

[4] 国立中山大学：《中大现状》，1943年。

[5] 郭大力编译：《恩格斯传》，"读书出版社"，光华书店发行，1948年1月。

[6] 马克思、恩格斯：《资本论》，郭大力、王亚南译，人民出版社，1978年。

[7] 马克思：《剩余价值学说史》，郭大力译，人民出版社，1978年。

[8] 广东省地理学会编：《华南地理文献选集》，科学普及出版社，1985年。

[9] 卢鹤绂："往事回忆"。《莱州文史资料》，第四辑，1990年。

[10]《梅龚彬回忆录》，团结出版社，1994年出版。

[11] 司徒尚纪：《吴尚时》，广东人民出版社，1995年。

[12] 李瑞明编：《岭南大学》，岭南大学筹募发展委员会，1997年

[13] "大村岁月"出版组人员：李小琼、邓巽保、何名芳、蒙定中、李秀贞：《大村岁月——抗战时期岭南在粤北》，香港，1998年。

[14] [英] 李约瑟：《李约瑟文录》，浙江文艺出版社，2004年。

[15] 黎红雷编：《朱谦之文选》，中山大学出版社，2004年。

[16] 吴大琨：《白头谓有赤心存——风雨九十年琐记》，中国人民大学出版社，2005年。

[17] 广州培道校友会编：《培道和她的女儿们——献给母校建校120周年》，2008年。

[18] 王国平、朱秀林：《东吴大学简史》，苏州大学出版社，2009年。

[19] 冯双编著：《中山大学生命科学学院编年史》，中山大学出版社，2011年。

［20］彭长歆、庄少庞编著：《华南建筑八十年》，华南理工大学出版社，2012年。

［21］施瑛：《华南建筑教育早期发展历史研究（1932—1966）》，博士学位论文，2014年。

［22］王亚南著《中国经济原论》，商务出版社，2014年。

［23］徐爽编：《纪念冼玉清研究纪念文集》，广西师范大学出版社，2015年。

［24］赵立彬编：《中国近代思想家文库——黄文山卷》，中国人民大学出版社，2015年。

［25］朱谦之编：《日本佛教思想史料选编》，黄夏年点校，宗教文化出版社，2015年。

［26］朱谦之：《外族音乐流传中国史、音乐的文学小史》，河南人民出版社，2016年。

［27］［美］乃特（Knight）等：《欧洲经济史》，王亚南译，上海社会科学院出版社，2016年翻印。

［28］中共中央党校教务部选编：《中央党校老讲稿》，中央党校出版社，2017年。

［29］雅璐主编：《抗日烽火中的中山大学》，中山大学出版社，2017年。

［30］王艳明著：《黄旭华传》，中国科学技术出版社，2017年，

［31］李达：《社会学大纲》，1939年出版，第四版，2017年再版，四川人民出版社。

［32］广东省教育厅编著，《广东教育史》，上卷、下卷，广东教育出版社，2017年。

［33］夏明力杨双利编：《中国近代思想家文库——王亚南卷》，中国人民大学出版社，2015年，第487页。

［34］李兆良：《坤舆万国全图解密》，上海交通大学出版社，2017年。

［35］詹文格、詹古丰：《激光先驱邓锡铭》，广东人民出版社，2015年。

［36］杨聪风、王尊本：《绚丽多彩的光谱人生：黄本立传》，上海交通大学出版社。

［37］中央统战部研究室：《统一战线100个由来》，华文出版社。

［38］王艳明：《黄旭华传》，中国科学技术出版社，2017年，第36页。

［39］黄际遇：《黄际遇文选》，陈景熙、林伦伦辑校，中山大学出版社，2019年。

［40］《詹安泰纪念文集》编辑组：《詹安泰纪念文集》，广东人民出版社，1987年。

［41］［美］陈香梅：《陈香梅自传》，山东人民出版社，2003年。

参考杂志和论文：

［1］国立中山大学：《民族青年》（第一卷第六、七期），1942年12月出版。

［2］国立中山大学：《经济科学》（第三、四、五、六期合刊），1942年2月出版。

［3］国立中山大学：《中山学报》，第二卷第2期。

［4］私立岭南大学编印：《岭南大学校报》，曲江版第2期，1943年11月1日。

［5］私立岭南大学编印：《岭南大学校报》，第56期，1947年。

［6］杜定友著，钱唐、钱亮、钱亚新整理：《我与中大》，载于《广东图书馆学刊》1986年第1期。

［7］张兴国、张兴祥：《"李约瑟难题"与王亚南的中国官僚政治研究》，载于《广东社会科学》2003年第2期。

［8］陈光俭：《王亚南对创建中国经济学的历史性贡献及其启示》，《东南学术》2002年第1期。

［9］黎洁华：《抗日战争中山大学图书馆遭劫记》，《广东党史》2006年第6期。

［10］刘翼：《爱国民主人士沈体兰》。

［11］梅向明：《父亲梅龚彬的革命生涯》。

［12］徐志福：《中国现代剧坛的黑旋风——小记著名电影家、戏剧家洪深》。

［13］任明耀：《怀念两个人：洪深和王芸生》。

［14］石雪峰：《隐蔽战线的卓越战士梅龚彬》。

［15］陈承融：《一心爱国一生行——缅怀杰出的教育家、社会活动家沈体兰先生》。

［16］中国人民政治协商会议全国委员会官方网站，彭光涵：《不朽的记录——国徽、国旗、国歌诞生记》。

［17］朱剑虹：《剧坛先驱洪深及其常州故居》，中国文物报，2015年6月2日第004版。

［18］蒋荷贞：《许杰生平表（下）》，《杭州师范学报》1994年第2期。

［19］关伯强：《论马思聪的F大调小提琴协奏曲》，《星海音乐学院学报》1989年第1期。

［20］杨东屏：《胡世华先生的学术成就》，《数学物理学报》，1992年第12期。

［21］李志军：《抗战初期广东高校迁港的历史意义》，《重庆教育学院学报》2008年第1期。

［22］李均：《抗战时期香港大学与内地互助史略》，《现代教育论丛》，2013年第3期。

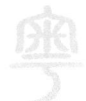

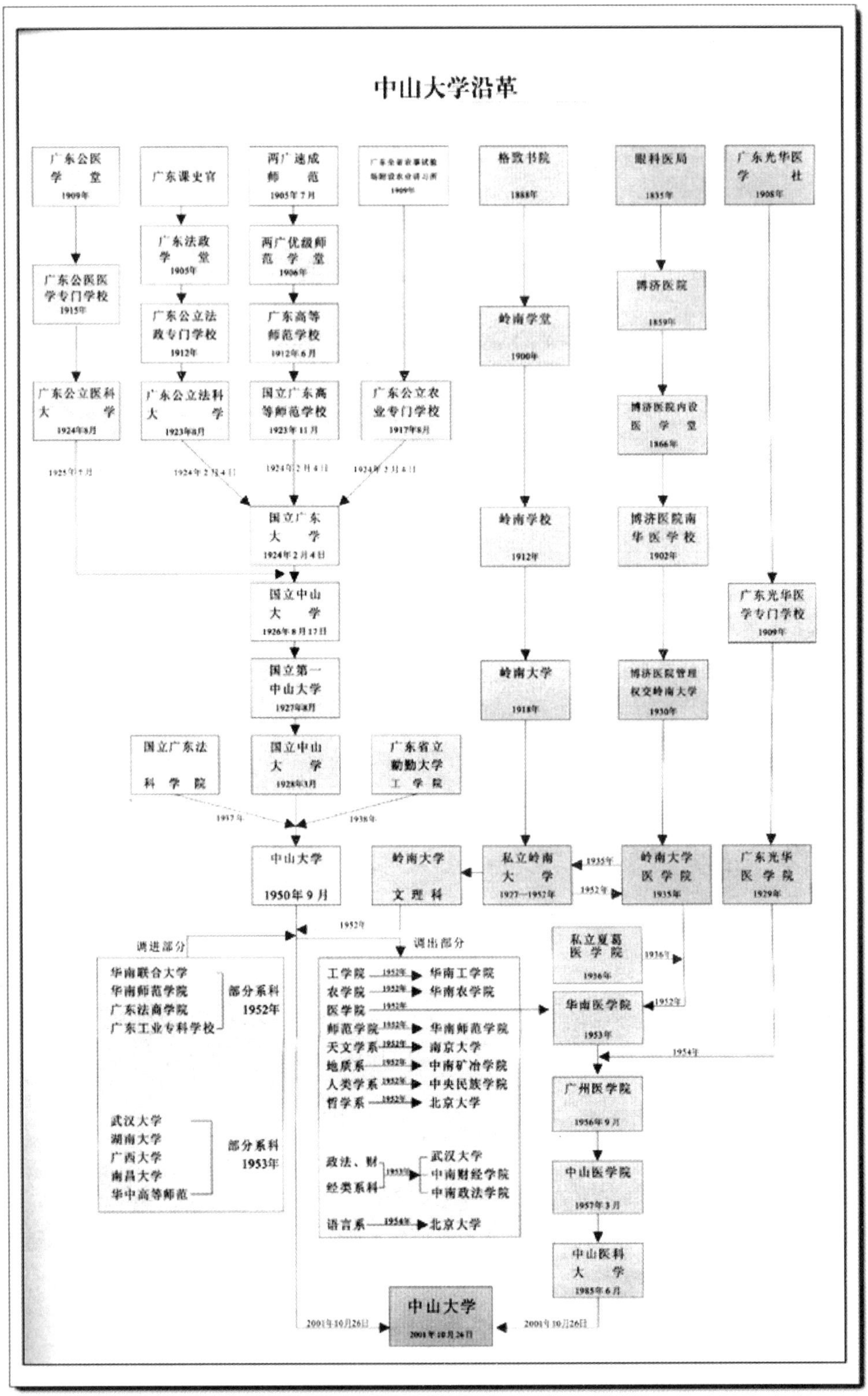
中山大学沿革
广东公医学堂 1909年
广东课吏馆
两广速成师范 1905年7月
广东全省农事试验场附设农业讲习所 1909年
格致书院 1888年
眼科医局 1835年
广东光华医学社 1908年
广东公医医学专门学校 1915年
广东法政学堂 1905年
两广优级师范学堂 1906年
博济医院 1859年
岭南学堂 1900年
广东公立法政专门学校 1912年
广东高等师范学校 1912年6月
广东公立医科大学 1924年8月
广东公立法科大学 1923年8月
国立广东高等师范学校 1923年11月
广东公立农业专门学校 1917年8月
博济医院内设医学堂 1866年
1925年7月
1924年2月4日
1924年2月4日
1924年2月4日
国立广东大学 1924年2月4日
岭南学校 1912年
博济医院南华医学校 1902年
国立中山大学 1926年8月17日
广东光华医学专门学校 1909年
国立第一中山大学 1927年8月
岭南大学 1918年
博济医院管理权交岭南大学 1930年
国立广东法科学院
国立中山大学 1928年3月
广东省立勷勤大学工学院
1937年
1938年
中山大学 1950年9月
岭南大学文理科
私立岭南大学 1927—1952年
1935年
1952年
岭南大学医学院 1935年
广东光华医学院 1929年
1952年
调进部分
调出部分
私立夏葛医学院 1936年
1936年
华南联合大学
华南师范学院
广东法商学院
广东工业专科学校
部分系科 1952年
工学院 1952年 华南工学院
农学院 1952年 华南农学院
医学院 1952年
师范学院 1952年 华南师范学院
天文学系 1952年 南京大学
地质系 1952年 中南矿冶学院
人类学系 1952年 中央民族学院
哲学系 1952年 北京大学
华南医学院 1953年
1952年
1954年
武汉大学
湖南大学
广西大学
南昌大学
华中高等师范
部分系科 1953年
政法、财经类系科 1953年 武汉大学 中南财经学院 中南政法学院
语言系 1954年 北京大学
广州医学院 1956年9月
中山医学院 1957年3月
中山医科大学 1985年6月
中山大学 2001年10月26日
2001年10月26日
2001年10月26日